权威·前沿·原创

皮书系列为
"十二五""十三五""十四五"时期国家重点出版物出版专项规划项目

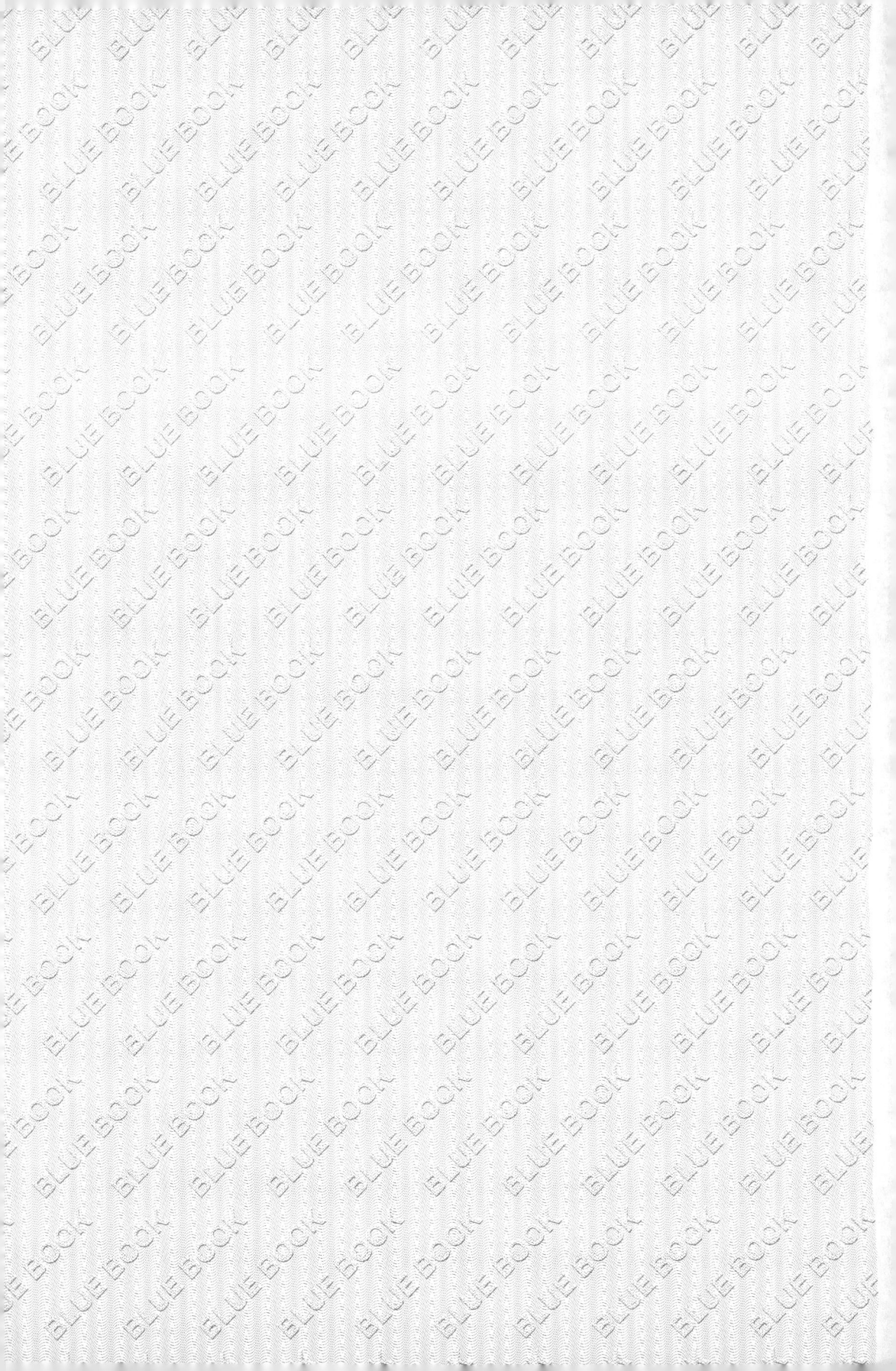

集体经济蓝皮书

BLUE BOOK OF COLLECTIVE ECONOMY

中国农村集体经济发展报告（2022）

ANNUAL REPORT ON RURAL COLLECTIVE ECONOMY OF CHINA (2022)

"三统筹"：后工业社会的集体经济与共同富裕

陈雪原　孙梦洁　王洪雨 等　著

社会科学文献出版社

SOCIAL SCIENCES ACADEMIC PRESS (CHINA)

图书在版编目（CIP）数据

中国农村集体经济发展报告.2022："三统筹"：
后工业社会的集体经济与共同富裕／陈雪原等著.--北
京：社会科学文献出版社，2022.9（2023.10重印）
（集体经济蓝皮书）
ISBN 978-7-5228-0552-8

Ⅰ.①中… Ⅱ.①陈… Ⅲ.①农村经济-集体经济-
经济发展-研究报告-中国-2022 Ⅳ.①F320.3

中国版本图书馆 CIP 数据核字（2022）第 147190 号

集体经济蓝皮书

中国农村集体经济发展报告（2022）
——"三统筹"：后工业社会的集体经济与共同富裕

著　　者／陈雪原　孙梦洁　王洪雨 等

出 版 人／冀祥德
责任编辑／高　雁
责任印制／王京美

出　　版／社会科学文献出版社·经济与管理分社（010）59367226
　　　　　地址：北京市北三环中路甲 29 号院华龙大厦　邮编：100029
　　　　　网址：www.ssap.com.cn
发　　行／社会科学文献出版社（010）59367028
印　　装／天津千鹤文化传播有限公司

规　　格／开　本：787mm×1092mm　1/16
　　　　　印　张：32　字　数：483 千字
版　　次／2022 年 9 月第 1 版　2023 年 10 月第 2 次印刷
书　　号／ISBN 978-7-5228-0552-8
定　　价／148.00 元

读者服务电话：4008918866

作者简介

陈雪原　经济学博士，毕业于中国社会科学院研究生院人口与劳动经济系，北京市农村经济研究中心经济体制处处长，中国合作经济学会农村集体经济专业委员会常务理事，主要从事城镇化、集体经济组织治理与集体土地制度改革等领域的理论与政策研究、改革试验示范及培训工作。2014年，中国社会科学院理论经济学专业博士后出站。出版专著《村富论：1978—2006年北京郊区40个村庄调查》《乡镇统筹》，合著《中国农村集体经济发展报告（2021）》《中国农村集体经济发展报告（2020）》。论文《关于"双刘易斯二元模型"假说的理论与实证分析》提出了一条让农民依托集体经济有组织地完成城镇化社会结构转型的中国式农业农村现代化道路。主持北京市"三统筹"改革试验示范项目（2021~2025）、北京市100个村集体经济运行状况跟踪监测点项目，受邀指导海淀区、丰台区、石景山区、大兴区、房山区、平谷区等乡村两级集体产权制度改革、集体土地制度改革、农村社会治理等相关工作，调研报告获得中央政治局委员与省部级领导重要批示25次。荣获中国农业经济学年会2021年学术研讨会优秀论文奖、第十届"优秀皮书报告奖"三等奖（2019）、北京市第十三届优秀调研成果一等奖（2018）、北京财政学会2013年度优秀科研成果一等奖。

孙梦洁　管理学博士，毕业于中国农业大学经济管理学院，北京市农村经济研究中心经济体制处副处长。2013年北京大学经济学院理论经济学专业博士后出站。主要从事农村集体产权制度改革、集体经济评价、农户经济行为等研究。合著《中国农村集体经济发展报告（2021）》《中国农村集体经济发展报告（2020）》。在《经济科学》《经济评论》《经济问题探索》等核心期刊上发表学术论文10余篇。主持"中国博士后科学基金第五十批面上资助项目"和"2013年度教育部人文社会科学研究青年基金项目"。荣获第十届"优秀皮书报告奖"三等奖（2019）、北京财政学会2013年度优秀科研成果一等奖。

王洪雨 管理学硕士，毕业于中国农业大学资源与环境学院，北京市农村经济研究中心经济体制处副处长。主要从事农村集体产权制度改革、集体土地制度改革、乡镇统筹利用集体经营性建设用地试点等工作。研究成果荣获第十届"优秀皮书报告奖"三等奖（2019）、北京市第十三届优秀调研成果一等奖（2018）。

摘　要

　　2022 年"中央一号文件"(《中共中央 国务院关于做好 2022 年全面推进乡村振兴重点工作的意见》)提出"制定新阶段深化农村改革实施方案""推动高质量发展，促进共同富裕"。与 2018 年中共中央、国务院印发的《乡村振兴战略规划（2018—2022 年）》提出的"到 2022 年，乡村振兴的制度框架和政策体系初步健全""乡村振兴，生活富裕是根本"，2019 年中共中央、国务院《关于建立健全城乡融合发展体制机制和政策体系的意见》提出的"到 2022 年，城乡融合发展体制机制初步建立"，相互衔接，相得益彰，体现了中央"三农"政策体系演变的阶段性、一贯性和系统性。值此契机，2022 年度"集体经济蓝皮书"的主要任务是立足后工业社会发展新阶段，揭示集体经济与城镇化社会结构转型之间的内在联系，描绘一个"支、斗、毛渠"式样的农民农村共同富裕的"施工路线图"。

　　本报告由总报告、评价篇、专题篇Ⅰ、专题篇Ⅱ、地区篇和北京篇六部分组成，共 24 篇报告。主要研究结论如下。

1. "三统筹"：后工业社会的集体经济与共同富裕

　　报告阐明了当前中国经济社会发展所处的历史新阶段、战略目标及其生产方式的相应调整，进而在理论上构建一个中国式农业农村现代化的分析框架，在实践层面绘就一幅农民农村共同富裕的"施工路线图"。研究发现以下几点。（1）后工业社会已经来临。基于后工业社会的若干本质特征与当前中国经济的产业结构、就业结构、城乡结构等相关指标的实证分析，阐明当前中国已经总体上进入数字经济引领下的后工业社会，整体发展应作为新阶段首位战略目标，建立健全统筹发展的体制机制成为解决"三农"问题的收官之战。（2）构建"双刘易斯二元模型"，将其作为一个一般性的中国式农业农村现代化的分析框架。在一般均衡视角下，将集体土地市场价格变动曲线与劳动力市场价格变动曲线对称整合在一起，阐述集体经济与城镇化之间的内在关联性，探索让农民"带资进城"、就地就近完成城镇化社会结构转型的新道路。（3）提出扎实推进农民农村共同富裕的实践路径。通过"体制统筹、空间统筹、产业统筹"，提升集体经济"统"的层级，破除村庄分化与层级固化，实现城乡与区域统筹均衡发展。

2. 中国农村集体经济发展评价

报告在描述性统计分析的基础上，从经济进步、社会稳定和执政基础 3 个维度构建农村集体经济发展评价指标体系，对 2011~2020 年中国 30 个省份的农村集体经济发展水平进行评价和分析。研究发现以下几点。（1）中国农村集体经济总体上呈现持续增长态势，但地区发展不平衡的问题依然显著。北京、上海、广东、浙江始终位于前 4 名。东部地区集体经济发展水平最高且增长幅度最大，其次是中部地区，再次是东北地区，西部地区发展最落后且增长幅度最小。东北三省发展差异明显，辽宁和黑龙江仍然处于第二梯队，吉林由第三梯队降至第四梯队。另外，安徽、四川、陕西等部分中西部地区省份排名大幅度跃升。（2）2020 年，经济进步与执政基础进入高度协调耦合阶段，社会稳定与执政基础进入中度协调耦合阶段，经济进步与社会稳定仍然处于低度协调耦合阶段。表明集体经济组织在社会稳定方面的功能和作用亟待提升。（3）人均固定资产、人均所有者权益、村均公积公益金 3 项发展因子与集体经济收入的关联度始终位于前 4 位。表明提高集体财富积累水平应作为发展壮大集体经济的优先政策目标。

3. 中国农村集体经济改革评价

报告在描述性统计分析的基础上，从组织主体、市场体系和政策环境 3 个维度构建了中国农村集体经济改革评价指标体系，对 2011~2020 年中国农村集体经济改革进展及绩效进行分析和评价，为明确下一步农村集体经济体制改革的方向和重点提供重要的信息指引。研究发现以下几点。（1）农村集体经济要素市场化呈现若干新特点。10 年来，家庭承包耕地流转面积持续增长，增幅逐渐下降；集体建设用地出租出让宗数和面积大幅上涨；宅基地盘活潜力较大；常年外出务工劳动力持续增长，其中，乡外县内务工增加最快。（2）10 年来，中国农村集体经济改革指数总体呈上升趋势，地区之间差距逐渐缩小。北京市 2014~2017 年改革评价得分总体呈现下降态势。浙江、天津等地排名明显下降。四川、贵州、云南等西部省份改革进程加快，位次出现了明显跃升。2020 年西部地区改革指数及组织主体、市场体系、政策环境 3 个一级指标评价得分均超过中部地区。（3）要着力补齐市场发育体系短板，助力全国统一大市场建设。2011~2020 年，组织主体与政策环境的耦合协调度最高且增长最快，进入高度协调耦合阶段，但市场体系与政策环境之间的耦合协调度较差。（4）深化农村集体经济改革进入"全领域、高标准、高水平"的新阶段。应把集体建设用地、宅基地、征地以及农用地的"四块地"改革作为深化农村集体经济改革的先行领域；继续深化农村集体产权制度改革，规范和健全集体经济运行机制；着力加强经管体系与经管队伍建设，夯实农村集体经济的上层建筑。

4. 镇域集体经济分化趋势分析

报告利用 2007 年、2012 年、2017 年和 2021 年 4 个年度北京市 187 个乡镇的集体经济面板数据，分析了北京市乡镇经济、人口及就业情况的发展变迁态势。在此基础上，通过因子分析法测算 2007~2021 年北京市 187 个乡镇集体经济综合发展水平得分并进行排名，据此研究了北京市 14 个区内部乡镇发展水平及差异。最后将北京市 187 个乡镇按照综合发展水平等分为"高、中、低"三个层级并分析发展演化趋势及镇域集体经济层级固化现象。研究发现以下几点。（1）2007~2021 年乡镇集体经济发展和人口就业的平均水平整体呈现增长或维持稳定态势，但两极分化问题长期存在，乡镇发展不均衡的现象严峻，而且具有早期积累优势的乡镇发展得越来越快，而资源禀赋较差的乡镇发展前景堪忧。（2）2007~2021 年乡镇集体经济综合发展水平平均得分整体呈现增长态势，但是最高分和最低分历年之间的极值差极大，而且得分变异系数显示不同乡镇综合发展水平差异相当大且在长达14年的时间内差异并没有显著缩小。（3）2007~2021年乡镇集体经济层级固化现象明显，乡镇维持其原有发展水平仍是大概率事件，不同层级乡镇重新洗牌的可能性不大，多数乡镇的发展仍旧取决于其基础条件，而且通过历史数据预测，到2035年乡镇层级固化现象还将存在。应加强区级统筹，优化空间与产业布局，创新经营模式、跨镇调配整合资源。

5. 北京市大兴区镇村分化分析及趋势预测

报告通过对北京市大兴区532个村庄的实证分析，阐明破除"村自为战"发展体制格局，实施"区镇统筹，均衡发展"应是下一步深化农村集体经济体制改革的基本方向和总体要求。研究发现以下几点。（1）村域经济差距在持续扩大。2005~2015年，村庄最高人均所得和最低人均所得均有所增长，但最低人均所得的村庄发展缓慢，最高人均所得的村庄发展迅速，两极分化程度不断加大。同时，2005~2015年，村庄就业形势严峻，最高就业村就业人数不断下降，最低就业村就业人数波动不大；2005~2014年，村庄综合发展指数存在较大差异，如标准差不断增长、最高分和最低分历年的极值差距极大、村庄综合发展水平的变异系数大于0.4，且呈现上升趋势。（2）镇域经济出现空间上的层级固化现象。北部5镇村庄平均发展水平得分较高且逐年递增，中部4镇村庄平均发展水平得分波动较大，南部5镇村庄平均发展水平持续处于低位。（3）村庄发展水平层级固化凸显，分别停留在"高、中、低"三个层级，尤其是低水平村庄难以有所突破。预测到达平衡状态时，低水平村庄占44.07%，中等水平村庄占33.42%，高水平村庄占22.51%。

6. 村集体经济组织综合效率、影响因素及区位差异分析

报告基于北京郊区40个村在1978年、1988年、1998年、2006年、2014年和2018年6个时点上形成的面板数据，采用随机前沿法（SFA）计算和比较村集体经济组织的经济效率与综合效率，并分析其主要影响因素和区位差异，对于认识和理解农村集体经济组织的性质和本质特征具有重要的实证支撑作用。研究发现以下几点。（1）经济效率与综合效率均存在一个准"倒 U"形曲线,最大值出现在 1988 年,长期处于右半段的持续下降区间。这种两类效率相同趋势的下降,反映了"村自为战"体制的发展空间和潜力已经十分有限。(2)2006 年以后村集体经济组织的综合效率开始超过经济效率,表明近年来集体经济组织在社会性负担功能方面的作用更加凸显。(3)村集体经济组织社会性负担功能在城乡接合部更加突出,对该地区集体经济组织综合效率的影响更显著。平原地区的综合效率水平波动较大,2006 年后开始反弹。

7. 村集体经济可持续发展能力分化研究

报告利用 1978 年、1988 年、1998 年、2006 年、2014 年和 2018 年 6 个时点的北京市郊区 40 个村集体经济组织追踪调查数据,利用因子分析法建立村集体经济可持续发展能力评估指标体系和预警评级系统,进行不同类型村庄发展趋势的判断,对分类推进乡村振兴战略实施具有重要的理论和实践参考价值。研究发现以下几点。(1)影响村集体经济可持续发展能力的主要因素有村庄区位和主导产业类型、村集体经济组织成员规模与自然资源、村集体经济治理水平、村集体财富积累水平、村经济总收入和农户收入水平。(2)村可持续发展能力指数总体呈现上升态势,但是村与村之间的极值差不断拉大,相对差距也在不断扩大。(3)村集体经济发展能力评估值的中位数为 0.4360,如果低于中位数,该村庄将进入衰落村的预警状态,如果高于中位数则进入发展区。

8. 村集体经济组织成员人口规模分化的影响因素分析

报告利用北京市郊区 40 个村 1978~2018 年的调研数据,分析了村集体经济组织成员流动趋势和特征,并在此基础上进行了实证检验。利用固定效应模型研究发现:(1)村经济总收入和集体净资产的提高对于集体经济组织成员进入有显著的正向影响;(2)随着村经济总收入来源于第二和第三产业的比重、集体经济收入占村经济总收入比重的增加,集体经济组织成员也倾向于增加;(3)相对于村干部不兼任,村支书兼任村主任、村支书兼任合作社社长以及"三职一身兼"都有效促进了村集体经济组织成员流入,而村主任兼任合作社社长没有明显效果。基于 Probit 模型进行分析,得出的结论类似，但也有新的研究发现：（1）农村集体产权制度改革会导致集体经济组织成员流出；（2）在村内建立养老制度有助于吸引集体经济组织成员流入；（3）村支书兼任村合作社社长对集体经济组织成员流入有正向影响。

在此基础上，分集中城镇化地区、非集中城镇化地区以及粮食主产区3类地区，以北京市丰台区北宫镇6个村、平谷区18个集体经济薄弱村以及北大荒农垦集团为例，进行案例解剖论证，阐明要通过"体制统筹、空间统筹、产业统筹"提升集体经济"统"的层级，充分发挥区县与乡镇两级统筹发展的重要功能和作用，完成低水平集体经济向高水平集体经济的"二次飞跃"，实现农民农村共同富裕。

关键词： 后工业社会　集体经济　共同富裕　"三统筹"　统一大市场

目 录 ↰

Ⅰ 总报告

Ⅱ 评价篇

Ⅲ 专题篇Ⅰ: 镇村分化

Ⅳ　专题篇Ⅱ："三统筹"

Ⅴ　地区篇

Ⅵ 北京篇

皮书数据库阅读**使用指南**

总 报 告

General Report

B.1

"三统筹"：后工业社会的
集体经济与共同富裕

陈雪原　王洪雨　孙梦洁*

摘　要： 2022年"中央一号文件"提出"制定新阶段深化农村改革实施
方案""推动高质量发展，促进共同富裕"的要求。本报告阐明
了当前中国经济社会发展所处的历史新阶段、战略目标及其生产
方式的相应调整，进而在理论上构建一个中国式农业农村现代化
的分析框架，在实践层面绘就一幅农民农村共同富裕的"施工
路线图"。研究发现以下几点。（1）后工业社会已经来临。基于
后工业社会的若干本质特征与当前中国经济的产业结构、就业结
构、城乡结构等相关指标的实证分析，阐明当前中国已经总体上

* 陈雪原，北京市农村经济研究中心经济体制处处长，经济学博士，研究方向为城镇化、集体
经济组织治理与集体土地制度改革，电子邮箱：chenxueyuan2012@126.com；王洪雨，北京
市农村经济研究中心经济体制处副处长，研究方向为农村集体产权制度改革、集体土地制度
改革；孙梦洁，北京市农村经济研究中心经济体制处副处长，管理学博士，研究方向为集体
产权制度改革、集体经济评价、农户经济行为。感谢北京市农村经济研究中心原城郊经济研
究所所长张文茂、河北农业大学副校长赵邦宏的悉心指导和宝贵建议。

进入数字经济引领下的后工业社会，整体发展应作为新阶段首位战略目标，建立健全统筹发展的体制机制成为解决"三农"问题的收官之战。（2）构建"双刘易斯二元模型"，将其作为一个一般性的中国式农业农村现代化的分析框架。在一般均衡视角下，将集体土地市场价格变动曲线与劳动力市场价格变动曲线对称整合在一起，阐述集体经济与城镇化之间的内在关联性，探索让农民"带资进城"、就地就近完成城镇化社会结构转型的新道路。（3）提出扎实推进农民农村共同富裕的实践路径。通过"体制统筹、空间统筹、产业统筹"，提升集体经济"统"的层级，破除村庄分化与层级固化，实现城乡与区域统筹均衡发展。

关键词： 农业农村现代化　共同富裕　集体经济　"三统筹"

2022 年"中央一号文件"（《中共中央 国务院关于做好 2022 年全面推进乡村振兴重点工作的意见》）提出"制定新阶段深化农村改革实施方案""巩固提升农村集体产权制度改革成果，探索建立农村集体资产监督管理服务体系，探索新型农村集体经济发展路径""推动高质量发展，促进共同富裕"。与 2018 年 9 月中共中央、国务院印发的《乡村振兴战略规划（2018—2022 年）》提出的"到 2022 年，乡村振兴的制度框架和政策体系初步健全""乡村振兴，生活富裕是根本"，相互衔接，相得益彰，体现了中央"三农"政策体系演变的阶段性、一贯性和系统性。

2021 年 8 月 17 日，习近平总书记在中央财经委员会第十次会议上提出："现在，已经到了扎实推动共同富裕的历史阶段""促进共同富裕，最艰巨最繁重的任务仍然在农村""大力发挥公有制经济在促进共同富裕中的重要作用"[①]。既提出了当前历史发展阶段的时代命题与重点、难点，又指

---

① 习近平：《扎实推动共同富裕》，《求是》2021 年第 20 期。

明了实现中国式农业农村现代化总价值观（"为谁干"）与施工图（"如何干"）之间的关键实施主体（"谁来干"）。而在 2020 年 12 月中央农村工作会议上，习近平总书记指出："今后 15 年是破除城乡二元结构、健全城乡融合发展体制机制的窗口期。"[①] 这意味着破解中国"三农"问题已进入"决战"阶段。

本报告主要包括三部分。首先，从人类社会发展演进的一般规律出发，阐明当前中国经济社会所处的新发展阶段、战略目标及生产方式的相应调整，作为我们提出理论模型与实践路径的立论总依据。其次，构建"双刘易斯二元模型"，形成一个实现中国式农业农村现代化的分析框架。在一般均衡视角下，阐述劳动力非农转移与农村集体经济组织之间的内在联系。最后，提出"体制统筹、空间统筹、产业统筹"的农民农村共同富裕的实践路径与"施工路线图"。

一 后工业社会的本质特征、阶段判断与首位战略目标

社会在总体上进入数字经济引领下的后工业社会，生产效率将极大提升，物质极大丰富，这为打破工业革命以来在资本主义生产方式下形成的进步与贫困[②]的魔咒、推进整体发展，赋予了历史契机。然而，现实却是一幅全然不同的图景，全球收入不平等问题依旧突出，欧美的一些发达国家贫富分化加剧、阶层撕裂等社会问题凸显[③]，拉美、南亚的发展中国家仍在遭受着过度城市化、贫困陷阱等社会问题的困扰。向后工业社会的转型之路，充

---

① 习近平：《坚持把解决好"三农"问题作为全党工作重中之重，举全党全社会之力推动乡村振兴》，《求是》2022 年第 7 期。

② 〔美〕亨利·乔治：《进步与贫困》，吴良健、王翼龙译，商务印书馆，1995。

③ 〔法〕托马斯·皮凯蒂：《21 世纪资本论》，巴曙松译，中信出版社，2014。书中通过对自20 世纪 70 年代以来资本收益率重新高于国民收入增长率的实证分析，否定了"库兹涅茨曲线"关于工业化可以自动熨平收入不均等，即曲线右半段关于收入差距缩小的预测，提出应将分配问题重新置于经济分析的中心。

斥着矛盾、复杂与不平衡，需要寻找一种经济社会发展的新模式。①

在中国共产党建党 100 周年之际，习近平总书记指出，"共同富裕是社会主义的本质要求，是中国式现代化的重要特征"②。党的十九届六中全会决议明确指出："党领导人民成功走出中国式现代化道路，创造了人类文明新形态。"党的十九大报告指出在 2020 年农村绝对贫困人口全部脱贫③的基础上，到 2035 年，"全体人民共同富裕迈出坚实步伐"。2018 年 1 月，《中共中央 国务院关于实施乡村振兴战略的意见》（"中央一号文件"）指出到 2035 年，"相对贫困进一步缓解，共同富裕迈出坚实步伐"。不同于绝对贫困可以通过超常规手段来快速解决，自工业革命以来，消除相对贫困历来是一项世界级难题，需要解放思想，实事求是，破除一切僵化的思维教条，进行更为精致化的顶层设计。

（一）后工业社会的若干本质特征

后工业社会的名称、思想和概念现已成为常见的流行语和学术词语，虽然使用很广泛，但并没有形成一个统一的共识。为此，需要概括提炼后工业社会的若干本质特征，进而为社会阶段性质判断提供可靠的基准。

1973 年，美国未来学者丹尼尔·贝尔首次提出了"后工业社会"概念，并对后工业社会的来临进行了描绘和预测。④他认为后工业社会主要有 3 个结构性变化：（1）目标结构，经由经济增长、经济发展两个阶段进入整体发展阶段；（2）动力结构，主要来自信息技术的进步；（3）社会结构，技术、管理等高端人才社会地位日益提升。

---

① Julia Kovalchuk, *Post-Industrial Society: The Choice Between Innovation*, Macmillan, 2020, p. 18.

② 习近平：《扎实推动共同富裕》，《求是》2021 年第 20 期。

③ 2020 年 3 月 12 日，国务院扶贫开发领导小组办公室主任刘永富提出，中国现在的扶贫标准是 2011 年的不变价农民人均年纯收入 2300 元，根据物价等指数，到 2019 年底现价是 3218 元，计划到 2020 年底是 4000 元左右。根据建档立卡的信息，已经脱贫人口的收入人均都在 9000 元以上，剩余贫困人口人均收入在 6000 元以上。引自《国务院新闻办就战决胜脱贫攻坚有关情况举行新闻发布会》，http://www.gov.cn/xinwen/2020-03/12/content_ 5490339.htm。

④ 〔美〕丹尼尔·贝尔：《后工业社会的来临》，高铦等译，江西人民出版社，2018。

　　另一位著名的未来学者托夫勒认为，在经历了近万年的农业文明（公元前 8000 年~公元 1650 年）① 和 300 余年工业革命（1650~1955 年）后，一个以"第三次浪潮"命名的新时代到来了。以"第二次浪潮"命名的工业革命时期，具有以下特征：一是以化石燃料为能源基础；二是工业技术突飞猛进；三是建立了大规模的销售系统，市场第一次成为人类生活的中心。在此基础上，形成了"标准化、专业化、同步化、集中化、好大狂和集权化"的运行法则。但是，贫困、生态恶化、气候变化等工业化导致的社会问题已经无法在工业制度结构中得到有效解决，"第三次浪潮"应运而生。特别是，"第三次浪潮文化注重研究事物的结构、关系和整体，系统论思想强调'全面，而不是零碎地观察问题'"，并认为"第三次浪潮"缔造了一个超工业社会，这与丹尼尔·贝尔关于后工业社会的整体发展目标具有逻辑结构上的一致性。

　　美国学者斯托尼尔认为当前进入后工业经济时代，信息已经取代了土地、劳动力和资本，成为现代生产体系中最重要的投入，并将其定义为"信息财富"。他认为"后工业经济时代"主要有以下特点：知识主导的服务经济超越了制造业经济、信息工作者超过机器操作者、信用信息取代现金交易、实现空前富裕等。②

　　美国社会学家布洛克认为 20 世纪 60 年代出现了工业社会发展的三大新趋势③：一是服务业在经济中的重要性与日俱增，而商品生产，即制造业、农业和采矿业在就业中的重要性不断下降；二是以计算机为基础的自动化时代的到来，人工智能、5G、区块链等信息科技的不断创新，无疑进一步扩展了人类对未来智能化生产生活的想象空间；三是职业生涯安排中性别差异

---

① 〔美〕阿尔温·托夫勒：《第三次浪潮》，朱志焱等译，生活·读书·新知三联书店，1984。书中将人类工业化的起始点界定为 1650~1750 年的某个区间，本报告为叙述方便，将工业化起始点定位于 1650 年。

② 〔美〕汤姆·斯托尼尔：《信息财富——简论后工业经济》，吴建民、刘钟仁译，中国对外翻译出版公司，1987。

③ 〔美〕弗雷德·布洛克：《后工业的可能性——经济学话语批判》，王翼龙译，商务印书馆，2010。

缩小。进而，他强调要对后工业社会如何创立新的经济制度进行根本性的反思。

以上关于后工业社会（或称为"超工业社会""后工业经济""再工业化""新工业化"[①]）的研究和观点，具有相当程度的共性特征。

（1）产业结构：信息技术产业占比快速上升，农业、工业比重大幅度下降。随着计算机、5G、互联网和人工智能等技术的广泛运用，数字经济占 GDP 比重快速上升，信息作为一种独立的生产要素，相比传统的资本、劳动力、土地等生产要素，在生产中的价值和作用日益凸显。一个重要的原因是数字经济的边际成本为 0（或递减）与边际收益递增，如数字产品成果复制的边际成本接近 0，几乎可以忽略不计；信息沟通成本趋近 0，免费的电子邮件取代了纸质信件、免费的微信语音取代了手机电话；日用消费品价格趋于降低，拼多多、美团等共享经济模式的诞生，使购买者至少在心理感受上接近零成本消费，导致大宗物品供给总量远远超过了人们的日常需求总量，社会财富出现空前富足。

（2）就业结构：信息技术人才聚集。去农业化、去工业化基本完成，物质产品生产的劳动力需求快速下降，服务业居于绝对主导地位。特别是信息技术服务、科学研究技术服务等行业的爆发式增长，带动劳动力工资水平和社会地位快速提升。

（3）城乡结构：功能结构的转型。随着逆城镇化的出现，城市功能和产业不断向农村地区辐射和扩散，城镇化与逆城镇化相互融合，城镇化率趋于稳定，城乡之间功能相互整合、补充、融合而日趋系统化、专业化、稳定化，农村不再像过去那样单纯为城市提供农产品、劳动力、土地、资金等商品或资源要素，而承担起了专业化的功能。如大城市郊区主要承担了产业功能，重点是发展现代高端服务业，包括科学技术、休闲度假、会展服务、健康医疗、生态涵养等。粮食主产区则承担了保证国家粮食安全的重要功能。

---

① Julia Kovalchuk, *Post-Industrial Society: The Choice Between Innovation*, Macmillan, 2020, p. 18.

（4）制度结构：创新组织体制与分配制度。马克思、恩格斯在《共产党宣言》中揭示了资本主义生产方式下私人占有制与社会化大生产之间存在对抗性矛盾。未来学家一致认为源于工业社会的制度已经无法解决工业社会自身的问题，需要制定更大空间覆盖规模、功能复合化的新的组织形态和分配制度，进而内化社会成本，统筹经济与社会发展。加之人们需求层次全面向社会交往、尊重、自我实现等高层次转变，社会成本内化成为一项刚性需求，显得十分紧迫。区块链、5G等信息技术在公司治理、政府治理等领域的广泛应用，信任托管、委托代理成本逐步下降，信息不对称问题有望逐步得到解决，为实施更大规模和更高层级的组织化，创新以"统"为重点的组织与分配制度，提供了关键的技术支撑。经济社会发展阶段划分及对应关系如表1所示。

表1　经济社会发展阶段划分及对应关系

	农业阶段	工业化起始阶段	工业化实现阶段			后工业（数字经济）阶段
			初期阶段	中期阶段	后期阶段	
1. 人均GDP(美元) (1)1970年 (2)1996年 (3)2021年	< 140 < 620 < 800	140～280 620～1240 800～1600	280～560 1240～2480 1600～3200	560～1120 2480～4960 3200～6400	1120～2100 4960～9300 6400～12000	2100以上 9300以上 12000以上
2. 三次产业增加值构成	第一产业占完全支配地位	第一产业占绝对支配地位，S <20%	P >20%；S 值较低，但超过20%	P <20%；S >T且在GDP中最大	P <10%；S 值保持最高水平	S 值持续下降，T >S
3. 工业内部结构变化	—	—	以原料工业为重心的重工业化阶段	以加工装配工业为重心的高加工化阶段	技术集约化阶段	—
4. 农业从业人员比重	接近100%	60%以上	45%～60%	30%～45%	10%～30%	10%以下
5. 城镇化率	静态化阶段	起步阶段	初期阶段	中期阶段	后期阶段	逆城镇化阶段
	30%以下	30%～40%	40%～55%	55%～70%	70%～90%	90%以上

	农业阶段	工业化起始阶段	工业化实现阶段			后工业（数字经济）阶段
			初期阶段	中期阶段	后期阶段	
6. 时间区间	公元前 8000 年 ~ 公元 1650 年	1650~1955 年				1955 年至今
7. 主要目标	生存	数量				质量
8. 核心驱动要素	土地	资本				信息

注：（1）P、S、T 分别代表第一产业、第二产业和第三产业在 GDP 中所占的比重。（2）时间区间、主要目标、核心驱动要素等标准，主要参考丹尼尔·贝尔、托夫勒、斯托尼尔、布洛克等学者的相关论述综合而成。（3）2021 年美元数值标准，是假定人民币币值稳定情况下，基于 1996 年美元兑人民币平均汇率（8.3142）与 2021 年美元平均汇率（6.45）的比值（1.29），在 1996 年各阶段美元表示的划分标准基础上推算获得。同时，为便于进行现实观察和应用参考，对结果进行了四舍五入处理。（4）表中人均 GDP、农业从业人员比重和城镇化率 3 个指标的临界值数据，第一次出现时不包含，第二次出现时包含。

资料来源：〔美〕钱纳里等：《工业化和经济增长的比较研究》，吴奇等译，上海三联书店，1989；周叔莲、郭克莎主编《中国工业增长与结构变动研究》，经济管理出版社，2000；唐茂华：《中国不完全城市化问题研究》，经济科学出版社，2009；等等。

（二）后工业社会的来临

以上是关于后工业社会的概念和基本特征的分析，下文通过 3 类数量指标数据来阐明当前中国后工业社会已经到来。

1. 产业结构

第三产业比重快速上升，完成了产业结构由"二、一、三"向"三、二、一"的转变。如图 1 所示，改革开放以来，第一产业 GDP 占比快速下降，由 1978 年的 27.7% 下降到 2020 年的 7.7%，大幅减少了20 个百分点。其中，2009 年，第一产业 GDP 比重跌破 10%；第二产业由 1978 年的 47.7% 一直波动到 2006 年的 47.6%，然后，跨越了工业化的中后期阶段出现了快速下降，2020 年降到 37.8%，减少了约 10 个百分点；而第三产业则由 1978 年的 24.6% 快速上升到 2020 年的 54.5%，

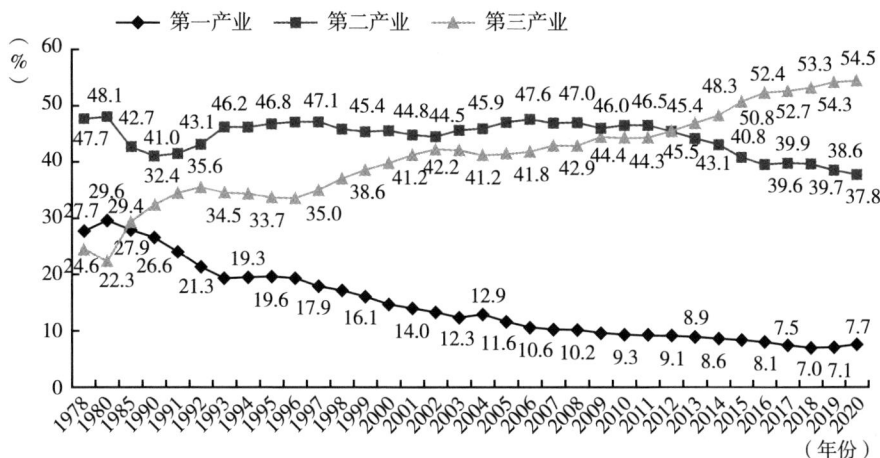

图 1　1978~2020 年 GDP 三次产业构成

资料来源：《中国统计年鉴 2021》。

上升了约 30 个百分点。2012 年，第三产业比重正式超过第二产业。根据产业结构变动情况来看，最迟在 2012 年，中国已经总体上进入后工业社会。

信息技术和科学研究产业增长迅速，并高于第三产业增速。近年来，特别是"十三五"以来，信息传输、软件和信息技术服务业与科学研究和技术服务业两类产业增速均总体上超过第三产业平均增速。如图 2 所示，信息传输、软件和信息技术服务业增加值在第三产业增加值中的占比由 2005 年的 2.9% 上升到 2019 年的 4.2%。科学研究和技术服务业在第三产业增加值中的比重也在近 3 年呈现恢复性上升状态，2019 年占到 6.2% 的比重。说明各类资源要素正在由相关行业向信息、知识领域流动和转移，信息成为社会发展的关键性生产要素。

2022 年 1 月 12 日，国务院发布《"十四五"数字经济发展规划》。规划明确了数字经济的概念和内涵，将数字经济列为继农业经济、工业经济之后的主要经济形态，是以数据资源为关键要素，以现代信息网络为主要载体，以信息通信技术融合应用、全要素数字化转型为重要推动力，构建公平与效率更加统一的新经济形态;① 明确到 2025 年,数字经济核心产业增加值占国内生产总值的比重达到 10%。②

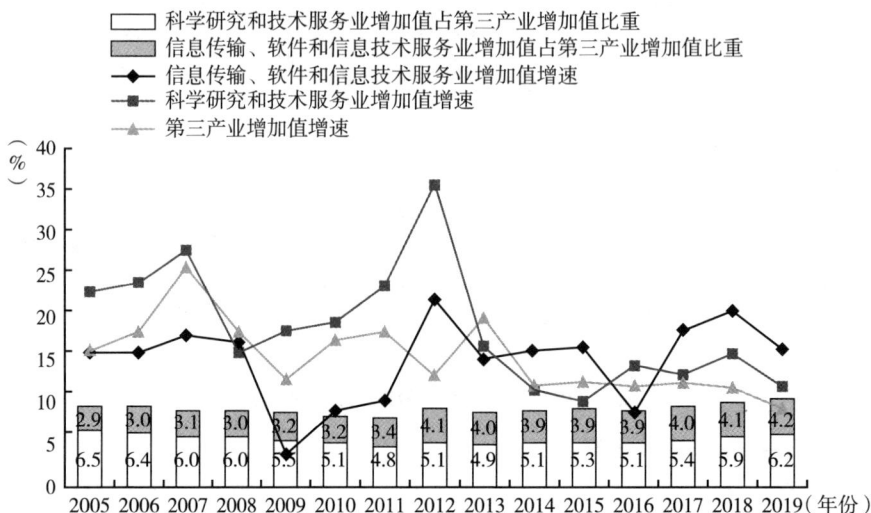

图 2　2005~2019 年中国第三产业中信息技术和科学研究等产业增加值占比及增速比较

资料来源:《中国统计年鉴》(历年)。

2. 就业结构

第三产业就业人员占比快速增加。从全国三次产业就业人员构成来看,1978~2020 年,第一产业就业人员占比大幅下降,从 70.5% 下降到 23.6%,减少了 46.9 个百分点;第二产业就业人员占比波动性上涨,从 17.3% 上升到

① 《"十四五"数字经济发展规划》。
② 数字经济主要是以信息为关键要素,并与实体产业深度融合而形成。目前,不同研究成果在测算口径上存在一定差异,但总体上看数字经济增加值已经占国内生产总值相对较大比重。据"数字经济蓝皮书"——《中国数字经济前沿(2021)》测算,2020 年中国数字经济增加值规模超过 19 万亿元,占 GDP 的比重约为 18.8%,https://baijiahao.baidu.com/s? id = 1699725271975534235&wfr=spider&for=pc;中国信息通信研究院发布的《中国数字经济发展白皮书(2021)》显示,服务业、工业、农业数字经济占行业增加值比重分别为 40.7%、21% 和 8.9%。国家知识产权局局长申长雨指出,2020 年我国数字经济规模达到 39.2 万亿元,占 GDP 的比重为 38.6%。中国社会科学院金融研究所金融科技研究室主任尹振涛认为 2021 年数字经济规模占 GDP 比重将超过 40%。

28.7%，增加了 11.4 个百分点，2012 年达到期内最高值 30.4%；第三产业就业人员比重从 12.2% 上升到 47.7%，增加了 35.5 个百分点。第三产业就业人员占比在 1994 年超过第二产业，在 2011 年超过第一产业；2014 年，第二产业就业人员占比超过第一产业，三次产业就业结构调整为"三、二、一"。考虑到农业从业人员的兼业特征，未来就业人员占比会更低，按照非农兼业为主农户占 50% 的比例推算，已经接近表 1 关于农业劳动力比重为 10% 的标准（见图 3）。

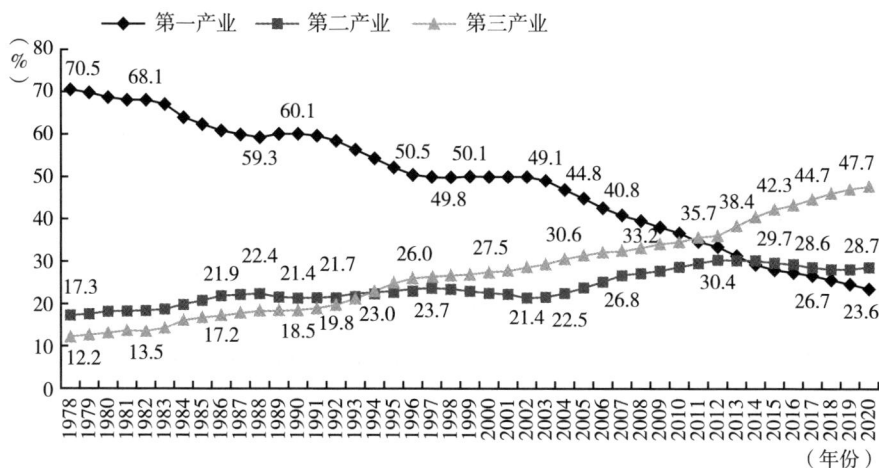

图 3　1978~2020 年中国按三次产业分就业人员数构成

资料来源：《中国统计年鉴 2021》。

从服务业内部就业比重来看，传统服务业就业比重下降，金融、信息技术服务等现代服务业成为带动就业的主力。从全国城镇非私营单位就业人员构成来看，2005~2020 年，交通运输、仓储和邮政业，批发和零售业，住宿和餐饮业等传统服务业就业人员占比整体呈下降趋势，其中交通运输、仓储和邮政业就业人员占比下降幅度相对较大，从 5.4% 下降到 4.8%，下降了 0.6 个百分点。从就业比重上升的服务行业来看，教育及公共管理、社会保障和社会组织行业就业仍占较大比重且 2014 年以来占比逐渐回升；金融业、租赁和商务服务业、房地产业三类行业从业人员占比增加最快，2020 年从业人员占比较 2005 年增加超过 1.8 个百分点；其次为信息传输、软件和信息技术服务业，卫生和社会工作行业，从业人员占比上升均超过 1.7 个百分点（见图 4）。

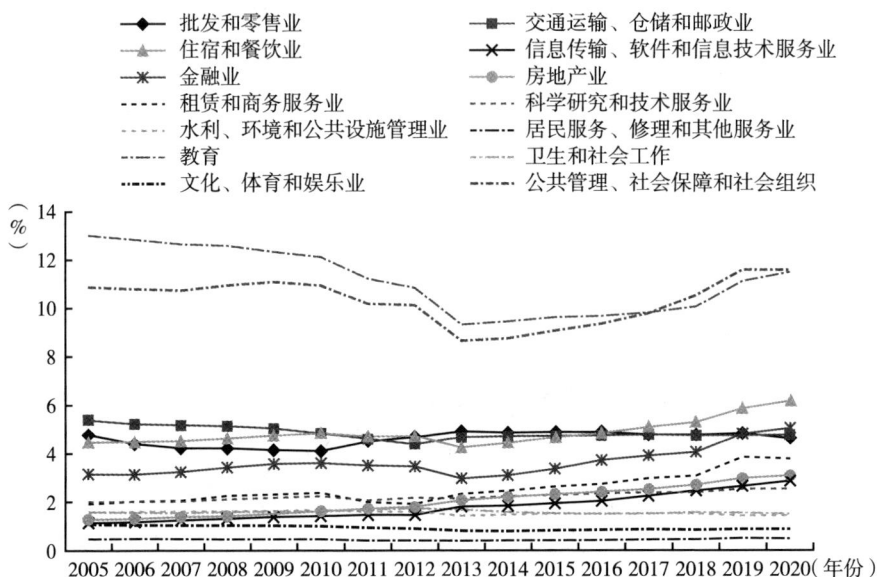

图 4　2005~2020 年按服务业行业划分的中国城镇非私营单位就业人员构成

资料来源：《中国统计年鉴 2021》。

从服务业内部就业人员收入水平来看，近年来，信息传输、软件和信息技术服务业与科学研究和技术服务业两类行业就业人员平均工资水平绝对涨幅领跑其他行业。2005~2020 年，第三产业就业人员平均工资（货币工资，下同）从 20136 元增加到 107318 元，年均增速 11.8%。其中，信息传输、软件和信息技术服务业就业人员平均工资从 38799 元增加到 177544 元，年均增速 10.7%，但绝对涨幅达到了 138745 元；科学研究和技术服务业就业人员平均工资从 27155 元增加到 139851 元，年均增速 11.5%，但绝对涨幅达到了 112696 元，均远超一般服务行业（见图 5）。而从增速动态变化看，进入"十三五"时期，第三产业就业人员平均工资年均增速 9.0%。其中，信息传输、软件和信息技术服务业平均工资年均增速 9.6%，科学研究和技术服务业平均工资年均增速 9.4%，教育、卫生、文化行业平均工资年均增速 9.8%，反超第三产业平均工资年均增速。2020 年，信息传输、软件和信息技术服务业及科学研究和技术服务业就业人员平均工资水平在三次产业各行业中分别位列第 1、第 2。

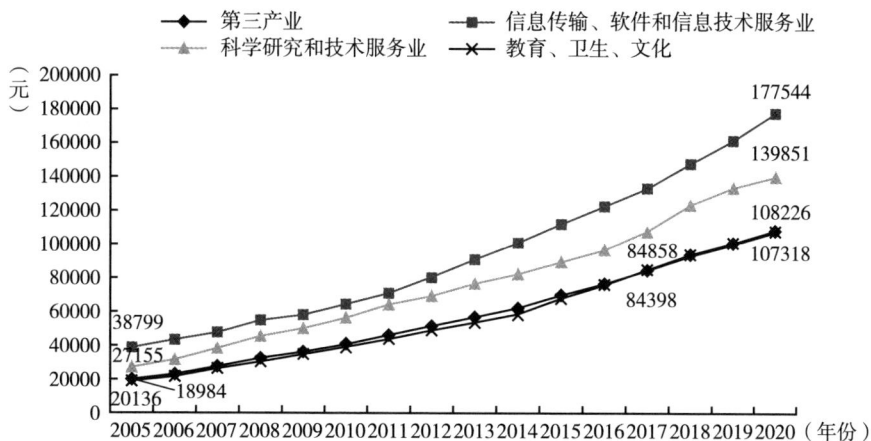

图 5　2005~2020 年中国城镇非私营单位就业人员平均工资（部分行业）

注：教育、卫生、文化数据为年鉴中教育、卫生和社会工作以及文化、体育和娱乐业 3 项汇总。

资料来源：《中国统计年鉴 2021》。

3. 城乡结构

城镇化水平显著提升。一是常住人口城镇化率大幅提升。如图 6 所示，改革开放以来，常住人口城镇化率从 1978 年的 17.9% 增加到 2020 年的 63.9%，增长了 46 个百分点。二是城镇化质量得到明显提升。常住人口城镇化率与户籍人口城镇化率①差值趋于缩小。如图 6 所示，2014 年差值达到 19.2 个百分点之后，趋势改变为缓慢缩小，说明城镇化质量开始逐步提升。三是城镇化进程逐步趋缓。2007 年为 45.9%，2013 年达到 54.6%，2014 年为 55.8%，2020 年达到 63.9%。

---

① 由于大量的进城农民没有获得城镇户籍，也就无法充分享受到城镇户籍附加的教育、社保、医疗等公共服务。为此，用户籍口径测算的城镇化率更突出了城镇化质量维度，不同时期两个城镇化率之间的差值变动趋势反映了城镇化质量的提升程度。

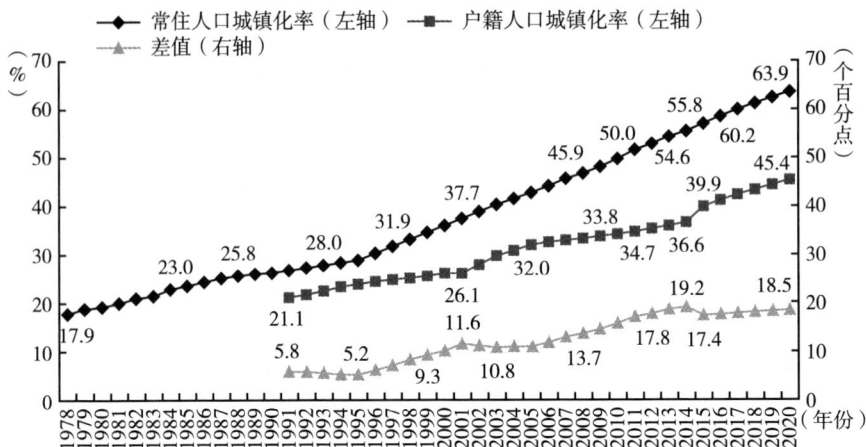

图 6　1978～2020 年全国城镇化率走势

资料来源：常住人口城镇化率数据来自《中国统计年鉴 2021》；户籍人口城镇化率，1991～2012 年数据引自张在冉《我国户籍人口城镇化率的现状及问题分析——来自于 1992～2014 年户籍人口统计数据的证据》，《赤子》2018 年第 11 期，第 143～146 页；2013～2019 年数据来自历年《中华人民共和国国民经济和社会发展统计公报》；2020 年数据来自国家统计局、公安部新闻发布数据，https：//baijiahao. baidu. com/s？id = 1699387501942841391&wfr = spider&for = pc。

城乡收入相对差距趋于缩小。2007 年城乡相对收入差距达到 3. 14，为自 1978 年改革开放以来的峰值。随着 2002 年城乡统筹发展的推进，2004 年以来连续颁布"中央一号文件"，2006 年启动新农村建设等一系列重大举措的实施，城乡相对收入差距从 2008 年开始呈现持续下降趋势，2020 年降至 2. 56，较峰值下降 18. 5%，威廉姆森"倒 U"形曲线①的右半段基本形成。城乡关系得到显著改善，并进入城乡融合发展的新阶段（见图 7）。

总体上看，当前中国已经进入后工业社会的新阶段，需要立足新的社会发展阶段，择定首位战略目标，进而凝聚共识、统一思想，推进生产方式的改革和调整，缩小城乡差距与区域差距，最终破解"三农"问题，实现农民农村的共同富裕。

———————————

①　威廉姆森"倒 U"形曲线反映了经济发展与地区收入差距之间的一般关系，经济发展初期，地区之间收入差距较小，随着发展水平提高差距逐步拉大，达到顶点后，差距逐渐缩小，从而形成了一条"倒 U"形曲线。

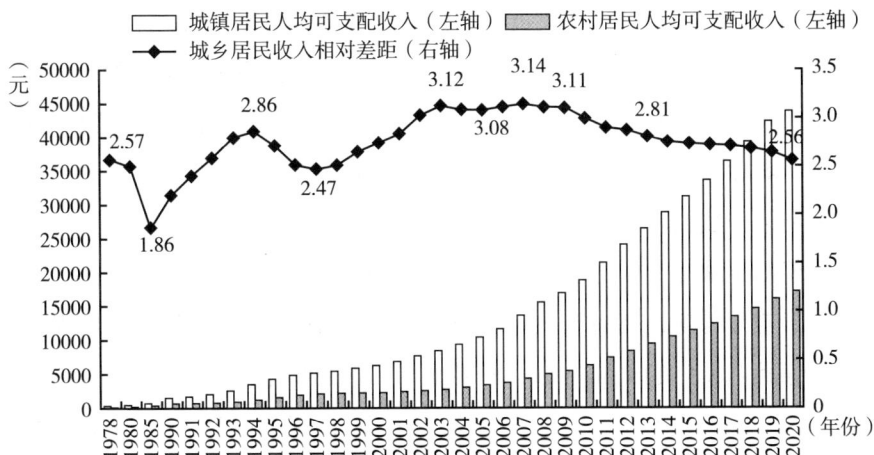

图 7　1978~2020 年全国城乡居民收入相对差距

资料来源：《中国统计年鉴 2021》。

（三）战略目标调整引领生产方式的变革

后工业社会初期的战略目标是要解决工业化过程中形成的历史遗留问题，即内化工业化时期曾经甩掉的社会成本，推进经济社会的整体发展，否则将诱发社会冲突甚至战争而不可持续。自党的十六大提出"统筹城乡发展"战略思想 20 年来，破除城乡二元结构体制已经取得显著进展。当前推进乡村振兴战略实施，战略目标就是要在加快城乡融合发展的基础上，进一步聚焦农村地区内部的收入差距问题，推进农民农村共同富裕。为此，要提升集体经济"统"的层级，发挥和放大农村集体经济组织的"特异功能"①，在农村地区内部进行生产方式上的深刻变革。

1. 人类社会发展的历史阶段及战略目标更替

生存问题。地主土地所有制是传统农业社会的基本制度安排，土地是首

---

① 陈雪原、孙梦洁：《"特别法人，特在哪里"：党建引领下的新型集体经济治理及评级系统》，载陈雪原、孙梦洁、周雨晴等《中国农村集体经济发展报告（2021）》，社会科学文献出版社，2021。该文提出了农村集体经济组织的五个功能：社会成本内部化、交易成本节约化、开发立体化、产权社会化、收益本地化。

要的生产资料，形成了地租制的生产方式，社区村落定居成为人口稠密地区的主要生活方式。但是，在粮食供给的天花板约束效应下，农业社会始终摆脱不了"人口增长—饥荒—人口减少—收入增长—人口增长—饥荒"的贫困陷阱。农业社会首位战略目标必须是解决粮食供应，维持人口基本生计，生存成为第一法则。早在 2000 多年前，中国先贤孔子就提出了大同社会的理想，但由于缺乏物质条件而成为一种朴素的"桃花源式"的空想。每当土地剧烈兼并时期，就有农民起义随之而起，对均衡收入分配提出强烈诉求，如陈胜、吴广起义提出的"王侯将相，宁有种乎?"王小波、李顺起义提出的"吾疾贫富不均，今为汝等均之"。20 世纪 20 年代，中国共产党领导土地革命时期提出"打土豪，分田地"，随即获得了农民的广泛拥护，契合了农业社会的特点。

效率问题。工业革命促进了机器的广泛使用，变革了生产方式，极大地解放了生产力，农业、工业等物质产品生产效率快速提升，社会逐渐摆脱了对农地的严重依赖，生存问题不再成为社会的最大威胁，收入分配不均等相关问题开始凸显。为此，主要产生了三种社会改革思潮。一是资本主义（拜金主义）。以亚当·斯密为代表的政治经济学说，认为市场价格机制类似一只"看不见的手"，可以自动引导资源要素实现最优配置，实现社会和谐的目标，这与库兹涅茨曲线、威廉姆森"倒 U"形曲线的精神实质是一致的。但是，历史上发生的数次世界性的经济危机表明，单纯的市场机制无法根本解决工业制度下的收入分配以及由此导致的阶级冲突、经济危机、剥削等一系列社会问题。二是土地改革。以达马熙克为代表的德国土地改革派提出了涨价归公理论①，意在解决工业化阶段面临的城市住房供给不足等一系列社会问题。再如魁奈、杜尔阁、亨利·乔治等提出"土地单一税"，孙中山提出"平均地权，涨价归公"，都是寄希望于借助地利共享来解决分配不公问题。实际上，在后工业社会条件下，随着信息技术特别是远程办公、居家办公的发展，写字楼出现了局部过剩，土地租金呈现匀平化趋势。但

---

① 〔德〕达马熙克:《土地改革论》，张丕介译，建国出版社，1947。

是，收入分配问题并不会因为地租问题弱化而得到彻底解决。正如法国经济学家托马斯·皮凯蒂的《21世纪资本论》中提出的资本收益率高于国民收入增长率导致收入差距拉大，而资本显然不仅仅局限于土地领域。三是社会主义。在继承英国政治经济学、德国古典哲学、法国空想社会主义的基础上，马克思、恩格斯阐述了科学社会主义理论，指明了资本主义体系中的内在对抗性矛盾以及走向社会主义的客观必然性。巴黎公社革命、俄国十月革命、中国"三大改造"等多次社会主义革命实践表明，社会主义要与时俱进，不断改革创新。

分配问题。后工业社会的来临，标志着向马克思描绘的物质财富极大丰富阶段的接近，为人的全面发展时代的来临揭开了序幕。首先，应将战略目标转换为解决工业社会形成的诸多历史遗留问题，特别是收入分配差距加大、发展权垄断、城乡与地区发展不均衡、生态环境恶化等一系列结构性的不均衡问题。2015年，习近平总书记在主持起草"十三五"规划建议时，创造性地提出了创新、协调、绿色、开放、共享的新发展理念，并将其写入"十三五"规划建议之中，集中反映了我们党立足发展新阶段，对经济社会发展规律的新认识，成为党和国家事业发展必须长期坚持和全面贯彻的基本方略。[1] 这就意味着首位战略目标的深刻调整，为此要进行统筹发展的生产方式变革。

2. 发展壮大集体经济缩小城乡与农村区域内部收入差距，是中国特色的社会主义制度设计

习近平总书记指出"在农村改革和发展中，集体经济是农村基层组织领导地位的物质基础，是农村基础设施建设的投入主体，哪里的集体经济强大，哪里经济和社会发展就快"[2]。"集体经济是农民共同致富的根基，

---

[1] 《把新发展理念贯穿发展全过程和各领域》，人民网，https：//baijiahao.baidu.com/s？id=1686374285829629388&wfr=spider&for=pc。

[2] 习近平：《中国农村市场化建设研究》，人民出版社，2001，第67~68页。

是农民走共同富裕道路的物质保障。"①

利用近十年来全国不同省份的面板数据，可以观察集体经济与城乡差距和农民收入的相关性。以 2011~2020 年全国 30 个省份（不包括西藏、香港、澳门、台湾）数据组成的混合样本，构建混合截面数据库，以 Lowess 拟合绘制形成一条趋势线。

从图 8 中可以明显看出户均集体经济总收入与城乡居民收入差距指数均呈现负向关系，户均集体经济总收入越高的地区，城乡居民收入差距越小。图 9 反映了户均集体经济总收入与农村居民人均可支配收入的正向关系，户均集体经济总收入越高的地区，农村居民人均可支配收入越高。

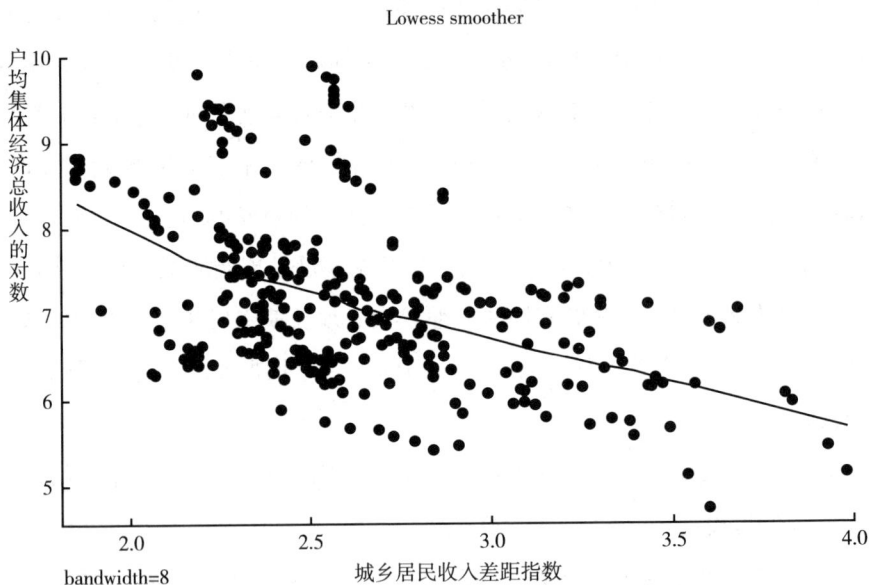

图 8　2011~2020 年城乡居民收入差距指数与户均集体经济总收入的 Lowess 拟合

资料来源：《中国农村经营管理统计年报》（2011~2018）、《中国农村政策与改革统计年报》（2019~2020）、《中国农村合作经济统计年报》（2019~2020）以及《中国统计年鉴》（2012~2021）。

---

①　习近平：《扶贫要注意增强乡村两级集体经济实力》，载《摆脱贫困》，福建人民出版社，1992，第 143 页。

Lowess smoother

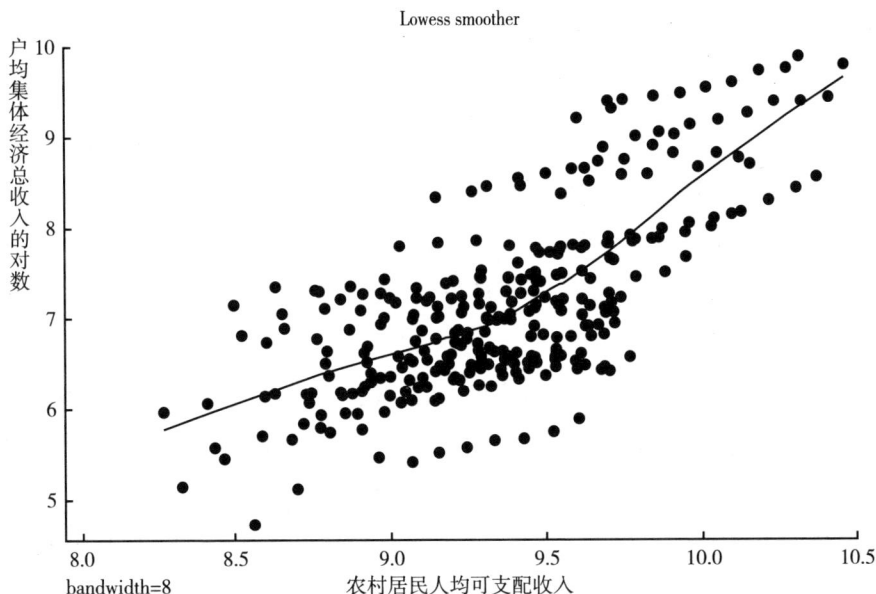

图9 2011~2020年农村居民人均可支配收入与户均集体经济总收入的Lowess拟合

资料来源：《中国农村经营管理统计年报》（2011~2018）、《中国农村政策与改革统计年报》（2019~2020）、《中国农村合作经济统计年报》（2019~2020）以及《中国统计年鉴》（2012~2021）。

3. 提升集体经济"统"的层级，迎接"二次飞跃"转折点的来临

新中国成立初期，毛泽东同志从整体发展的战略高度出发，提出国家工业化和农村工业化同步推进，并直接组织推动了全国范围的农业合作化、集体化与人民公社化运动，奠定了中国工业化和农业农村现代化的制度基石。计划经济体制下"统得过死""管得过严"，导致经济效率损失，农民收入增长缓慢。改革开放后，确立了家庭承包经营为基础、统分结合的双层经营体制，资源配置效率得到有效提高，但又形成了"村村点火，户户冒烟"、土地利用碎片化的体制发展格局。

我们通过对北京郊区3885个村集体经济组织2007年、2012年和2017年3年12000个大样本数据的分析发现，村庄分化与层级固化趋势明显，村

庄景气指数①呈"俱乐部收敛"特征。② 村庄分化固然受到能人效应、区位条件、产业结构、组织体制等因素的综合影响，但根本原因还是乡镇统筹力量薄弱③，"村自为界、户自为界"的分割式发展体制格局难以破除，集体建设用地、农用地等资源要素难以实现集中优化配置，大量资源错配，地不能尽其利，地利不能共享。2020 年，中国村级集体资产总额（不包括土地等资源性资产）6.0 万亿元、组级 0.94 万亿元、乡镇级 0.79 万亿元，分别占乡镇、村、组总资产的 77.6%、12.2% 和 10.2%。"一强两弱"的格局，势必限制乡镇统筹协调的能力。

早在 1980 年，邓小平同志就指出农村改革过程存在一个低水平集体经济时期由"统"到"分"，再向高水平集体经济时期由"分"到"统"发展转型的历史过程，但是转折点到来需要若干基本条件，如机械化水平提升、管理水平提升、多种经营与分工分业的深化以及集体经济成分在农村经济中比重的提升等。1990 年，进一步明确提出了农业改革和发展的"二次飞跃"构想。2020 年，中国家庭承包经营耕地流转比重为 34.1%④，农作物耕种收机械化率达 71%⑤，农业生产托管服务面积超过 16 亿亩次。⑥ 2021年，北京市农村经济研究中心对京郊 100 个集体经济薄弱村进行调查后发现，有 66% 的薄弱村认为需要跨村联合发展。

发挥农村集体经济组织在土地资源整合方面的组织比较优势，提升集体

---

① 采用经济状况（"财气"：村集体主营业务收入、村集体资产规模、人均所得）和人口规模（"人气"：村分配人口数和村劳动力人数）两方面的指标，测算村庄综合发展水平得分，构建"村庄景气指数"。其中，分配人口指的是农村集体经济组织成员。
② 陈雪原、周雨晴：《基于北京郊区 3885 个村庄的全域分析》，载陈雪原、孙梦洁、周雨晴等《中国农村集体经济发展报告（2021）》，社会科学文献出版社，2021。
③ 习近平：《扶贫要注意增强乡村两级集体经济实力》，载《摆脱贫困》，福建人民出版社，1992，第 193~194 页。
④ 农业农村部政策与改革司编《2020 年中国农村政策与改革统计年报》，中国农业出版社，2021。
⑤ 农业农村部：《2020 年全国农作物耕种收机械化率高达 71%》，中国青年网，https://baijiahao.baidu.com/s? id = 1686137027826211051&wfr=spider&for=pc。
⑥ 农业农村部农村合作经济指导司编《中国农村合作经济统计年报（2020 年）》，中国农业出版社，2021。

经济统筹层级，跨越"二次飞跃"转折点已经是一个客观而紧迫的需要。现实中，为有效破解村庄分化与层级固化问题，越来越多的地区开始提高集体经济"统"的层次，通过组建乡镇级联合社或联营公司，推进跨村联营，在空间、体制和产业上，实施集中优化配置，有效缩小了城乡收入差距和农村地区内部差距。

二 "双刘易斯二元模型"：中国式农业农村现代化的一个分析框架

如何跨越"中等收入陷阱"，是当代中国学术界热议的一个重大理论和现实问题。自 20 世纪 50 年代以来，除了韩国、新加坡等少数国家和地区跨越了"中等收入陷阱"之外，大部分国家要么停留在"陷阱"的边缘地带，要么仍在底部。"中等收入陷阱"大多是在城镇化社会结构转型期形成的。之所以绝大多数国家和地区未成功转型，而世纪之交中国"三农"问题又引发社会各界的广泛关注，主要是城镇化路径出了问题。

2021 年，中国 GDP 17.7 万亿美元①，人均 GDP 1.26 万美元，跨过"中等收入陷阱"的上边界（12535 万美元），即将迈进高收入国家行列。同时，城镇化率达到 64.72%，一、二、三次产业比重为 7.3∶39.4∶53.3。综合判断，中国已经跨越"陷阱"的边缘地带，基本完成了现代化转型。为何一个 14 亿人口大国能够基本跨越"中等收入陷阱"，其成功的奥秘是什么？作为解释发展转型的经典理论，刘易斯二元模型及其后续发展，必须要结合中国的特色、鲜活的实践开展理论模型的再次拓展创新。农村集体经济组织成员，在农村一般称为"社员"，共计 8.8 亿人口，占全国总人口的 62.4%，既包括大部分乡村人口，也包括大部分由乡村进入城市的人口，由此观察分析农民城镇化或农民市民化的转型路径是一个可行的也是必要的视角。

---

① 摘自《中华人民共和国 2021 年国民经济和社会发展统计公报》，并按照 2021 年平均汇率 1 美元＝6.4512 元人民币计算，下同。

（一）传统二元模型忽略了农业转移人口出发地的土地制度及其背后的组织载体

揭示中国式农业农村现代化实现的奥秘，需要找到一个大家熟知和公认的基准模型与研究范式。"刘易斯转折点"作为一个在中国语境下对经济发展现象的概括，完全可以认为是中国独创的经济学概念。[①] 本部分从"刘易斯转折点"视角出发，纳入集体土地所有制、农村集体经济组织等中国特色的农村基本制度元素，构建一个解释中国式农业农村现代化的分析框架，从而破解中国式农业农村现代化的成功密码：发展壮大集体经济，让农民"带资进城"。

1. 经典二元模型忽略土地要素的原因

农村集体经济组织，作为一项中国特色的制度设计和安排，在促进农民农村共同富裕的过程中发挥了重要的作用。早在 20 世纪 50 年代，随着合作化、集体化运动的展开，在私有制基础上建立的初级社过渡到了公有制性质的高级社，也成为集体经济组织成员的重要利益依托。2020 年，不含镇、组两级，村均集体资产达 1069 万元，是农村集体经济组织成员市民化的重要物质基础。然而，大多数关于农村劳动力转移或农民市民化的理论研究，都不太重视农村集体经济组织的作用。

刘易斯二元模型，通常被认为是现代发展经济学的源头，主要是在传统部门与现代部门的二元框架下，论述发展中国家在工业化、城镇化的过程中实现劳动力由传统部门到现代部门转移的过程，揭示了经济转型期的基本特征和经济增长的动力机制。[②] 但是，该模型重点是针对劳动力的非农转移问题，没有关注农民离开后农村土地要素市场问题，属于局部均衡分析。原因主要有以下两个方面。一是产业特性的差异。Ranis 认为，农业部门只需要固定投入的土地，而制造业部门不需要大量土地或土地要素重要性并不突出，刘易斯二元模型天然剔除了土地因素，多是关注"人"，而见不到

---

① 蔡昉：《刘易斯转折点——中国经济发展阶段的标识性变化》，《经济研究》2022 年第 1 期。

② Lewis, W. A., "Economic Development with Unlimited Supplies of Labor", *Economic Writings of W. Arthur Lewis*, edited by Mark Gersoviz, 1983, New York University Press.

"地"，自然也见不到"地的'主人'"①。二是制度条件的差异。欧美或拉美国家在城镇化进程中，土地等资产处置问题并不是很突出，前者可以市场方式自由处置自有资产而实现农民"带资进城"，资产不含有组织特征，而后者农地被大庄园主所控制，农民根本无资可带。

2. 中国场景下忽略集体土地要素，导致认识与实践上的城镇化路径偏差

在中国农村的制度场景下，沿袭"刘易斯-费景汉-拉尼斯二元经济模型"分析框架，单一地分析劳动力转移而忽视集体土地要素及其组织载体，就会产生对城镇化路径在认识与实践上的偏差问题。

目前，一个普遍性观点就是破除户籍制度约束，让农业转移人口直接在所工作生活的城镇实现市民化。其逻辑的基本要点包括：（1）重点关注对象是农村转移出来的人口②，即农民的市民化；（2）农业转移人口市民化进程滞后主要源于城乡二元户籍制度的约束；（3）放开户籍限制，政府加大财政投入，农业转移人口就有能力在所在城镇实现市民化。

第一点源于把"市民化"等同于"农民市民化"。市民化的核心要义或精神实质不是农民由农业户籍变为非农业户籍，而是在土地利用、教育、公共卫生以及社会保障等方面的城乡均等化。伴随着后工业社会的来临，在数字经济叠加逆城镇化的共同作用下，城市产业和功能持续快速向农村地区扩散，因此不仅要研究农业转移人口的市民化，还要把研究对象扩展到农民市民化，即农民群体的整体性市民化。第二点忽略了农村集体产权对农民市民化的促进作用。农民与集体的产权收益关系往往与户籍挂钩，在未得到明确固化的情况下，农民转居往往意味着要退出集体经济组织，丧失集体土地等各项权益，一定程度上等同于拉美的城镇化模式，即无资产的纯劳动力转移。实际上，在不征地、不转居的情况下，利用培育现代产业园区、特色小镇、田园综合体等方式，仍然可以就地就近实现农民市民化。第三点忽略了市民化成本对农民市民化的限制。农民市民化的真正难点，主要在于就业、

---

① Ranis, G., "Analytics of Development Economics", in Chenery, H. and Srinivasan, T. N. (eds.), *Handbook of Development Economics*, Vol. 1, Elsevier Science Publishers B. V., 1988.

② 往往是省外或省内县外就业的农业转移人口。

住房、社保以及公共服务等方面的转型成本。跨越市民化成本门槛历来是发展中国家推进城镇化社会结构转型面临的一道难题。[①] 考虑到居住成本、工作创造成本、社保及公共服务成本等多个因素，传统的农民、企业、政府三方承担成本的方式难以满足需要[②]，而集体资产恰恰可以发挥进一步分担市民化成本的功能。

实践上的偏差，主要表现为城与乡的"双输"，即因人口、资源和环境发生矛盾而产生的"大城市病"与因农村过度空心化而产生的"农村病"同时暴发。

因此，"三农"问题的根源在于城镇化道路的择定性偏差。首先，要在以农村集体土地所有制为基础的农村集体经济组织制度条件下，探索将集体土地、集体资产的封闭产权结构属性下的低效利用，转换为资源整合后的改革势能和潜在收益，推进就地就近城镇化的社会结构转型。其次，切实落实2021年4月颁布的《乡村振兴促进法》所提出的"县级以上人民政府应当采取措施促进在城镇稳定就业和生活的农民自愿有序进城落户，不得以退出土地承包经营权、宅基地使用权、集体收益分配权等作为农民进城落户的条件"，"加强乡镇人民政府社会管理和服务能力建设，把乡镇建成乡村治理中心、农村服务中心、乡村经济中心"。

具体来讲，一是"调路径"，鼓励以县城为主要载体的就地就近城镇化，降低城镇化成本。2022年5月，中共中央办公厅、国务院办公厅印发《关于推进以县城为重要载体的城镇化建设的意见》，明确指出要推进农业转移人口就近城镇化。二是"活资源"，深化集体土地制度改革、集体产权制度改革，激活农村土地资源，优化农村集体经济组织治理机制，实现集体产业转型升级，让农民"带资进城"。

---

① Linn, J. F., "The Costs of Urbanization in Developing Countries," *Economic Development and Cultural Change*, 30 (3), 1982: 625-648; Richardson, H. W., "The Costs of Urbanization: A Four-country Comparison," *Economic Development and Cultural Change*, 35 (3), 1987: 561-580.

② 魏后凯、陈雪原：《中国特大城市农转居成本测算及推进策略——以北京为例》，《区域经济评论》2014年第4期；章铮等：《农民工城镇化现状及前景》，载韩俊编《中国农民工战略问题研究》，上海远东出版社，2009。

20 世纪 80 年代中期，在农村地区，"三级所有，队为基础"的人民公社体制向"统分结合、双层经营"的家庭承包经营体制转型，虽然改变了农业的组织经营形式，激发了以户为组织单元的生产积极性，但并没有解决传统的农村集体所有制下产权不清晰问题，也没有改变城乡二元体制，反倒形成了"村村点火、户户冒烟"的痼疾。这主要表现在土地要素市场分割和集体经济组织产权不清晰两个方面，也是激活农村资源的两个主要阻力。

土地要素市场分割主要表现为城乡分割和"村自为界、户自为界"的产权碎片化分割。尽管新《土地管理法》规定集体经营性建设用地可以入市，但城乡规划管理体制对集体土地具有歧视性规定，土地用途管制与所有制管制相关联，城乡土地市场二元分割体制尚未发生根本性改变。而在集体土地所有制及家庭承包制条件下，村集体与村集体、农户与农户之间各自为战，导致土地利用的碎片化，在农村地区内部形成另外一种土地市场的分割，难以地尽其利。

由于集体经济组织内部产权不清晰，集体经济治理结构与治理机制也不健全，组织成员的收益权缺乏制度保障，难以地利共享。

总之，农村劳动力在向非农领域转移时，需要深化集体土地制度改革和集体产权制度改革，借力农村集体土地与资产价格上涨的红利效应，完成就地就近城镇化社会结构转型。以上均属于深层次、宽领域的"啃硬骨头式"的体制改革，恰恰是进行刘易斯二元模型研究的相关学术成果未曾真正触及的，由此也成为构造新的刘易斯二元模型分析框架的逻辑起点。

3. 后工业社会的新视角：一般均衡

改革开放后，中国农村地区先后发生了"卖粮难"、乡镇企业改制、以离土又离乡为主要表现的"民工潮"，形成了农业社会向工业社会转型过程中的第一次农民市民化。

2003 年，珠江三角洲地区出现"民工荒"，中国经济进入刘易斯第一转折点向第二转折点的推进阶段[①]，这意味着城乡一体化阶段即将到来。一个

---

① 蔡昉：《中国经济面临的转折及其对发展和改革的挑战》，《中国社会科学》2007 年第 3 期。

基本特征是随着城市资本向农村地区转移，农民开始回流农村，集体土地资源供给由完全弹性转变为缺乏弹性，形成土地要素与劳动力要素价格同时上涨的局面，即要素供给变动不仅发生在劳动力市场上，也同时体现在土地市场上，并带动农村集体资产规模迅速增长。随着去农业化、去工业化和逆城镇化的开启，城市产业和功能持续向农村地区辐射和扩散。近年来，随着乡村振兴战略的实施，以开心农场、精品民宿、现代农业科技园区、休闲农业为主要内容的田园综合体及以产城融合为主要内容的特色小镇不断兴起，带动了农村集体土地、集体资产的市场价格快速上涨，土地征占、棚户区改造、集体建设用地集约利用等过程中乡村价值得到进一步发现，乡镇的经济中心地位日益凸显，形成了后工业社会时期以就地就近城镇化为主要途径的第二次农民市民化。

"见人不见地"的城乡二元理论研究，主要关注的是第一次农民市民化，即农业转移人口的市民化，是对工业化时代农民由乡到城过程的理论概括，毕竟当时农村集体土地、集体资产价值较低，对农民市民化的影响尚不显著。而随着后工业社会的到来，逆城镇化趋势不断增强，资本、技术、人才等高端资源要素不断向农村转移，集体土地等资源资产面临着重新定价的契机，集体土地、集体资产对于农民市民化的重要性凸显出来。如北京市海淀区温泉镇以镇级股份经济联合社为立项主体开发建设集体产业园区，2021年向镇域内7个村分红2900万元，实现集体土地、资产经营收益的全镇共享。加上村级分红，2021年全镇农村集体收益股东分红人均14251.16元，较2016年增长84%。类似的，还有贵州省毕节市、陕西省榆林市榆阳区所辖乡镇全部组建乡镇联合社，广东省东莞市推进市镇村组统筹等。为此，需要在"整体发展"战略目标引领下，采用一般均衡分析方法，将集体土地市场因素纳入刘易斯二元模型，构建一个与劳动力市场相互打通的中国式农业农村现代化的新的分析框架。

从亚当·斯密把价格机制称为"看不见的手"到瓦尔拉斯把市场均衡比作"被风吹动的湖面"，再到杰拉德·德布鲁用严格的数理方法论证了一般均衡的存在，一般均衡分析一直是经济学理论的核心。其主旨思想是在完全竞争的市场经济条件下，遵循价格规律，劳动力、资本、土地等生产要素会根据其边际生产力的变动不断提高配置效率，最终达到帕累托最优。在斯密-瓦尔拉斯-德布鲁框架下，劳动力要素在城乡之间的重新配置会引起土地、资本等其他要素的相应变动，经济很快会从初始均衡状态达到新的均衡。只进行劳动力的局部均衡分析，所得出的结论可能会存在系统性的偏差。

为此，研究农民市民化或就地就近城镇化的社会结构转型，应立足一般均衡方法，同步研究人与地两种要素，构造新的分析框架，在理论上阐述"带资进城"的客观必要性，深入刘易斯转折点背后的体制、空间、产业等一系列问题，才能真正探索中国式农业农村现代化的成功道路。

（二）"双刘易斯二元模型"假说

改革开放以来，"廉价劳动力加零地租"一直是中国经济快速增长的重要推动力。对刘易斯二元模型的理论进行梳理后也发现，刘易斯转折点原本指的是两个转折点。[1] 分辨清楚两个转折点的意义不仅能够明确经济发展转型阶段及劳动力市场的变化，而且可以与土地市场变化相对应，从而顺理成章地增加土地要素，形成一般均衡框架下的"双刘易斯二元模型"。

亚当·斯密曾指出，经济发展存在两个不同的阶段：劳动力无限供给的古典阶段和资本相对丰裕的劳动力有限供给阶段。刘易斯根据这一思想，提出了"两个转折点"的理论：第一个转折点，现代部门工资开始上升；第二个转折点，传统部门与现代部门边际产品相等。[2] 刘易斯认为，第二个转折点具有决定意义，经济由此进入新古典阶段，从而将两阶段理论发展为古典阶段（$0A_1$）、刘易斯转折点阶段（A_1A_2）、新古典阶段（A_2之后）的三阶段理论，对应的劳动力供给特点分别为完全弹性、缺乏弹性与无弹性（见图10）。

① Lewis, W. A., "Reflection on Unlimited Labor", *Economic Writings of W. Arthur Lewis*, edited by Mark Gersoviz, 1983, New York University Press.
② Lewis, W. A., "Reflection on Unlimited Labor", *Economic Writings of W. Arthur Lewis*, edited by Mark Gersoviz, 1983, New York University Press.

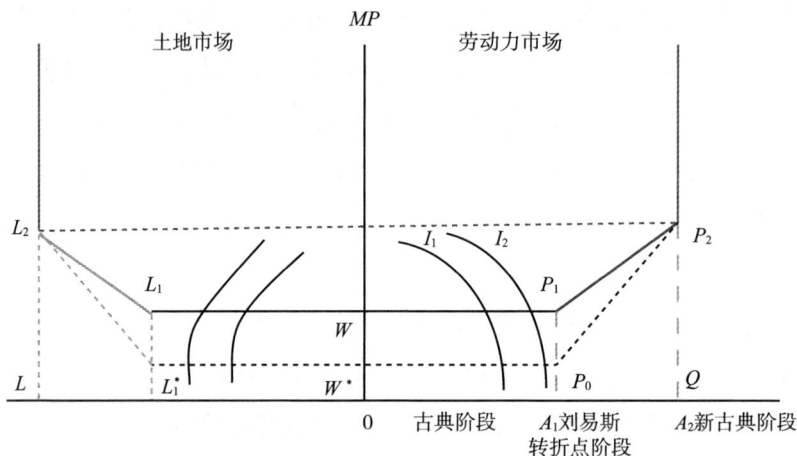

图10 一般均衡框架下的"双刘易斯二元模型"

横轴上的 Q 和 L 分别代表劳动力供给与土地供给，纵轴 MP 代表土地边际产品、劳动边际产品。

（1）古典阶段。曲线 I_1 代表某个家庭的单个工作者在固定土地面积、X 个劳动力条件下的劳动边际产品，曲线 I_2 代表该家庭劳动力减少到 $(X-n)$ 个时的劳动边际产品。两曲线凹向原点，表明增加劳动力供给时，劳动边际产品递减速度增加，这意味着很快会达到某一点，这时农民选择闲暇而不再增加劳动力供给，即处于劳动力供给曲线的向后弯折阶段。

（2）刘易斯转折点阶段。传统部门对现代部门的压力，主要体现在本部门平均工资收入 W^* 的提高上（由 P_0 点开始），进而推高现代部门工资 W。否则，一旦被传统部门的工资水平超过（$W^*>W$），就会发生劳动力的回流。因此，当家庭劳动力数量持续下降，到达刘易斯转折点后，在传统部门工资上涨的压力下，再增加劳动力供给需要现代部门工资水平的上涨。W 与 W^* 分别为现代部门与传统部门的工资收入水平，P_1 和 P_2 分别为刘易斯第一转折点和第二转折点，相应的 L_1、L_2 分别为农村地区的集体土地市场价格的两个转折点。第一个转折点 P_1 只有在传统部门的压力作用下，劳动力供给开始丧失完全弹性特征而工资开始上升的时候才会来到，

即传统部门 OA_1 数量的剩余劳动力由于现代部门劳动边际生产力曲线 I_1 向 I_2 的推进而被吸收完毕。2003 年出现的"民工荒"恰恰是指的这一点。

（3）新古典阶段。第二个转折点 P_2 到来的时候，两个部门的劳动边际产品相等（图 10 中两部门工资收入水平的虚线与实线汇集于 P_2 点），经济由古典阶段、刘易斯转折点阶段的非均衡状态，最终到达了新古典阶段的均衡状态。刘易斯分别引用了英国、美国和日本早期产业革命时期的情况对这一理论做了印证。[①]

同时，随着城镇土地供给不足而价格快速上涨，产业资本会向农村地区转移，寻找相对便宜的土地资源。受土地不可移动性、垄断性等因素的影响，土地供给最终不会自动随着资本和劳动力供给增加而同步增加，土地供给稀缺程度就会相应上升。正如劳动力市场一样，到达 L_1^* 之后，农业种植、养殖、平原造林等农村地区传统部门需要的集体土地由供给的完全弹性向缺乏弹性转变，推高农村地区现代部门地租水平，集体土地开发数量到达 L_1 之后价格开始上涨，城乡融合发展的时代也就到来了。农村地区传统部门用地一般为粮食等大田作物用地，现代部门一般为农业多种经营或非农用地，也包括混合型的现代农业科技园区或一、二、三产业融合用地。

（三）"双刘易斯二元模型"的动态机制：后工业社会的农村地区土地价格变化

"双刘易斯二元模型"的动态机制，是指在不考虑除土地之外的其他投入的情况下，在刘易斯两转折点模型基础上解释土地价格即地租上涨的过程及其对相关变量的影响，分析产品产值、利润和地租之间关系变动的阶段性特征，揭示带有土地要素的"双刘易斯二元模型"的动态机制。

1. 农地价格升高的影响机制

现代部门企业的利润首要地依赖地租 r 与产品价格 p 的比例关系，即 r/p。

[①] Selected *Economic Writings of W. Arthur Lewis*, edited by Mark Gersoviz, 1983, New York University Press.

为了获得更准确的利润指标，需要把地均产出这一代表生产效率（产品数量 Q 和土地投入数量 L 之间的比值）的指标引进来，在无劳动力、无原材料、不涉及增加值问题的情况下，地租—产值关系为：

$$rL/pQ \text{ 或} (r/p) \times (L/Q) \tag{1}$$

而经营者利润（或者储蓄 S，或者投资 I）为 π，假设经济不存在漏出，利润全部转为储蓄，储蓄全部转化为投资，从而形成经济的动态运行机制。可以表示为：

$$\pi = S = I = 1 - (r/p) \times (L/Q) \tag{2}$$

实际上，地租—产值关系说明了土地资源非农业化的内在动力机制。当生产率提高而地租保持不变时，现代部门中的利润份额提高，储蓄率上升。通过将储蓄转化为投资，增加雇佣工人数量，可以产生更多的利润，进一步提高现代部门在整个国民经济中的比重。

2. 影响机制的阶段性动态变化

古典阶段。由于农村地区土地存量远远超过农村地区现代部门土地需求数量，因此地价保持稳定。这解释了改革开放初期，最早在东部沿海地区招商引资过程中出现的"零地租"现象。

刘易斯转折点阶段。在经历了经济发展的初期阶段后，农业现代化进程也在不断加快，农村地区传统部门土地利用需求的上升，会压迫现代部门的地租水平 r 上升，到达第一转折点 L_1，由此经济也进入了刘易斯转折点阶段。"双刘易斯二元模型"左侧的第一转折点 L_1 与第二转折点 L_2 之间的区域，地租—价格比例 r/p 和生产效率 Q/L 共同处于增长阶段。随着地租上升，利润水平则趋于下降，并影响到后续生产规模的扩张。而且，由于土地资源在这一个阶段由完全供给弹性向缺乏供给弹性转变，r/p 的增长速度迟早会快于 Q/L 的增长速度，即土地所有者开始更多地分享生产效率上升带来的收益，这意味着利润率开始下降。之后，代表现代部门的城市产业和功能向农村地区扩散和疏解的趋势会逐步减弱。

新古典阶段。经济最终到达了第二个转折点①，农村地区与城镇地区土地边际产品相等，r 停止上升，π 停止下降，都处于一个相对稳定阶段，这意味着城乡融合发展阶段的基本完成。

假如非农转移者②也是土地权益分享者，自第一个转折点之后，其不仅可以享受到工资上涨的红利，而且可以通过集体土地价格的上涨，带着日益升值的资产进城，就有可能跨越城镇工作生活的成本门槛，完成社会结构转型。因此，詹姆斯·布坎南把财产比作自由的担保人。

（四）"双刘易斯二元模型"：现实表现

1. 典型化事实之一：随着地价上涨，农村集体经济财富积累快速增长

2009~2019 年，全国集体土地征收征用亩均土地补偿费呈波动性上升趋势，亩均土地补偿费从 2.9 万元上升到 7.5 万元，增加了 1.6 倍。同期，人均村级集体资产呈稳步上升趋势，从 1720.4 元上升到 5048.9 元，增加了 1.9 倍（见图 11）。集体土地征收征用亩均土地补偿费在 2012 年、2016 年出现大幅下降③，2009~2011 年、2012~2015 年、2016~2019 年 3 个时期年均增速分别为 30.5%、1.0%、40.0%，相对应的，人均村级集体资产年均增速分别为 11.3%、8.7%、16.9%。集体土地征收征用亩均土地补偿费与人均村级集体资产阶段性波动具有一定的相似性，呈现"两头高、中间低"的变化特征。考虑到征地过程中资源性资产转化为账面积累性资产，集体土地价值提升带来集体资产的快速增加是一个必然的趋势。

---

① 刘易斯第二转折点也就是费景汉-拉尼斯二元经济模型中的商业化点。该模型考虑了传统农业生产效率的提高对现代产业部门的制约作用，对刘易斯二元模型做出了重要扩展，故被称为"费景汉-拉尼斯模型"。本报告未引入这一分析，原因在于中国在改革开放起始阶段就已经总体上解决了粮食问题和农业技术进步问题，这为农村工业化和城镇化奠定了前提条件。而"民工荒"却在改革开放近 30 年后发生，因此不考虑农业部门的技术进步因素对本报告结论不会产生实质性影响。

② 这里的非农转移者是就广义而言，如向城市转移或向小城镇转移，或就地就近转移到新农村社区。

③ 估计与数据统计口径的前后差异有一定关系。

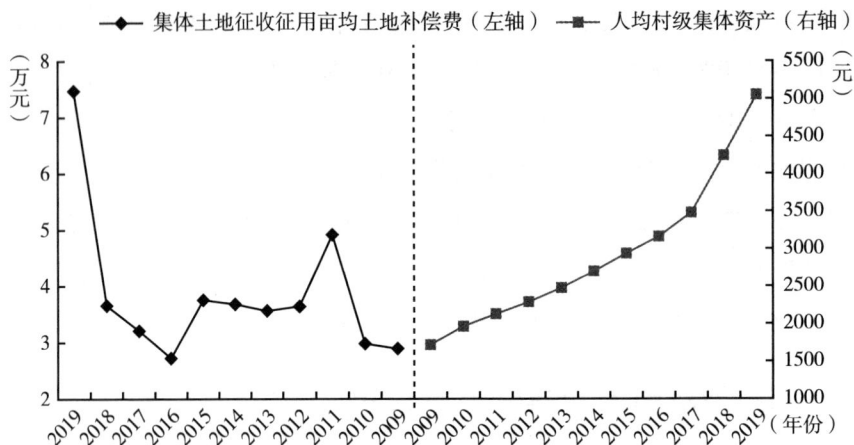

图 11　2009~2019 年全国集体土地征收征用亩均土地补偿费
与人均村级集体资产变化情况

资料来源：农业农村部《中国农村经营管理统计年报》（2009~2018）、《2019 年中国农村政策与改革统计年报》。其中，亩均土地补偿费按照当年农村集体经济组织和农民因国家征收征用集体土地而得到的土地补偿费、安置补助费、青苗补助费和地上附着物补偿费总额/当年征收征用集体土地面积计算。

改革开放以来，全国农户户均集体经济总收入、农村居民人均可支配工资性收入总体上呈上涨趋势，但是两者增长速度呈现了显著的差异性，集体经济对于农户收入增长带动力不足。农户户均集体经济总收入从 1979 年的 704.6 元增加到 2020 年的 2316.3 元，增加了 2.3 倍，年均增速 2.9%；农村居民人均可支配工资性收入从 1978 年的 88 元增加到 2020 年的 6974 元，增加了 78.3 倍，年均增速 11.0%（见图 12）。根据数据阶段性变化特征，可以大致划分为三个阶段，总体上呈现相似的变动趋势①，具体如表 2 所示。

第一阶段为 1978~1997 年。农户户均集体经济总收入出现一次较大幅度上涨，从 704.6 元增加到 1482.6 元，年均增速 4.0%。同期，农村居民人均可支配工资性收入从 88 元增加到 515 元，年均增速 9.7%。其中，1978~1990 年增长较平缓，年均增速约为 3.9%；1990~1997 年 7 年间增速大幅提

---

① 第一个阶段和第三个阶段，集体经济发展与农民收入存在协整关系，但第二个阶段，出现了反向关系。

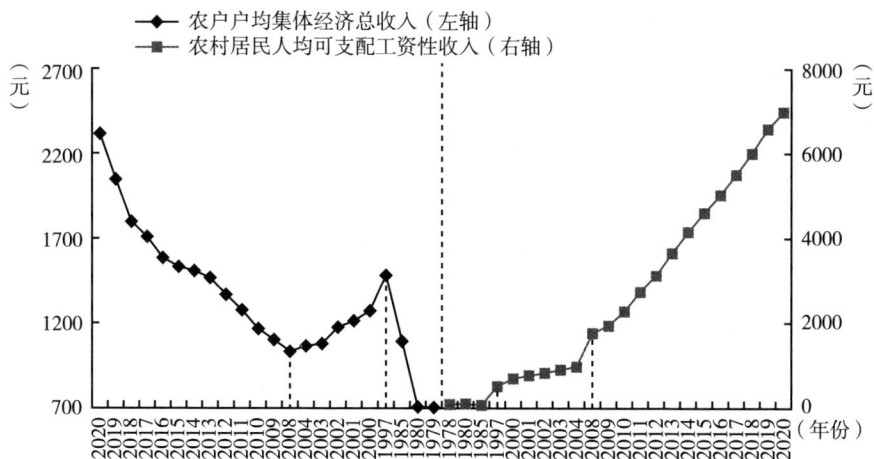

图 12　改革开放以来全国农户户均集体经济总收入与
农村居民人均可支配工资性收入变化

资料来源："农户户均集体经济总收入"数据根据原农业部《农村人民公社收益分配统计资料》《全国农村经济收益分配统计资料》《全国农村经济情况统计资料》《中国农村经营管理统计年报》《中国农村政策与改革统计年报》等资料整理；"农村居民人均可支配工资性收入"数据根据国家统计局年度数据整理。

升，年均增速达到了 20.6%。

第二阶段为 1998~2008 年。农户户均集体经济总收入出现阶段性大幅下降，从 1482.6 元①减少到 1033.3 元，降幅 30.3%，年均增速-3.5%。农村居民人均可支配工资性收入平稳增长，从 571 元增加到 1766 元，年均增速 12.0%。这一时期大量乡镇企业转制，集体经济解决就业能力下降，农村劳动力非农转移由"离土不离乡"向"离土又离乡"方式转变。

第三阶段为 2009~2020 年。农户户均集体经济总收入在阶段性下跌后反弹并以较快速度增长，从 1102.5 元增加到 2316.3 元，年均增速 7.0%。农村居民人均可支配工资性收入持续稳步增长，从 1940.0 元增加到 6974 元，年均增速 12.3%。这一时期，出现了大量劳动力回流现象，"离土不离乡"的非农转移越来越多。数据显示，常年外出务工劳动力中，乡外县内

———————————
①　因 1998 年农户户均集体经济收入数据缺失，此处以 1997 年数据为基期计算。

务工增加最快。与 2011 年相比，2020 年乡外县内务工劳动力增加 2470.20 万人、增幅 47.93%，占比提高 4.14 个百分点。为此，需要从县域的视角对农村社会结构转型的实践路径进行顶层设计。

表 2　改革开放以来全国农户户均集体经济总收入与农村居民人均可支配工资性收入变化趋势

单位：%

	1978~2020 年	第一阶段 （1978~1997 年）	第二阶段 （1998~2008 年）	第三阶段 （2009~2020 年）
农户户均集体经济总收入	2.9	4.0	-3.5	7.0
农村居民人均可支配工资性收入	11.0	9.7	12.0	12.3

注：1978~2020 年，第一阶段的农户户均集体经济总收入年均增速以 1979 年为基期，农村居民人均可支配工资性收入年均增速以 1978 年为基期；第二阶段、第三阶段分别以 1998 年、2009 年为基期计算。

2. 农民"带资进城"的制度创新

2002 年中央提出城乡统筹发展方略以来，全国各地实行的农民"带资进城"的制度创新，使土地市场与劳动力市场联动起来，促进了农村土地等资源要素的流转和集中优化配置，以农民就地就近城镇化为主完成城镇化社会结构转型（见表 3）。

表 3　农民"带资进城"的制度创新实践

地区	制度创新实践与经验做法
北京市	1993 年，开始推动农村集体产权制度改革。截至 2021 年底，累计完成 3980 个乡村集体经济组织改革工作，其中，村级 3953 个，完成比例达到 99%。石景山区八角村等地探索了征地环节的"留地与留资产安置"；门头沟区永定镇白庄子村和东辛称村按 10% 收益率试点农民征地拆迁款信托化经营；海淀区东升镇、大兴区西红门镇推进乡镇统筹利用集体建设用地；海淀区成立农村集体资产监督管理委员会
上海市	2013 年底，上海市松江区 242 个村完成了村集体产权制度改革，14 个镇完成了镇级集体产权制度改革
天津市	2005 年，东丽区华明镇探索出"宅基地换住房"推进农民市民化的新路，即高水平规划建设新型小城镇，农民自愿以其宅基地按照规定的置换标准换取小城镇的一套住房

续表

地区	制度创新实践与经验做法
成都市	推进土地等农村资源要素全面确权。2010年出台《关于全域成都城乡统一户籍实现居民自由迁徙的意见》，提出让农民"带着产权"进城，农民就业、参加社保不以丧失土地为前提，实现城乡要素的自由流动。温江区提出"双放弃换社保"，对自愿放弃宅基地使用权和土地承包经营权的农民，由政府按规定给予补偿，并解决社会保障。2017年，在城镇规划区外的农村地区成片成带推进"小规模、组团式、微田园、生态化"（"小组微生"）新农村综合体建设，并在统筹城乡改革示范镇（片）整镇成片成带布局
重庆市	2008年12月成立重庆农村土地交易所，开展土地实物交易和指标交易（"地票"）试验，探索完善配套政策法规，为率先建立城乡统一的建设用地市场提供试验平台。九龙坡区实施"社会保障换承包地，住房换宅基地"
广州市	南海区探索"政经分离"。推进旧厂房、旧城镇、旧村庄的"三旧改造"，提高集体建设用地使用效率。推进组级核算向村级核算过渡
东莞市	通过推动市级片区统筹、市镇国有企业参与项目统筹、市镇统筹等途径，完善市镇村组统筹发展体制机制。在产业拓展空间和传统工业园区改造（"工改工"）过程中，加大政府统筹力度，推进产村协同发展
嘉兴市	2008年，被列为浙江省统筹城乡配套改革试点，实施"两分两换"，即宅基地和承包地分开、搬迁与土地流转分开，宅基地换城镇房产、土地承包经营权换城镇社保。2021年启动实施的第四轮"强村富民"计划，在财政资金、用地指标、配套设施、耕地补贴等方面加大政策倾斜力度，力争到2025年所有村年经常性收入达到200万元以上，年经营性收入达到100万元以上
湖州市	2019年，长兴县八都岕景区5村注册成立经济联合总社，实施组织融合、运营融合、规划融合、发展融合
济南市	2021年，章丘区推进"一员三权"改革试点，落实土地承包经营权、宅基地资格和使用权、集体收益分配权

3. 一个案例：旧宫镇统筹利用集体建设用地让农民"带资进城"

旧宫镇地处北京市大兴区最北端，位于第一道绿化隔离带和第二道绿化隔离带，属于典型的城乡接合部地区。2013年，全镇13000多亩工业大院，年租金收益1.2亿元，合计每平方米日租金不足4分钱，人均年分红6500元。2012年，南街片区（南街一、二、三、四村）村庄整治规划通过审查，A地块和B地块建设项目获得区发改委立项，区级出台专项改革试点配套文件。2014年，项目开工建设后，联营公司获得保底租金5000万元[①]，2500

[①] 产业项目进入正常运营后，在不低于保底租金的情况下，联营公司按照15万平方米物业规模获取租金收益。

名集体经济组织成员人均年分红 2 万元。2017 年完成 4 个村的工业大院拆除腾退，A 地块开始投入使用。主要做法有以下几点。

体制统筹。组建宏景资产管理公司，作为南街片区 4 个村的联营公司。4 个村不考虑用地性质、区位因素，主要按照人口规模确定各村在联营公司的股权比例。同时，改变了过去传统的一级开发项目报批的烦琐程序，用地报批方面以镇政府为申报主体，项目报批方面主要是联营公司与投资公司双主体申报，集合了土储、绿隔、城乡接合部改造等多项政策。

空间统筹。主要是按照"284"模式①，南街一村、二村、三村和四村跨村联营联建，统筹利用拆违还绿奖励的新增土地规划指标，集约节约利用集体建设用地。共计拆除占地 264 公顷、建筑面积 275 万平方米的工业大院，规划新增建设用地 48 公顷，占五环路西侧工业大院拆除面积的 21.6%（"2"），剩余 78.4%（"8"）的面积主要用于规划还绿，地上建筑面积 88 万平方米，占五环路西侧拆除建筑面积的 40.9%（"4"）。在土地开发过程中，五环西侧的 4 个村工业大院的腾退成本、市政配套所需建设资金以及后期建设成本统一纳入五环东侧的上市地块"城乡接合部改造配套用地"项目的一级开发成本。

产业统筹。"首农·中科电商谷"是北京市较早的城乡一体化改造投资项目和"房地分离"试点项目，对北京市大兴区旧宫镇南街片区 4 个村的工业大院②进行升级改造，打造电商全产业链的现代服务产业聚集区。

该案例具体说明了农民如何在市民化进程中通过乡镇统筹引入高端项目，在体制、空间、产业上实现土地集约统筹利用，提升资源配置效率，提高农村集体土地价值和农民分红水平，带着资产进城。

---

① "284"模式是"拆 10 还 2 绿 8 建 4"的简化提法，是指在城乡接合部改造过程中，为了促进环境整治，增加农民收入，拆除违法违规建设用地，规划增加占拆除面积 20% 的建设用地指标，剩余 80% 按原规划要求进行绿化，建筑面积缩至原来的 40%。

② 工业大院是 2000 年前后北京市政府鼓励各村镇发展乡镇企业时形成的，当时带动了农村工业化进程，促进了农民增收。随着北京市作为"全国政治中心、文化中心、国际交往中心、科技创新中心"功能定位的日益凸显，这些工业大院与首都城市功能定位越来越不相符，需要进行环境整治。

三　"三统筹"：壮大集体经济与农民农村共同富裕的实践路径

2022 年 5 月，习近平总书记在《求是》杂志上发表《正确认识和把握我国发展重大理论和实践问题》一文，指出要正确认识和把握实现共同富裕的战略目标和实践路径。发挥好公有制经济在促进高质量发展与共同富裕中的主体作用显得尤为必要。各地探索实践表明，发展壮大集体经济，推进农民农村共同富裕，需要提升农村集体经济统筹层级，实施体制、空间、产业等多个层面的统筹发展，打造新形势下家庭承包经营为基础、统分结合的双层经营体制的升级版。为此，本部分提供了壮大集体经济与农民农村共同富裕的三统筹"施工路线图"（见图 13），不同类型的地区可以在此基础上进行相应的局部调整。

（一）体制统筹

体制统筹的实质是构建新型的社会主义生产方式，通过主体之间的相互联动和贯通，形成"一盘棋"式的全社会联合劳动。

1. 乡镇统筹

乡镇统筹，就是破除长期以来形成的"村村点火、户户冒烟"的农村发展体制格局，实现"乡组织村、村组织户"。乡镇级集体经济组织是打破分割发展模式、建立健全以乡镇为"基本实施单元"的集体经济组织体制，构建和完善"乡镇—村—户"的乡镇统筹"新三级"体制。在"村统户"基础上，实施"镇统村"，在乡镇一级实施"五分开"。一是政社功能分开。在乡镇党委统一领导下，镇政府与乡联社（乡农工商总公司）分别发挥政府统筹和联社统筹两种作用。乡镇政府负责规划引领、拆除标准制定、集体资产监管等。乡镇级集体经济组织是集体资产的所有者，负责在镇域范围内规划集体资产布局、选择经营模式等。二是乡村两级治理边界分开。"镇统村"与"村统户"，要有所差异。乡级重点在非农产业领

"三统筹"：农民农村共同富裕的实践路径

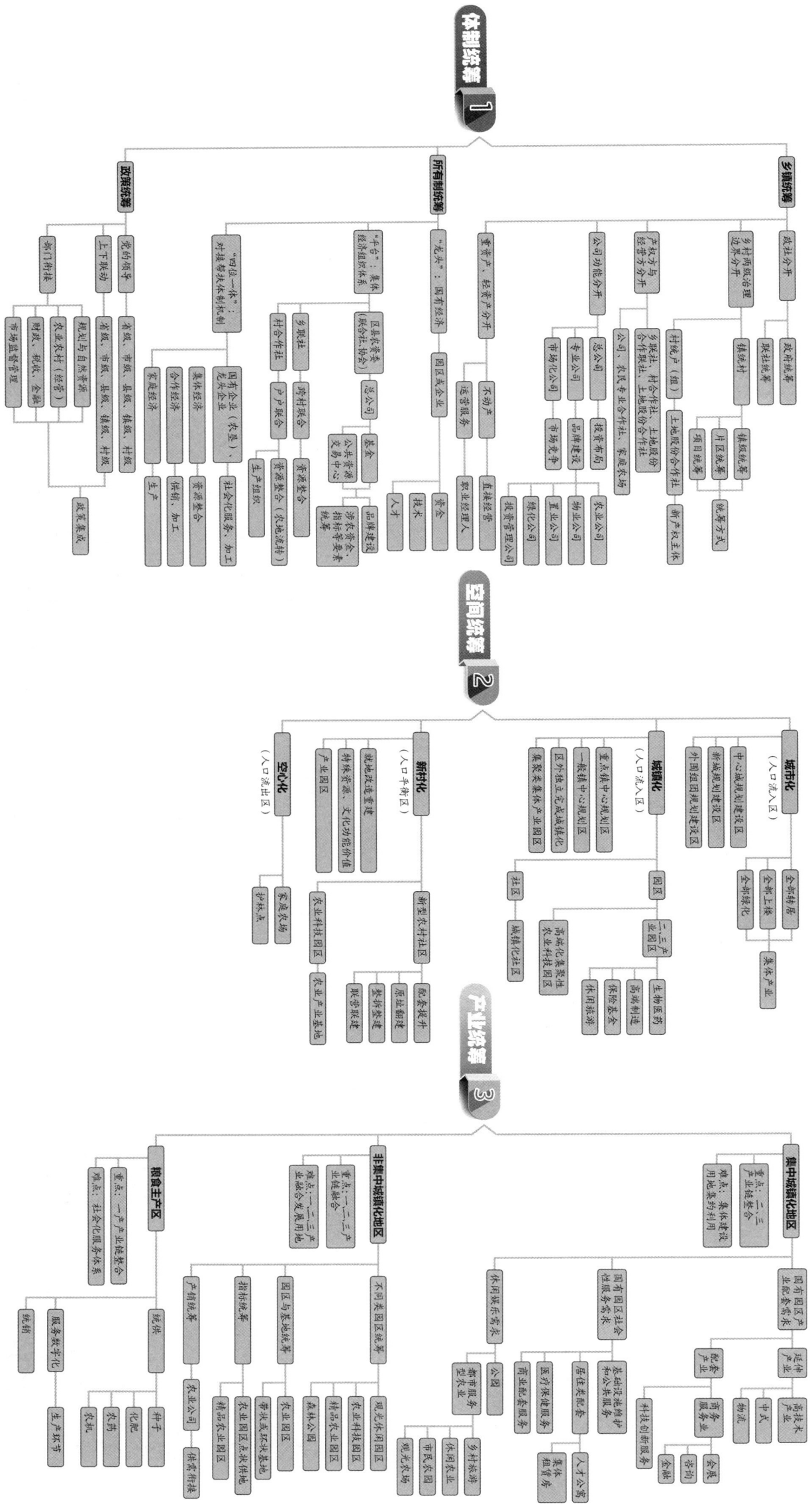

体制统筹 1
- 乡镇统筹
  - 城乡统筹
  - 乡村两权治理边界分寸
  - 政府与市场边界分寸
    - 政府、政府
    - 镇政府
    - 镇、村
  - 资产、经营主分寸
    - 公司功能定位
    - 村镇、户（组）
    - 股份合作社、村级股份合作社、土地股份合作社、农民专业合作社、土地股份合作社
    - 公司企业
      - 市场布局
      - 村庄规划
      - 军民共建
      - 项目规划
    - 不动产
    - 市场监管
- 所有制统筹
  - "老本"：四有经济
    - 集体经济（联社、协会）
    - 区域经济
    - 合作社
    - 村级经济
    - 乡镇经济
  - "增量"：四有机体机制
  - 平台：经济组织体系
    - 国有企业（水、电）
    - 基金
    - 涉农公司
- 政策统筹
  - 新旧衔接
  - 土地统筹
  - 老的搞事
  - 市场监督管理
  - 财政、税收、金融
  - 规划与自然资源
  - 农业农村（粮农）
  - 市场、银行、镇区、村级
  - 惠民集成

空间统筹 2
- 城市化（人口流入区）
  - 中心流成规划区
  - 外围组团建设区
    - 新城镇化
    - 全村股
- 城镇化（人口流入区）
  - 重点流成规划区
  - 一般集中（组）规划区
  - 区外特殊建设区
- 新村化（人口平衡区）
  - 轻地成流事建
  - 特殊联系、文化功能价值
- 空心化（人口流出区）

产业统筹 3
- 集中城镇化地区
- 非集中城镇化地区
- 粮食主产区
  - 种子
  - 化肥
  - 农药
  - 生产环节

图 13 "三统筹""施工路线图"

三　"三统筹"：壮大集体经济与农民
农村共同富裕的实践路径

2022 年 5 月，习近平总书记在《求是》杂志上发表《正确认识和把握我国发展重大理论和实践问题》一文，指出要正确认识和把握实现共同富裕的战略目标和实践路径。发挥好公有制经济在促进高质量发展与共同富裕中的主体作用显得尤为必要。各地探索实践表明，发展壮大集体经济，推进农民农村共同富裕，需要提升农村集体经济统筹层级，实施体制、空间、产业等多个层面的统筹发展，打造新形势下家庭承包经营为基础、统分结合的双层经营体制的升级版。为此，本部分提供了壮大集体经济与农民农村共同富裕的三统筹"施工路线图"（见图 13），不同类型的地区可以在此基础上进行相应的局部调整。

（一）体制统筹

体制统筹的实质是构建新型的社会主义生产方式，通过主体之间的相互联动和贯通，形成"一盘棋"式的全社会联合劳动。

1. 乡镇统筹

乡镇统筹，就是破除长期以来形成的"村村点火、户户冒烟"的农村发展体制格局，实现"乡组织村、村组织户"。乡镇级集体经济组织是打破分割发展模式、建立健全以乡镇为"基本实施单元"的集体经济组织体制，构建和完善"乡镇—村—户"的乡镇统筹"新三级"体制。在"村统户"基础上，实施"镇统村"，在乡镇一级实施"五分开"。一是政社功能分开。在乡镇党委统一领导下，镇政府与乡联社（乡农工商总公司）分别发挥政府统筹和联社统筹两种作用。乡镇政府负责规划引领、拆除标准制定、集体资产监管等。乡镇级集体经济组织是集体资产的所有者，负责在镇域范围内规划集体资产布局、选择经营模式等。二是乡村两级治理边界分开。"镇统村"与"村统户"，要有所差异。乡级重点在非农产业领

域发挥主导作用，村级重点发展农业生产和部分非农产业。要在完善乡村两级治理架构的基础上，按照民主集中制的原则和要求，培育新型的乡村民主治理模式。三是产权方与经营方分开。作为产权主体，乡集体（乡联社）要按照"社+公司"的组织形态，设立专业公司及其下属公司作为经营方，形成直接参与市场竞争、产权开放、有限责任的市场主体。四是总公司、专业公司与市场化公司分开，突出公司层级功能差异。乡联社（总公司）发挥为全乡域经济社会发展"兜锅底"的功能和作用。农业公司、物业公司、投资管理公司等专业公司，重点任务是与市场对接，打造专业品牌。市场化运营公司专司市场竞争。可在"社"下属的各级子公司层面开展集体经济混合所有制、职业经理人股权激励等改革试点。五是重资产与轻资产分开。重资产经营风险较小，适合由乡联社（总公司）及直属公司直接经营。而轻资产一般为投资管理类项目，技术含量较高，需要引入职业经理人团队，有效控制风险。

2. 城乡统筹

城乡统筹，就是要打造坚实的城乡融合的制度基石，核心是集体经济与国有经济联动发展，守护工农联盟的初心。一是明确国有经济在实施乡村振兴战略中的"龙头"地位，并使其发挥应有的作用。实现国有经济与集体经济之间的联动发展，从根本上破除城乡投资二元结构，是夯实工农联盟的必然要求。要引导国有企业发挥资金、技术、人才和品牌优势，采取多种形式参与乡村振兴，全方位开展与农村集体经济的深度合作，在对接帮扶基础上，进一步探索合作共赢的新模式，推动农村集体经济加快产业转型升级。二是健全农村集体经济组织体系，构建与国有经济对接的"平台"。如围绕规模性农业示范园区项目，建立区县主导下的现代农业产业组织体系，明晰区县、镇、村各级职能，作为集体经济与国有经济对接的主要组织形式。主要包括几个方面：区县农资委及下属总公司、涉农国企或区县产业（专业）协会组织专注于打造区域品牌，构建社会化服务体系；乡联社下属的农业公司负责镇域农业产业布局与统筹，培育现代农业产业园区及外围基地，促进农民就业并享受全产业链价值；村集体经济组织重点负责组织农地流转与农民生产活动等。三是形成国有经济与集体经济联动的相对稳定的组织形式，切实降低交易成本，规避点对点式帮扶的"小、散、低"问题。如北大荒农服集团构建了国有农垦经济与集体经济、合作经济、家庭经济"四位一体"的现代农业产业组织体系。首先，家庭农场侧重生产环节，发挥历史上积淀形成的精耕细作的传统农耕优势。垦区内，施行以家庭农场为基础、大农场统筹小农场的统分结合双层经营体制；垦区外，将村集体整合的农地资源流转给经过专业培训的高素质农民，培育新型家庭农场。其次，以农民专业合作社或供销社等为代表的合作经济侧重供销环节，发挥熟悉市场的信息优势、价格优势和一定的规模优势。再次，农村集体经济组织侧重农地资源整合环节。作为农地的所有者载体和产权主体，解决农地经营规模零碎化问题，并享有农地承包权规模化整合后的农地产权（占有权）。最后，农服集团公司，包括部分社会企业专注于农业社会化服务及农产品加工。数字农服平台发挥资金、技术、人才和管理等综合优势，统一提供农用物资、统一经营农产品，通过"双控一服务"，解决"种、管、收"等生产服务系列环节以及供销、农民培训、信贷、技术、信息等领域的服务规模经济问题。随着服务规模的持续和快速提升，控制力和龙头带动效应会日益凸显。

3. 政策统筹

政策统筹，就是加强党的领导，破除"条""块"分割的体制痼疾，摒弃官僚主义作风。一是党建引领。搭建纵向层级之间与横向部门之间政策统筹和执行的平台。把建立和加强农村集体资产监督管理服务体系，列入各级党委抓乡村振兴工作的重要考核项。借鉴北京市海淀区建立区镇两级农村集体资产监督管理委员会（以下简称"农资委"）的经验，构建同级相关政府部门统筹协调平台，进一步加强对集体资产的监督、管理和指导服务。区县级农资委组建总公司或联营公司，下设农村公共资源资产产权交易中心和集体产业转型基金。产权交易中心要积极探索适合农村集体经济特点的交易方式和管理方式。基金以财政资金为主，突出让利于民的根本宗旨，投资方向主要是科技、文旅类产业转型升级项目与部分民生环境整治项目，重点解决项目前期的拆除腾退、土地整理、人员安置等所需资金及抵押担保等问题。二是上下联动。不同层级之间政策执行相互贯通，提高执行力。要落实"五级书记"抓乡村振兴，防止出现"两头热，中间冷"的现象。三是部门衔接。部门之间的政策要相互配套，打造闭环、高效、顺畅地发展壮大集体经济的制度基础设施。召开全国集体经济工作会议，进一步明确目标方向，促进各级政府、各部门在发展与改革导向上形成共识。集成农业农村、规划与自然资源、发改、财政、人力与社会保障、住建等多部门政策资源，建立健全统筹协调平台和工作机制，避免各自为政。重点从规划建设用地指标、产业基础设施、投融资、生态效益金补偿对象、产业禁限目录、自然保护区核心区限制范围、动物保护限制范围以及应拆未拆资产产权归属调整等方面给予集体经济发展专项政策倾斜。

（二）空间统筹

空间统筹的实质是按照城镇化社会结构转型的规律和趋势集中优化配置农村土地资源。纵向上，按照县域或分区国土空间规划标准编制镇域国土空间规划，优化城乡空间规划布局。横向上，按照村落分化演变的客观规律和要求，从城市化、城镇化、新村化和空心化 4 个维度，细化为 12 个小类，编制实用性的村庄整治规划。除城市化（城市规划建成区）外[①]，乡村振兴战略空间统筹，主要是建立健全以乡镇为基本单元的乡村规划实施管控体系，构建"两类园区（非农产业园区与农业园区）+两类社区（城镇社区与新农村社区）"的"四区联动"空间发展格局（见图 14）。

---

① 陈锡文：《关于〈中华人民共和国乡村振兴促进法（草案）〉的说明——2020 年 6 月 18 日在第十三届全国人民代表大会常务委员会第十九次会议上》，载《中华人民共和国乡村振兴促进法》（含草案说明），中国法制出版社，2021。其中指出"明确本法所称乡村，是指城市建成区以外具有自然、社会、经济特征和生产、生活、生态、文化等多重功能的地域综合体，包括乡（民族乡、镇）、村（含行政村、自然村）"。考虑到农村社会结构转型的渐进性，许多近郊乡镇在城镇化的过程中，仍有相当数量的地块采用征地方式开发利用，并与集体建设用地集约利用、农地规模化流转等利用方式相结合，在资金平衡、规划审批等环节，依托乡镇政府或乡联社推动落地。因此，城市化也作为村庄分类中的一个基本类型。

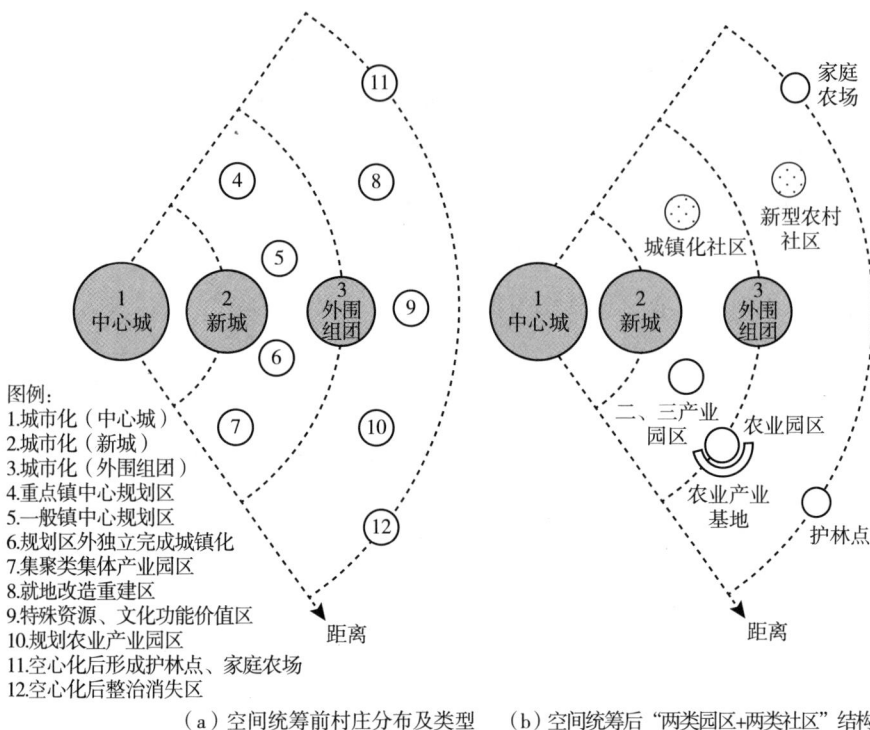

图例:
1.城市化（中心城）
2.城市化（新城）
3.城市化（外围组团）
4.重点镇中心规划区
5.一般镇中心规划区
6.规划区外独立完成城镇化
7.集聚类集体产业园区
8.就地改造重建区
9.特殊资源、文化功能价值区
10.规划农业产业园区
11.空心化后形成护林点、家庭农场
12.空心化后整治消失区

（a）空间统筹前村庄分布及类型　　（b）空间统筹后"两类园区+两类社区"结构

图 14　空间统筹"四区联动"示意

1.城市化:"三个全部"

这类村庄属于人口流入区,未来融入城市主要通过集体土地变国有、征地拆迁、旧村改造等途径,传统村落物理形态完全消失,完成"全部上楼、全部转居、全部绿化",多数行政村建制被撤销,集体经济组织经过产权制度改革转型为城镇型集体经济组织。主要包括 3 种类型:(1)中心城规划建成区范围内的村庄;(2)区县新城规划建成区范围内的村庄;(3)城市外围组团规划建成区范围内的村庄。这些村庄在改造过程中,往往伴有城市新功能区扩区或建设国有性质的规模性产业园区,如北京中关村科学城、怀柔科学城、昌平未来科学城等建设项目所在地区的村庄,直接由农业型社会转为城市型社会。

2. 城镇化："一区两园"

这类村庄属于人口流入区，一般在不征地的情况下，通过集体建设用地集约利用培育形成乡村地区新的增长点。可进一步分为4种类型：（1）重点镇中心规划区范围内的村庄；（2）一般镇中心规划范围内的村庄；（3）不在镇中心规划区但独立完成城镇化的村庄；（4）高端化、集聚类集体产业园区规划范围内的村庄。这些村庄从未来功能布局的演化趋势上看，一般为城镇社区与产业园区（分二、三产业园区与集聚性、规模性的农业科技园区）两种类型。

城镇化社区。推动集租房项目建设，为园区职工提供配套住房，为镇域农民提供保障房。按照"户有所居"的思路，加快农村居住形态由一户一宅向农民集中上楼转变，培育多功能的特色小镇综合体，促使村落形态逐渐消失。集约出的建设用地指标，可以用于支撑镇域产业园区建设。如大兴区西红门镇在集体产业用地上建设与鸿坤金融谷、星光影视基地相邻配套的集租房项目。

现代科技、金融、高端制造等二、三产业园区。按照"一镇一园"的思路，立足"创新孵化园"的功能定位，发展以信息服务、金融或高端制造为主的产业园区，生成具备产业与功能集聚能力和人口承载能力的小城镇内核，形成区域经济发展的主导力量。周边可以建设二期、三期配套的产业园区或生活社区。如海淀区西北旺镇为配合中关村北区核心区建设，通过开发旺悦云城（X2地块）、中关视界（X5地块）、坤玉湾（X3地块）等"一镇一园"集体产业地块，构建产业与社区融合的多维立体业态板块。

集聚性、规模性的农业科技园区。此类空间往往覆盖若干个村庄，产业瞄准高端化，往往属于省部级农业类现代产业科技园区。如北京平谷国家农业科技园区，覆盖了峪口镇域南营村等三个村庄，打造"农业中关村"。

3. 新村化："一区一园一基地"

这类村庄属于人口均衡区，原始村落形态或结构可以得到有效保留，也可以称为维持发展型村庄，并可进一步细分为三类：（1）就地改造型的村庄；（2）具有文化、旅游等特殊功能的村庄；（3）规划农业产业园区内的村庄。作为纯农业地区，村庄外围是农业园区与辐射出去的片状或带状的农业生产基地，可能也布局少量的二、三产业。经过村庄改造和产业发育，仍能集聚一定的人口，居民点的生活功能不会丧失。

新型农村社区。通过旧村配套提升、原址翻建、整拆整建、联营联建等不同方式，总体上按照"一户一宅"的思路，将传统的农民居住形态进行升级改造，建成保持庭院格局的独栋或联排别墅，提升农民居住幸福感和舒适度。结合乡村民宿、休闲观光等产业发展，构造田园综合体。集约出的建设用地指标，支撑农村闲置宅基地向集体产业用地的规划调整，也可以用于农业园区中的"点状供地"，培育各类新兴产业业态。

一般性的农业科技、休闲旅游等园区与环状、带状的农业产业基地。在村一级发展集生产、生活、生态于一体的多功能的现代农业科技园区，周边配套规模化的环状或带状分布的农业产业基地。优化组合农业全产业价值链，实施"地产地销、直供直销"。

4. 空心化

这类村庄与新村化社区的区别在于村庄居民点生产与生活功能趋于萎缩。相当比例的平原地区村庄，由于失去了产业支撑，集体经济逐渐衰落，集体经济组织财富积累能力弱化，就业机会不足，不能吸引外来人口，加之教育、卫生、医疗等社会服务事业发展缓慢，村民满意度下降，就会导致大量人口外迁，逐渐成为人口流出地区，形成村庄的空心化。主要可以细分为两类：（1）经村庄整治后，形成规模性家庭农场，村庄物理形态彻底消失；（2）主要在山区的村庄，从长远看，大部分逐步丧失永久生活居住功能的居民点会成为仅保留生态涵养功能和一些山区护林人员的护林点。不排除随着逆城镇化的影响，少部分空心村会吸引新的城市人口，村庄常住人口不降反增，成为新农村社区或城镇化社区。如随着冬奥会的举办，张家口市崇礼地区，一些空心村重新获得了生机。

（三）产业统筹

产业统筹的实质是产业价值链的最优化，对于体制统筹、空间统筹而言，既是最终目标，也是逻辑原点，正因如此，"三统筹"之间完成了系统性的有机衔接，达到相互贯通的运行状态。参照国家产城融合示范区建设标准，推进产业园区从单一生产性园区经济向综合性城镇经济转型，探索产业和城镇融合发展的新型城镇化道路，丰富集体产业业态，统筹产业主体链、价值链，保障集体经济可持续发展。具体包括以下几个方面。

1. 集中城镇化地区

围绕二、三产业价值链整合，解决集体建设用地集约利用难题，统筹推进国有产业园区、集体非农产业园区建设以及村庄整治。按照国有园区带动集体经济发展、培育区域经济增长点的总体思路，推进存量人口以及村庄空间整治过程中形成的规划建设用地指标，优先服务于各类集体产业园区建设。一是针对国有园区的产业配套服务需求，发展作为园区延伸产业链的高技术产业、中试、物流，以及园区产业配套的会展、咨询、金融等商务服务业；二是针对国有园区的社会性服务需求，提供集租房、人才公寓等园区职工居住类配套设施，提供基础设施维护、公共、医疗保健卫生以及餐饮、商场、娱乐等服务；三是利用特色生态和旅游资源，发展城市公园以及市民农园、采摘农场、休闲农园等都市服务型农业等，满足人们休闲娱乐需求。

2. 非集中城镇化地区

围绕一、二、三产业的多功能农业产业链优化组合，解决一、二、三产业融合用地难题，统筹推进现代农业园区、农业规模经营基地建设以及村庄整治，提升区域农业附加值。一是不同类型农业园区统筹。在培育休闲农业、科技农业、文旅农业等的过程中，促进农业观光休闲园区（精品民宿）、农业科技园区、精品农业园区以及周边景区资源之间的配套协调，培育田园综合体、未来农庄。围绕国有农业科技园区配套设施建设需求，提供污水消纳、废弃物循环利用服务，节约运行成本。二是园区与基地统筹。针对点状的园区与带状或环状的基地优化产业布局。如延庆区葡萄产业园区与外围的葡萄产业种植基地之间的产业链统筹。农业产业基地可能在一个镇或村范围内，也可能在区县级范围内，即跨镇形成若干个专业化产业带。探索立体式的林下经济模式，如大兴区安定镇御林古桑园发展林下牡丹种植园，扩展了园区功能，延长了旺季时间。三是指标统筹。在盘活碎片化的耕地或建设用地资源的过程中，重点利用乡村两级集体经济组织的体制优势，统筹解决采摘、观光、休闲等一般农业园区点状配置产业基础设施等功能场所用地问题。四是产销统筹。充分发挥乡联社（总公司）下属的农业公司镇域内部主体间、产业间统筹的功能和作用，推进供需衔接、地产地销，节约交易成本，打造农业的全产业价值链。

3. 粮食主产区

围绕一产价值链整合，解决社会化服务体系的难题。发挥农业生产性服务业的产业链"龙头"带动效应，引导和优化产业间协作分工，大幅节约市场交易成本，提升配置效率和技术效率。可以借鉴北大荒农服模式，通过"农服集团+区域农服中心+农（牧）场综合服务总站+规模经营主体"的市场化新型现代农业服务模式，实施农业投入品统一供应、农产品统一经营、全过程数字农服的"双控一服务"战略，减少统供统销系统内耗，促进农业生产、加工及供销的效率提升与化肥、农药、农机等农资成本的大幅度降低，使投入品安全性得到有效保障。如在生产前端采用种子、化肥等农业投入品集团化运营方式，控制采购成本。统供肥不但价格便宜，保质保量，而且肥料直接送到晒场，节省运输和保管费用，农户足不出户就能用上"放心肥"。

参考文献

蔡昉：《中国经济面临的转折及其对发展和改革的挑战》，《中国社会科学》2007 年第 3 期。

蔡昉：《刘易斯转折点——中国经济发展阶段的标识性变化》，《经济研究》2022 年第 1 期。

陈雪原：《关于"双刘易斯二元模型"假说的理论与实证分析》，《中国农村经济》2015 年第 3 期。

陈雪原、孙梦洁、王洪雨、周雨晴：《"三统筹"：提升集体经济"统"的层级，促进农民共同富裕》，《北京规划建设》2022 年第 2 期。

陈雪原、周雨晴：《基于北京郊区 3885 个村庄的全域分析》，载陈雪原、孙梦洁、周雨晴等《中国农村集体经济发展报告（2021）》，社会科学文献出版社，2021。

陈雪原、周雨晴、翁凝：《基于北京郊区 40 个村庄的长时段观察》，载陈雪原、孙梦洁、周雨晴等《中国农村集体经济发展报告（2021）》，社会科学文献出版社，2021。

陈锡文：《充分发挥农村集体经济组织在共同富裕中的作用》，《农业经济问题》2022 年第 5 期。

黄中廷：《改革集体土地征用办法，给农民留下发展空间——关于征用八角村土地改革补偿方式的调查报告》，载王瑞华、黄中廷编《光辉的历程》，中国农业技术出版社，2009。

厉以宁：《走向城乡一体化：建国 60 年城乡体制的变革》，载《厉以宁论文选（2008~2010）》，中国大百科全书出版社，2011。

〔美〕杰拉德·德布鲁：《价值理论——对经济均衡的公理分析》，刘勇、梁日杰译，北京经济学院出版社，1988。

〔美〕詹姆斯·布坎南：《财产与自由》，韩旭译，中国社会科学出版社，2002。

曲福田、田光明：《城乡统筹与农村集体土地产权制度改革》，《管理世界》2011 年第 6 期。

魏后凯：《加速转型中的中国城镇化与城市发展》，载潘家华、魏后凯主编《中国城市发展报告 NO.3》，社会科学文献出版社，2010。

魏后凯、陈雪原：《带资进城与破解农民市民化难题》，《中国经贸导刊》2012 年第 4 期。

魏后凯、陈雪原：《中国特大城市农转居成本测算及推进策略——以北京为例》，《区域经济评论》2014 年第 4 期。

徐盘钢：《锁定"明天的午餐"——建立农民增收长效机制的"上海实践"》，《农民日报》2011 年 4 月 18 日。

章铮等：《农民工城镇化现状及前景》，载韩俊编《中国农民工战略问题研究》，上海远东出版社，2009。

Julia Kovalchuk, *Post-Industrial Society*: *The Choice Between Innovation*, Macmillan, p. 18.

Lewis, W. A., "Economic Development with Unlimited Supplies of Labor", *Economic Writings of W. Arthur Lewis*, edited by Mark Gersoviz, 1983, New York University Press.

Lewis, W. A., "Unlimited Labor: Further Notes", *Economic Writings of W. Arthur Lewis*, edited by Mark Gersoviz, 1983, New York University Press.

Lewis, W. A., "Reflection on Unlimited Labor", *Economic Writings of W. Arthur Lewis*, edited by Mark Gersoviz, 1983, New York University Press.

Linn, J. F., "The Costs of Urbanization in Developing Countries", *Economic Development and Cultural Change*, 30（3）, 1982: 625-648.

Ranis, G., "Analytics of Development Economics", in Chenery, H. and Srinivasan, T. N. (eds.), *Handbook of Development Economics*, Vol. 1, Elsevier Science Publishers B. V., 1988.

Richardson, H. W., "The Costs of Urbanization: A Four-country Comparison", *Economic Development and Cultural Change*, 35 (3), 1987: 561-580.

评 价 篇
Assessment Reports

B.2
中国农村集体经济发展评价

孙梦洁　陈雪原*

摘　要： 发展壮大农村集体经济总体上已经由兜底式的促进集体经济薄弱村转化进入提质增效、加快转型发展的新阶段。本报告在描述性统计分析的基础上，从经济进步、社会稳定和执政基础3个维度构建农村集体经济发展评价指标体系，对2011~2020年中国30个省份的农村集体经济发展水平进行评价和分析。研究发现以下几点。（1）中国农村集体经济总体上呈现持续增长态势，但地区发展不平衡依然显著。北京市、上海市、广东省、浙江省始终位于前4名。东部地区集体经济发展水平最高且增长幅度最大，其次是中部地区，再次是东北地区，西部地区发展最落后且增长幅度最小。东北三省发展差异明显，辽宁省和黑龙江省仍然处于第二梯队，吉林省由第三梯队降至第四梯队。另外，安徽省、四

*　孙梦洁，北京市农村经济研究中心经济体制处副处长，管理学博士，研究方向为农村集体产权制度改革、集体经济评价、农户经济行为；陈雪原，北京市农村经济研究中心经济体制处处长、经济学博士，研究方向为城镇化、集体经济组织治理与集体土地制度改革。

川省、陕西省等部分中西部地区省份排名大幅度跃升。（2）2020年，经济进步与执政基础进入高度协调耦合阶段，社会稳定与执政基础进入中度协调耦合阶段，经济进步与社会稳定仍然处于低度协调耦合阶段。表明集体经济组织在社会稳定方面的功能和作用亟待提升。（3）人均固定资产、人均所有者权益、村均公积公益金3项发展因子与集体经济收入的关联度始终位于前4位。表明提高集体财富积累水平应作为发展壮大集体经济的优先政策目标。

关键词： 集体经济　发展指数　系统耦合协调度

2018年，根据习近平总书记关于发展壮大农村集体经济的重要指示精神，中央组织部、财政部、农业农村部印发《关于坚持和加强农村基层党组织领导扶持壮大村级集体经济的通知》，提出从2018年开始，到2022年，中央财政资金在全国范围内扶持壮大10万个左右行政村发展壮大集体经济，示范带动各地进一步加大政策支持、资金扶持和统筹推进力度，基本消除集体经济空壳村、薄弱村，逐步实现村村都有稳定的集体经济收入。2022年"中央一号文件"提出"探索新型农村集体经济发展路径""推动高质量发展，促进共同富裕"的新要求。发展壮大农村集体经济总体上已经由兜底式的促进集体经济薄弱村转化进入提质增效、加快转型发展的新阶段。

本报告在对近十年来中国农村集体经济收入、资产以及成员就业等进行描述性统计分析的基础上，利用数量化的发展评价指数，对中国各地区和各省份集体经济发展水平进行评价和比较，为科学判断和把握全国不同地区集体经济发展的现状与趋势、优化集体经济发展政策机制，提供有力的实证支撑。

一　描述性统计分析

（一）中国村集体经济组织收入现状及2011~2020年变动趋势

1. 村集体经济组织总收入、总支出和总收益处于持续增长态势

如图1所示，2011~2020年，总收入由3364.93亿元增加到6320.23亿元，上涨87.83%，年均增速7.25%；总支出由2330.25亿元增加到4182.42亿元，上涨79.48%，年均增速6.71%；总收益增幅最大，由1034.68亿元增加到2137.80亿元，上涨106.61%，年均增速8.40%。表明农村集体经济发展质量得到明显提升。

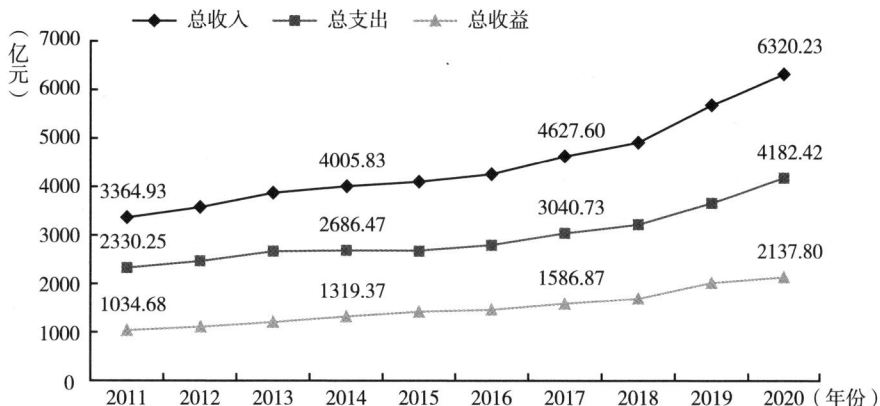

图1　2011~2020年村集体经济组织总收入、总支出和总收益发展趋势

2. 村集体经济组织收入构成中经营性收入下降，补助性收入上升明显

2020年村集体经济组织总收入达6320.23亿元，其中经营性收入占30.63%，发包及上交收入占14.96%，投资收益占4.08%，补助收入占27.39%，其他收入占22.94%。2011~2020年全国村集体经济组织经营性收入和其他收入占比有所下降，经营性收入占比下降8.32个百分点，其他收入占比下降0.23个百分点；补助收入占比和投资收益占比有所上升，补助收入占比上涨12.34个百分点，投资收益占比上涨1.29个百分点（见

图 2)。说明近年来，政府对农村集体经济的财政支持力度不断加大，而且农村集体资源、资产面临着重新定价的潜在市场契机。

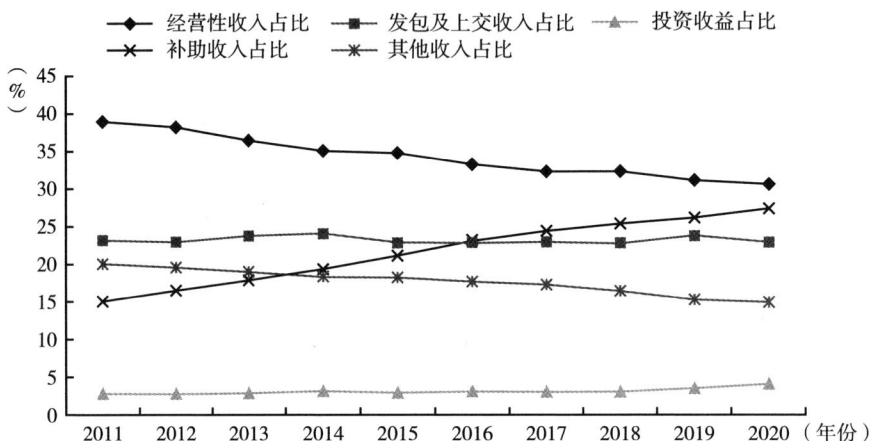

图 2　2011~2020 年村集体经济组织收入构成及发展趋势

3. 村集体经济组织经营收益小于10万元的村占比持续下降

2020 年全国有经营收益的村 41.86 万个，占汇总村数的 74.80%，经营收益小于 10 万元的村有 36.12 万个，占汇总村数的 64.55%，10 万~50 万元的村占 23.60%，50 万~100 万元的村占 4.02%，100 万元以上的村占 4.30%。图 3 显示了 2011~2020 年全国农村集体经济组织经营收益小于 10 万元的村①占汇总村数的比重总体呈下降趋势，由 79.71%降至 64.55%，减少 15.16 个百分点，且减少速度不断加快，表明集体经济均衡发展水平得到明显改善。

4. 村集体经济组织支出中管理费用和其他支出占比持续增加

2020 年村集体经济组织总支出为 4182.42 亿元，其中经营支出占 19.60%，管理费用占 32.96%，其他支出②占 47.44%。如图 4 所示，2011~2020 年全国农村集体经济组织经营支出占比持续下降，由 38.66%降至 19.60%，减少 19.06 个百分点，管理费用占比和其他支出占比呈持续增加

①　包括当年无收益的村、5 万元以下的村、5 万~10 万元的村三类。
②　指村集体经济组织与经营管理活动无直接关系的各项支出。

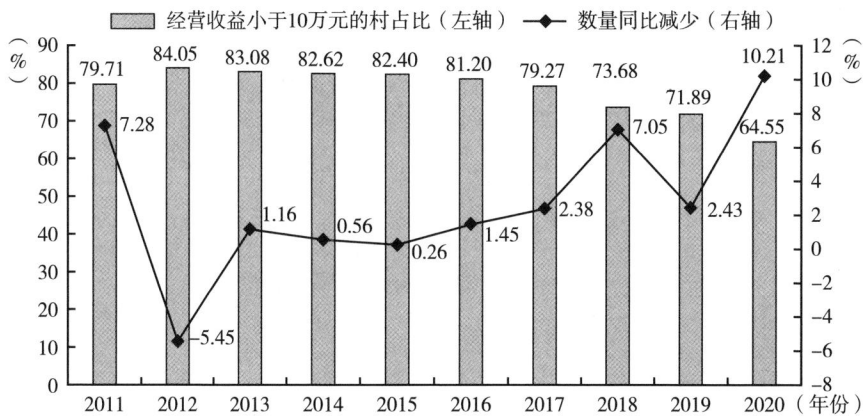

图3 2011~2020年村集体经济组织经营收益小于10万元的村占比

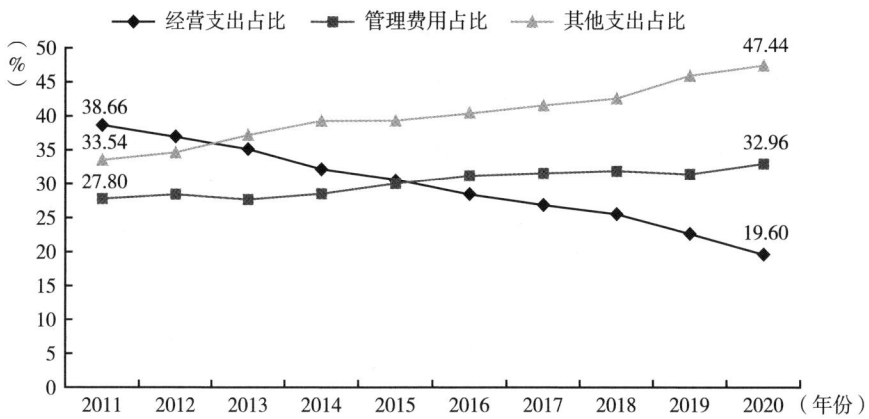

图4 2011~2020年村集体经济组织支出构成及发展趋势

态势，分别上涨5.16个百分点和13.90个百分点。表明集体经济组织用于社区治理的支出增加，社会性负担水平提高。

（二）村集体经济组织资产规模及分布变动趋势

1.2011~2020年村集体经济组织资产、负债及所有者权益均呈大规模增长趋势

2020年农村集体经济组织资产总计为77059.63亿元，其中组级9373.03亿

元,占 12.16%;村级 59818.63 亿元,占 77.63%;镇级 7867.97 亿元,占 10.21%。2020 年村集体经济组织负债合计 22767.60 亿元,所有者权益合计 37051.03 亿元。图 5 为 2011~2020 年全国村集体经济组织资产、负债和所有者权益规模变动趋势。总体来看,三者均呈现大规模增长趋势。所有者权益规模增幅最大,达 208.13%,资产规模增幅达 195.68%,负债规模增幅为 177.44%。

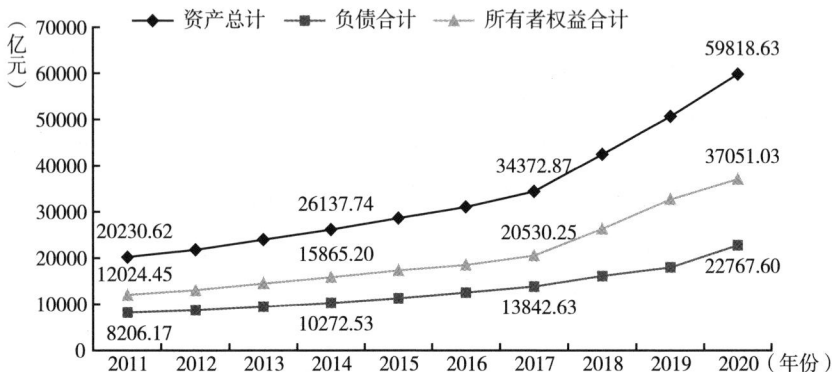

图 5 2011~2020 年全国村集体经济组织资产、负债和所有者权益规模

资料来源:相关数据来自《中国农村经营管理统计年报》(2011~2018)和《中国农村政策与改革统计年报》(2019)中未公布组级、镇级的资产、负债、所有者权益规模,因此趋势和地区对比分析均使用 2020 年村集体经济组织相关数据。

2.东部地区与中部地区、西部地区、东北地区村集体经济组织资产及所有者权益差距总体显著缩小,负债差距仍在进一步扩大

如表 1 所示,分东部地区、中部地区、西部地区和东北地区进行地区间比较分析①。首先,从资产总额来看,2011 年东部地区资产是中部地区的 5.06 倍,是西部地区的 9.21 倍,是东北地区的 15.54 倍。2020 年,中部地区、西部地区村集体资产与东部地区的差距明显缩小,东部地区村集体经济资产总额分别是中部地区、西部地区、东北地区的 3.39 倍、4.52 倍、16.84 倍。其次,从

---

① 东部地区包括北京、天津、河北、上海、江苏、浙江、福建、山东、广东、海南 10 个省份;中部地区包括山西、安徽、江西、河南、湖北、湖南 6 个省份;西部地区包括内蒙古、广西、重庆、四川、贵州、云南、西藏、陕西、甘肃、青海、宁夏、新疆 12 个省份;东北地区包括辽宁、吉林、黑龙江 3 个省份。地区划分标准源自国家统计局,http://www.stats.gov.cn/tjsj/zxfb/202002/t20200214_ 1726365.html。

负债总额来看，2011 年，东部地区村集体负债是中部地区的 4.31 倍，是西部地区的 11.54 倍，是东北地区的 14.94 倍；2020 年，分别为 5.22 倍、13.04 倍和18.76 倍。最后，从所有者权益总额来看，2011 年，东部地区村集体经济组织的所有者权益总额是中部地区的 5.73 倍，西部地区的 8.11 倍，东北地区的 15.97倍；2020 年，分别为 2.63 倍、2.93 倍和 15.52 倍。

从村集体经济组织资产和所有者权益总额增长率来看，中部地区、西部地区增长迅猛，远超东部地区和东北地区。中部地区资产总额年均增长率达16.13%，西部地区达 20.21%。中部地区所有者权益总额年均增长率达19.90%，西部地区达 23.11%。中部地区、西部地区和东北地区负债总额年均增长率均低于资产年均增长率。东部地区负债总额年均增长率最高，为12.59%，且高于资产总额年均和所有者权益总额年均增长率，表明东部地区集体经济组织负债经营能力进一步提升。

表 1　2011 和 2020 年全国四类地区村集体资产、负债及所有者权益总额及增长率

单位：亿元，%

地区	年份	资产总额	年均增长率	负债总额	年均增长率	所有者权益总额	年均增长率
东部	2011	147618569.3	11.07	59231734.7	12.59	88386834.6	9.94
	2020	379637114.6		172273801.9		207363312.7	
中部	2011	29154509.6	16.13	13730864	10.24	15423645.6	19.90
	2020	111979289.7		33005093.1		78974196.6	
西部	2011	16033518.7	20.21	5134278.8	10.11	10899239.9	23.11
	2020	84027719.1		13212127.5		70815591.6	
东北	2011	9499606.9	10.08	3964835.4	9.78	5534771.5	10.28
	2020	22542179.4		9184931.7		13357247.7	

3. 四类地区集体经济组织资产差距趋于缩小

如图 6（a）和（b）所示，地区间资产差距趋于缩小。2011 年东部地区村级集体资产占全国的比重达 72.97%，远高于其他三类地区，中部地区占 14.41%，西部地区占 7.93%，东北地区占 4.70%。2020 年，东部地区占比降为 63.46%。中部地区和西部地区所占份额有所上升，分别占 18.72%和 14.05%，但是，东北地区所占份额继续下降，为 3.77%。

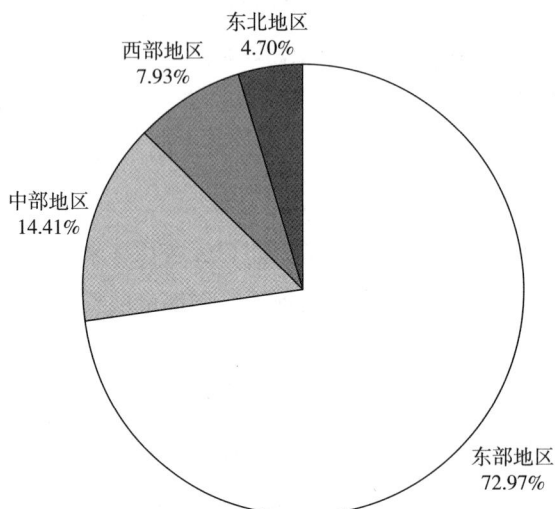

（a）2011 年

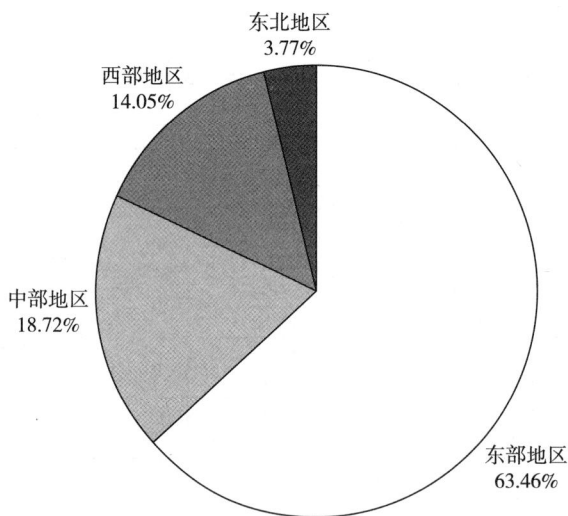

（b）2020 年

图 6　2011 年和 2020 年四类地区村集体经济组织资产所占份额

4. 东部地区村集体经济组织负债占比继续增长

图 7（a）和（b）分别显示了 2011 年和 2020 年四类地区村集体经济组织负债所占份额，2011 年，东部地区所占份额达 72.18%，2020 年增至

75.67%。中部地区、西部地区和东北地区所占份额均有所下降。这表明，东部地区负债经营能力继续提升，同时经营风险也相应增加。

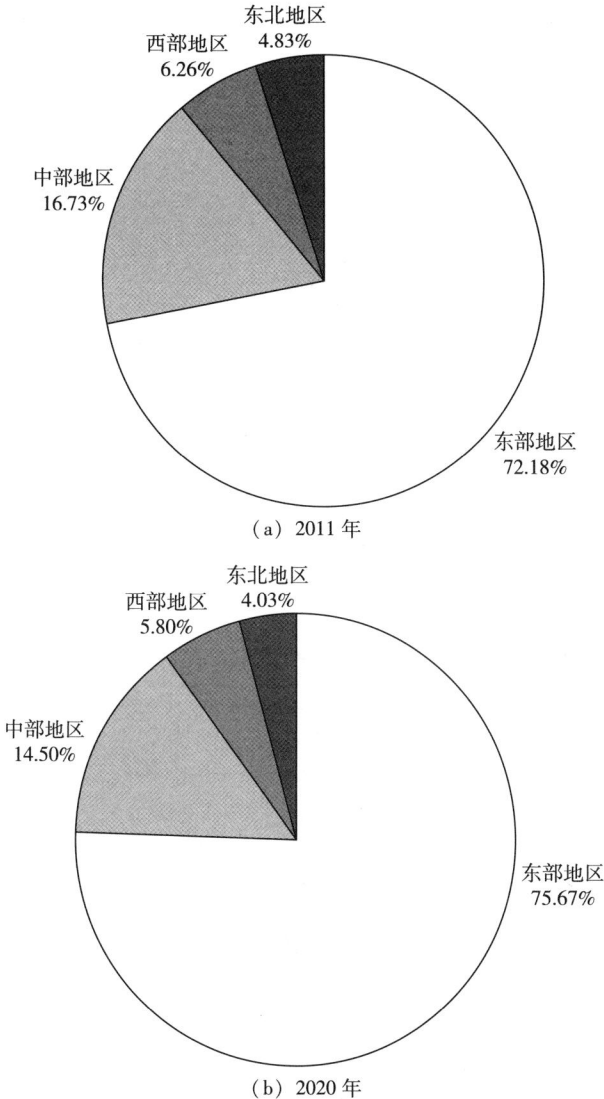

（a）2011 年

（b）2020 年

图 7   2011 年和 2020 年四类地区村集体经济组织负债所占份额

5. 四类地区村集体经济组织所有者权益差距总体缩小

图 8（a）和（b）分别显示了 2011 年和 2020 年四类地区村集体经济组

织所有者权益所占份额，2011 年，东部地区占全国的比重达 73.51%，2020 年降至 55.97%，减少 17.54 个百分点。表明东部地区的绝对优势明显缩小。中部地区和西部地区所占份额明显增加，分别上涨 8.48 个百分点和 10.05 个百分点，东北地区所占份额进一步缩小。

（a）2011 年

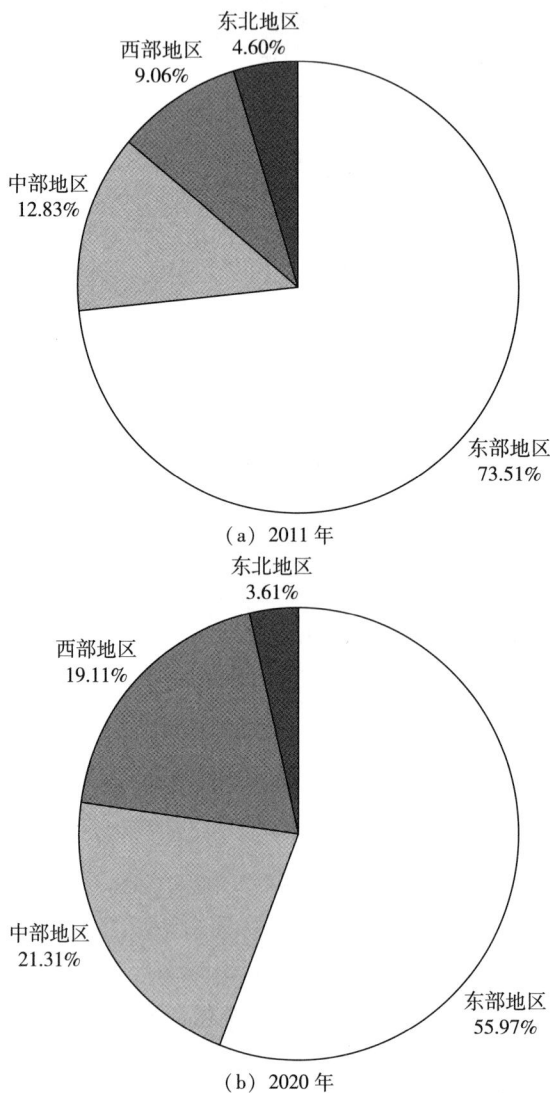

（b）2020 年

图 8　2011 年和 2020 年四类地区村集体经济
组织所有者权益所占份额

6.村集体经济组织资产、负债及所有者权益地区差距测算

（1）资产和所有者权益的地区差距不断下降

本报告通过泰尔指数衡量四类地区间和地区内部的村集体经济组织资产、负债及所有者权益发展差距。如图 9 所示，负债的地区间差距 2017 年小幅下降，总体呈上升趋势。资产和所有者权益的地区间差距 2018 年明显下降，表明资产和所有者权益的地区间差距明显缩小。

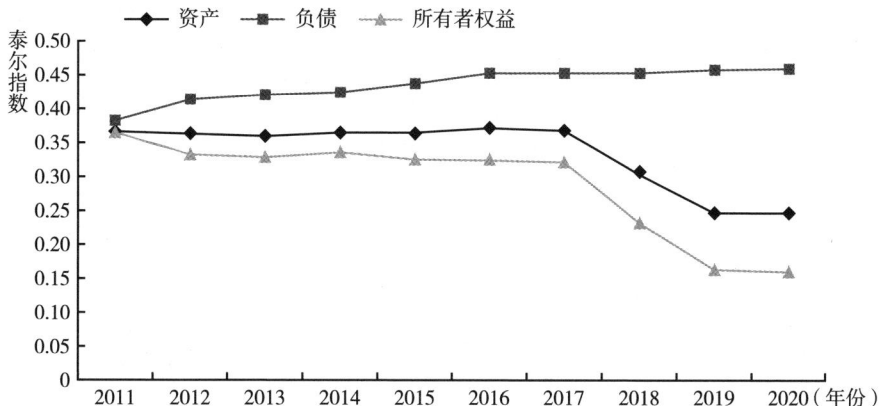

图 9　2011~2020 年四类地区村集体经济组织资产、负债和所有者权益地区间差距比较

（2）地区内差距均低于地区间差距

如图 10 所示，2011~2020 年四类地区的村集体经济组织资产内部差距均在 0.35 以下，且均低于历年地区间资产差距。东部地区和西部地区资产的内部差距相对较大，但是 2020 年明显下降，表明内部不平衡程度有所缓解。中部地区和东北地区资产的内部差距相对较小，中部地区于 2018 年降到 0.1 以下，东北地区除 2014 年外其他年份均位于 0.05 以下。

如图 11 所示，2011~2020 年除东北地区外，其他三类地区村集体经济组织负债的内部差距均出现明显波动。东部地区和西部地区负债的内部差距较大，在 0.3 附近波动。中部地区负债的内部差距波动明显，总体呈下降趋势。东北地区负债的内部差距较小，但于 2018 年后呈上升趋势。

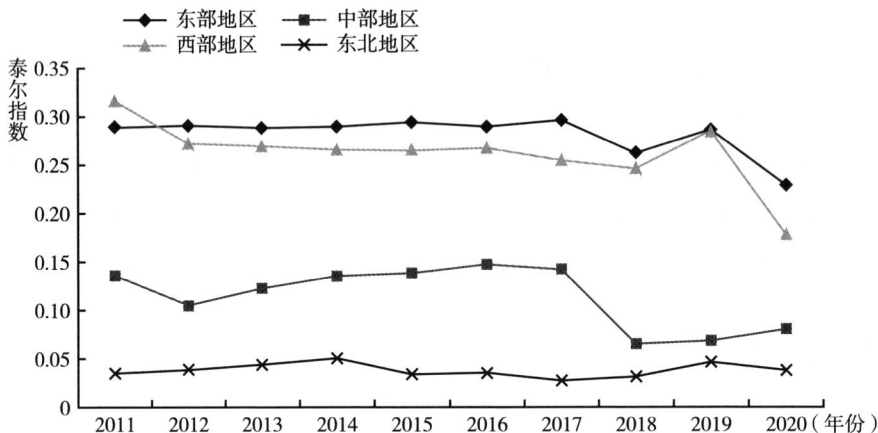

图10　2011～2020年四类地区村集体经济组织资产差距比较

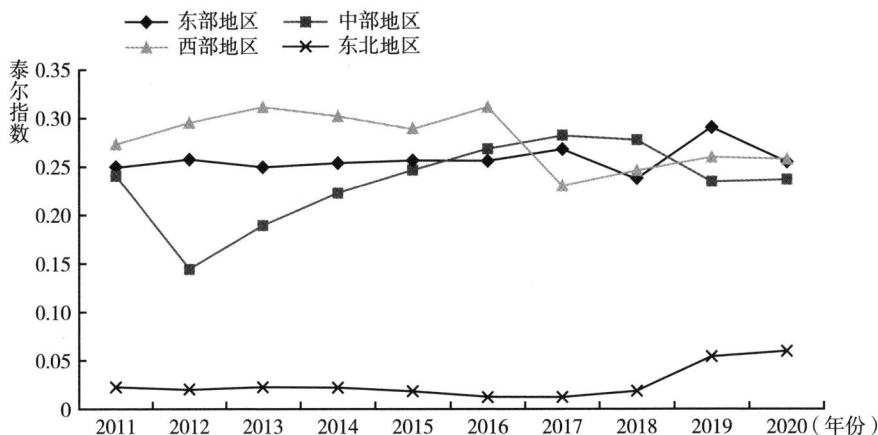

图11　2011～2020年四类地区村集体经济组织负债差距比较

如图12所示，除中部地区外，其他三类地区村集体经济组织所有者权益的内部差距均呈现明显的下降趋势。具体来看，东部地区和西部地区所有者权益的内部差距相对较大，但2020年明显下降，均低于0.25。中部地区和东北地区村集体经济组织所有者权益内部差距较小，至2020年分别低于0.1和0.05。

7. 村集体经济组织资产总额前5名及倒数5名省份

表2总结了2011～2020年全国30个省份（不含西藏以及港澳台地

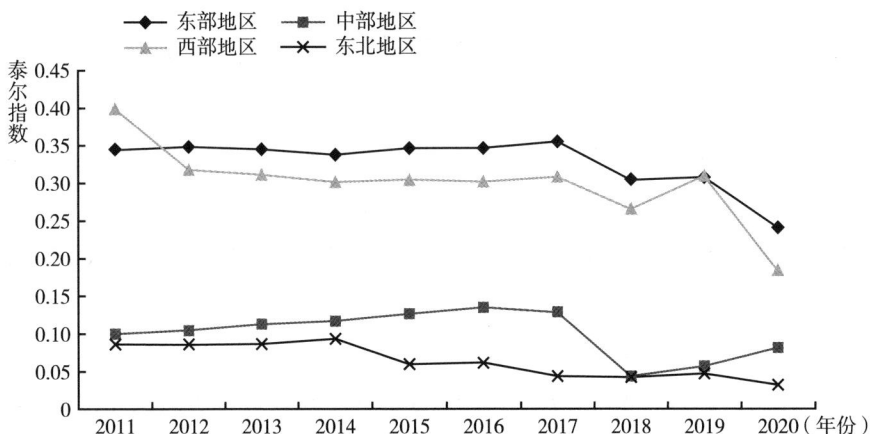

图 12 2011~2020 年四类地区村集体经济组织所有者权益差距比较

区）中村均集体经济组织资产排名前 5 名和倒数 5 名的省份，广东、浙江、山东、北京和江苏 5 个东部省份稳定居于前 5 名；青海、宁夏、海南 3 个省份始终位列倒数 5 名之中。总体来看，资产规模最高和最低组均相对固定。

表 2 2011~2020 年全国村均集体经济组织资产排名前 5 名和倒数 5 名的省份

排名	2011 年	2012 年	2013 年	2014 年	2015 年	2016 年	2017 年	2018 年	2019 年	2020 年
1	广东	广东	广东	广东	广东	广东	广东	广东	广东	浙江
2	浙江	浙江	浙江	浙江	浙江	浙江	浙江	浙江	浙江	山东
3	山东	山东	山东	山东	山东	山东	山东	山东	山东	北京
4	北京	北京	北京	北京	北京	北京	北京	北京	北京	广东
5	江苏	江苏	江苏	江苏	江苏	江苏	江苏	江苏	江苏	江苏
26	贵州	广西	新疆	甘肃	甘肃	甘肃	甘肃	贵州	新疆	吉林
27	重庆	贵州	贵州	贵州	贵州	贵州	贵州	新疆	青海	青海
28	宁夏	海南	宁夏	宁夏	宁夏	宁夏	青海	青海	宁夏	西藏
29	青海	宁夏	海南	海南	海南	海南	宁夏	宁夏	海南	宁夏
30	海南	青海	青海	青海	青海	青海	海南	海南	西藏	海南

二 评价指标体系设定的逻辑与结构

农村集体经济发展评价指标体系[①]设定要遵循目标导向。作为我国社会主义公有制经济的重要实现形式，农村集体经济组织不同于公司、农民合作社，也不同于政府或社团组织，其是一类特别法人，呈现目标价值取向的多元化特征：既有加快经济增长的经济功能，又有追求社区成员福利最大化，维护乡村社会和谐稳定的社会功能，还肩负着维护党的执政基础的重要政治功能，作为党和政府实现执政目标的重要抓手，要服从和支持不同历史时期的国家特定发展战略。因此，农村集体经济组织追求的是综合效率，而非单一经济效率。[②] 要在一级指标设计层面，综合考虑经济功能、社会功能和政治功能三个基本元素。

（一）指标结构设定

1. 经济进步

这部分主要包括增收能力、增资能力、土地利用水平和劳动力利用水平4 个二级指标和 11 个三级指标。

一是增收能力。从总量角度，用人均集体经营性收入反映经营收入能力；从层级结构角度，用年集体经营性收益小于 5 万元村的比重[③]反映地区集体经济发展总体水平；从经营效率角度，用人均投资收益反映投资创收能力；从体制效率角度，用管理费用/总支出反映运行成本。

二是增资能力。集体资产主要指的是集体账面积累性资产，决定和影响着集体经济的长期增长潜力，反映了村级集体经济组织的总财富水平。采用

---

① 具体指标和数据均来自《中国农村经营管理统计年报》（2010～2018）、《中国农村政策与改革统计年报》（2019～2020）、《中国农村合作经济统计年报》（2019～2020）以及《中国统计年鉴》（2012～2021）。

② 参见本书的"B. 5 村集体经济组织综合效率、影响因素及区位差异分析"。

③ 包括当年无收益的村和 5 万元以下的村。

人均所有者权益指标，从结构角度反映集体资产总体质量水平，包括资金、公积公益金和未分配收益等；用人均固定资产反映历史积累水平，用村均公积公益金反映当年积累水平。

三是土地利用水平。集体土地资源整合是集体经济发展的前端环节，发挥着重要的引擎作用。用亩均集体建设用地出租出让收入反映集体产业转型升级进程；用家庭承包耕地流转面积/耕地总面积反映农地规模经营水平。

四是劳动力利用水平。劳动力就业能力与就业方式直接决定着集体经济组织成员的福利水平和生活满意度，用就业劳动力数/汇总劳动力数反映组织成员就业能力，用二、三产业就业劳动力数/汇总劳动力数反映组织成员转移就业能力。

2. 社会稳定

2016 年，中共中央、国务院印发的《关于稳步推进农村集体产权制度改革的意见》指出，农村集体经济组织承担着大量的农村社会公共服务支出，不同于一般经济组织。把社会稳定作为农村集体经济发展评价的基本维度，体现了农村集体经济组织社会成本内部化的本质性特征。这部分包括集体经济组织成员福利、集体经济组织社会性负担、农民负担 3 个二级指标及相应的 8 个三级指标。

一是集体经济组织成员福利。一般分红水平较高的村集体具有较强的经济实力，集体经济组织成员的福利水平也较高，用户均分红水平即成员股东分红金额/总户数反映组织成员福利水平。帮扶农民就业是集体经济组织的职责，但是受到数据条件的限制，无法获得通过村集体帮扶就业的劳动力比重，暂用县内就业劳动力数/汇总劳动力数的宽口径指标近似代替，作为宏观上反映集体经济解决就业能力的负向指标。因为，一般村集体经济组织解决就业能力较差的地区，县域经济或镇域经济相对不发达，农户均选择去县外甚至省外打工。

二是集体经济组织社会性负担。从长远来看，随着集体经济实力的增强，用于社区公共服务的支出会自然而然地提高。在公共财政越来越多地承担社区公共设施和基础设施建设支出的情况下，村集体经济组织这方面的支出仍占有一定规模。^① 为此，用村均村组织支付的公共服务费用反映农村公共服务发展水平，主要是指当年村组织以自有资金对公共卫生（如垃圾收集、防疫）、教育、计划生育、优抚、五保户供养、消防、治安、公益设施维护和应对突发公共事件支付的劳务费用、优抚和供养资金、材料费、运输费等的投入；用村均公益性基础设施建设投入反映公益事业发展水平，主要涉及当年村集体经济组织利用自有资金、一事一议资金和财政资金等修建村内道路、供水、供电、文化、卫生、体育等公益性设施；用户均提取应付福利费直接反映农户享受福利待遇水平，主要涉及村集体经济组织当年提取的用于集体福利、文教、卫生等方面的费用（不包括修建集体福利公益设施等的支出），包括照顾烈军属、五保户、困难户的支出，计划生育支出，农民因公伤亡的医药费、生活补助及抚恤金等；村均干部报酬主要是村集体经济组织年度内用于本村行政管理干部的补助款，间接代表村集体社会成本内部化能力；村均应付工资指村集体经济组织已经提取但尚未支付的职工工资，反映集体经济组织直接创造就业岗位能力。

三是农民负担。集体经济发展水平与农民负担水平之间具有"跷跷板"关系，因此，农民负担水平是测量集体经济组织在社会服务能力方面的负向指标。用户均上交集体款项来测量，主要包括农户年内上交村集体经济组织的全部款项，包括以罚款名义收取的款项，但不包括一事一议筹资、集资摊派和向有关部门或单位缴纳的款项。

3. 执政基础

这部分主要包括财政支持力、自我执行力和成员凝聚力3个二级指标及相应的5个三级指标。

一是财政支持力。外部财力扶持的加强，如北京市每年给每个村预算党建专项经费和村级公益事业补助金，必然会增强和提升集体经济组织作为党和政府执政基础的能力与水平。用补助性收入/总收入来反映相对集体经济

---

① 2019年，村集体经济组织用自有资金支付的公共服务费用为216.8亿元。

总收入的财政投入水平，补助性收入主要包括村集体经济组织获得的财政等有关部门的补助资金；用留作集体公积公益金补偿费/土地补偿费总额反映征地补偿分配水平，包括农村集体经济组织和农民因国家征收征用农村集体土地而得到的土地补偿费、安置补助费、青苗补偿费和地上附着物补偿费总额；用村均经管在编人数反映监督指导服务水平。

二是自我执行力。用（1-村委会代行村集体经济组织职能村数/总村数）反映独立承担自身职能能力。随着农村集体产权制度改革阶段性任务的完成，农村集体资产管理权由村委会向集体经济组织的移交，这种独立行使村集体经济组织职能的村会越来越多。

三是成员凝聚力。用村均土地承包纠纷数从负面角度反映成员对集体经济组织的向心力。主要指因订立、履行、变更、解除和终止农村土地承包合同和因收回、调整承包地以及因确认农村土地承包经营权发生的纠纷数量。具体指标如表3所示。

表3　中国农村集体经济发展评价指标体系

一级指标	二级指标	三级指标	说明
A_1 经济进步	B_1 增收能力	C_1 人均集体经营性收入(万元)	反映经营收入能力
		C_2 年集体经营收益小于5万元村的比重(%)(-)	反映地区集体经济发展总体水平
		C_3 人均投资收益(万元)	反映投资创收能力
		C_4 管理费用/总支出(%)(-)	反映运行成本
	B_2 增资能力	C_5 人均所有者权益(万元)	反映资产总体质量水平
		C_6 人均固定资产(万元)	反映历史累积水平
		C_7 村均公积公益金(万元)	反映当年积累水平
	B_3 土地利用水平	C_8 亩均集体建设用地出租出让收入(万元)	反映集体产业转型升级进程
		C_9 家庭承包耕地流转面积/耕地总面积(%)	反映农地规模经营水平
	B_4 劳动力利用水平	C_{10} 就业劳动力数/汇总劳动力数(%)	反映组织成员就业能力
		C_{11} 二、三产就业劳动力数/汇总劳动力数(%)	反映组织成员转移就业能力

续表

一级指标	二级指标	三级指标	说明
A_2 社会稳定	B_5 成员福利	C_{12} 成员股东分红金额/总户数(万元)	反映组织成员福利水平
		C_{13} 县内就业劳动力数/汇总劳动力数(%)	反映集体经济解决就业能力
	B_6 社会性负担	C_{14} 村均村组织支付的公共服务费用(万元)	反映农村公共服务发展水平
		C_{15} 村均公益性基础设施建设投入(万元)	反映公益事业发展水平
		C_{16} 户均提取应付福利费(万元)	反映农户享受福利待遇水平
		C_{17} 村均干部报酬(万元)	反映社会成本内部化能力
		C_{18} 村均应付工资(万元)	反映集体经济组织直接创造就业岗位能力
	B_7 农民负担	C_{19} 户均上交集体款项(万元)(-)	反映集体经济组织社会服务能力
A_3 执政基础	B_8 财政支持力	C_{20} 补助性收入/总收入(%)	反映相对集体经济总收入的财政投入水平
		C_{21} 留作集体公积公益金补偿费/土地补偿费总额(%)	反映征地补偿分配水平
		C_{22} 村均经管在编人数(人)	反映监督指导服务水平
	B_9 自我执行力	C_{23}(1-村委会代行村集体经济组织职能村数/总村数)(%)	反映独立承担自身职能能力
	B_{10} 成员凝聚力	C_{24} 村均土地承包纠纷数(件)(-)	反映成员对集体经济组织的向心力

注：三级指标中标注（-）代表的是负向指标。

（二）基础指标数据的标准化处理

由于基础指标中有的是绝对值，有的是相对值，无法直接进行比较，需要对基础指标的数据进行标准化处理，以消除各评价指标的量纲效应，充分表达各指标值所包含的信息。

正向指标的标准化处理方式：

$$\hat{A}_{ij} = \frac{A_{ij} - \min(A_j)}{\max(A_j) - \min(A_j)}, \hat{A}_{ij} \in [0,1]$$

负向指标的标准化处理方式：

$$\hat{A}_{ij} = \frac{\max(A_j) - A_{ij}}{\max(A_j) - \min(A_j)}, \hat{A}_{ij} \in [0,1]$$

（三）权重的确定

1. 主成分分析法原理

本报告采用主成分分析法确定指标权重。主成分分析法是将多个指标化为少数几个综合指标的一种统计方法，用较少的不相关的综合指标（主成分）来表示具有一定相关关系的多个指标变量，通过各主成分的方差贡献率来确定其对整体的反映能力。虽然在构建集体经济发展评价指标体系时，要求尽可能体现指标彼此之间的差异性，但是仍然无法避免相关性，这使观测值在一定程度上包含重复信息。在评价与预测时，需要用彼此独立的综合性变量来代替较多的原始变量，以反映原始变量包含的信息，这样可以克服人为确定指标权重的主观性以及多指标变量间的信息重叠。

为了保证发展指数在近十年的时间维度上可以被动态连续追踪、比较与预测，需要固化指标权重。相对于截面数据的主成分分析，面板数据的主成分分析要更为复杂，目前在相关文献中没有找到可供直接使用的软件。为了将面板数据结构转换为 SPSS 25 可以处理的数据类型，本报告参考了两种降维处理方式，一种是将面板数据转换为混合截面数据；另一种是对每一个指标在时间维度上取均值，将其抽象为某一个特定时刻的情形，从而消除时间维度的影响。[①] 考虑到历年数据的完整性，本报告使用混合截面数据计算基础指标权重。

2. KMO 和 Bartlett 检验

本报告采用 SPSS 25 计算指标权重，KMO 检验值为 0.799，约等于 0.8，

[①] 王培、王焱鑫：《面板数据的主成分分析及其应用》，《贵州大学学报》（自然科学版）2009 年第 1 期。

表明适合用主成分分析法求取基础指标权重。

3. 确定主成分因子

由表4主成分因子解释的总方差可知，前7个成分对应的特征根>1，提取前7个成分的累计方差贡献率达到82.156%，超过80%。因此，前7个成分基本可以反映全部指标的信息，可以代替原来的24个指标。

表4　主成分因子解释的总方差

单位：%

成分	总计	初始特征值方差百分比	累计	提取载荷平方和方差百分比	累计	旋转载荷平方和方差百分比	累计
1	9.691	40.377	40.377	40.377	40.377	32.491	32.491
2	2.651	11.044	51.421	11.044	51.421	12.545	45.036
3	2.023	8.428	59.850	8.428	59.850	8.461	53.497
4	1.690	7.043	66.893	7.043	66.893	7.884	61.381
5	1.333	5.556	72.449	5.556	72.449	7.471	68.852
6	1.321	5.504	77.952	5.504	77.952	7.324	76.175
7	1.009	4.203	82.156	4.203	82.156	5.980	82.156

4. 旋转后的成分矩阵

表5列出了旋转后的成分矩阵，该成分矩阵显示了7个成分和24个三级指标之间的相关性。由于指标较多，我们选取与每个成分相关性最强的几个指标进行解释。成分1主要与人均集体经营性收入、人均投资收益、人均集体净资产、人均固定资产、村均公积公益金、成员股东分红金额/总户数相关，可代表村集体经济经营能力；成分2主要与村均村组织支付的公共服务费用、村均干部报酬相关，可代表村集体经济社会性负担；成分3主要与县内就业劳动力数/汇总劳动力数、村均公益性基础设施建设投入、村均土地承包纠纷数相关，可代表村集体经济增长凝聚力；成分4主要与年集体经营收益小于5万元村的比重、二、三产就业劳动力数/汇总劳动力数有关，可代表村集体经济组织成员就业的能力；成分5主要与村均经管在编人数、(1-村委会代行村集体经济组织职能村数/总村数)、村均土地承包纠纷数相

关，可代表集体经济组织政府监管水平；成分 6 主要与亩均集体建设用地出租出让收入、户均提取应付福利费相关，可代表集体经济组织提供福利的能力和水平；成分 7 主要与管理费用/总支出、补助性收入/总收入相关，可代表集体经济增长的运行成本。

表 5　旋转后的成分矩阵

指标名称	成分 1	成分 2	成分 3	成分 4	成分 5	成分 6	成分 7
C_1 人均集体经营性收入	0.942	0.182	-0.120	0.031	0.010	0.038	0.087
C_2 年集体经营收益小于 5 万元村的比重	0.165	0.327	0.221	0.725	0.177	-0.061	-0.220
C_3 人均投资收益	0.947	0.201	-0.074	-0.017	-0.012	0.014	0.004
C_4 管理费用/总支出	0.012	0	0.024	-0.143	-0.071	-0.067	0.912
C_5 人均所有者权益	0.974	0.115	-0.076	0.038	0.015	0.075	0.015
C_6 人均固定资产	0.909	0.157	-0.091	0.060	0.080	0.159	0.045
C_7 村均公积公益金	0.897	0.332	0.007	0.081	0.019	0.130	0.005
C_8 亩均集体建设用地出租出让收入	0.163	0.001	0.006	-0.112	-0.120	0.860	-0.038
C_9 家庭承包耕地流转面积/耕地总面积	0.721	0.278	0.404	0.103	-0.001	-0.036	0.037
C_{10} 就业劳动力数/汇总劳动力数	0.079	0.020	0.290	-0.798	0.183	-0.003	-0.071
C_{11} 二、三产就业劳动力数/汇总劳动力数	0.532	0.594	0.270	0.033	0.285	-0.058	0.133
C_{12} 成员股东分红金额/总户数	0.923	0.130	-0.004	0.049	0.061	0.130	0.003
C_{13} 县内就业劳动力数/汇总劳动力数	0.285	0.155	-0.635	0.219	-0.036	0.392	0.118
C_{14} 村均村组织支付的公共服务费用	0.338	0.819	0.051	0.066	0.130	0.249	-0.034
C_{15} 村均公益性基础设施建设投入	-0.006	0.241	0.813	0.007	0.066	0.219	-0.067
C_{16} 户均提取应付福利费	0.058	0.190	0.087	0.235	0.462	0.698	0.119
C_{17} 村均干部报酬	0.328	0.888	0.114	0.103	-0.128	-0.049	-0.047
C_{18} 村均应付工资	0.694	0.477	-0.094	0.107	-0.095	0.065	0.141
C_{19} 户均上交集体款项	-0.578	0.176	0.202	-0.533	0.063	-0.329	-0.131
C_{20} 补助性收入/总收入	-0.251	-0.023	0.329	-0.243	-0.180	-0.231	-0.642

指标名称	成分 1	成分 2	成分 3	成分 4	成分 5	成分 6	成分 7
C_{21}留作集体公积公益金补偿费/土地补偿费总额	0.559	0.551	-0.217	-0.019	-0.078	0.032	0.061
C_{22}村均经管在编人数	0.150	0.154	-0.058	0.283	-0.839	0.038	-0.034
C_{23}(1-村委会代行村集体经济组织职能村数/总村数)	0.436	0.233	0.150	0.295	0.506	0.125	-0.172
C_{24}村均土地承包纠纷数	0.095	0.125	-0.556	0.170	0.594	0.031	0.019

5. 成分得分系数矩阵

由主成分分析法得到的因素负荷矩阵，赋予了每一个成分所对应的相应变量的系数。通过成分得分系数矩阵，获得成分变量的最终取值（见表6）。

表6 成分得分系数矩阵

指标名称	成分 1	成分 2	成分 3	成分 4	成分 5	成分 6	成分 7
C_1人均集体经营性收入	0.161	-0.072	-0.033	-0.047	-0.002	-0.058	0.005
C_2年集体经营收益小于5万元村的比重	-0.029	0.037	0.149	0.443	0.085	-0.125	-0.085
C_3人均投资收益	0.168	-0.064	-0.028	-0.076	-0.014	-0.061	-0.054
C_4管理费用/总支出	-0.029	0.020	0.142	-0.020	-0.032	-0.080	0.701
C_5人均所有者权益	0.185	-0.126	-0.004	-0.039	0.000	-0.030	-0.048
C_6人均固定资产	0.153	-0.092	-0.013	-0.036	0.028	0.019	-0.027
C_7村均公积公益金	0.122	-0.004	0.014	-0.025	-0.016	0.009	-0.037
C_8亩均集体建设用地出租出让收入	-0.021	-0.024	0.020	-0.164	-0.151	0.594	-0.096
C_9家庭承包耕地流转面积/耕地总面积	0.124	-0.061	0.253	0.074	-0.015	-0.079	0.072
C_{10}就业劳动力数/汇总劳动力数	0.061	0.019	0.049	-0.477	0.108	0.069	-0.054
C_{11}二、三产就业劳动力数/汇总劳动力数	0.010	0.175	0.115	-0.008	0.141	-0.113	0.133
C_{12}成员股东分红金额/总户数	0.171	-0.123	0.035	-0.028	0.020	0.008	-0.045
C_{13}县内就业劳动力数/汇总劳动力数	-0.042	0.109	-0.325	-0.006	-0.059	0.196	-0.033

指标名称	成分1	成分2	成分3	成分4	成分5	成分6	成分7
C_{14}村均村组织支付的公共服务费用	-0.108	0.380	-0.072	-0.073	0.010	0.121	-0.037
C_{15}村均公益性基础设施建设投入	-0.022	0.005	0.442	0.066	-0.005	0.170	0.070
C_{16}户均提取应付福利费	-0.085	0.033	0.094	0.075	0.191	0.393	0.079
C_{17}村均干部报酬	-0.101	0.424	-0.049	-0.017	-0.117	-0.056	-0.016
C_{18}村均应付工资	0.039	0.143	-0.055	-0.013	-0.083	-0.024	0.068
C_{19}户均上交集体款项	-0.107	0.240	-0.044	-0.284	0.058	-0.119	-0.054
C_{20}补助性收入/总收入	0.020	0.016	0.044	-0.116	-0.087	-0.045	-0.433
C_{21}留作集体公积公益金补偿费/土地补偿费总额	-0.003	0.244	-0.178	-0.116	-0.072	-0.025	-0.013
C_{22}村均经管在编人数	-0.015	0.081	-0.005	0.151	-0.503	0.065	-0.027
C_{23}(1-村委会代行村集体经济组织职能村数/总村数)	0.049	-0.037	0.085	0.142	0.269	-0.012	-0.114
C_{24}村均土地承包纠纷数	-0.040	0.093	-0.326	0.009	0.344	-0.080	-0.068

6. 确定权重

由于指标体系中就业劳动力数/汇总劳动力数、户均上交集体款项、补助性收入/总收入经主成分分析法确定的权重为负,需将其剔除后进行归一化处理,基础指标的最终权重值如表7所示。

表7　利用主成分分析法确定的权重

指标名称	综合得分模型系数	归一化处理后的指标权重
C_1人均集体经营性收入	0.164	0.064
C_2年集体经营收益小于5万元村的比重	0.112	0.044
C_3人均投资收益	0.160	0.062
C_4管理费用/总支出	0.033	0.013
C_5人均所有者权益	0.166	0.065
C_6人均固定资产	0.170	0.066
C_7村均公积公益金	0.184	0.072
C_8亩均集体建设用地出租出让收入	0.060	0.023

指标名称	综合得分模型系数	归一化处理后的指标权重
C_9 家庭承包耕地流转面积/耕地总面积	0.172	0.067
C_{10} 就业劳动力数/汇总劳动力数	−0.011	—
C_{11} 二、三产就业劳动力数/汇总劳动力数	0.175	0.068
C_{12} 成员股东分红金额/总户数	0.171	0.067
C_{13} 县内就业劳动力数/汇总劳动力数	0.053	0.021
C_{14} 村均村组织支付的公共服务费用	0.149	0.058
C_{15} 村均公益性基础设施建设投入	0.091	0.036
C_{16} 户均提取应付福利费	0.120	0.047
C_{17} 村均干部报酬	0.127	0.050
C_{18} 村均应付工资	0.155	0.060
C_{19} 户均上交集体款项	−0.119	—
C_{20} 补助性收入/总收入	−0.091	—
C_{21} 留作集体公积公益金补偿费/土地补偿费总额	0.117	0.046
C_{22} 村均经管在编人数	0.002	0.001
C_{23}（1-村委会代行村集体经济组织职能村数/总村数）	0.147	0.057
C_{24} 村均土地承包纠纷数	0.034	0.013

（四）基础指标评价得分

$$s_{ij} = w_j \times d_{ij} \quad (i = 1, \cdots, 30; j = 1, \cdots, 24)$$

w_j 为由主成分分析法确定的指标权重，d_{ij} 为数据进行标准化处理后的指标值，s_{ij} 为基础指标评价得分，即第 i 个省份 j 项指标的得分。

$$s_i = \sum_{j=1}^{24} s_{ij} \quad (i = 1, 2, \cdots, 30)$$

s_i 为第 i 个省份的集体经济发展指数，即该省份集体经济发展评价最终得分。全国农村集体经济发展指数为各省份指数的平均值。

三　综合评价与地区比较

（一）总体水平

本报告在采用主成分分析法计算发展指数指标权重时，将权重为负的3个指标予以剔除，使得纳入计算的指标体系更具代表性。总体来看，2011～2020年中国农村集体经济发展指数[①]呈上升趋势，由2011年的43.039升到2020年的68.219，增加25.180。经济进步、社会稳定和执政基础3个一类指标指数均有不同程度的上升。经济进步由2011年的21.813上升到2020年的36.889，增加15.076，上涨69.11%；社会稳定由8.640增长到13.279，增加4.639，上涨53.69%；执政基础由12.587增长到18.052，增加5.465，上涨43.42%（见图13）。

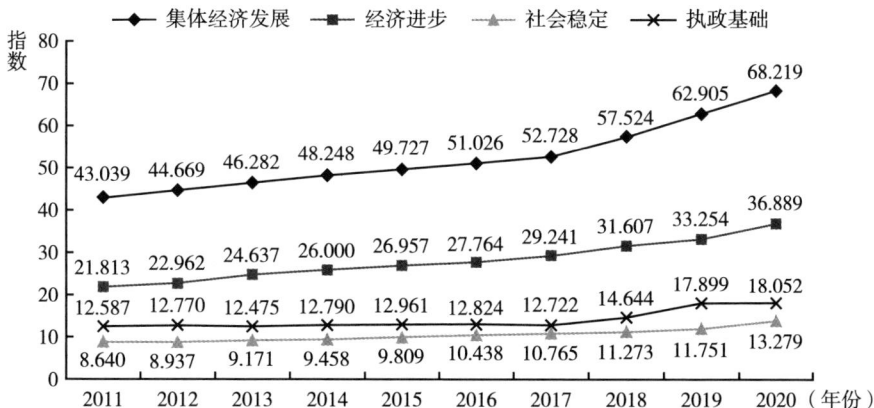

图13　2011～2020年中国农村集体经济发展指数变动趋势

[①]　2020年村委会代行村集体经济组织职能的村数、当年获得土地补偿费总额、留作集体公积公益金的补偿费3个基础指标未公布，在计算发展指数时采用其2019年的数据标准值。甘肃省2018年多项基础指标缺失，采用同上处理方法。

（二）地区比较

2020 年中国 30 个省份[①]农村集体经济发展指数总体分布如图 14 所示，2020 年集体经济发展指数和一级指标评价得分如表 8 所示，其他年份排名见附表 1。2020 年集体经济发展指数排名前 5 的为北京市、上海市、广东省、浙江省、天津市。与 2011 年相比，2020 年四类地区均有排位变动较大的省份。东部地区的海南省由 2011 年的第 9 位降至 2020 年的第 28 位，河北省由第 8 位降至第 16 位；中部地区的安徽省由 2011 年的第 18 位上升至 2020 年的第 8 位；西部地区的四川省由 2011 年的第 21 位上升至 2020 年的第 11 位，陕西省由第 22 位上升至第 13 位，内蒙古由第 29 位上升至第 22 位，青海省由第 11 位降至第 23 位，贵州省由第 17 位降至第 26 位；东北地区的黑龙江省由 2011 年的第 14 位上升至 2020 年的第 9 位。

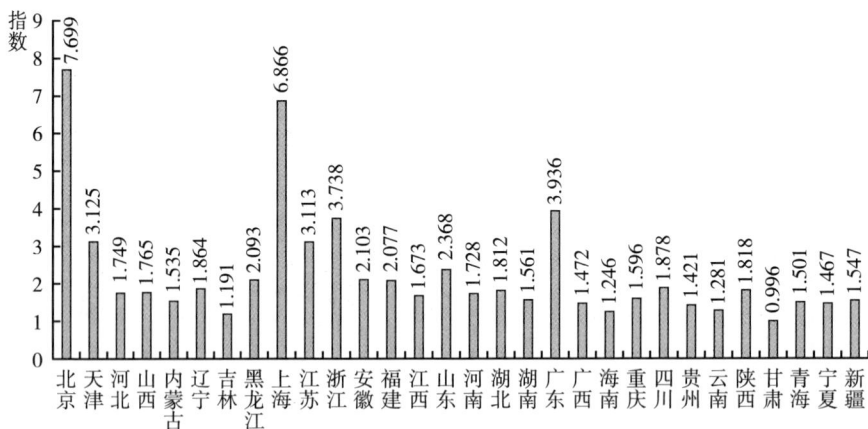

图 14　2020 年中国 30 个省份农村集体经济发展指数

---

① 30 个省份为不含西藏及港、澳、台地区，下同。

下文将区域类型分东部地区、中部地区、西部地区和东北地区进行分析①，以观察集体经济发展水平的变动趋势。表 8 和表 9 统计分析的结果表明，东部地区集体经济发展指数由 2011 年的 2.225，上升至 2020 年的 3.592，上涨 61.44%，在各地区中上涨幅度最大；中部地区由 1.115 上升至 1.774，上涨 59.10%；西部地区由 0.989 上升至 1.501，上涨 51.77%；东北地区由 1.072 上升到 1.716，上涨 60.07%。东部地区的集体经济发展水平最高，且增速最快，其次是东北地区，再次是中部地区；西部地区发展水平最低，发展指数在各地区中上涨幅度最小。

表 8   2011 年不同区域类型农村集体经济发展指数

区域类型	数量	集体经济发展指数	经济进步	社会稳定	执政基础
东部地区	10	2.225	1.082	0.580	0.563
中部地区	6	1.115	0.633	0.142	0.340
西部地区	11	0.989	0.509	0.126	0.354
东北地区	3	1.072	0.531	0.199	0.343

注：集体经济发展指数及分项指数为地区内各省份得分的平均值。

表 9   2020 年不同区域类型农村集体经济发展指数

区域类型	数量	集体经济发展指数	经济进步	社会稳定	执政基础
东部地区	10	3.592	1.822	0.998	0.771
中部地区	6	1.774	1.001	0.160	0.513
西部地区	11	1.501	0.854	0.150	0.497
东北地区	3	1.716	0.892	0.226	0.598

如表 10 所示，分省份来看，北京、上海始终处于发展的最高水平。2011 年、2020 年，东部地区发展水平始终最高，中部地区部分省份跃升到

① 东部地区包括北京、天津、河北、上海、江苏、浙江、福建、山东、广东、海南 10 个省份；中部地区包括山西、安徽、江西、河南、湖北、湖南 6 个省份；西部地区包括内蒙古、广西、重庆、四川、贵州、云南、西藏、陕西、甘肃、青海、宁夏、新疆 12 个省份；东北地区包括辽宁、吉林、黑龙江 3 个省份。地区划分标准源自国家统计局，http：//www.stats.gov.cn/tjsj/zxfb/202002/t20200214_ 1726365.html。

第二梯队，西部地区部分省份跃升到第二、三梯队。① 东北地区三省发展差异较大，辽宁、黑龙江始终处于第二梯队，吉林始终处于第四梯队。

表10　2020年全国30个省份农村集体经济发展指数

地　区	集体经济发展指数	排　名	比2011年	经济进步	社会稳定	执政基础
北　京	7.699	1	不变	4.819	1.745	1.135
天　津	3.125	5	不变	1.542	1.008	0.575
河　北	1.749	16	↓8	0.894	0.220	0.634
山　西	1.765	15	↓5	0.875	0.284	0.605
内蒙古	1.535	22	↑7	0.896	0.204	0.434
辽　宁	1.864	12	↑3	0.815	0.321	0.729
吉　林	1.191	29	↓1	0.792	0.190	0.210
黑龙江	2.093	9	↑5	1.069	0.169	0.855
上　海	6.866	2	不变	3.519	2.235	1.113
江　苏	3.113	6	不变	1.537	0.954	0.622
浙　江	3.738	4	↓1	1.814	1.135	0.789
安　徽	2.103	8	↑10	1.363	0.125	0.615
福　建	2.077	10	↓2	1.006	0.380	0.691
江　西	1.673	18	↑2	1.256	0.135	0.282
山　东	2.368	7	不变	1.205	0.331	0.832
河　南	1.728	17	↑2	0.938	0.144	0.646
湖　北	1.812	14	↓1	1.209	0.130	0.473
湖　南	1.561	20	↑3	0.958	0.145	0.457
广　东	3.936	3	↑1	1.472	1.789	0.675
广　西	1.472	24	↑2	0.892	0.104	0.476
海　南	1.246	28	↓19	0.412	0.187	0.647
重　庆	1.596	19	↑6	1.089	0.069	0.437
四　川	1.878	11	↑10	0.825	0.096	0.957
贵　州	1.421	26	↓9	0.821	0.063	0.537
云　南	1.281	27	↑3	0.799	0.210	0.273
陕　西	1.818	13	↑9	1.019	0.147	0.652
甘　肃	0.996	30	↓3	0.655	0.109	0.232
青　海	1.501	23	↓12	0.721	0.171	0.609

① 按照从高到低排位，1~7名为第一梯队；8~15名为第二梯队；16~23名为第三梯队；24~30名为第四梯队。

地　区	集体经济发展指数	排　名	比 2011 年	经济进步	社会稳定	执政基础
宁　夏	1.467	25	↓1	0.638	0.234	0.596
新　疆	1.547	21	↓5	1.038	0.247	0.262

四　系统耦合协调度测算

（一）测算方法

耦合是指两个或两个以上系统通过相互作用而彼此影响的现象。耦合度是描述系统或要素之间相互影响的程度，耦合协调度越高，说明系统关联度越高。耦合度测算方法在很多领域得到应用，如人口与环境、人口与经济、城市化与生态环境等。集体经济发展作为一个总系统，其经济进步、社会稳定与执政基础 3 个子系统之间也会两两发生影响，耦合协调度反映了彼此之间的协调程度和水平。本报告采用静态耦合计算方法，测算集体经济发展指数 3 个一级指标之间的耦合协调度，测量从 2010 年至 2019 年集体经济发展系统的协调发展水平。数据采用前文中已经进行标准化处理的基础指标数据，及利用主成分分析法确定的权重。

1. 计算综合评价指数

$$u_1 = \sum_{i=1}^{m} a_i x_i'$$
$$u_2 = \sum_{i=1}^{n} b_i y_i'$$
$$u_3 = \sum_{i=1}^{k} c_i z_i'$$

其中，u_1，u_2，u_3 分别为经济进步、社会稳定和执政基础的综合评价指数，a_i，b_i，c_i 分别为采用主成分分析法确定的各个指标的权重，x_i'，y_i'，z_i' 为经过数据标准化处理后的基础指标值。

2.计算耦合度

$$C = \sqrt{\dfrac{u_1 u_2}{\left(\dfrac{u_1 + u_2}{2}\right)^2}}$$

C 为两个系统之间的耦合度（$C \in [0, 1]$）。由于耦合度仅反映两个系统的相关程度，而不能反映系统水平的高低，需要继续计算耦合协调度（耦合协调系数）。

3.计算耦合协调度

$$D = \sqrt{C \times T}$$

其中，$T=au_1+bu_2$，$a+b=1$，$T \in [0, 1]$，$D \in [0, 1]$。根据两个系统的重要程度，a 与 b 可以取不同的值，假设子系统重要性相同，取 $a=b=0.5$。

耦合协调度 D 可以划分为四个阶段：$[0, 0.4]$ 为低度耦合协调；$(0.4, 0.5]$ 为中度耦合协调；$(0.5, 0.8]$ 为高度耦合协调；$(0.8, 1]$ 为极度耦合协调。

（二）总体耦合协调水平

如图15所示，从时间维度上看，2011~2020年经济进步与社会稳定、经济进步与执政基础、社会稳定与执政基础3个子系统之间的耦合协调度均有所上升。其中，经济进步与执政基础的耦合协调度最高且增长最快，由2011年的0.456上升到2020年的0.563，增长0.107，2020年进入高度耦合协调阶段，表明集体经济发展水平与国家对集体经济的扶持力度、规范与监管力度的上升之间形成了良好的耦合协调关系。社会稳定与执政基础的耦合协调度由0.395上升到0.465，增长0.070，进入中度耦合协调阶段。经济进步与社会稳定的耦合协调度由0.309上升至0.378，增长0.069，仍处于低度耦合协调阶段。

（三）地区比较

由表11可知，从空间维度看，2011年和2020年四类地区均为经济

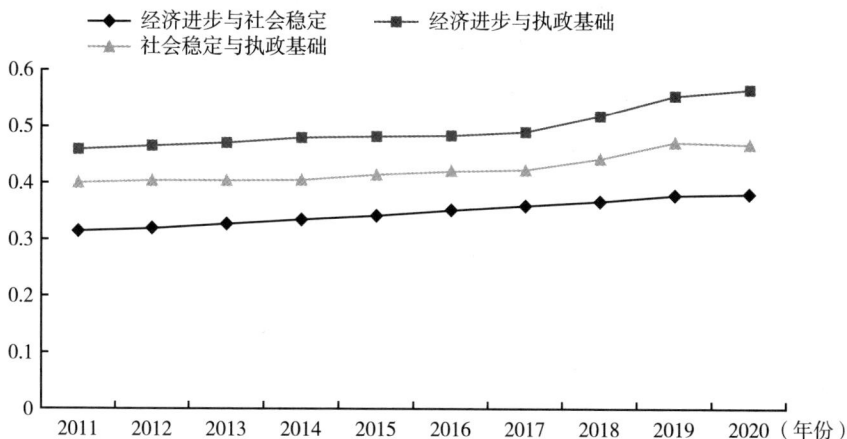

图 15   2011~2020 年中国农村集体经济发展子系统耦合协调度变动情况

进步与执政基础子系统的耦合协调度最高、增长最快。东部地区三个子系统之间的耦合协调度及增速均处于领先水平。2020 年，东部地区三个子系统均达到高度耦合协调阶段，协调水平较高。表明相对其他三类地区，东部地区在促进集体经济增长和成员福利水平提高方面形成了良好的协同效应。与 2011 年相比，2020 年中部地区经济进步与社会稳定之间的耦合协调度反超东北地区，中部地区经济进步与执政基础之间的耦合协调度仅次于东部地区，稳居第 2，表明中部地区农村市场体系培育成效明显。

表 11   分区域类型农村集体经济发展子系统耦合协调度

区域类型	经济进步与社会稳定		经济进步与执政基础		社会稳定与执政基础	
	2011 年	2020 年	2011 年	2020 年	2011 年	2020 年
东部地区	0.412	0.520	0.541	0.660	0.513	0.624
中部地区	0.270	0.326	0.427	0.540	0.339	0.396
西部地区	0.246	0.294	0.406	0.499	0.328	0.371
东北地区	0.277	0.319	0.409	0.523	0.364	0.415

如图 16 所示，2020 年东部地区经济进步与社会稳定耦合协调度为高度的省份占 60%，较 2011 年增加 40 个百分点；经济进步与执政基础耦合协调度为高度的省份占 90%，较 2011 年增加 30 个百分点；社会稳定与执政基础耦合协调度为高度的省份占 80%，较 2011 年增加 30 个百分点。说明相对而言，东部地区应进一步在集体经济发展与促进社会稳定之间提高协调度，如促进帮扶就业、维护社会治安、化解土地利益冲突等。

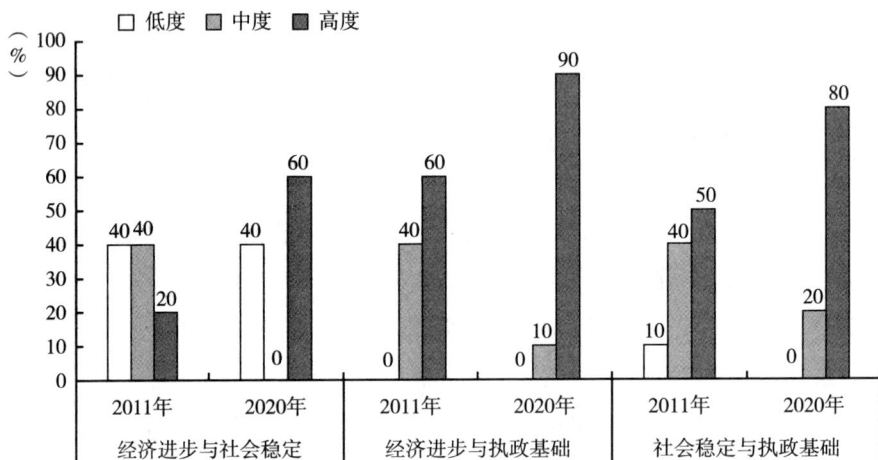

图 16　2011 年与 2020 年东部地区农村集体经济发展子系统耦合协调度分布情况

如图 17 所示，2020 年中部地区经济进步与社会稳定耦合协调度为高度和中度的省份依然为 0。经济进步与执政基础耦合协调度为高度的省份占 83.3%，较 2011 年增加 83.3 个百分点；社会稳定与执政基础耦合协调度为高度的省份依然为 0，处于中度的省份占 33.3%，较 2011 年增加 16.6 个百分点。说明中部地区应着力提升集体经济发展与社会稳定之间的系统耦合协调度，重点是扶持壮大集体经济，特别是要加快转化集体经济薄弱村，同时促进帮扶就业、加快水电公共设施建设及维护社会治安、化解土地利益冲突等。

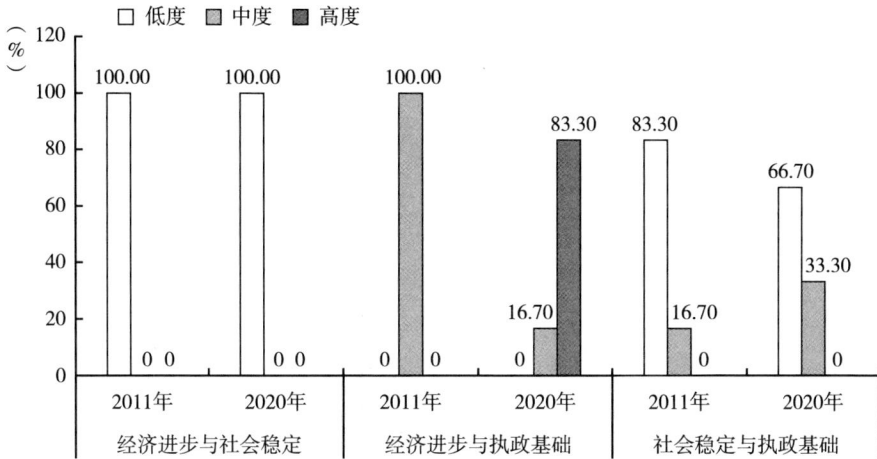

图17　2011年与2020年中部地区农村集体经济发展子系统耦合协调度分布情况

如图18所示，2020年西部地区经济进步与社会稳定耦合协调度处于高度和中度的省份依然为0；经济进步与执政基础耦合协调度为高度的省份占54.6%，较2011年增加54.6个百分点；社会稳定与执政基础耦合协调度为高度的省份依然为0，处于中度的省份占36.4%，较2011年增加36.4个百分点。与东部地区、中部地区、东北地区相比，西部地区各子系统相互之间的耦合协调度明显偏低。应扶持壮大集体经济，下大力气转化集体经济薄弱村，同时更好地发挥集体经济推动社会各项事业发展的基础性作用，维护好社会和谐与稳定的局面。

如图19所示，2020年东北地区经济进步与社会稳定耦合协调度处于高度和中度水平的省份依然为0；经济进步与执政基础耦合协调度为高度的省份占66.7%，较2011年增加66.7个百分点；社会稳定与执政基础耦合协调度最高为中度，占66.7%，较2011年增加33.4个百分点。说明与东部地区、中部地区、西部地区类似，东北地区仍然需要在经济进步与社会稳定方面提升系统耦合协调度。

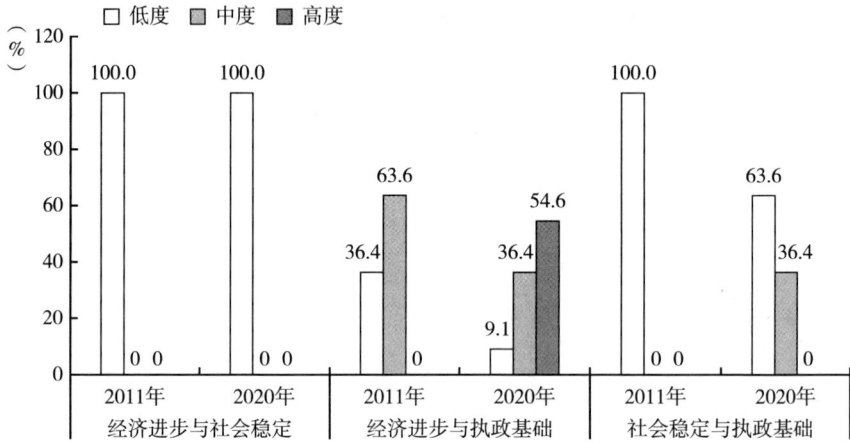

图18 2011年与2020年西部地区农村集体经济发展子系统耦合协调度分布情况

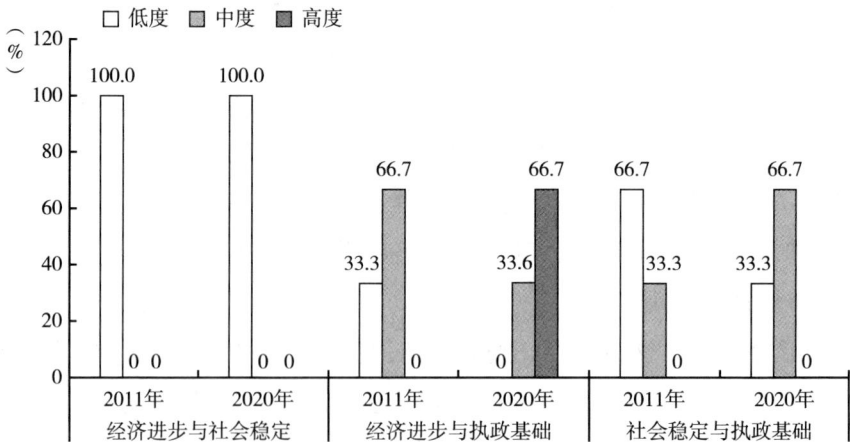

图19 2011年与2020年东北地区农村集体经济发展子系统耦合协调度分布情况

五　灰色关联度分析

（一）测算方法

灰色关联度分析法（Grey Relation Analysis，GRA），是一种多因素统计分析方法，通过计算灰色关联度来描述因素间关系的强弱、大小、次序。本报告根据数据特征，充分考虑到集体经济发展在不同地区的空间差异和不同年份的时间差异，采用灰色关联度分析法，对集体经济发展的基础指标进行排序，揭示历年影响集体经济收入的主导因子。

1. 设立待分析序列

因变量 x_0 是以户均集体经济收入衡量的集体经济发展水平，由表 3 中 24 个指标构成自变量 x_i（$i=1$，…，24），x_0 和 x_i 统称变量序列。

2. 数据标准化

采用初始值法对历年 30 个地区的 24 个指标进行数据标准化处理，即：

$$x_i^{'}(k) = \frac{x_i(k)}{x_i(1)} \quad (i = 1,\cdots,24; k = 1,\cdots,30)$$

其中，$x_i^{'}(k)$ 是标准化后的指标值，i 为指标个数，k 为地区数。

3. 计算差序列、最大差和最小差

$x_0^{'}$ 与 $x_i^{'}$ 对应 k 点（$k=1$，…，30）之差的绝对值构成差序列。在进行多元单序列统计分析时，找到序列内、序列间两级最大差和最小差：差序列 $\Delta_{0,i}(k) = |x_0(k)^{'} - x_i(k)^{'}|$。

两级最大差 $\max_{i,k} |x_0(k)^{'} - x_i(k)^{'}|$；

两级最小差 $\min_{i,k} |x_0(k)^{'} - x_i(k)^{'}|$。

在进行多元成组序列统计分析时，增加一层成组单位，为三级差：

差序列 $\Delta_{0,i,j}(k) = |x_{0,j}(k)^{'} - x_{i,j}(k)^{'}|$；

三级最大差 $\max_{i,j,k} |x_{0,j}(k)^{'} - x_{i,j}(k)^{'}|$；

三级最小差 $\min\limits_{i,j,k}|x_{0,j}(k)'-x_{i,j}(k)'|$；

其中，$j=1，2，\cdots，m，j$ 为成组单位数。

4. 计算灰色关联系数

多元单序列公式是：

$$\zeta_{0,j}(k) = \frac{\min\limits_{i,k}|x_0(k)'-x_i(k)'| + \rho \cdot \max\limits_{i,k}|x_0(k)'-x_i(k)'|}{\Delta_{0,i}(k) + \rho \cdot \max\limits_{i,k}|x_0(k)'-x_i(k)'|}$$

多元成组序列公式是：

$$\zeta_{0,i,j}(k) = \frac{\min\limits_{i,j,k}|x_{0,j}(k)'-x_{i,j}(k)'| + \rho \cdot \max\limits_{i,j,k}|x_{0,j}(k)'-x_{i,j}(k)'|}{\Delta_{0,i,j}(k) + \rho \cdot \max\limits_{i,j,k}|x_{0,j}(k)'-x_{i,j}(k)'|}$$

其中，ρ 是分辨率，可视为一个可调节的系数，$0<\rho<1$，通常取 $\rho=0.5$。

5. 计算灰色关联度

多元单序列公式是：

$$\gamma_{0,i} = \frac{1}{N}\sum_{k=1}^{N}\zeta_{0,i}(k)$$

多元成组序列公式是：

$$\gamma_{0,i} = \frac{1}{N \cdot J}\sum_{k=1}^{N \cdot J}\zeta_{0,i,j}(k) \quad (j \in J, J = m)$$

6. 根据 $\gamma_{0,i}$ 值由大到小排列灰色关联序列

（二）集体经济收入水平影响因子关联分析

本报告采用 Matlab 2019 计算 2020 年和 2011 年集体经济收入水平影响因子的灰色关联度，结果如表 12 所示。2011~2019 年灰色关联度结果见附表 5。2011~2020 年人均固定资产、人均所有者权益、村均公积公益金三项发展因子与集体经济收入的灰色关联度始终位于前 5 位，表明集体积累水平与收入水平密切相关。2020 年，24 项三级指标中有 20 项灰色关联度大于0.9，较 2011 年增加 8 项，其中 17 项大于 0.99，表明上述发展因子与以户均集体经济收入衡量集体经济发展水平的关联度进一步提高。

表 12 2020 年集体经济收入与集体经济发展因子的灰色关联度分析结果

一级指标	二级指标	因子	因子关联度	因子排序	比 2011 年变化
A_1 经济进步	B_1 增收能力	C_1 人均集体经营性收入	0.9988	5	不变
		C_2 年集体经营收益小于 5 万元的村的比重	0.9910	17	↑2
		C_3 人均投资收益	0.9987	6	↓3
		C_4 管理费用/总支出	0.9872	18	↓1
	B_2 增资能力	C_5 人均所有者权益	0.9990	3	↑1
		C_6 人均固定资产	0.9992	2	不变
		C_7 村均公积公益金	0.9993	1	不变
	B_3 土地利用水平	C_8 亩均集体建设用地出租出让收入	0.9982	8	↑13
		C_9 家庭承包耕地流转面积/耕地总面积	0.9969	10	↓2
	B_4 劳动力利用水平	C_{11} 二、三产就业劳动力数/汇总劳动力数	0.9929	15	不变
A_2 社会稳定	B_5 成员福利	C_{12} 成员股东分红金额/总户数	0.9987	6	↑1
		C_{13} 县内就业劳动力数/汇总劳动力数	0.9914	16	不变
	B_6 社会性负担	C_{14} 村均村组织支付的公共服务费用	0.9957	11	↓1
		C_{15} 村均公益性基础设施建设投入	0.9747	20	不变
		C_{16} 户均提取应付福利费	0.8880	21	↓7
		C_{17} 村均干部报酬	0.9936	14	↓2
		C_{18} 村均应付工资	0.9989	4	↑2
A_3 执政基础	B_8 财政支持力	C_{21} 留作集体公积公益金补偿费/土地补偿费总额	0.9982	8	↑1
		C_{22} 村均经管在编人数	0.9950	12	↑1
	B_9 自我执行力	C_{23}（1-村委会代行村集体经济组织职能村数/总村数）	0.9938	13	↓2
	B_{10} 成员凝聚力	C_{24} 村均土地承包纠纷数	0.9776	19	↓1

六 结论和建议

（一）农村集体经济发展水平总体上处于持续增长趋势

总体来看，2011～2020年中国农村集体经济发展指数呈上升趋势，由2011年的43.039上升到2020年的68.219，增加25.180。经济进步、社会稳定和执政基础三个一类指标指数均呈现不同程度的上升。其中，经济进步涨幅最大，其次是执政基础，社会稳定涨幅相对较小。

（二）地区不均衡特征依然显著

北京、上海、浙江、广东始终处于集体经济发展的前4名。东部地区的集体经济发展水平最高，且增速最快，中部地区发展水平和增速仅次于东部地区；西部地区发展水平最低，发展指数在各地区中上涨幅度最小。东北三省集体经济发展差异明显，吉林由第三梯队降至第四梯队。中部地区的安徽、西部地区的四川、东北地区的黑龙江排名大幅跃升。

（三）耦合协调度总体处于不断上升趋势

从时间维度看，2011～2020年，除经济进步与执政基础子系统的耦合协调度于2016年略有下降，其余年份三个子系统之间的耦合协调度均持续上升。2020年，经济进步与执政基础进入高度耦合协调阶段，社会稳定与执政基础进入中度耦合协调阶段。经济进步与社会稳定仍然处于低度耦合协调阶段。表明集体经济组织增收能力、积累水平与成员福利的耦合协调度有待提高。从空间维度看，东部地区经济进步与社会稳定、经济进步与执政基础子系统耦合协调度增长最快，中部地区、西部地区和东北地区经济进步与执政基础子系统耦合协调度增长最快。

（四）壮大农村集体资产是当前发展壮大农村集体经济的主要抓手

以户均集体经济收入为因变量进行的灰色关联度分析显示，2011~2020年人均固定资产、人均所有者权益、村均公积公益金三项发展因子与集体经济收入水平的灰色关联度始终位于前5位。表明村集体积累水平与收入水平密切相关，村集体收入主要依赖重资产经营模式。从长远来看，要逐步通过引入职业经理人等方式，提升集体资产经营效率，保障集体经济快速、健康、可持续发展。

附表1　2011年~2020年全国农村集体经济发展指数排名

地　区	2011年	2012年	2013年	2014年	2015年	2016年	2017年	2018年	2019年	2020年
北　京	1	1	1	1	1	1	1	1	1	1
天　津	5	6	6	6	6	6	6	5	6	5
河　北	8	13	13	14	12	14	15	16	15	16
山　西	10	12	11	13	15	20	18	15	14	15
内蒙古	29	27	29	26	27	27	30	30	26	22
辽　宁	15	15	15	15	13	9	13	17	12	12
吉　林	28	29	26	25	25	25	25	27	28	29
黑龙江	14	9	10	10	8	11	11	11	9	9
上　海	2	2	2	2	2	2	2	2	2	2
江　苏	6	5	5	5	5	5	5	6	5	6
浙　江	3	4	4	4	4	3	4	4	3	4
安　徽	18	19	17	18	17	17	12	10	10	8
福　建	12	8	9	8	10	10	7	9	8	10
江　西	20	20	19	17	18	16	17	13	19	18
山　东	7	7	7	7	7	7	8	7	7	7
河　南	19	18	18	19	19	21	21	22	16	17
湖　北	13	10	8	9	11	8	10	8	11	14
湖　南	23	21	22	22	20	18	16	21	20	20
广　东	4	3	3	3	3	4	3	3	4	3
广　西	26	26	25	27	26	26	27	25	27	24
海　南	9	14	14	11	9	12	9	12	22	28
重　庆	25	23	24	21	24	23	24	26	25	19
四　川	21	22	20	24	22	19	22	14	13	11
贵　州	17	16	23	20	21	22	20	23	21	26
云　南	30	30	30	30	30	30	28	28	29	27
陕　西	22	24	21	23	23	24	23	18	17	13

续表

地 区	2011 年	2012 年	2013 年	2014 年	2015 年	2016 年	2017 年	2018 年	2019 年	2020 年
甘 肃	27	28	28	29	29	29	29	29	30	30
青 海	11	11	12	12	14	15	19	20	23	23
宁 夏	24	25	27	28	28	28	26	24	18	25
新 疆	16	17	16	16	16	13	14	19	24	21

附表 2　2011~2020 年全国经济进步与社会稳定耦合协调度

地 区	2011 年	2012 年	2013 年	2014 年	2015 年	2016 年	2017 年	2018 年	2019 年	2020 年
北 京	0.565	0.601	0.630	0.645	0.683	0.687	0.710	0.759	0.749	0.814
天 津	0.427	0.413	0.434	0.439	0.449	0.496	0.485	0.473	0.506	0.535
河 北	0.317	0.302	0.304	0.306	0.306	0.311	0.319	0.325	0.318	0.324
山 西	0.304	0.308	0.325	0.308	0.308	0.306	0.314	0.323	0.331	0.342
内蒙古	0.247	0.255	0.255	0.274	0.263	0.273	0.275	0.277	0.293	0.315
辽 宁	0.304	0.311	0.323	0.325	0.336	0.349	0.344	0.339	0.345	0.346
吉 林	0.257	0.257	0.279	0.275	0.281	0.280	0.290	0.288	0.288	0.299
黑龙江	0.270	0.286	0.284	0.294	0.294	0.293	0.296	0.305	0.317	0.313
上 海	0.578	0.583	0.596	0.619	0.626	0.635	0.613	0.648	0.627	0.780
江 苏	0.425	0.447	0.461	0.478	0.496	0.501	0.504	0.510	0.523	0.528
浙 江	0.427	0.450	0.459	0.475	0.489	0.518	0.522	0.555	0.578	0.579
安 徽	0.275	0.288	0.299	0.302	0.311	0.322	0.343	0.360	0.367	0.361
福 建	0.325	0.343	0.339	0.351	0.348	0.352	0.407	0.388	0.457	0.393
江 西	0.253	0.262	0.263	0.272	0.273	0.300	0.291	0.307	0.321	0.319
山 东	0.318	0.325	0.331	0.337	0.339	0.350	0.348	0.363	0.381	0.384
河 南	0.267	0.273	0.279	0.278	0.274	0.275	0.283	0.286	0.296	0.296
湖 北	0.264	0.277	0.297	0.293	0.300	0.311	0.322	0.331	0.365	0.325
湖 南	0.257	0.265	0.269	0.277	0.288	0.316	0.328	0.327	0.337	0.315
广 东	0.468	0.475	0.485	0.492	0.511	0.511	0.556	0.566	0.565	0.604
广 西	0.235	0.238	0.257	0.252	0.255	0.263	0.263	0.259	0.272	0.283
海 南	0.271	0.264	0.268	0.308	0.301	0.309	0.289	0.295	0.286	0.255
重 庆	0.206	0.232	0.241	0.258	0.275	0.281	0.298	0.308	0.302	0.306
四 川	0.212	0.216	0.219	0.230	0.236	0.248	0.254	0.271	0.259	0.268
贵 州	0.244	0.267	0.254	0.262	0.261	0.269	0.293	0.290	0.328	0.242
云 南	0.260	0.270	0.266	0.272	0.280	0.285	0.295	0.307	0.307	0.324
陕 西	0.256	0.259	0.268	0.268	0.278	0.288	0.293	0.301	0.303	0.314

续表

地区	2011 年	2012 年	2013 年	2014 年	2015 年	2016 年	2017 年	2018 年	2019 年	2020 年
甘 肃	0.236	0.239	0.245	0.246	0.252	0.256	0.255	0.267	0.270	0.249
青 海	0.260	0.263	0.263	0.264	0.263	0.266	0.263	0.284	0.271	0.285
宁 夏	0.268	0.269	0.272	0.278	0.284	0.283	0.297	0.305	0.321	0.306
新 疆	0.278	0.276	0.286	0.293	0.294	0.303	0.304	0.305	0.356	0.343

附表 3　2011~2020 年全国经济进步与执政基础耦合协调度

地 区	2011 年	2012 年	2013 年	2014 年	2015 年	2016 年	2017 年	2018 年	2019 年	2020 年
北 京	0.756	0.727	0.757	0.816	0.825	0.849	0.829	0.892	0.912	0.963
天 津	0.544	0.554	0.469	0.499	0.453	0.433	0.486	0.638	0.607	0.611
河 北	0.471	0.454	0.458	0.447	0.480	0.454	0.453	0.477	0.537	0.546
山 西	0.450	0.450	0.462	0.453	0.448	0.416	0.440	0.483	0.528	0.537
内蒙古	0.355	0.372	0.365	0.382	0.357	0.384	0.344	0.339	0.467	0.497
辽 宁	0.421	0.424	0.430	0.428	0.428	0.455	0.441	0.456	0.551	0.552
吉 林	0.352	0.354	0.369	0.377	0.388	0.372	0.386	0.394	0.382	0.402
黑龙江	0.453	0.485	0.490	0.488	0.509	0.501	0.490	0.528	0.599	0.616
上 海	0.561	0.600	0.622	0.678	0.738	0.777	0.774	0.804	0.797	0.885
江 苏	0.544	0.563	0.587	0.589	0.598	0.580	0.598	0.589	0.617	0.623
浙 江	0.629	0.638	0.642	0.648	0.635	0.662	0.670	0.692	0.690	0.689
安 徽	0.413	0.413	0.423	0.430	0.428	0.411	0.439	0.519	0.590	0.602
福 建	0.437	0.446	0.461	0.464	0.459	0.463	0.488	0.485	0.594	0.575
江 西	0.418	0.420	0.442	0.451	0.464	0.451	0.459	0.492	0.479	0.486
山 东	0.493	0.493	0.499	0.509	0.507	0.511	0.502	0.574	0.623	0.630
河 南	0.412	0.422	0.433	0.435	0.441	0.432	0.442	0.451	0.545	0.556
湖 北	0.463	0.484	0.499	0.491	0.484	0.496	0.497	0.532	0.549	0.548
湖 南	0.408	0.421	0.426	0.426	0.436	0.436	0.444	0.452	0.511	0.512
广 东	0.522	0.621	0.626	0.628	0.657	0.636	0.661	0.664	0.610	0.628
广 西	0.403	0.393	0.416	0.408	0.410	0.415	0.428	0.448	0.467	0.508
海 南	0.452	0.461	0.460	0.473	0.503	0.503	0.526	0.533	0.501	0.452
重 庆	0.408	0.410	0.396	0.421	0.414	0.426	0.415	0.409	0.490	0.523
四 川	0.442	0.446	0.459	0.454	0.457	0.468	0.466	0.515	0.579	0.593
贵 州	0.452	0.448	0.417	0.453	0.452	0.454	0.456	0.459	0.510	0.513
云 南	0.320	0.326	0.325	0.338	0.322	0.322	0.361	0.384	0.399	0.430
陕 西	0.418	0.410	0.424	0.428	0.424	0.406	0.427	0.496	0.541	0.568

续表

地 区	2011 年	2012 年	2013 年	2014 年	2015 年	2016 年	2017 年	2018 年	2019 年	2020 年
甘 肃	0.376	0.386	0.385	0.397	0.390	0.394	0.376	0.383	0.394	0.393
青 海	0.478	0.483	0.489	0.485	0.482	0.484	0.469	0.486	0.496	0.512
宁 夏	0.377	0.360	0.364	0.359	0.342	0.362	0.383	0.422	0.526	0.494
新 疆	0.438	0.422	0.438	0.454	0.457	0.468	0.476	0.475	0.438	0.455

附表 4　2011~2020 年全国社会稳定与执政基础耦合协调度

地 区	2011 年	2012 年	2013 年	2014 年	2015 年	2016 年	2017 年	2018 年	2019 年	2020 年
北 京	0.656	0.654	0.687	0.727	0.754	0.786	0.759	0.820	0.808	0.833
天 津	0.540	0.535	0.460	0.466	0.425	0.431	0.472	0.595	0.584	0.614
河 北	0.412	0.401	0.401	0.382	0.409	0.381	0.376	0.388	0.435	0.436
山 西	0.416	0.419	0.432	0.401	0.397	0.368	0.382	0.413	0.449	0.458
内蒙古	0.323	0.340	0.328	0.330	0.326	0.351	0.306	0.291	0.382	0.386
辽 宁	0.413	0.401	0.396	0.393	0.385	0.387	0.393	0.397	0.486	0.494
吉 林	0.321	0.319	0.306	0.314	0.327	0.306	0.309	0.313	0.302	0.315
黑龙江	0.358	0.384	0.379	0.380	0.389	0.386	0.374	0.400	0.453	0.435
上 海	0.592	0.643	0.663	0.713	0.772	0.793	0.749	0.782	0.767	0.859
江 苏	0.495	0.514	0.534	0.545	0.564	0.555	0.571	0.568	0.608	0.618
浙 江	0.590	0.601	0.616	0.625	0.628	0.661	0.652	0.668	0.686	0.691
安 徽	0.325	0.323	0.326	0.329	0.325	0.317	0.339	0.406	0.452	0.435
福 建	0.397	0.412	0.403	0.422	0.406	0.408	0.465	0.438	0.591	0.526
江 西	0.316	0.315	0.326	0.327	0.346	0.361	0.344	0.348	0.329	0.322
山 东	0.443	0.441	0.442	0.447	0.445	0.438	0.434	0.495	0.516	0.514
河 南	0.326	0.326	0.326	0.320	0.320	0.319	0.336	0.341	0.404	0.396
湖 北	0.335	0.345	0.357	0.344	0.346	0.359	0.363	0.387	0.421	0.377
湖 南	0.318	0.330	0.340	0.337	0.340	0.364	0.371	0.370	0.409	0.385
广 东	0.554	0.659	0.654	0.672	0.678	0.689	0.720	0.729	0.701	0.730
广 西	0.344	0.340	0.355	0.360	0.368	0.372	0.368	0.368	0.371	0.355
海 南	0.451	0.424	0.422	0.443	0.449	0.471	0.438	0.433	0.424	0.420
重 庆	0.250	0.259	0.256	0.274	0.290	0.305	0.320	0.321	0.361	0.358
四 川	0.303	0.306	0.310	0.316	0.320	0.330	0.334	0.337	0.404	0.409
贵 州	0.333	0.345	0.319	0.343	0.341	0.357	0.381	0.378	0.440	0.320
云 南	0.331	0.330	0.333	0.346	0.327	0.335	0.359	0.367	0.367	0.364
陕 西	0.334	0.330	0.331	0.336	0.339	0.330	0.346	0.393	0.415	0.412
甘 肃	0.329	0.329	0.318	0.327	0.322	0.322	0.313	0.316	0.306	0.282
青 海	0.351	0.350	0.345	0.349	0.348	0.357	0.356	0.394	0.392	0.401
宁 夏	0.313	0.309	0.311	0.304	0.287	0.310	0.321	0.354	0.433	0.441
新 疆	0.395	0.387	0.381	0.395	0.395	0.385	0.392	0.390	0.384	0.357

附表 5　2011～2020 年集体经济收入与集体经济发展因子的灰色关联度

因子	2011年排序	2012年排序	2013年排序	2014年排序	2015年排序	2016年排序	2017年排序	2018年排序	2019年排序	2020年排序
C_1 人均集体经营性收入	5	6	6	4	5	6	5	5	4	5
C_2 年集体经营收益小于 5 万元村的比重	19	18	19	19	18	17	17	17	17	17
C_3 人均投资收益	3	3	5	6	6	5	6	6	7	6
C_4 管理费用/总支出	17	16	18	16	16	16	16	18	18	18
C_5 人均所有者权益	4	4	3	3	4	4	4	3	3	3
C_6 人均固定资产	2	2	2	2	2	2	2	2	2	2
C_7 村均公积公益金	1	1	1	1	1	1	1	1	1	1
C_8 亩均集体建设用地出租出让收入	21	17	20	17	17	18	18	10	9	8
C_9 家庭承包耕地流转面积/耕地总面积	8	8	8	9	9	11	10	11	10	10
C_{11} 二三产就业劳动力数/汇总劳动力数	15	14	15	14	14	14	14	15	15	15
C_{12} 成员股东分红金额/总户数	7	7	7	7	7	8	7	7	5	6
C_{13} 县内就业劳动力数/汇总劳动力数	16	15	16	15	15	15	15	16	16	16
C_{14} 村均村组织支付的公共服务费用	10	11	12	13	13	10	8	9	11	11
C_{15} 村均公益性基础设施建设投入	20	13	11	21	20	20	19	19	20	20
C_{16} 户均提取付福利费	14	20	17	18	19	19	20	21	21	21
C_{17} 村均干部报酬	12	10	10	11	11	12	12	13	12	14
C_{18} 村均应付工资	6	5	4	5	3	3	3	4	6	4
C_{21} 留作集体公积公益金补偿费/土地补偿费总额	9	21	14	8	8	7	9	8	8	8
C_{22} 村均经管在编人数	13	12	13	12	12	13	13	14	14	12
C_{23} (1-村委会代行村集体经济组织职能村数/总村数)	11	9	9	10	10	9	11	12	13	13
C_{24} 村均土地承包纠纷数	18	19	21	20	21	21	21	20	19	19

B.3

中国农村集体经济改革评价

陈雪原　孙梦洁　王洪雨*

摘　要： 目前，全国统一大市场建设已经进入了高标准、高水平的新阶
段，深化农村集体经济体制改革显得愈加紧迫。本报告从组织
主体、市场体系和政策环境三个维度构建了中国农村集体经济
改革评价指标体系，对2011~2020年中国农村集体经济改革进
展及绩效进行分析和评价，为明确下一步农村集体经济体制改
革的方向和重点提供了重要的信息指引。研究发现以下内容。
（1）近10年来，全国农村集体资产持续增长，镇级资产规模相
对较小；家庭承包耕地流转面积持续增加，增幅逐步下降；集
体建设用地出租出让宗数和面积大幅上涨；宅基地盘活潜力较
大；常年外出务工劳动力持续增长，其中，乡外县内务工数量
增加最快。（2）10年来，中国农村集体经济改革指数总体呈上
升趋势，地区之间差距逐渐缩小。北京2014~2017年改革评价
得分总体呈现持续下降态势。浙江、天津等地排名明显下降。
四川、贵州、云南等西部省份改革进程加快，位次出现了明显
跃升。2020年西部地区改革指数及组织主体、市场体系、政策
环境三个一级指标评价得分均超过中部地区。（3）要着力补齐
市场发育体系短板，助力全国统一大市场建设。2011~2020年，
组织主体与政策环境的耦合协调度最高且增长最快，进入高度

---

* 陈雪原，北京市农村经济研究中心经济体制处处长、经济学博士，研究方向为城镇化、集体
经济组织治理与集体土地制度改革；孙梦洁，北京市农村经济研究中心经济体制处副处长、
管理学博士，研究方向为集体产权制度改革、集体经济评价、农户经济行为；王洪雨，北京
市农村经济研究中心经济体制处副处长，研究方向为集体产权制度改革、集体土地制度改革。

耦合协调阶段，相比之下，市场体系与政策环境之间的耦合协调度较低。（4）深化农村集体经济改革进入"全领域、高标准、高水平"的新阶段。基于灰色关联度分析方法得出的结果，我们认为，应把集体建设用地、宅基地、征地以及农用地的"四块地"改革作为深化农村集体经济改革的先行领域；继续深化农村集体产权制度改革，规范和健全集体经济运行机制；着力全面加强经管体系与经管队伍建设，夯实农村集体经济体制的上层建筑。

关键词： 集体经济　改革指数　耦合协调度

2022 年"中央一号文件"（《中共中央　国务院关于做好 2022 年全面推进乡村振兴重点工作的意见》）提出"制定新阶段深化农村改革实施方案"，"巩固提升农村集体产权制度改革成果，探索建立农村集体资产监督管理服务体系，探索新型农村集体经济发展路径"，"推动高质量发展，促进共同富裕"。2022 年 4 月 10 日，《中共中央　国务院关于加快建设全国统一大市场的意见》提出要加快建设高效规范、公平竞争、充分开放的全国统一大市场，全面推动我国市场由大到强转变，为建设高标准市场体系、构建高水平社会主义市场经济体制提供坚强支撑。随着全国统一大市场建设进入高标准、高水平的新阶段，深化农村集体经济体制改革显得更加紧迫。

本报告通过描述性统计，在对农村集体经济改革进展形成总体认识的基础上，对不同地区、省份之间农村集体经济改革的阶段、进展及绩效进行横向与动态对比，解析集体经济改革创新的深层次逻辑传导机制，分析导致集体经济发展水平差距的因素，提出对策建议，聚焦改革的若干重点领域和重点任务，提高改革的效率和效力。基于此，为制定新阶段深化农村改革实施方案、壮大新型农村集体经济、扎实推进农民农村共同富裕，提供重要的参考和支撑。

一 农村集体经济改革进展

本报告着重对"十二五"和"十三五"期间，即 2011~2020 年全国农村集体经济改革领域相关指标[①]进行分析，对近年来集体经济改革现状与趋势形成基本判断和总体性认识。

（一）农村集体资产规模持续扩大

2020 年底，全国纳入农村集体经济收益分配统计报表的乡镇数 3.65 万个、村数 55.97 万个、村民小组数 455.03 万个；农村集体经济组织资产总额（不包括土地等资源性资产）7.71 万亿元。2011~2020 年全国村级集体经济组织资产总额变化情况如图 1 所示。

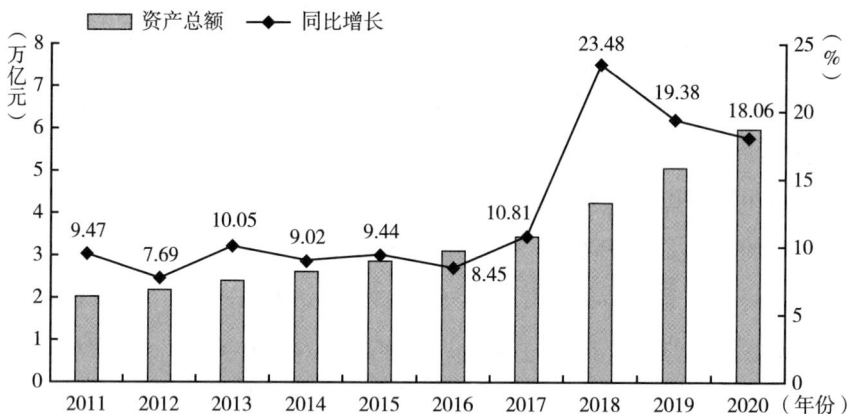

图 1　2011~2020 年全国村级集体经济组织资产总额变化情况

农村集体经济组织资产表现出以下特点：一是资产高度集中在村级。2020 年组级资产 0.94 万亿元，占 12.19%，组均资产 46.84 万元（按纳入

[①]　如无特别说明，本部分相关数据均来自农业农村部《中国农村经营管理统计年报》（2009~2018 年）、《中国农村政策与改革统计年报》（2019~2020 年）、《中国农村合作经济统计年报》（2019~2020 年）。

资产清查的组级数 200.1 万个计算）；村级资产 5.98 万亿元，占 77.56%，村均资产 1068.82 万元；乡镇级资产 0.79 万亿元，占 10.25%，镇均资产 17653.05 万元（按纳入资产清查的乡镇数 4457 个计算）（见图 2）。二是固定资产占比近一半。2011 年，固定资产 0.95 万亿元，占比 46.96%；2020 年，固定资产 3.69 万亿元，比 2011 年增加 2.74 万亿元，占比 47.86%（见图 3）。三是经营性资产占比低于非经营性资产。2020 年经营性资产总额 3.47 万亿元，占 45.00%，非经营性资产总额 4.24 万亿元，占 55.00%。

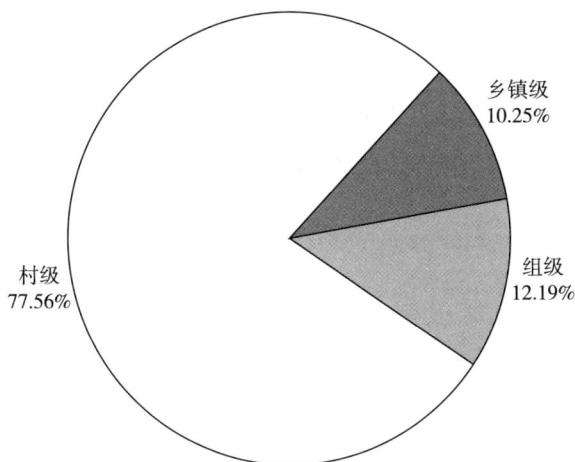

图 2　2020 年全国乡镇、村、组三级农村集体经济组织资产分布

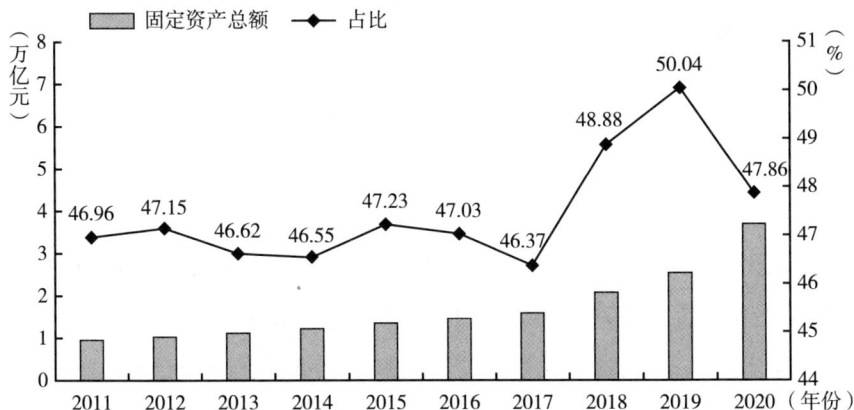

图 3　2011~2020 年全国农村集体经济组织固定资产总额及其占比变化情况

（二）集体产权制度改革快速推进

2011年，全国完成集体产权制度改革的村共1.66万个，占全国总村数①的2.70%。2017年以来，全国先后开展五批农村集体产权制度改革试点，覆盖全国所有涉农县市区，改革得到了极大的提速。2020年，全国完成产权制度改革单位共97.92万个，其中组级44.74万个、村级53.09万个、镇级948个；在农业农村部门登记赋码的单位79.81万个，占完成产权制度改革单位数的81.51%，在市场监督管理部门登记的单位3823个，占比0.39%。完成产权制度改革的村占全国总村数的94.85%，比2011年提高了92.15个百分点（见图4）；完成产权制度改革的乡镇、组分别占全国汇总乡镇数、汇总村民小组数的2.60%、9.83%。

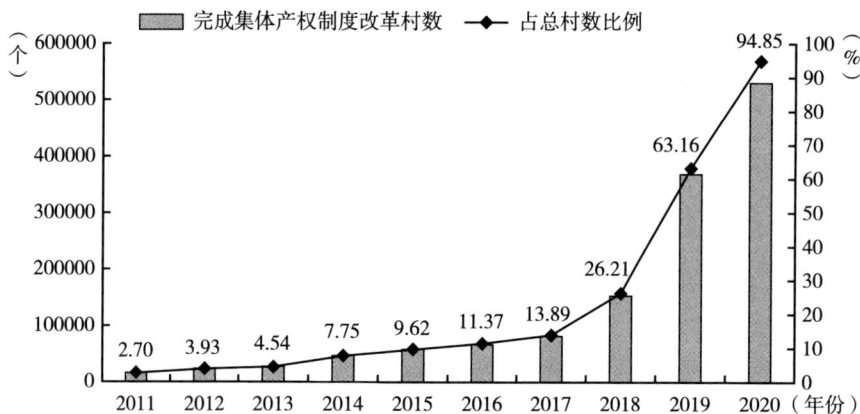

图4　2011~2020年全国完成产权制度改革村数量变化

2020年，全国共确认农村集体经济组织成员8.8亿个，其中，乡镇级集体经济组织成员0.09亿个，占1.02%；村级集体经济组织确认成员8.03亿个，占91.25%，比2011年增加了约34倍；组级集体经济组织成员0.68亿个，占7.73%。2020年，完成产权制度改革单位本年股金分红总额

---

① 指有关经济情况汇入农村集体经济收益分配统计表中的行政村数。

703.83 亿元，人均分红 80 元，其中村级股金分红总额 435.59 亿元、人均分红 54 元（见图 5）。

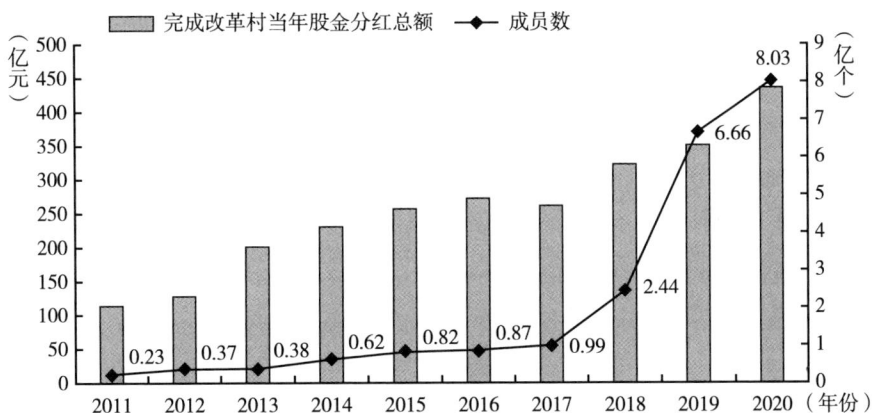

图 5 2011~2020 年全国完成产权制度改革村成员数及当年股金分红总额情况

（三）土地、劳动力等要素市场加快发育

1. 家庭承包耕地流转面积持续增长，增幅逐步下降

2020 年，全国农村家庭承包经营耕地面积 15.62 亿亩，比 2011 年增长 22.26%；集体机动耕地①面积 0.77 亿亩，比 2011 年增长 220.22%；家庭承包经营农户 2.20 亿户，比 2011 年减少 3.69%；颁发土地承包经营权证 2.10 亿份，比 2011 年增长 0.92%；土地经营权流转面积② 5.32 亿亩，比 2011 年增长 161.87%，占全国农村家庭承包经营耕地面积的 34.06%（见图 6）。

家庭承包经营耕地的土地经营权流转市场主要表现出以下特点：一是土地流转市场服务覆盖全国近 60% 的涉农县。2020 年，全国有乡镇土地流转服务中心 2.23 万个，省、市、县三级土地流转市场 1589 个，其中省级 13 个、地市级 102 个、县级 1474 个。二是流转方式以出租（转包）为主。

---

① 在农村集体资产清产核资和承包地确权工作中，将新增地源纳入机动耕地管理。

② 含出租（转包）、入股和其他形式流转。

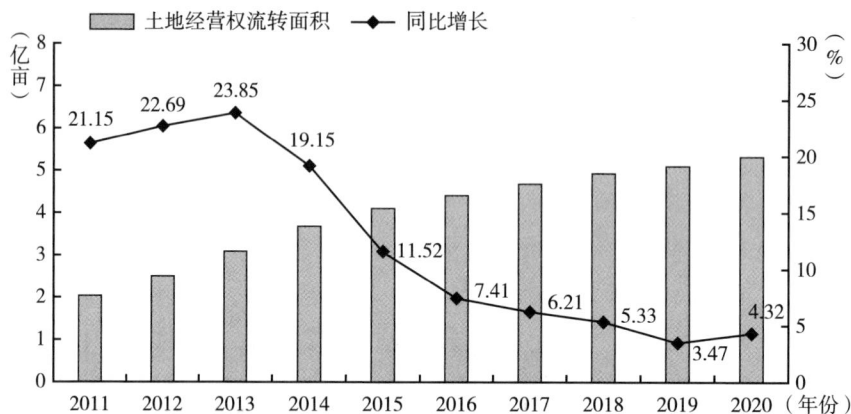

图6 2011~2020年全国家庭承包耕地土地经营权流转面积变化情况

2020年土地经营权流转去向中，出租（转包）面积4.75亿亩，占89.29%，比2011年增加1.61个百分点；入股面积0.29亿亩，占5.45%，比2011年减少0.95个百分点；其他形式流转面积0.28亿亩，占5.26%，比2011年减少0.65个百分点。三是流转去向以流转入农户为主。2020年土地经营权流转去向中，流转入农户、家庭农场、专业合作社、企业、其他主体的面积分别为2.49亿亩、0.71亿亩、1.14亿亩、0.56亿亩、0.42亿亩，其中流转入农户的面积占比高达46.80%，其次为流转入专业合作社，占21.43%（见图7）。

2. 集体建设用地出租出让宗数和面积大幅上涨

2020年，全国农村集体建设用地出租出让宗数255.93万宗，是2011年的18.85倍；出租出让面积1025.52万亩，是2011年的9.07倍（见图8）；出租出让收入406.51亿元，是2011年的1.38倍。

3. 宅基地盘活潜力较大

2020年，全国共有宅基地26842.0万宗，其中占有宅基地的农户数共21629.31万户，非本集体成员占有的宅基地宗数①373.67万宗，占全国宅基地宗数的1.39%。从"一宅多户"情况来看，占有一处宅基地的农户数

---

① 指非本集体经济组织成员通过继承农房或其他方式占有的宅基地宗数。

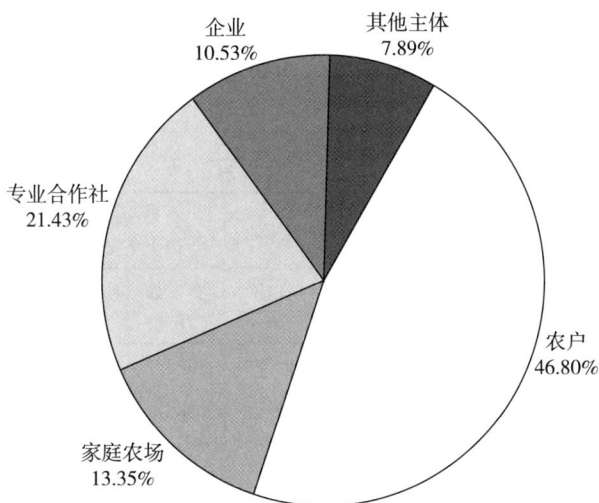

图 7 2020 年全国家庭承包耕地土地经营权流转去向

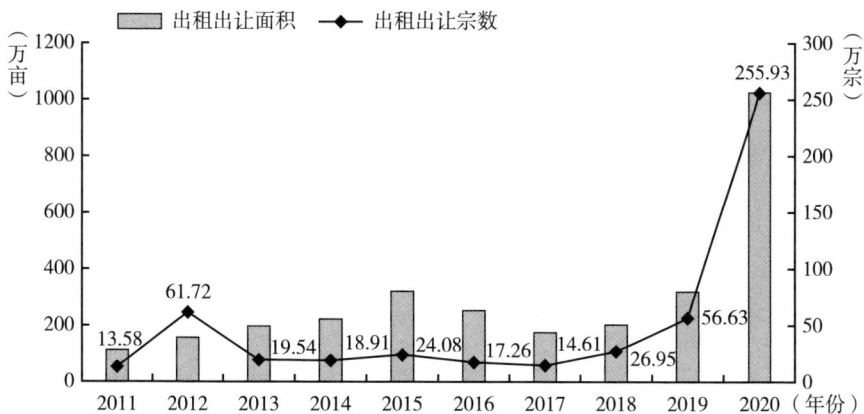

图 8 2011~2020 年全国农村集体建设用地出租出让宗数及面积

为 19744.6 万户，占有两处及以上宅基地的农户数为 1884.7 万户，即"一宅多户"比例为 8.71%；东部地区"一宅多户"比例最高，为 12.35%（见表 1）。

从宅基地闲置情况来看，闲置宅基地 1253.8 万宗，占全国宅基地宗数的 4.67%，其中中部地区闲置宅基地占比最高，为 6.54%。闲置宅基地中，空闲废弃宅基地（地上房屋倒塌或无房屋）442.4万宗，占闲置宅基地宗数的 35.28%，占宅基地宗数的 1.65%（见表2）。

表 1　全国宅基地拥有情况

	宅基地宗数		占有一处宅基地		占有两处及以上宅基地		非本集体成员占有宅基地宗数	
	宗数（万宗）	占比[1]（%）	农户数（万户）	占比[2]（%）	农户数（万户）	占比[3]（%）	宗数（万宗）	占比[4]（%）
全国	26842.0	100.00	19744.6	91.29	1884.7	8.71	373.7	1.39
其中：东部地区	10087.1	37.58	6010.1	87.65	846.7	12.35	188.3	1.87
中部地区	8007.9	29.83	6323.9	91.13	615.3	8.87	92.6	1.16
西部地区	7392.3	27.54	6232.9	94.28	378.2	5.72	60.4	0.82
东北地区	1354.7	5.05	1177.7	96.37	44.4	3.63	32.4	2.39

注：占比[1]＝各地区宅基地宗数/全国宅基地宗数；占比[2]＝占有一处宅基地农户数/（占有一处宅基地农户数+占有两处及以上宅基地农户数）；占比[3]＝占有两处及以上宅基地农户数/（占有一处宅基地农户数+占有两处及以上宅基地农户数）；占比[4]＝非本集体成员占有宅基地宗数/宅基地宗数。

表 2　全国宅基地闲置情况

单位：万宗，%

	闲置宅基地		其中：空闲废弃宅基地	
	宗数	占宅基地宗数比重	宗数	占宅基地宗数比重
全国	1253.8	4.67	442.4	1.65
其中：东部地区	398.0	3.95	103.7	1.03
中部地区	523.4	6.54	251.2	3.14
西部地区	245.4	3.32	69.3	0.94
东北地区	87.0	6.42	18.1	1.34

从宅基地利用情况来看，出租宅基地 207.2 万宗、65.28 万亩，占全国宅基地宗数的 0.77%；转让宅基地 64.5 万宗、18.67 万亩，占全国宅基地宗数的 0.24%。东部地区出租宅基地占比、转让宅基地占比在各地区中均最高，分别为 1.35%、0.47%（见表3）。

表3　全国宅基地出租、转让情况

单位：万宗，%

	出租宅基地		转让宅基地	
	宗数	占宅基地宗数比重	宗数	占宅基地宗数比重
全国	207.2	0.77	64.5	0.24
其中:东部地区	136.5	1.35	47.3	0.47
中部地区	23.3	0.29	6.3	0.08
西部地区	41.3	0.56	6.4	0.09
东北地区	6.1	0.45	4.4	0.33

4. 农村劳动力外出务工比例提高

2020年全国农村汇总劳动力[①]57489.90万人，比2011年增加2320.1万人，增长4.21%。农村汇总劳动力中，从事家庭经营劳动力30330.10万人，占当年汇总劳动力的52.76%，其中从事第一产业劳动力20752.10万人，占从事家庭经营劳动力数的68.42%；外出务工劳动力26773.60万人，占当年汇总劳动力的46.57%，其中常年外出务工劳动力数21954.0万人，占外出务工劳动力的82.00%。常年外出务工劳动力中，乡外县内务工劳动力7623.6万人，占34.73%，县外省内务工劳动力6548.9万人，占29.83%，省外务工劳动力7781.50万人，占35.44%。2011~2020年全国农村汇总劳动力变化情况如图9所示。

2011~2020年，农村劳动力主要表现出以下变化。一是从事家庭经营劳动力减少。2020年，从事家庭经营劳动力比2011年减少1525.00万人、下降4.79%，在全国农村汇总劳动力中的占比下降4.98个百分点。其中，从事第一产业劳动力比2011年减少1685.80万人，下降7.51%，在从事家庭经营劳动力中的占比下降2.02个百分点。二是外出务工劳动力大幅增加。2020年，外出务工劳动力比2011年增加5784.9万人、增幅27.56%，在全国农村汇总劳动力中的占比增加8.53个百分点。其中，常年外出务工劳动

---

① 一般为农村集体经济组织成员。

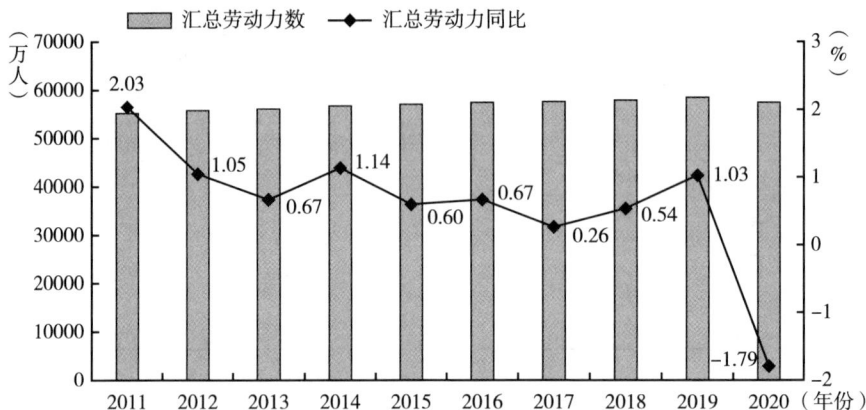

图9 2011~2020年全国农村汇总劳动力变化情况

力增加5107.4万人、增幅30.32%,在外出务工劳动力中占比提高1.73个百分点。三是常年外出务工劳动力中,乡外县内务工人数增加最快。与2011年相比,2020年乡外县内务工劳动力增加2470.20万人、增幅47.93%,占比提高4.14个百分点,县外省内务工劳动力增加1583.70万人、增幅31.90%,占比提高0.36个百分点,省外务工劳动力增加1053.50万人、增幅15.66%,占比减少4.50个百分点。2011~2020年全国农村从事家庭经营劳动力、外出务工劳动力变化情况如图10所示。图11显示了2011年和2020年全国农村常年外出务工劳动力结构。

(四)集体经济"三资"管理工作水平不断提升

2020年,全国55.87万个村实行了财务公开,占全国总村数的99.83%,比2011年提高3.51个百分点;55.42万个村建立了村民主理财小组,占全国总村数的99.02%,比2011年提高5.51个百分点;34546个乡镇实行了村会计委托代理制,占全国乡镇数的94.72%,比2011年提高15.34个百分点,其中涉及50.30万个村,占全国总村数的89.88%,比2011年提高8.70个百分点;43.51万个村实行了会计电算化,占全国总村数的77.74%,比2011年提高28.28个百分点(见表4)。

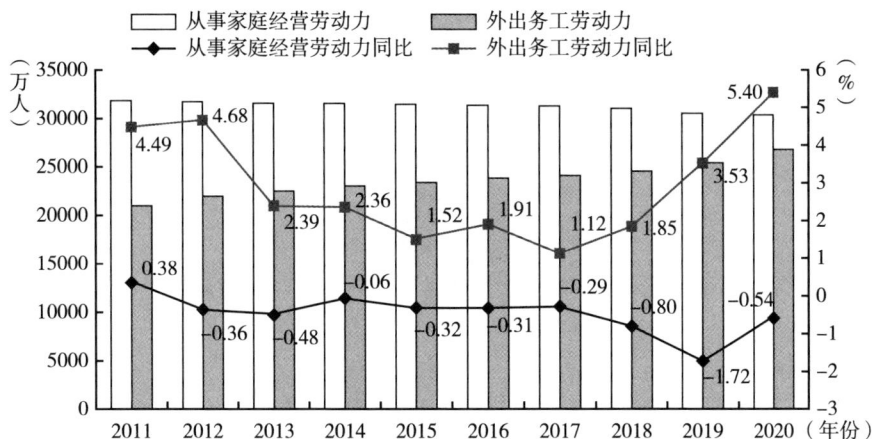

图 10　2011~2020 年全国农村从事家庭经营劳动力、外出务工劳动力变化情况

表 4　2011 年、2020 年全国农村集体经济财务会计管理情况对比

单位：个,%

年份	实行财务公开的村		建立村民主理财小组的村		实行村会计委托代理制的乡镇		实行会计电算化的村	
	村数	占比	村数	占比	乡镇数	占比	村数	占比
2011	589527	96.32	572284	93.51	28944	79.38	302716	49.46
2020	558742	99.83	554181	99.02	34546	94.72	435091	77.74
差值（个百分点）	−30785	3.51	−18103	5.51	5602	15.34	132375	28.28

　　2011 年以来，农村集体经济审计队伍不断壮大、审计力度不断加强。2020 年，全国 1726 个县成立了审计机构，比 2011 年增加 646 个、增幅 59.81%；县、乡两级专兼职农经审计人员 8.02 万人，比 2011 年增加 3.17 万人、增幅 65.32%，其中 2020 年持有审计资格证的审计人员 2.97 万人，占审计人员的 37.03%。2020 年，全国对 58.58 万个单位进行了农村集体经济审计，比 2011 年增加 17.15 万个，增幅 41.40%；审计金额 4.19 万亿元，是 2011 年的 5.26 倍。2020 年，查出违纪单位 4024 个，比 2011 年违纪单位

省外务工
39.94%

县外省内务工
29.47%

乡外县内务工
30.59%

2011年

省外务工
35.44%

县外省内务工
29.83%

乡外县内务工
34.73%

2020年

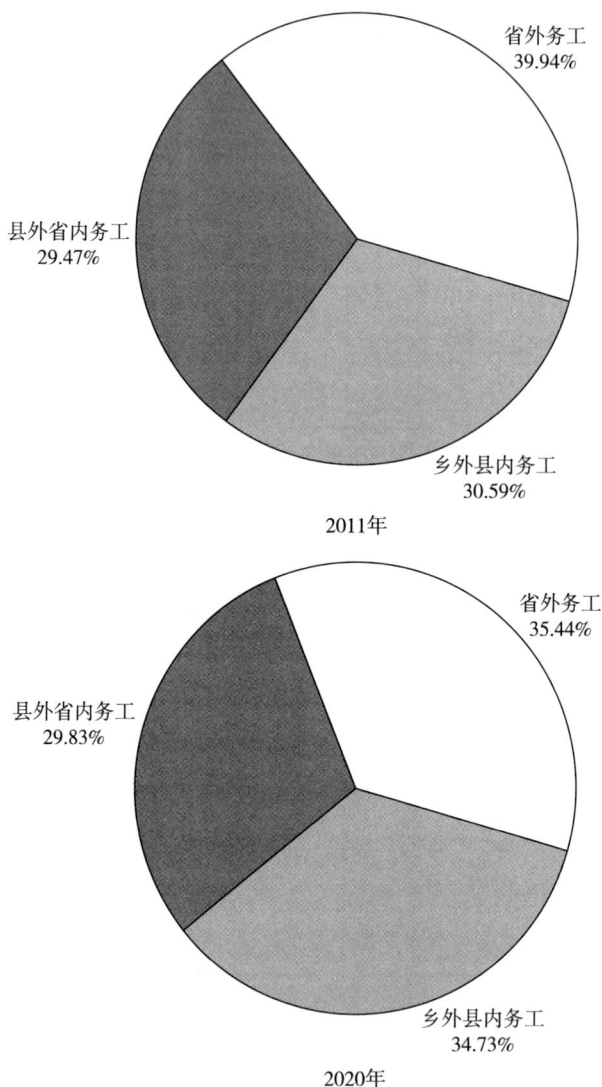

图 11 2011 年、2020 年全国农村常年外出务工劳动力结构对比

数量减少 51.82%；违纪单位数占审计单位总数的 0.69%，占比较 2011 年降低 1.33 个百分点；违纪金额 5.25 亿元，占审计资金总额的 0.01%，占比较 2011 年下降 0.05 个百分点。2011~2020 年全国农村集体经济审计队伍及审计资金情况如图 12 所示。

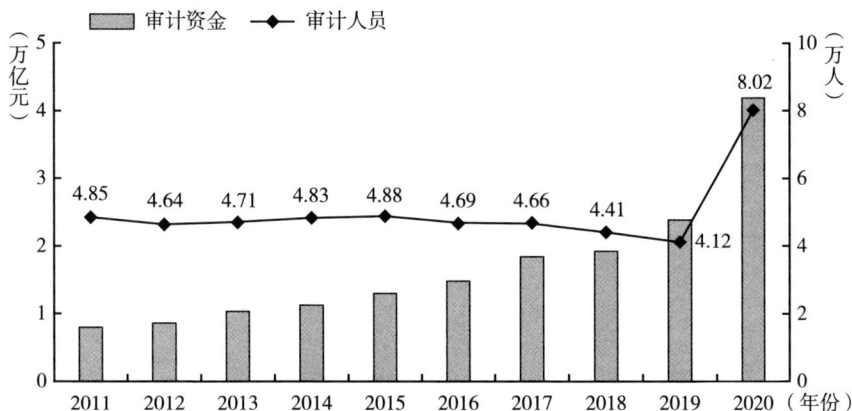

图 12　2011~2020 年全国农村集体经济审计队伍及审计资金情况

（五）新型农业经营主体和服务主体快速发展

1. 家庭农场

2020 年，全国农业农村部名录管理家庭农场数量 348.06 万个，约为 2013 年在农业部门认定的家庭农场数量①的 48 倍，其中，县级及以上农业农村部门评定的示范家庭农场 11.29 万个，占家庭农场总数的 3.24%，约为 2013 年被县级及以上农业部门认定为示范家庭农场数量的 17 倍；2020 年经营总收入 8896.27 亿元，平均每个家庭农场 25.56 万元。

从家庭农场经营土地情况来看，家庭农场经营土地面积 46743.93 万亩，平均每个家庭农场经营土地 134.30 亩，其中耕地 30247.43 万亩，占经营土地面积的 64.71%（见图 13）。

从行业分布来看，一半以上的家庭农场从事农业（种植业），共 232.34 万个，占家庭农场总数的 66.75%（见图 14）。种粮家庭农场数量 161.71 万个，占家庭农场总数的 46.46%。从经营收入看，以微型、小型家庭农场为主，微型（5 万元以下）、小型（5 万~20 万元）、中型（20 万~50 万元）、大型

---

①　农业农村部相关资料中未公布 2013 年以前家庭农场相关统计数据。

林地
2.01%

草地
28.06%

水面
3.55%

其他
1.67%

耕地
64.71%

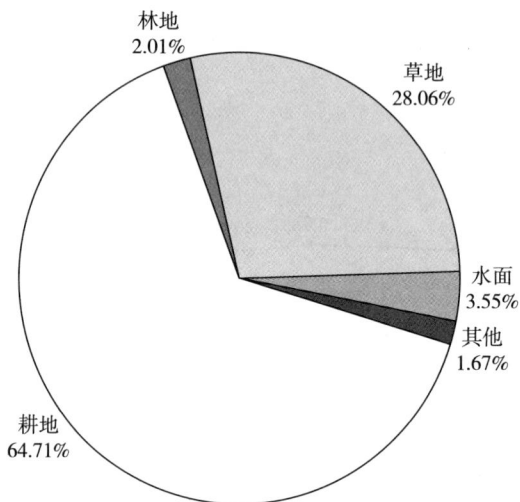

图13　2020年全国农业农村部名录管理家庭农场经营土地情况

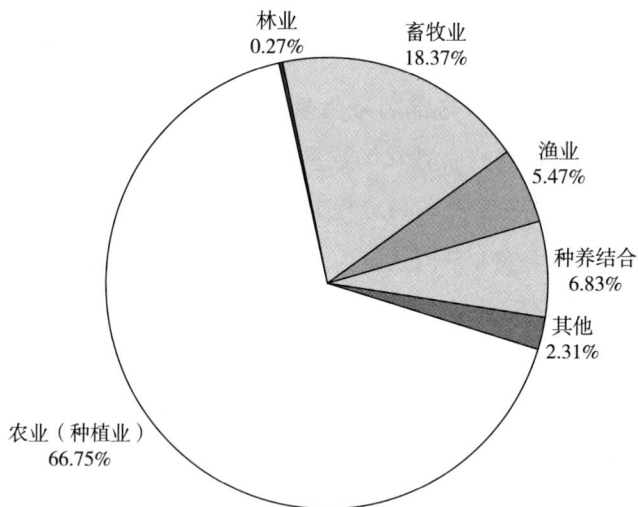

林业
0.27%

畜牧业
18.37%

渔业
5.47%

种养结合
6.83%

其他
2.31%

农业（种植业）
66.75%

图14　2020年全国农业农村部名录管理家庭农场行业分布情况

（50万~100万元）、超大型（100万元以上）家庭农场数量分别为177.90万个、108.97万个、43.45万个、11.59万个、6.15万个，占家庭农场总数的比例分别为51.11%、31.31%、12.48%、3.33%、1.77%（见图15）。

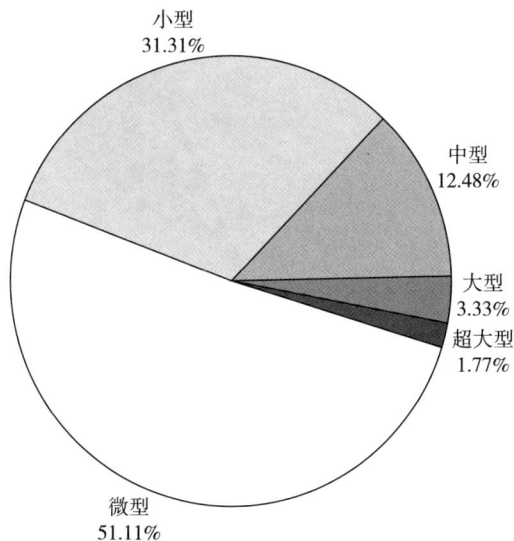

图 15　2020 年全国农业农村部名录管理家庭农场类型（按经营收入划分）

2. 农民专业合作社

2020 年，纳入统计的农民专业合作社 201.16 万家，约为 2011 年数量的 4 倍，其中示范社 16.83 万家，占农民专业合作社总数的 8.37%。

从成员情况来看，农民专业合作社组织农民功能突出。2011 年，农民专业合作社成员数 3444.12 万个，其中农民成员 3122.59 万个，占成员总数的 90.66%；2020 年，农民专业合作社成员数 6277.15 万个，其中普通农户 6014.90 万个，占成员总数的 95.82%，占比提高 5.16 个百分点（见图 16）。

从行业划分来看，从事种植业和畜牧业合作社占比较高，为 85.12%，新行业新业态发展迅速。2020 年，从事种植业、畜牧业相关合作社分别为 109.78 万家、41.91 万家，占农民专业合作社总数的比例分别为 54.57%、20.83%，从事林业、渔业、服务业等行业相关合作社数量占比均在 10% 以下；开展农村电子商务的合作社 5.38 万家，是 2017 年[①]的 3.28 倍；开展休

---

① 农业农村部自 2017 年开始公布开展电子商务、休闲农业和乡村旅游的农民专业合作社数据。

团体成员
0.54%

其他成员
8.79%

农民成员
90.66%

2011年

其他成员
1.18%

企业成员
0.41%

家庭农场成员
2.59%

普通农户
95.82%

2020年

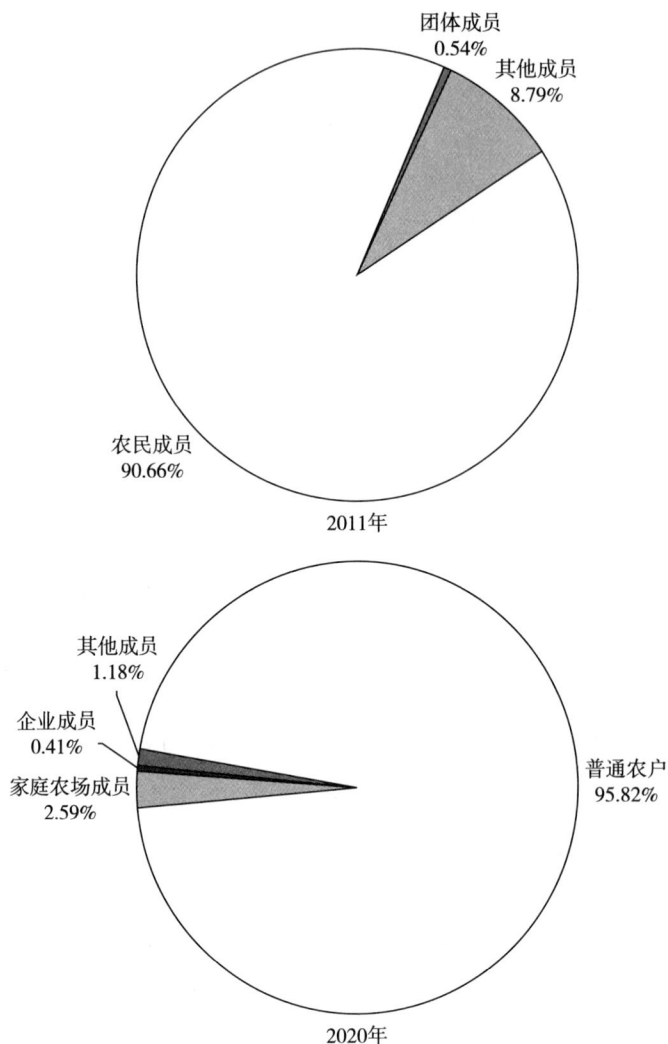

图16 2011年、2020年全国农民专业合作社成员类型结构

闲农业和乡村旅游的合作社1.59万家,是2017年的2.47倍(见图17)。

从联合发展来看,合作社联合与合作趋势显著。2020年,农民专业合作社联合社1.17万家、成员20.33万个,分别是2011年①的5.09倍、1.91

———————————

① 根据农业农村部相关资料中2011年农民专业联合社、农民专业联合会数据计算。

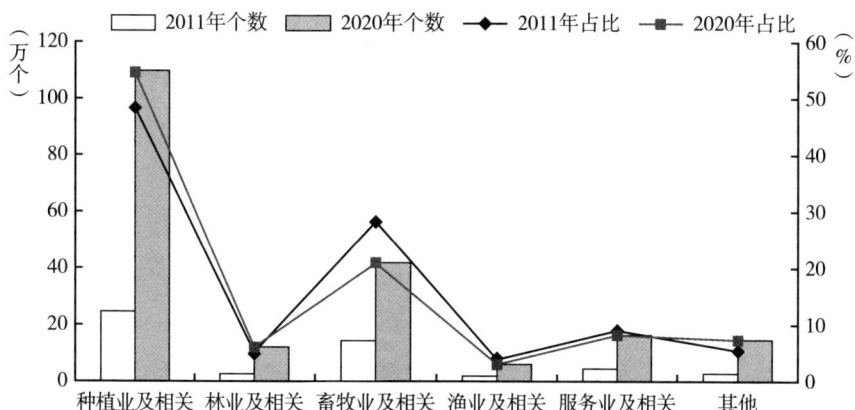

图 17　2011 年、2020 年全国农民专业合作社行业结构

倍；农民专业合作社联合会 1784 个，是 2011 年的 2.75 倍。

3. 农业社会化服务

2020 年，全国农业社会化服务组织总数 95.49 万个，从业人员 733.56 万人、服务营业收入总额 1633.55 亿元，服务对象数量 9377.30 万个，与 2019 年相比增幅分别为 6.89%、-12.21%、-3.27%、-18.27%，开展农业社会化服务的服务主体主要有农民专业合作社、农村集体经济组织、企业、农业服务专业户及其他服务主体（见图 18）。

从各类服务组织数量看，农业服务专业户、农民专业合作社两类服务主体数量占比超过 80%。2020 年，开展农业社会化服务的农业服务专业户、农民专业合作社分别为 45.88 万个、31.29 万个，占各类服务组织总数的 48.05%、32.77%，在各类主体中居于前两位。

从服务对象看，小农户是服务重点，农民专业合作社服务对象数量最多。2020 年，各类服务主体服务小农户 7804.70 万个（户），占服务对象总数的 83.23%。农民专业合作社服务对象数量为 3961.29 万个（户），服务小农户 3307.86 万个（户），分别占各类服务主体服务对象总数、服务小农户总数的 42.24%、42.38%，在各类服务主体中均居于首位（见图 19）。

从服务能力来看，服务型企业单体服务带动能力最强。2020 年，服

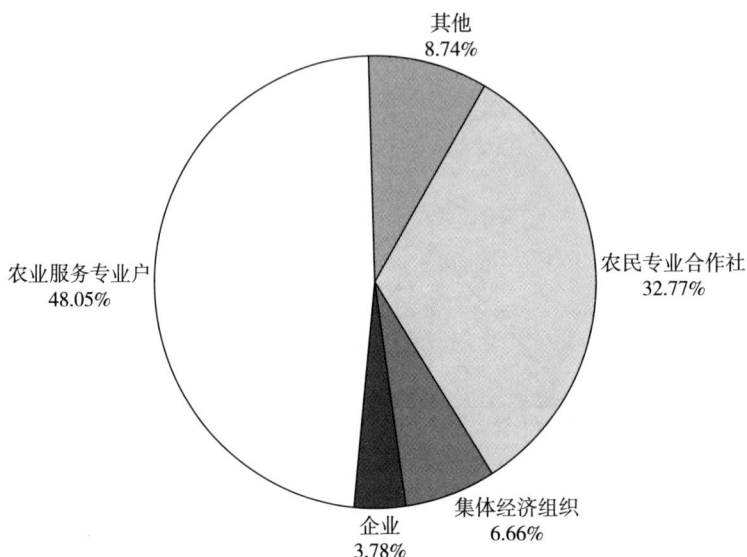

图18 2020年全国各类农业社会化服务主体组织数量占比情况

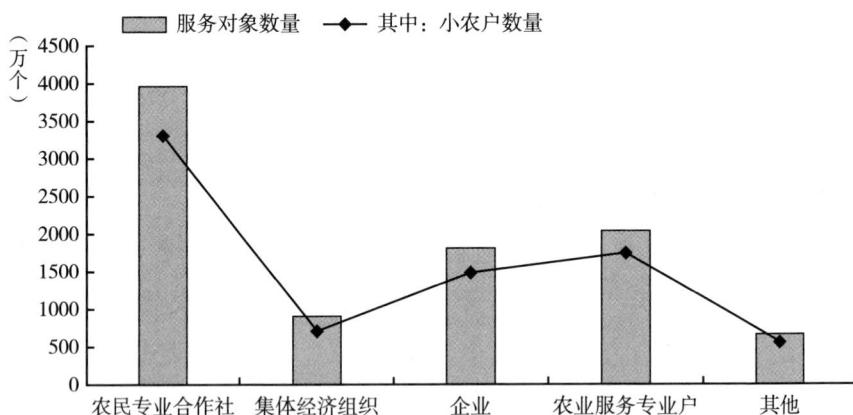

图19 2020年全国各类农业社会化服务主体服务对象数量情况

务型企业 3.61 万家，在各类服务组织总数中占比最低，仅为 3.78%，但单个服务型企业的服务营业收入、服务对象数量在各类服务主体中均为最高，平均服务营业收入、平均服务对象分别达到 142.34 万元、501.72 个（见图20）。

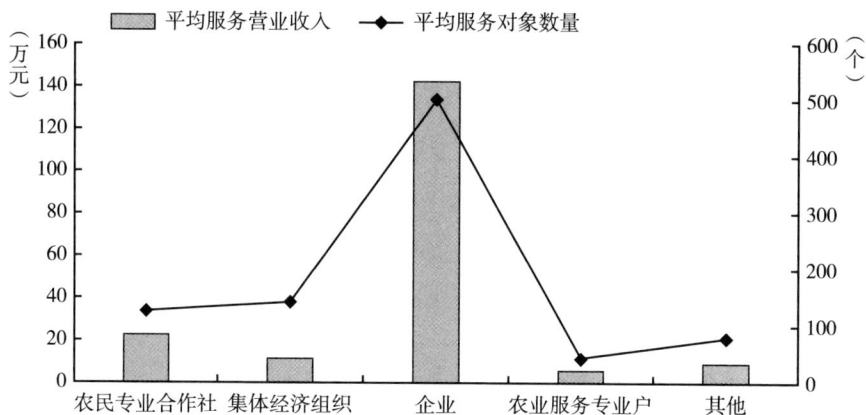

图 20　2020 年全国各类农业社会化服务主体平均服务营业收入、平均服务对象数量情况

2020 年，开展农业生产托管的服务组织数量 49.56 万个，农业生产托管服务面积 16.70 亿亩次，与 2019 年相比分别增长 12.39%、10.57%（见图 21）。农业生产托管服务专业户、农民专业合作社组织数量较多，分别占服务组织总数的 49.47%、31.02%。农业生产托管服务对象以小农户为主，在农业生产的耕、种、防、收四个主要环节，小农户托管面积分别占全国托管面积的 67.76%、66.42%、64.78%、67.93%，比 2019 年分别提高 1.98 个百分点、3.15 个百分点、5.63 个百分点、3.49 个百分点。

（六）财政支农力度持续加大

1. 农林水及城乡社区投入

2011 年以来，中央和地方一般公共预算支出①中农林水支出总额呈上涨趋势，占一般公共预算的比重保持在 9% 以上。2020 年，农林水支出 2.39 万亿元，是 2011 年的 2.41 倍，占一般公共预算支出总额的 9.75%，比 2011 年增加 0.65 个百分点。城乡社区支出 1.99 万亿元，是 2011 年的 2.62 倍，占一般公共预算支出总额的 8.12%，比 2011 年增加 1.14 个百分点（见图 22）。

---

① 数据来自国家统计局 2012~2021 年《中国统计年鉴》。

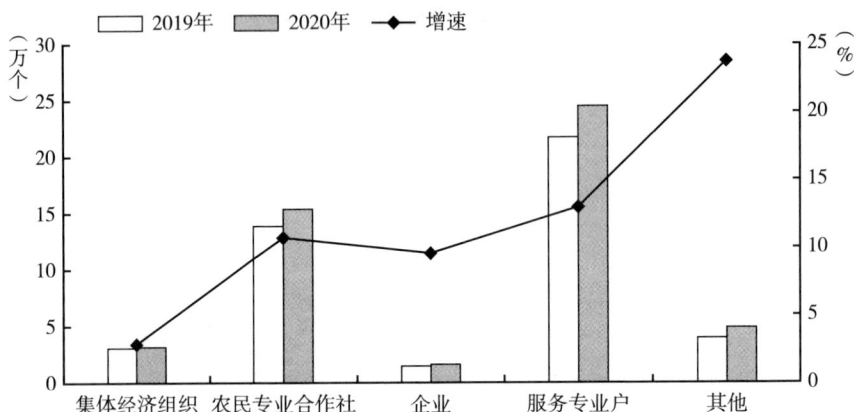

图 21　2019 年、2020 年全国各类农业生产托管服务组织数量变化情况

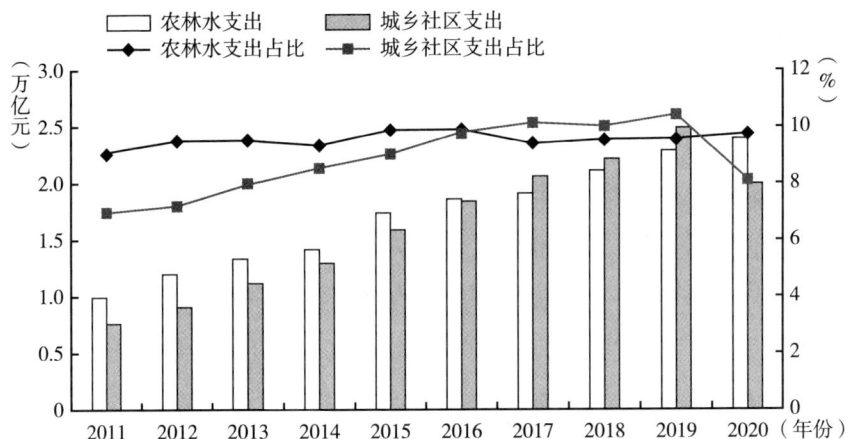

图 22　2011~2021 年全国农林水与城乡社区支出及占比

资料来源：来自国家统计局 2012~2021 年《中国统计年鉴》。

2. 土地补偿费

2011~2019 年，集体土地征收征用面积、土地补偿费总体上呈上升趋势，特别是留作集体公积公益金的补偿费额度的增加，为农村集体经济组织扩大再生产、承担经营风险和进行公益事业设施建设增加了资金来源。2019年，集体土地征收征用面积 500.90 万亩，比 2011 年增加 20.13%；获得土地补偿费总额 3741.66 亿元，比 2011 年增加 82.56%，其中，留作集体公积公益金的补偿费 377.05 亿元，比 2011 年增加 82.81%，占土地补偿费总额的 10.08%，比 2011 年增加 0.13%（见图 23）。

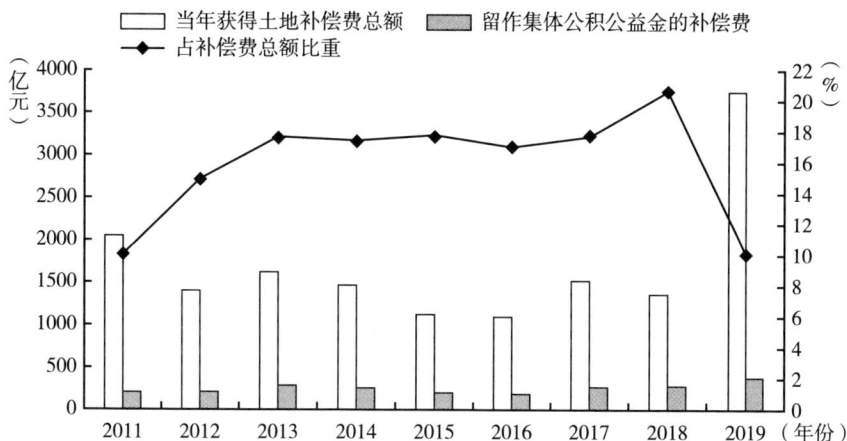

图 23　2011~2019 年全国集体土地征收征用获得的土地补偿费情况

二　评价指标体系设定的逻辑与结构

（一）逻辑架构与指标体系

农村集体经济改革评价指标体系主要依据经济体制的结构化要素及相互之间的关系进行设计。经济体制，也称为经济系统，随着社会主要矛盾影响下战略目标的时空变化而不断进行结构转换，主要包括组织主体、市场体系和政策环境三个结构性要素，并作为集体经济改革评价指标体系的一级指标。其中，组织主体主要是反映在作为母体的农村集体土地所有制基础上形成的新型集体经济组织及其衍生组织的改革进程，主要包括所有权主体和产权主体两个二级指标；在市场体系中，产品市场体系基本已经完成市场化进程，没有被列入此次监测范围，主要针对要素市场进行观察评价，但是仍用市场体系作为一级指标，二级指标主要包括土地市场、劳动力市场和金融市场；政策环境是指新型集体经济的上层建筑领域，主要涉及农业农村部门中的经管系统及财政、规划等相关职能部门，选取外部监管和财政支农两个二级指标①。

1. 组织主体

所有权主体。农村集体经济组织是以集体土地所有制为基础形成的具有社区性、公有性、综合性的一类特别法人，是农村地区发展的经济基础，承担了大量的生产、生活保障以及防火、卫生、治安等公共服务性的社会职能，是党的领导在农村地区的执政基础。正是由于这种多功能性，其原则上不能注销或破产②，导致其无法承担相应的市场风险，不能作为可以直接进入市场的产权主体，也就不能成为一般意义上的市场主体。要采取"社+公司（或农民专业合作社）"的组织形式，通过内外部资源要素整合，如组建独资、控股或参股的集体企业、农民专业合作社等，使集体经济组织持有的土地等各类资源要素进入市场。评价作为所有权主体的集体经济组织，重点在于观察其各项功能的健全完善程度，主要涉及三个方面，即集体经济改革指数三级指标：一是村集体主体性，考察组织功能的唯一不可替代性，主要通过村委会代行村集体经济组织职能的比例测量；二是集体产权制度改革进程，主要是观察集体经济组织成员与集体经济组织之间收益分配关系的明确程度，是集体经济带领农民实现共同富裕的重要制度基础，具体指标为完成集体产权制度改革的村占比；三是集体经济组织治理，具体测量指标为违纪金额占已审计资金总额的比重，反映特别法人治理结构和治理机制的运行水平。

产权主体。在一项生产活动开始前，生产要素处于为不同类型的所有者持有的自然状态，有的"有地没钱"，有的"有钱没地"，还有的"没地没钱，只有劳动力"。为此，需要进行要素资源的重新组合与配置，培育有效率的产权主体成为经济发展的关键③，如农村集体经济组织通过下属企业与

---

① 具体指标均来自《中国农村经营管理统计年报》（2010~2018 年）、《中国农村政策与改革统计年报》（2019~2020）、《中国农村合作经济统计年报》（2019~2020）。

② 政策文件规定允许注销，但实际操作中此类情况尚不多见。

③ 〔美〕道格拉斯·诺斯、罗伯斯·托马斯：《西方世界的兴起》，厉以宁、蔡磊译，华夏出版社，2009。

各类市场主体组成新的经济组织。全国大部分地区属于纯农业类型地区，主要选取家庭经营和农民合作社经营作为三级指标。二、三产业就业劳动力数/汇总劳动力数和经营规模>10亩的农户数/汇总农户数反映了农户专业化程度，随着农民的非农化转移，家庭农场经营规模不断扩大，经营效率也将逐渐提高。农民专业合作社带动农户数/汇总农户数作为四级指标，反映农民专业合作社带动农户发展的能力和水平。

2. 市场体系

土地市场。土地要素配置过程受城乡二元结构体制影响较深，市场化进程较为滞后。2020年1月开始实施的新修订的《土地管理法》，为集体经营性建设用地直接入市提供了必要而非充分条件。在城乡二元规划管理体制下，规划集体建设用地指标约束依然凸显。土地市场的二级指标主要分解为农用地市场和集体建设用地市场两个三级指标，前者主要通过流转出承包耕地农户数/汇总农户数、签订流转合同的耕地流转面积/家庭承包耕地流转总面积、入股面积/家庭承包耕地流转总面积测量，分别反映农地资源优化配置过程中的规模经济、规范程度和稳定程度；后者主要通过农村集体建设用地单位面积出租出让收入测量，间接反映集体建设用地的市场化程度。

劳动力市场。促进成员本土化就业历来是农村集体经济组织展示自身功能和价值的一个刚性指标，而且不按边际成本与边际收益来确定就业数量，这体现了与市场机制不同的另一种资源配置机制，我们称之为"社区机制"。常年外出务工劳动力占比增加，一定程度上反映了集体经济组织解决就业能力的下降，对于常年外出务工劳动力的出发省份而言，这属于负向性质指标。

金融市场。农村地区发展滞后的一个重要原因是金融市场发育滞后，农民缺乏接触正规金融资源开展经济活动的机会。《中共中央　国务院关于加快建设全国统一大市场的意见》提出要加快发展统一的资本市场。实施乡村振兴战略的一项重要任务，就是探索符合农村地区特点的规范化的融资渠道。农民专业合作社内部的资金互助是解决资金难题的一个有效途径，选择开展内部信用合作的合作社数/农民专业合作社数作为衡量地区金融市场发育的四级指标，反映农户（即农村集体经济组织成员）融资能力。

3. 政策环境

外部监管。主要体现农村经管部门对集体经济组织的监督管理。农村经管部门的前身是 20 世纪 50 年代的政府财政系统的人民公社财务科。改革开放后，专门设立了从中央到地方的各级经管站，特别是经过新一轮国家机构改革，一般属于农业农村主管部门的内设机构或归口管理部门。经管部门职能集中体现在"三资"监管方面，通过对聘任仲裁员数/家庭承包地流转面积、实行财务公开的村数/汇总村数、明确承担农经职能的乡镇数/汇总乡镇数三个指标的动态监测，分别反映农地流转服务程度、农村财务监管强度以及农经部门主体性情况。

财政支农。主要包括政府部门对集体经济组织的各项扶持，反映了集体经济领域上层建筑的国家意志。通过城乡社区与农林水支出和征地补偿两个三级指标综合反映，并分别通过财政支农支出增速、留作集体公积公益金的补偿费/当年获得土地补偿费总额进行具体测量，前者反映财政直接投资强度，后者反映政府对集体经济组织的政策倾斜力度。

评价指标体系如表 5 所示。

表 5　农村集体经济改革评价指标体系

一级指标	二级指标	三级指标	四级指标
A_1 组织主体	B_1 所有权主体	C_1 村集体主体性	D_1 村委会代行村集体经济组织职能的比例（%）（-）
		C_2 集体产权制度改革进程	D_2 完成集体产权制度改革的村占比（%）
		C_3 集体经济组织治理	D_3 违纪金额占已审计资金总额的比重（%）（-）
	B_2 产权主体	C_4 家庭经营	D_4 二、三产业就业劳动力数/汇总劳动力数（%）
			D_5 经营规模>10 亩的农户数/汇总农户数（%）
		C_5 农民合作社经营	D_6 农民专业合作社带动农户数/汇总农户数（%）

一级指标	二级指标	三级指标	四级指标
A_2 市场体系	B_3 土地市场	C_6 农用地市场	D_7 流转出承包耕地农户数/汇总农户数(%)
			D_8 签订流转合同的耕地流转面积/家庭承包耕地流转总面积(%)
			D_9 入股面积/家庭承包耕地流转总面积(%)
		C_7 集体建设用地市场	D_{10} 农村集体建设用地单位面积出租出让收入(万元)
	B_4 劳动力市场	C_8 劳动力本土化就业	D_{11} 常年外出务工劳动力占比(%)(-)
	B_5 金融市场	C_9 融资能力	D_{12} 开展内部信用合作的合作社数/农民专业合作社数(%)
A_3 政策环境	B_6 外部监管	C_{10} "三资"监管	D_{13} 聘任仲裁员数/家庭承包地流转面积(%)
			D_{14} 实行财务公开的村数/汇总村数(%)
			D_{15} 明确承担农经职能的乡镇数/汇总乡镇数(%)
	B_7 财政支农	C_{11} 城乡社区与农林水支出	D_{16} 财政支农支出增速(%)
		C_{12} 征地补偿	D_{17} 留作集体公积公益金的补偿费/当年获得土地补偿费总额(%)

注：四级指标中的"（-）"代表负向指标。

（二）基础指标数据的标准化处理

在这套指标体系中，我们称最低一级分项指标为基础指标。每个基础指标的原始数据直接来自《中国农村经营管理统计年报》（2011~2018）、《中国农村政策与改革统计年报》（2019~2020）、《中国农村合作经济统计年报》（2019~2020）、《中国统计年鉴》（2012~2021）等官方统计数据，通过标准化处理，转化成可比的指标。最终，评价指标体系由 17 个基础指标构成，其中有 3 个负向指标，分别是 D_1 村委会代行村集体经济组织职能的比例、D_3 违纪金额占已审计资金总额的比重及 D_{11} 常年外出务工劳动力占比。经标准化处理后，每个指标的得分表明近 10 年各地区在农村集体经济改革中该领域的相对位置①。

为了显示差异性，本报告采用10分计数，即各个地区农村集体经济改革的最低水平为0分，最高水平为10分。负向指标需要调整为正向指标，具体方法如下：

正向指标：

$$d_{ij} = \frac{x_{ij} - x_{\min j}}{x_{\max j} - x_{\min j}} \times 10 \qquad i = 1, \cdots, 10; \; j = 1, \cdots, 17$$

负向指标：

$$d_{ij} = \frac{x_{\max j} - x_{ij}}{x_{\max j} - x_{\min j}} \times 10 \qquad i = 1, \cdots, 10; \; j = 1, \cdots, 17$$

其中，d_{ij}是经标准化处理后的基础指标值，x_{ij}是各地区第i年的第j项指标的测量数据，$x_{\min j}$是各地区第j项指标测量数据的历年最小值，$x_{\max j}$是各地区第j项指标测量数据的历年最大值。

（三）权重的确定

从已有的研究成果来看，常用的主观赋权法有专家打分法、层次分析法、算术平均法等；客观赋权法有因子分析法、主成分分析法、熵值法等。由于熵值法具有较强的信息综合能力，因此可以作为对基础指标赋权的主要方法。

1. 熵值法赋权的原理

熵值法是一种客观赋权法，根据各项指标观测值所提供的信息来确定指标的权重。设有m个待评价方案，n项评价指标，形成原始指标数据矩阵$X = (x_{ij})_{m \times n}$，对于某项指标$x_j$，指标值$x_{ij}$的离散程度越大，该指标在综合评价中所起的作用越大；如果某项指标的观测值全部相等，则该指标在综合评价中不起作用。在信息论中，熵是对不确定性的一种度量。信息量越大，不

---

① 因为本报告以最近10年为系统计算指标权重，各指标最大值、最小值可能发生改变，导致本报告与上年度报告评价值存在一些局部性差异。

确定性越小，熵也就越小；信息量越小，不确定性越大，熵也就越大。利用熵的这一特性，可以给各个评价指标赋权，从而避免人为操作带来的偏差。但是，熵值法也有自身的劣势，如由于忽略了指标本身的实际情况，确定的指标权重可能会与预期的结果相差较大；不能像因子分析那样精简评价指标的维数；由于不同年份不同指标对农村集体经济改革产生的影响不同，需要分别计算每年不同基础指标的权重。

2. 采用熵值法计算权重的具体步骤

计算第 i 个地区第 j 项基础指标值的比重：

$$e_{ij} = \frac{d_{ij}}{\sum\limits_{i=1}^{m} d_{ij}} \qquad i = 1,\cdots,30; \ j = 1,\cdots,17$$

计算基础指标信息熵[①]：

$$f_j = k \sum\limits_{i=1}^{m} (e_{ij} \times \ln e_{ij})$$

其中，$k = 1/\ln m$。

计算基础指标信息熵冗余度：

$$g_j = 1 - f_j \qquad j = 1,\cdots,17$$

计算基础指标权重：

$$w_j = \frac{g_j}{\sum\limits_{j=1}^{n} g_j} \qquad j = 1,\cdots,17$$

（四）基础指标评价得分

$$s_{ij} = w_j \times d_{ij} \qquad i = 1,\cdots,30; \ j = 1,\cdots,17$$

---

① 为了避免求熵值时取对数的无意义，需要进行数据平移，本报告基础指标最小值为 0，数据整体加 0.0001。

s_{ij} 为某个省份的某项基础指标评价得分，加总后即该省份的农村集体经济改革评价指数：

$$s_i = \sum_{j=1}^{17} s_{ij} \qquad i = 1, \cdots, 30$$

s_i 为第 i 个省份的农村集体经济改革指数。全国农村集体经济改革指数为各省份指数的平均值。

三 总体评价与地区比较

（一）总体水平

如图 24 所示，2011～2019 年，中国农村集体经济改革指数呈上升趋势。由于部分指标 2020 年未公布[①]，沿用其 2019 年经标准化处理后的数值，加上新冠肺炎疫情对农村集体经济改革的冲击，2020 年下降明显。农村集体经济改革指数由 2011 年的 41.814 上升到 2019 年的 72.441，增加 30.627，2020 年下降为 60.289，较 2019 年减少 12.152，较 2011 年增加 18.475。组织主体由 2011 年的 19.726 上升至 2020 年的 21.358，增加 1.632，上涨 8.27%；市场体系由 2011 年的 14.447 上升至 2020 年的 22.064，增加 7.617，上涨 52.72%；政策环境由 2011 年的 7.642 上升至 2020 年的 16.866，增加 9.224，上涨 120.70%。

（二）省域比较

2020 年中国 30 个省份集体经济改革指数总体分布如图 25 所示，具体变动如表 6 所示，2011～2019 年集体经济改革指数见附表 1 至附表 5。2020 年集体经济体制改革指数排名前 5 位的有：北京市、四川省、上海市、黑龙

---

① 2020 年村委会代行村集体经济组织职能的村数、当年获得土地补偿费总额、留作集体公积公益金的补偿费三个基础指标未公布，在计算发展指数时采用其 2019 年的数据标准值。甘肃省 2018 年多项基础指标缺省，采用同上处理方法处理。

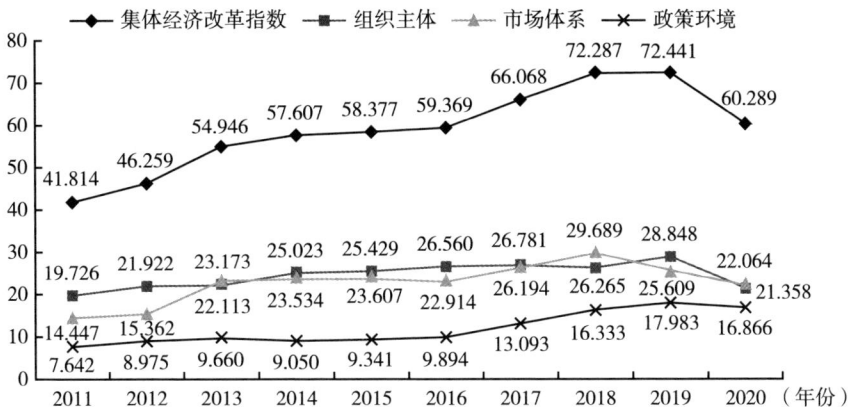

图 24 2011～2020 年中国农村集体经济改革指数

江省和辽宁省；2011 年排名前 5 位的有：北京市、江苏省、广东省、浙江省、黑龙江省。上海市由 2011 年的第 14 位上升至 2020 年的第 3 位，四川省由第 21 位上升至第 2 位，贵州省由第 26 位上升至第 13 位，云南省由第 25 位上升至第 12 位。浙江省由第 4 位降至第 24 位①，海南省由第 6 位降至第 16 位，甘肃省由第 13 位降至第 22 位。北京市排名除 2017 年下降外，2018 年上升，其余年份没变。2020 年，除北京、内蒙古、吉林、四川外，其余 26 个省份改革评价指数较 2019 年下降。降幅最大的是天津市，下降 43.41%。

下文分东部、中部、西部和东北②四类地区进行分析，观察区域间的集体经济改革进展情况。表 7 和表 8 统计分析的结果表明，东部地区集体经济改革指数由 2011 年的 1.841，上升至 2020 年的 2.179，上涨 0.338；中部地区由 0.958 上升至 1.634，上涨 0.676；西部地区由 1.177 上升至 1.958，上涨 0.781；东北地区由 1.570 上升至 2.387，上涨 0.817。2020 年东北地区

---

① 对浙江省的指标数据进行推导分析可知，农村集体建设用地单位面积出租出让收入、财政支农支出增速两项指标值的减少导致其总体排位下降。
② 东部地区包括北京、天津、河北、上海、江苏、浙江、福建、山东、广东、海南 10 个省份；中部地区包括：山西、安徽、江西、河南、湖北、湖南 6 个省份；西部地区包括内蒙古、广西、重庆、四川、贵州、云南、陕西、甘肃、青海、宁夏、新疆 11 个省份；东北地区包括辽宁、吉林、黑龙江 3 个省份。地区划分标准源自国家统计局（http://stats.gpv.cn/tjsj/zxfb/t202002/t20200214_ 1726365/html）。

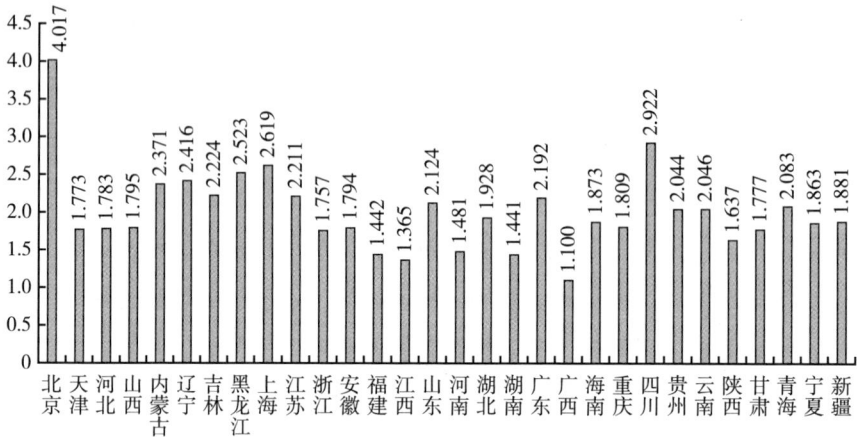

图 25　2020 年中国 30 个省份集体经济改革指数

注：香港、澳门、台湾、西藏数据缺失，下同。

集体经济改革指数超过东部地区。随着全国集体经济体制改革进程的加快，东部地区与其他地区的差距进一步缩小。

表 6　2020 年省（自治区、直辖市）农村集体经济改革指数

地区	集体经济改革指数	排名	比 2011 年变动	组织主体	市场体系	政策环境
北　京	4.017	1	不变	0.653	1.906	1.458
天　津	1.773	23	↓3	0.535	0.990	0.248
河　北	1.783	21	↓3	0.601	0.561	0.621
山　西	1.795	19	↓2	0.669	0.353	0.773
内蒙古	2.371	6	↑3	1.065	0.932	0.374
辽　宁	2.416	5	↑6	0.834	0.980	0.601
吉　林	2.224	7	↑1	1.035	0.811	0.378
黑龙江	2.523	4	↑1	1.292	0.551	0.679
上　海	2.619	3	↑11	0.580	0.615	1.424
江　苏	2.211	8	↓6	0.892	0.791	0.528
浙　江	1.757	24	↓20	0.553	0.751	0.453
安　徽	1.794	20	↑3	0.836	0.664	0.294
福　建	1.442	27	↑3	0.518	0.402	0.523
江　西	1.365	29	↓1	0.463	0.514	0.387
山　东	2.124	10	↑6	0.698	0.727	0.699

地区	集体经济 改革指数	排名	比 2011 年 变动	组织主体	市场体系	政策环境
河　南	1.481	26	↑1	0.642	0.505	0.335
湖　北	1.928	14	↑5	0.799	0.658	0.470
湖　南	1.441	28	↓6	0.534	0.627	0.280
广　东	2.192	9	↓6	0.508	1.352	0.333
广　西	1.100	30	↓1	0.450	0.418	0.231
海　南	1.873	16	↓10	0.486	0.570	0.817
重　庆	1.809	18	↓3	0.698	0.744	0.367
四　川	2.922	2	↑19	0.523	0.913	1.485
贵　州	2.044	13	↑13	0.796	0.958	0.291
云　南	2.046	12	↑13	0.555	0.948	0.543
陕　西	1.637	25	↓1	0.762	0.451	0.424
甘　肃	1.777	22	↓9	0.825	0.626	0.325
青　海	2.083	11	↓4	0.852	0.706	0.524
宁　夏	1.863	17	↓7	0.945	0.573	0.346
新　疆	1.881	15	↓3	0.760	0.465	0.656

表 7　2011 年不同区域类型农村集体经济改革评价指数

区域类型	数量	集体经济改革 指数（均值）	组织主体 （均值）	市场体系 （均值）	政策环境 （均值）
东部地区	10	1.841	0.877	0.644	0.320
中部地区	6	0.958	0.379	0.368	0.210
西部地区	11	1.177	0.556	0.415	0.207
东北地区	3	1.570	0.856	0.412	0.302

表 8　2020 年不同区域类型农村集体经济改革评价指数

区域类型	数量	集体经济改革 指数（均值）	组织主体 （均值）	市场体系 （均值）	政策环境 （均值）
东部地区	10	2.179	0.602	0.867	0.710
中部地区	6	1.634	0.657	0.554	0.423
西部地区	11	1.958	0.748	0.703	0.506
东北地区	3	2.387	1.054	0.781	0.553

四 耦合协调度测算

（一）测算方法

耦合是指两个或以上系统通过相互作用而彼此影响的现象。耦合度是描述系统或要素相互影响的程度，耦合度越高，说明系统关联度、渗透性越高。耦合度的测算方法在很多领域得到应用，如人口与环境、人口与经济、城市化与生态环境等。本报告采用静态耦合计算方法，测算集体经济改革指数三个一级指标之间的耦合协调度，测量 2011～2020 年的集体经济改革系统的协调发展水平。

1. 计算综合评价指数

$$u_1 = \sum_{i=1}^{m} a_i x_i'$$
$$u_2 = \sum_{i=1}^{n} b_i y_i'$$
$$u_3 = \sum_{i=1}^{k} c_i z_i'$$

其中，u_1，u_2，u_3 分别为组织主体、市场体系、政策环境的综合评价指数，a_i，b_i，c_i 分别为采用熵值法确定的各个系统基础指标的权重，x_i'，y_i'，z_i' 为经过数据标准化处理后的基础指标值。

2. 计算耦合度

$$C = \sqrt{\frac{u_1 u_2}{\left(\dfrac{u_1 + u_2}{2}\right)^2}}$$

C 为两个系统之间的耦合度（$C \in [0, 1]$）。由于耦合度仅反映两个系统的相关程度，而不能反映系统水平的高低，因此需要继续计算耦合协调度（耦合协调系数）。

3.计算耦合协调度

$$D = \sqrt{C \times T}$$

其中，$T=au_1+bu_2$，$a+b=1$，$T\in[0,1]$，$D\in[0,1]$。根据两个系统的重要程度，a 与 b 可以取不同的值，假设子系统重要性相同，取 $a=b=0.5$。

耦合协调度 D 可以划分为四个阶段：$[0，0.4]$ 为低度耦合协调；$(0.4，0.5]$ 为中度耦合协调；$(0.5，0.8]$ 为高度耦合协调；$(0.8，1]$ 为极度耦合协调[1]。

（二）耦合协调度的发展情况

1.总体耦合协调水平[2]

如图 26 所示，从时间维度上看，2011~2020 年，组织主体与市场体系、组织主体与政策环境子系统之间的耦合协调度在 2019 年达到最高值，市场体系与政策环境子系统之间的耦合协调度在 2013 年达到最高值，2020 年降到最低点。2011~2020 年，组织主体与政策环境的耦合协调度最高、增长最快，由 2011 年的 0.363 上升到 2020 年的 0.529，增长 0.166；组织主体与市场体系的耦合协调度由 0.349 上升至 0.420，增长 0.071；市场体系与政策环境的耦合协调度由 0.390 降至 0.389，减少 0.001，农村集体市场体系发育滞后短板更加凸显。

2.地区比较

由表 9 可知，从空间维度上看，2020 年，东部地区、中部地区、西部地区及东北地区组织主体与政策环境子系统的耦合协调度均较高且增长快。四个区域高度耦合协调的地区分别占 60%、33.3%、63.6%、100%。2011 年和 2020 年，西部地区的组织主体与市场体系、组织主体与政策环境、市场体系与政策环境耦合协调度均超过中部地区。

---

[1] 李勇、骆琳、李禹锋等：《基于 DEA 交叉效率的交通运输与区域经济发展耦合协调度分析》，《统计与决策》2021 年第 22 期。

[2] 2011~2020 组织主体、市场体系、政策环境子系统历年耦合协调度见附表2、附表3、附表4。

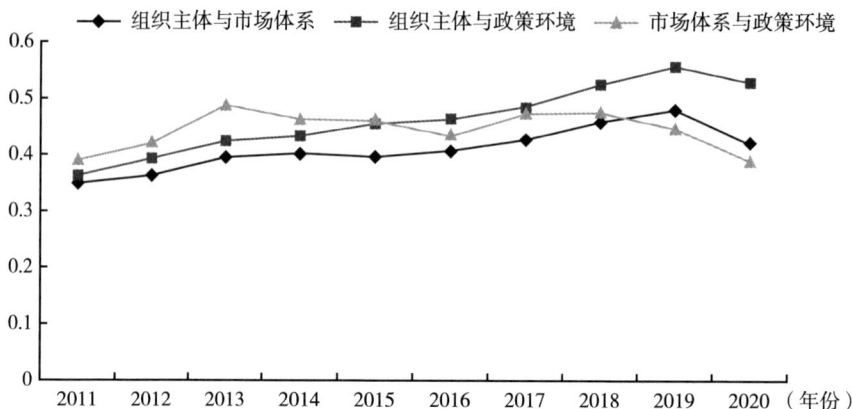

图26　2011~2020年中国农村集体经济改革子系统耦合协调度分布情况

表9　分区域类型农村集体经济改革子系统耦合协调度

区域类型	组织主体与市场体系		组织主体与政策环境		市场体系与政策环境	
	2011 年	2020 年	2011 年	2020 年	2011 年	2020 年
东部地区	0.391	0.423	0.399	0.541	0.438	0.430
中部地区	0.298	0.383	0.316	0.492	0.354	0.338
西部地区	0.331	0.422	0.342	0.522	0.363	0.375
东北地区	0.375	0.478	0.416	0.596	0.396	0.405

　　如图27所示，2020年，东部地区组织主体与市场体系耦合协调度为高度
的省份占10%，较2011年下降10个百分点；组织主体与政策环境耦合协调度
为高度的省份占60%，较2011年增加50个百分点；市场体系与政策环境耦合
协调度为高度的省份占10%，较2011年增加10个百分点。相比较而言，东部
地区应着力提高土地市场、劳动力市场和金融市场等市场体系的发育水平。

　　如图28所示，2020年，中部地区组织主体与市场体系耦合协调度为高
度的省份依然为0；组织主体与政策环境耦合协调度为高度的省份占
33.3%，较2011年增加33.3个百分点；市场体系与政策环境耦合协调度为
高度的省份依然是0。说明中部地区在市场体系发育方面的短板特征尤其突
出，要下大力气予以突破。

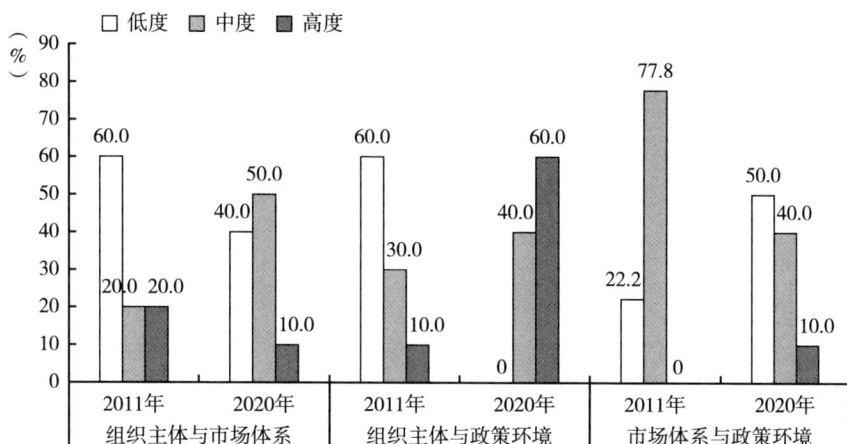

图 27　2011 年与 2020 年东部地区农村集体经济改革子系统耦合协调度分布情况

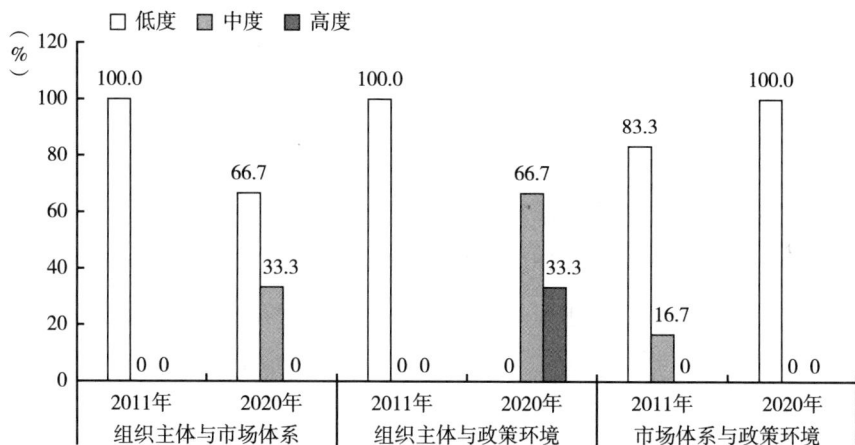

图 28　2011 年与 2020 年中部地区农村集体经济改革子系统耦合协调度分布情况

如图 29 所示，2020 年，西部地区组织主体与市场体系耦合协调度为高度的省份占 9.1%，较 2011 年增加 9.1 个百分点；组织主体与政策环境耦合协调度为高度的省份占 63.6%，较 2011 年增加 63.6 个百分点；市场体系与政策环境耦合协调度为高度的省份占 9.1%，较 2011 年增加 9.1 个百分点。西部地区市场体系发育得到较为明显的改善，但总体水平较低，仍亟待提升。

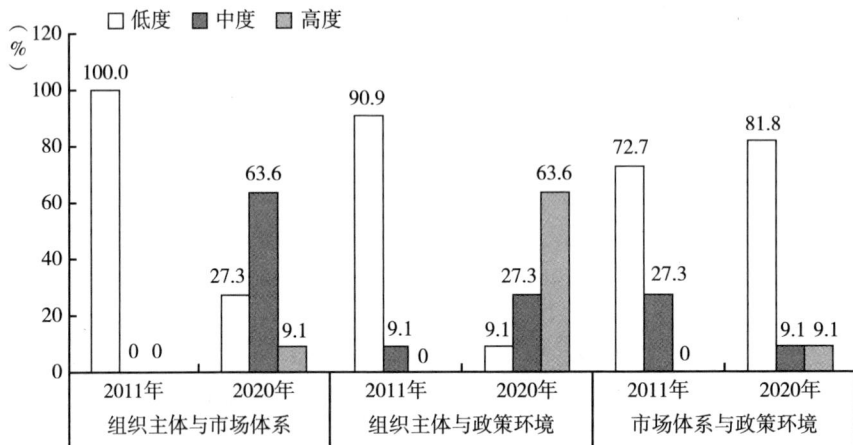

图29　2011年与2020年西部地区农村集体经济改革子系统耦合协调度分布情况

如图30所示，2020年，东北地区组织主体与市场体系耦合协调度为高度的省份依然为0，处于中度耦合阶段的占100%，较2010年增高66.7个百分点；组织主体与政策环境耦合协调度为高度的省份占100%，较2011年增加100个百分点；市场体系与政策环境耦合协调度为高度的省份为0。组织主体与政策环境的耦合协调度提升速度明显优于东部地区、中部地区、西部地区，这在一定程度上表明东北地区在集体经济改革相关制度政策推进方面的有效性。东北地区的短板与中部地区类似，要集中力量解决市场体系发育滞后的问题。

五　灰色关联度分析

（一）测算方法

灰色关联度分析法（Grey Relation Analysis，GRA），是一种多因素统计分析方法，通过计算灰色关联度来描述因素间关系的强弱、大小、次序。本部分根据数据特征，充分考虑集体经济改革进程在不同地区、不同年份的时

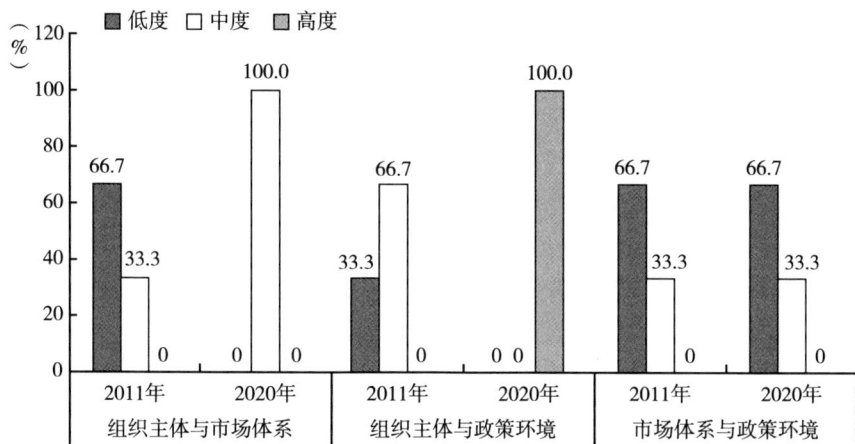

图30 2011年与2020年东北地区农村集体经济改革子系统耦合协调度分布情况

空差异，采用灰色关联度分析法对评价指标体系中的基础指标进行排序，找到影响集体经济收入水平的主要制度性因素。

1. 设立待分析序列

因变量 x_0 是以户均集体经济收入衡量的集体经济改革水平，由表5中17个四级指标构成自变量 x_i（$i=1$，$\cdots$，17），x_0 和 x_i 统称为变量序列。

2. 数据标准化

本报告采用初始值法对30个地区17个指标的历年数据进行标准化处理，即：

$$x_i^{'}(k) = \frac{x_i(k)}{x_i(1)}(i = 1,\cdots,17;k = 1,\cdots,30)$$

其中，$x_i^{'}(k)$ 是标准化后的指标值，i 为指标个数，k 为地区数。

3. 计算差序列、最大差和最小差

$x_0^{'}$ 与 $x_i^{'}$ 对应 k 点（$k=1$，$\cdots$，30）之差值的绝对值构成差序列。进行多元单序列统计分析时找序列内、序列间两级最大差和最小差：

差序列为 $\Delta_{0,i}(k) = \left| x_0(k)^{'} - x_i(k)^{'} \right|$；

两级最大差为 $\max\limits_{i,k} \left| x_0(k)^{'} - x_i(k)^{'} \right|$；两级最小差为 $\min\limits_{i,k} \left| x_0(k)^{'} - x_i(k)^{'} \right|$。

进行多元成组序列统计分析时增加一层成组单位，为三级差：

差序列为 $\Delta_{0,i,j}(k) = |x_{0,j}(k)' - x_{i,j}(k)'|$；

三级最大差为 $\max\limits_{i,j,k} |x_{0,j}(k)' - x_{i,j}(k)'|$；三级最小差为 $\min\limits_{i,j,k} |x_{0,j}(k)' - x_{i,j}(k)'|$。

4. 计算灰色关联系数

多元单序列公式是：

$$\zeta_{0,i}(k) = \frac{\min\limits_{i,k} |x_0(k)' - x_i(k)'| + \rho \cdot \max\limits_{i,k} |x_0(k)' - x_i(k)'|}{\Delta_{0,i}(k) + \rho \cdot \max\limits_{i,k} |x_0(k)' - x_i(k)'|}$$

多元成组序列公式是：

$$\zeta_{0,i,j}(k) = \frac{\min\limits_{i,j,k} |x_{0,j}(k)' - x_{i,j}(k)'| + \rho \cdot \max\limits_{i,j,k} |x_{0,j}(k)' - x_{i,j}(k)'|}{\Delta_{0,i,j}(k) + \rho \cdot \max\limits_{i,j,k} |x_{0,j}(k)' - x_{i,j}(k)'|}$$

其中，ρ 是分辨率，可视为一个可调节的系数，$0 < \rho < 1$，通常取 $\rho = 0.5$。

5. 计算灰色关联度

多元单序列公式是：

$$\gamma_{0,i} = \frac{1}{N} \sum_{k=1}^{N} \zeta_{0,i}(k)$$

多元成组序列公式是：

$$\gamma_{0,i} = \frac{1}{N \cdot J} \sum_{k=1}^{N \cdot J} \zeta_{0,i,j}(k) \qquad (j \in J, J = m)$$

6. 根据 $\gamma_{0,i}$ 值由大到小排列灰色关联序列

（二）集体经济收入水平影响因子关联分析

通过采用 Matlab 2019 计算 2020 年户均集体经济收入影响因子的灰色关联度，结果如表 10 所示[①]。2020 年，四级指标中有 16 项灰色关联度大于 0.9，且有 14 项大于 0.99，表明上述因子对集体经济收入的关联度都很高。

---

① 2011~2019 年灰色关联度结果见附表 5。

其中，政策环境和市场体系的改革因子对户均集体经济收入的影响程度较高。四级指标中完成集体产权制度改革的村占比，二、三产业就业劳动力数/汇总劳动力数，流转出承包耕地农户数/汇总农户数，留作集体公积公益金的补偿费/当年获得土地补偿费总额4项指标至少有9年处于前4位，表明它们是影响户均集体经济收入的重要改革因子。但是，随着农村集体产权制度改革的快速推进，各省之间的差距逐渐缩小，完成集体产权制度改革的村占比的关联度排名由2018年的第1位，下降到2019年的第3位，并进一步下降到2020年的第7位。而集体建设用地市场、征地补偿两个指标自2018年以来，连续三年居于首位，应作为深化集体经济体制改革的重点。

表10　2020年户均集体经济收入与集体经济改革因子的灰色关联度

一级指标	三级指标	三级指标	因子	因子关联度	因子排序	比2011年变动
A_1 组织主体	B_1 所有权主体	C_1 村集体主体性	D_1 村委会代行村集体经济组织职能的比例	0.6566	17	不变
		C_2 集体产权制度改革进程	D_2 完成集体产权制度改革的村占比	0.9998	7	↓6
		C_3 集体经济组织治理	D_3 违纪金额占已审计资金总额的比重	0.9886	15	不变
	B_2 产权主体	C_4 家庭经营	D_4 二、三产业就业劳动力数/汇总劳动力数	0.9999	3	↑1
			D_5 经营规模>10亩的农户数/汇总农户数	0.9985	14	不变
		C_5 合作社经营	D_6 农民专业合作社带动农户数/汇总农户数	0.9997	11	↓3
A_2 市场体系	B_3 土地市场	C_6 农用地市场	D_7 流转出承包耕地农户数/汇总农户数	0.9999	3	不变
			D_8 签订流转合同的耕地流转面积/家庭承包耕地流转总面积	0.9998	7	↓2
			D_9 入股面积/家庭承包耕地流转总面积	0.9989	13	↑3
		C_7 集体建设用地市场	D_{10} 农村集体建设用地单位面积出租出让收入	1.0000	1	↑11

续表

一级指标	三级指标	三级指标	因子	因子 关联度	因子 排序	比2011 年变动
A_2 市场体系	B_4 劳动力市场	C_8劳动力本土化就业	D_{11}常年外出务工劳动力占比	0.9997	11	↑2
	B_5 金融市场	C_9融资能力	D_{12}开展内部信用合作的合作社数/农民专业合作社数	0.9828	16	7
A_3 政策环境	B_6 外部监管	C_{10}"三资"监管	D_{13}聘任仲裁员数/家庭承包地流转面积	0.9998	7	↑4
			D_{14}实行财务公开的村数/汇总村数	0.9998	7	1
			D_{15}明确承担农经职能的乡镇数/汇总乡镇数	0.9999	3	↑3
	B_7 财政支农	C_{11}城乡社区与农林水支出	D_{16}财政支农支出增速	0.9999	3	↑7
		C_{12}征地补偿	D_{17}留作集体公积公益金的补偿费/当年获得土地补偿费总额	1.0000	1	↑1

六 结论和建议

（一）10年来，中国农村集体经济改革指数总体呈上升趋势，地区之间差距逐渐缩小

由于受到新冠肺炎疫情的外部冲击，加之部分指标2020年未公布，沿用其2019年经标准化处理后的数值，2020年下降明显，且有26个地区改革指数较2019年下降。北京市虽然整体上排名第一，但2014~2017年改革评价得分总体呈现持续下降态势。四川、贵州、云南等西部省份改革进程加快，位次出现了明显跃升。2020年西部地区改革指数及组织主体、市场体系、政策环境3个一级指标评价得分均超过中部地区。

（二）要着力补齐市场发育体系短板，助力全国统一大市场建设

2011~2020 年，组织主体与市场体系、组织主体与政策环境、市场体系与政策环境子系统之间的耦合协调度均出现波动。组织主体与政策环境的耦合协调度较高且增长较快。自 2018 年开始，组织主体与政策环境进入高度协调耦合阶段，协同发展水平良好。从空间维度上看，2011 年和 2020 年西部地区三个子系统之间的耦合协调度均超过中部地区。总体上看，下一步在政策层面要补齐市场发育体系的短板，激发市场活力，培育全国统一大市场。

（三）深化农村集体经济改革进入"全领域、高标准、高水平"的新阶段

根据灰色关联度分析结果，主要有以下发现和启示。一是集体建设用地市场、征地补偿两个指标依然并列居首位，应作为深化集体经济改革的重中之重。对应的四级指标为农村集体建设用地单位面积出租出让收入、留作集体公积公益金的补偿费/当年获得土地补偿费总额。考虑到农村宅基地可以通过村庄整治规划调整转为集体产业用地，宅基地改革也应包括在内。自 2018 年以来，连续三年居首位。核心是解决土地利用碎片化问题，实施区域统筹集约发展。二是对农村产业结构升级、劳动力非农转移就业与农村承包地流转市场发育进行系统性的统筹谋划。二、三产业就业劳动力数/汇总劳动力数、流转出承包耕地农户数/汇总农户数，一直是影响户均集体经济收入的重要的改革因子，应持续提高耕地流转率，促进农民在二、三产业就业。三是农村集体产权制度改革进入规范和健全运行机制的新阶段。随着农村集体产权制度改革的快速推进，近年来各省份之间的差距逐渐缩小，完成集体产权制度改革的村占比的影响程度逐渐趋弱。排名由 2018 年的第 1 位下降到 2019 年的第 3 位，并进一步下降到 2020 年的第 7 位。下一步面临的是在股权管理、经营体制、治理结构与治理机制等方面，全面深化集体产权制度改革，完成由数量型指标考核转向质量型指标考核。四是乡镇经管体系建设影响度快速提升。经管工作主要内容是农村生产关系领域的治理，集体财务管理、合同

管理等，是集体经济体制中的上层建筑。2020 年，明确承担农经职能的乡镇数/汇总乡镇数指标影响度由 2011 年的第 6 位上升到第 3 位。应纳入农村集体经济体制改革的重点领域，进一步加强经管体系与经管队伍建设。

附表 1　2011 年~2020 年全国农村集体经济改革指数排名

地　区	2011 年	2012 年	2013 年	2014 年	2015 年	2016 年	2017 年	2018 年	2019 年	2020 年
北　京	1	1	1	1	1	1	3	1	1	1
天　津	20	18	25	18	17	12	7	4	4	23
河　北	18	22	17	28	25	24	30	27	20	21
山　西	17	19	19	24	26	27	27	26	23	19
内蒙古	9	8	11	11	22	21	25	29	24	6
辽　宁	11	11	14	21	16	7	15	18	6	5
吉　林	8	9	7	14	15	18	17	23	29	7
黑龙江	5	5	3	6	7	6	8	7	2	4
上　海	14	7	10	4	3	2	2	5	3	3
江　苏	2	2	2	3	5	5	6	8	5	8
浙　江	4	3	4	2	2	3	1	2	9	24
安　徽	23	24	26	29	29	23	23	19	15	20
福　建	30	29	28	30	23	25	20	24	10	27
江　西	28	26	29	17	12	13	11	15	28	29
山　东	16	16	12	13	13	10	13	11	7	10
河　南	27	25	21	26	27	28	29	30	26	26
湖　北	19	17	13	9	8	8	12	12	12	14
湖　南	22	27	15	12	14	14	14	13	17	28
广　东	3	4	5	7	4	4	5	6	16	9
广　西	29	30	23	19	18	30	24	28	30	30
海　南	6	10	6	5	6	11	4	3	14	16
重　庆	15	15	18	15	19	16	16	20	21	18
四　川	21	20	22	24	24	19	22	10	8	2
贵　州	26	28	30	16	11	15	9	9	11	13
云　南	25	21	27	27	30	26	26	21	22	12
陕　西	24	23	24	23	28	29	28	16	25	25
甘　肃	13	12	16	20	20	20	21	25	27	22
青　海	7	6	9	10	9	17	18	17	19	11
宁　夏	10	13	20	22	21	22	19	22	18	17
新　疆	12	14	8	8	10	9	10	14	13	15

附表 2　2011~2020 年 30 个省份组织主体与市场体系耦合协调度

地　区	2011 年	2012 年	2013 年	2014 年	2015 年	2016 年	2017 年	2018 年	2019 年	2020 年
北　京	0.600	0.610	0.590	0.576	0.556	0.532	0.539	0.610	0.553	0.557
天　津	0.320	0.325	0.310	0.337	0.348	0.426	0.521	0.524	0.588	0.439
河　北	0.336	0.316	0.376	0.312	0.308	0.326	0.332	0.363	0.455	0.382
山　西	0.314	0.324	0.346	0.314	0.317	0.305	0.320	0.331	0.382	0.356
内蒙古	0.376	0.375	0.417	0.420	0.319	0.314	0.345	0.356	0.442	0.519
辽　宁	0.335	0.363	0.382	0.354	0.388	0.448	0.410	0.448	0.554	0.490
吉　林	0.367	0.372	0.452	0.403	0.378	0.375	0.408	0.408	0.405	0.495
黑龙江	0.424	0.458	0.537	0.540	0.520	0.509	0.506	0.544	0.533	0.449
上　海	0.315	0.344	0.366	0.468	0.530	0.531	0.523	0.504	0.482	0.377
江　苏	0.536	0.561	0.608	0.559	0.525	0.524	0.532	0.558	0.565	0.445
浙　江	0.426	0.524	0.510	0.583	0.581	0.630	0.615	0.645	0.532	0.407
安　徽	0.299	0.320	0.337	0.316	0.302	0.353	0.378	0.460	0.503	0.429
福　建	0.239	0.267	0.286	0.272	0.299	0.290	0.335	0.346	0.521	0.347
江　西	0.268	0.287	0.304	0.364	0.371	0.416	0.426	0.436	0.422	0.348
山　东	0.323	0.340	0.384	0.392	0.390	0.456	0.427	0.486	0.537	0.426
河　南	0.293	0.310	0.354	0.343	0.326	0.329	0.346	0.391	0.456	0.371
湖　北	0.311	0.331	0.383	0.424	0.415	0.441	0.434	0.474	0.517	0.420
湖　南	0.305	0.308	0.357	0.376	0.369	0.405	0.409	0.455	0.510	0.373
广　东	0.481	0.507	0.495	0.479	0.530	0.523	0.520	0.530	0.472	0.471
广　西	0.251	0.274	0.347	0.361	0.341	0.281	0.367	0.375	0.360	0.336
海　南	0.337	0.302	0.437	0.520	0.514	0.438	0.500	0.531	0.439	0.382
重　庆	0.356	0.369	0.373	0.395	0.359	0.404	0.412	0.436	0.476	0.413
四　川	0.329	0.338	0.336	0.333	0.338	0.371	0.385	0.508	0.423	0.424
贵　州	0.305	0.304	0.313	0.383	0.389	0.414	0.478	0.501	0.518	0.462
云　南	0.269	0.294	0.296	0.282	0.270	0.301	0.313	0.369	0.444	0.441
陕　西	0.279	0.304	0.345	0.350	0.305	0.297	0.350	0.452	0.447	0.379
甘　肃	0.361	0.361	0.391	0.367	0.358	0.372	0.393	0.399	0.455	0.425
青　海	0.371	0.397	0.431	0.441	0.440	0.392	0.404	0.458	0.447	0.443
宁　夏	0.387	0.369	0.349	0.354	0.359	0.340	0.391	0.406	0.481	0.420
新　疆	0.356	0.350	0.445	0.455	0.421	0.471	0.483	0.466	0.490	0.384

附表3　2011～2020年30个省份组织主体与政策环境耦合协调度

地　区	2011年	2012年	2013年	2014年	2015年	2016年	2017年	2018年	2019年	2020年
北　京	0.659	0.553	0.682	0.781	0.794	0.839	0.759	0.774	0.546	0.680
天　津	0.351	0.388	0.368	0.378	0.348	0.361	0.452	0.617	0.258	0.415
河　北	0.338	0.347	0.375	0.366	0.433	0.403	0.407	0.469	0.331	0.538
山　西	0.384	0.402	0.428	0.422	0.428	0.417	0.461	0.547	0.386	0.584
内蒙古	0.368	0.412	0.446	0.429	0.466	0.504	0.467	0.479	0.306	0.547
辽　宁	0.436	0.425	0.433	0.419	0.392	0.427	0.445	0.478	0.364	0.579
吉　林	0.422	0.422	0.460	0.443	0.476	0.441	0.481	0.504	0.276	0.544
黑龙江	0.391	0.459	0.516	0.485	0.535	0.537	0.530	0.609	0.504	0.666
上　海	0.370	0.442	0.514	0.668	0.792	0.841	0.805	0.775	0.514	0.656
江　苏	0.426	0.458	0.544	0.540	0.566	0.533	0.609	0.568	0.377	0.570
浙　江	0.460	0.518	0.571	0.652	0.671	0.688	0.697	0.656	0.331	0.487
安　徽	0.306	0.324	0.363	0.360	0.371	0.376	0.443	0.513	0.287	0.485
福　建	0.255	0.311	0.361	0.363	0.374	0.395	0.408	0.438	0.323	0.497
江　西	0.279	0.341	0.393	0.375	0.411	0.416	0.432	0.446	0.212	0.448
山　东	0.357	0.377	0.444	0.477	0.493	0.496	0.547	0.610	0.392	0.575
河　南	0.273	0.311	0.336	0.334	0.365	0.342	0.386	0.405	0.273	0.469
湖　北	0.368	0.385	0.409	0.390	0.417	0.439	0.463	0.541	0.281	0.539
湖　南	0.288	0.300	0.343	0.337	0.354	0.379	0.391	0.439	0.233	0.428
广　东	0.314	0.468	0.499	0.484	0.521	0.544	0.527	0.531	0.196	0.441
广　西	0.281	0.287	0.296	0.332	0.369	0.350	0.371	0.390	0.165	0.391
海　南	0.462	0.461	0.428	0.464	0.478	0.523	0.501	0.582	0.302	0.546
重　庆	0.348	0.345	0.381	0.378	0.391	0.434	0.477	0.495	0.282	0.490
四　川	0.332	0.375	0.421	0.399	0.414	0.424	0.458	0.457	0.396	0.646
贵　州	0.251	0.295	0.284	0.296	0.325	0.310	0.368	0.385	0.217	0.477
云　南	0.271	0.300	0.334	0.342	0.340	0.372	0.413	0.475	0.262	0.510
陕　西	0.338	0.357	0.376	0.359	0.370	0.355	0.415	0.527	0.300	0.519
甘　肃	0.381	0.420	0.413	0.417	0.421	0.416	0.434	0.464	0.213	0.495
青　海	0.432	0.475	0.435	0.425	0.439	0.455	0.467	0.513	0.350	0.563
宁　夏	0.370	0.409	0.423	0.416	0.419	0.433	0.472	0.529	0.298	0.520
新　疆	0.388	0.413	0.452	0.448	0.466	0.452	0.488	0.523	0.312	0.579

附表 4 2011~2020 年 30 个省份市场体系与政策环境耦合协调度

地　区	2011 年	2012 年	2013 年	2014 年	2015 年	2016 年	2017 年	2018 年	2019 年	2020 年
北　京	0.477	0.405	0.474	0.530	0.515	0.521	0.490	0.614	0.624	0.679
天　津	0.407	0.437	0.476	0.525	0.469	0.479	0.519	0.673	0.507	0.362
河　北	0.385	0.362	0.499	0.383	0.437	0.380	0.391	0.409	0.417	0.384
山　西	0.395	0.414	0.469	0.415	0.418	0.353	0.407	0.373	0.387	0.368
内蒙古	0.325	0.363	0.440	0.416	0.363	0.357	0.352	0.321	0.346	0.398
辽　宁	0.444	0.466	0.516	0.438	0.448	0.520	0.481	0.478	0.491	0.450
吉　林	0.383	0.380	0.497	0.412	0.421	0.365	0.424	0.373	0.333	0.384
黑龙江	0.361	0.446	0.565	0.519	0.547	0.514	0.499	0.484	0.445	0.381
上　海	0.497	0.537	0.555	0.517	0.527	0.526	0.509	0.513	0.551	0.470
江　苏	0.461	0.476	0.576	0.494	0.476	0.442	0.505	0.455	0.451	0.389
浙　江	0.493	0.521	0.539	0.506	0.457	0.512	0.518	0.561	0.484	0.386
安　徽	0.331	0.358	0.418	0.365	0.350	0.357	0.417	0.397	0.374	0.329
福　建	0.300	0.394	0.487	0.435	0.479	0.415	0.524	0.475	0.498	0.347
江　西	0.323	0.393	0.452	0.500	0.538	0.511	0.539	0.504	0.438	0.332
山　东	0.433	0.459	0.523	0.481	0.472	0.487	0.469	0.442	0.495	0.425
河　南	0.317	0.367	0.429	0.396	0.399	0.344	0.395	0.369	0.367	0.314
湖　北	0.410	0.438	0.527	0.535	0.535	0.527	0.526	0.520	0.478	0.366
湖　南	0.350	0.370	0.527	0.499	0.473	0.468	0.526	0.505	0.419	0.316
广　东	0.420	0.573	0.623	0.576	0.665	0.580	0.629	0.619	0.478	0.423
广　西	0.295	0.316	0.406	0.460	0.462	0.316	0.437	0.410	0.340	0.283
海　南	0.504	0.487	0.571	0.582	0.575	0.499	0.704	0.715	0.532	0.434
重　庆	0.426	0.409	0.472	0.478	0.429	0.420	0.443	0.426	0.410	0.351
四　川	0.350	0.383	0.415	0.387	0.386	0.389	0.405	0.531	0.565	0.549
贵　州	0.299	0.356	0.386	0.426	0.456	0.388	0.479	0.501	0.468	0.358
云　南	0.393	0.449	0.482	0.455	0.417	0.410	0.473	0.501	0.473	0.437
陕　西	0.328	0.367	0.429	0.387	0.343	0.301	0.350	0.355	0.362	0.327
甘　肃	0.421	0.447	0.479	0.437	0.415	0.387	0.422	0.410	0.396	0.336
青　海	0.428	0.461	0.493	0.468	0.472	0.395	0.385	0.451	0.434	0.391
宁　夏	0.384	0.405	0.404	0.391	0.403	0.366	0.442	0.396	0.370	0.326
新　疆	0.345	0.359	0.507	0.479	0.457	0.464	0.521	0.463	0.485	0.369

附表5 2011-2020年户均集体经济收入与集体经济改革因子的灰色关联度

因子	2011年 排序	2012年 排序	2013年 排序	2014年 排序	2015年 排序	2016年 排序	2017年 排序	2018年 排序	2019年 排序	2020年 排序
D_1 村委会代行村集体经济组织职能的比例	17	17	17	17	17	17	17	17	17	17
D_2 完成集体产权制度改革的村占比	1	1	1	1	1	1	1	1	3	7
D_3 违纪金额占已审计资金总额的比重	15	16	16	16	14	16	16	16	16	15
D_4 二、三产业就业劳动力数/汇总劳动力数	4	2	2	3	3	1	3	4	3	3
D_5 经营规模>10亩的农户数/汇总农户数	14	14	13	13	13	13	13	13	14	14
D_6 农民专业合作社带动农户数/汇总农户数	8	10	7	6	6	1	6	7	10	11
D_7 流转转出承包耕地农户数/汇总农户数	3	2	2	3	3	1	3	4	3	3
D_8 签订流转合同的耕地面积/家庭承包耕地流转总面积	5	2	2	3	6	1	6	7	7	7
D_9 入股面积/家庭承包耕地流转总面积	16	15	15	15	16	15	14	14	15	13
D_{10} 农村集体建设用地单位面积出租出让收入	12	5	10	6	11	1	10	1	1	1
D_{11} 常年外出务工劳动力占比	13	13	12	12	12	1	10	12	10	11
D_{12} 开展内部信用合作的合作社数/农民专业合作社数	9	5	14	14	14	13	12	15	13	16
D_{13} 聘任仲裁员数/家庭承包耕地流转面积	11	12	10	6	6	1	3	7	7	7
D_{14} 实行财务公开的村数/汇总村数	6	5	7	6	6	1	6	7	7	7
D_{15} 明确承担农经职能的乡镇数/汇总乡镇数	6	5	7	6	6	1	6	7	3	3
D_{16} 财政支农支出增速	10	11	2	1	3	1	15	4	12	3
D_{17} 留存集体公积公益金的补偿费/当年获得土地补偿费总额	2	2	2	1	1	1	1	1	1	1

专题篇Ⅰ：镇村分化

Special Report Ⅰ:Township-Village Differentiation

B.4
镇域集体经济分化趋势分析

陈雪原　周雨晴　孙梦洁*

摘　要： 本报告利用北京郊区14个区共187个乡镇的2007年、2012年、2017年和2021年四个年度的面板数据，分析了京郊乡镇集体经济、人口及就业的发展变迁态势。在此基础上，通过因子分析法得出乡镇集体经济综合发展水平得分及排名，并等分为高、中、低三个层级，分析演化趋势及镇域集体经济层级固化现象。研究发现：（1）2007~2021年乡镇集体经济发展和人口、就业的平均水平整体呈现增长或维持稳定态势，但两极分化问题长期存在，发展不均衡的现象严峻，而且具有早期积累优势的乡镇会发展得越来越快，而资源禀赋较差的乡镇发展前景堪忧；（2）2007~2021年乡镇集体经济发展水平平均得分整体呈现增长态势，但是最高

* 陈雪原，北京市农村经济研究中心经济体制处处长、经济学博士，研究方向为城镇化、集体经济组织治理与集体土地制度改革；周雨晴，中国农业发展银行总行，经济学博士，研究方向为金融理论与政策、农村金融与区域经济；孙梦洁，北京市农村经济研究中心经济体制处副处长，管理学博士，研究方向为集体产权制度改革、集体经济评价、农户经济行为。感谢北京市农业农村局市场与信息化处李理处长、石慧副处长提供的数据支持和指导。

分和最低分历年之间的极值差异极大，而且得分变异系数显示不同乡镇集体经济发展差异相当大且这一差异在长达 14 年的时间内并没有显著缩小；（3）2007~2021 年乡镇集体经济发展呈现层级固化现象，多数乡镇集体经济发展仍旧取决于其基础条件，不同层级乡镇重新洗牌的可能性不大，而且通过历史数据预测，到 2035 年乡镇集体经济层级固化现象还将长期存在。基于以上研究结论，本报告认为需要加强区级统筹，优化空间与产业布局，健全镇级集体经济发展体制机制，整合资源，促进城乡与区域协调发展。

关键词： 集体经济　镇域分化　区级统筹

一　2007~2021年京郊187个乡镇集体经济发展变迁态势

本报告主要利用北京市农业农村局"三资"监管平台统计的 2007 年、2012 年、2017 年、2021 年 4 个年度 187 个乡镇辖区内各村级集体经济（不含镇级集体经济）相关数据，对京郊镇域集体经济发展、人口①规模、就业情况及变动趋势做出描述性统计分析。

（一）2007~2021年京郊乡镇集体经济发展状况与两极分化趋势

1. 2007~2021年京郊乡镇人均所得整体呈现增长趋势，两极差异不断扩大

图 1 显示了 2007~2021 年京郊乡镇人均所得均值、最小值和最大值的变化情况。可以看出，2007~2021 年京郊乡镇人均所得呈现增长态势，各乡镇平均人均所得由 2007 年的 18.94 万元逐步上涨到 2021 年的 58.97 万元，

---

① 指村集体经济组织成员。

人均所得水平很高。但与此同时，人均所得的两极差异不断扩大，2007～2017年昌平区北方企业总公司（镇级单位，下文简称"北方企业"）在所有乡镇中人均所得最低，10年时间仅从0.78万元上涨到1.54万元；2007年、2012年和2021年大兴区黄村镇人均所得最高，14年的时间里从62.69万元上涨到209.31万元。由此可见，人均所得最低的乡镇增长乏力，人均所得最高的乡镇上涨势头反而迅猛，因此人均所得的两极差异越拉越大。

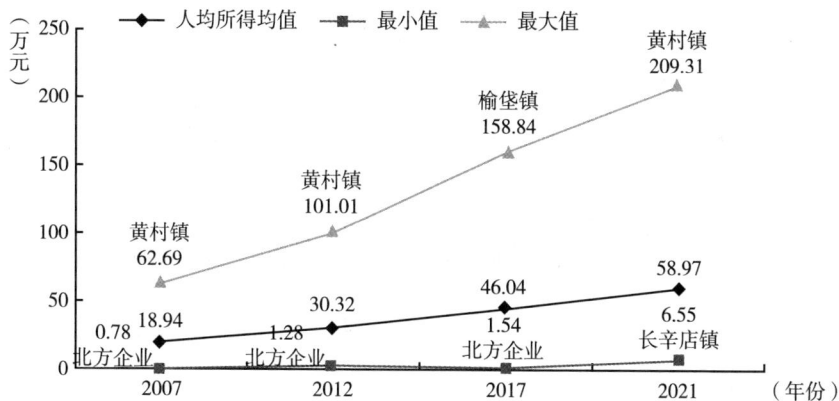

图1 2007～2021年京郊乡镇人均所得均值、最小值和最大值

2. 2007～2021年京郊乡镇集体资产积累整体回落，两极差异仍然较大

图2显示了2007～2021年京郊乡镇集体资产均值、最小值和最大值的变化情况。可以看出，2007～2017年京郊乡镇资产积累呈现上升趋势，各乡镇平均资产规模由2007年的5.8亿元迅速上涨到2017年的23亿元，2021年则回落至20.5亿元，这可能意味着经过2007～2017年10年的迅猛发展，随着疏解非首都核心功能的深入推进，镇域集体资产积累进入转型升级的新阶段。与此同时，资产积累的两极差异相当严重，最低的不到百万元，而最高的可以达到数百亿元。2007年丰台区花乡资产规模最大，达到66亿元，到2017年更是高达562亿元，但2017年资产规模最小的常营回族乡仅有960万元，到2021年甚至减少到237万元。相对于人均所得，资产规模积累的两极差异更为严重，资产最高和最低的乡镇之间存在巨大差异。

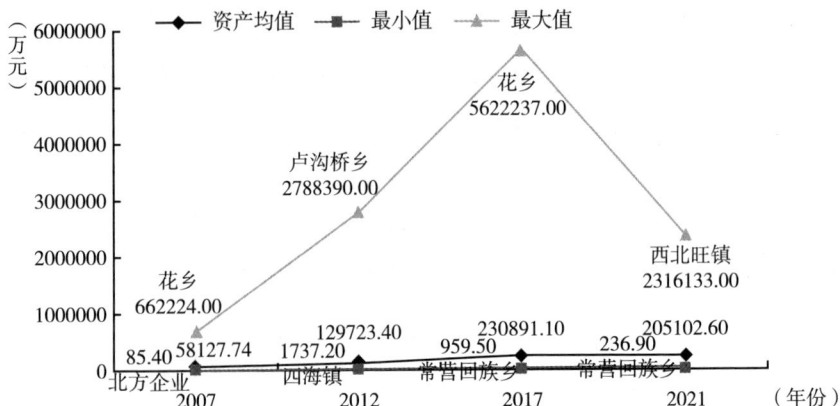

图2　2007~2021年京郊乡镇集体资产均值、最小值和最大值

（二）2007~2021年京郊乡镇人口结构与两极分化趋势

1. 2007~2021年京郊乡镇人口规模整体较为稳定，两极分化态势比较明显

图3显示了2007~2021年京郊乡镇农户总人口均值、最小值和最大值的变化情况。可以看出，2007~2021年京郊乡镇整体农户总人口规模较为稳定，均值略有减小但基本可以保持在16000人以上。同时，人口规模的两极分化态势是比较明显的。2007~2021年通州区宋庄镇始终是人口规模最大的乡镇，人口数量为5万人左右；2007年丰台区老庄子乡人口数量最少，为911人，2021年朝阳区将台乡成为人口最少的乡镇，仅有70人[①]。从历时14年的数据分析来看，人口规模是乡镇内较为稳定的资源禀赋，很难产生大规模迁移，因此镇域间人口数量的分布结构相对稳定。

2. 2007~2021年京郊乡镇劳动力比重整体稳定，两极差异先缩小后增大

图4显示了2007~2021年京郊乡镇劳动力比重均值、最小值和最大值的变化情况。可以看出，2007~2021年京郊乡镇劳动力结构整体较为稳定，

---

① 将台乡已经完成整建制农转居，属于城市化地区，该数据未包含转居后未在村集体经济组织安置人员，该类人员信息获取较为困难。

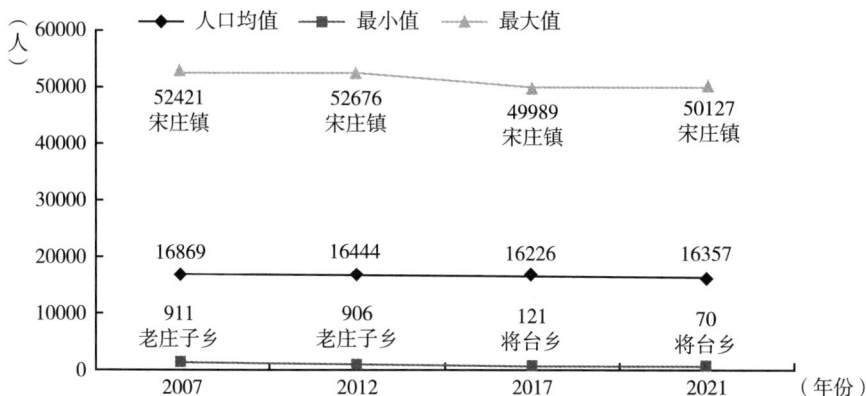

图 3　2007~2021 年京郊乡镇农户总人口均值、最小值和最大值

劳动力比例均值基本在 60% 左右。同时，劳动力比例的两极差异呈现先缩小后增大的趋势，2021 年有个别乡镇劳动力比例达到 100%，但也有个别乡镇劳动力比例不足 30%。作为经济发展的重要资源要素，劳动力比例过低会成为镇域经济发展的制约因素。

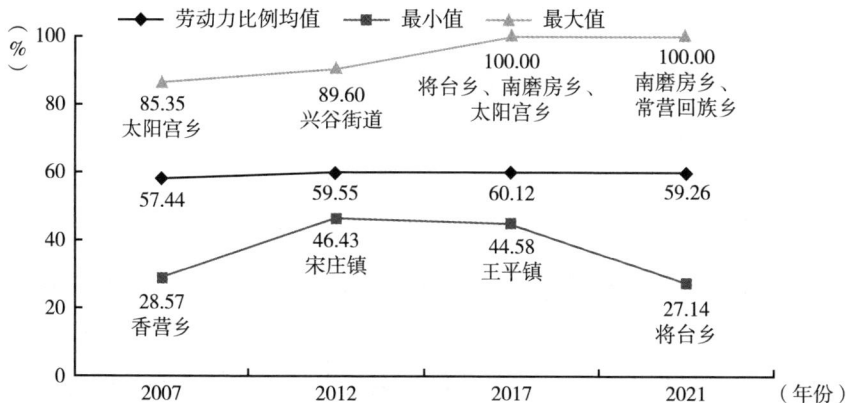

图 4　2007~2021 年京郊乡镇劳动力比例均值、最小值和最大值

（三）2007~2021年京郊乡镇就业情况与两极分化趋势

1. 2007~2021 年京郊乡镇就业率整体较为理想，两极差异略有减小

图 5 显示了 2007~2021 年京郊乡镇就业率均值、最小值和最大值的变

化情况。可以看出，2007~2021年京郊乡镇就业率整体较为稳定，长期保持在93%左右，历年也有10~30个乡镇能达到100%[①]。同时，就业率的两极分化也有所减小，主要是因为就业率最低线逐渐抬高，2012年史家营乡就业率最低，仅为55.14%，2021年就业率最低的房山区西潞街道达到70%以上。

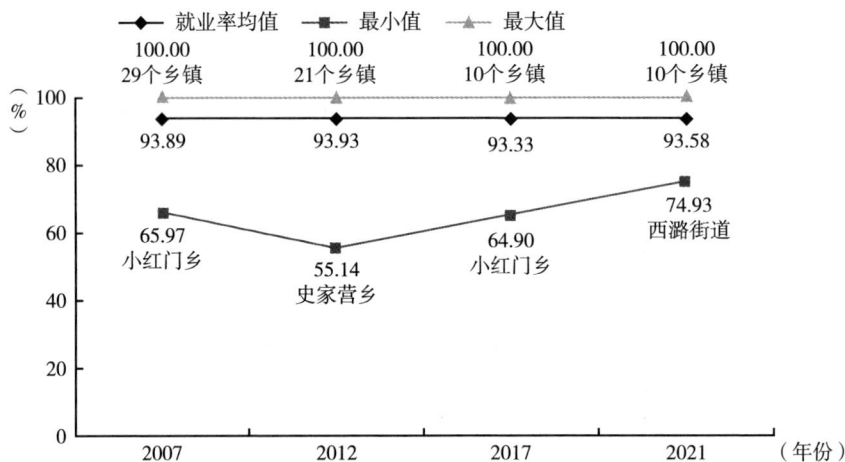

图5　2007~2021年京郊乡镇就业率均值、最小值和最大值

2. 2007~2021年京郊乡镇第三产业就业率有所提升，两极差异仍然显著

图6显示了2007~2021年京郊乡镇第三产业就业率均值、最小值和最大值的变化情况。可以看出，2007~2021年京郊乡镇整体第三产业就业率有所提升，第三产业就业率均值从2007年的45.06%逐步上升到了2021年的63.61%，已经呈现出以第三产业就业为主的态势。依托首都功能与城郊优势，京郊乡镇服务业整体比较发达，2021年已经有8个乡镇全部实现第三产业就业。但与此同时，就业结构的两极差异比较明显，2021年第三产业就业率最低的平谷区镇罗营镇仍不足20%。

通过对2007~2021年京郊187个乡镇集体经济、人口和就业状况及其

——————————

① 受数据来源限制，此处与就业率低于100%的一般性特征有差异。

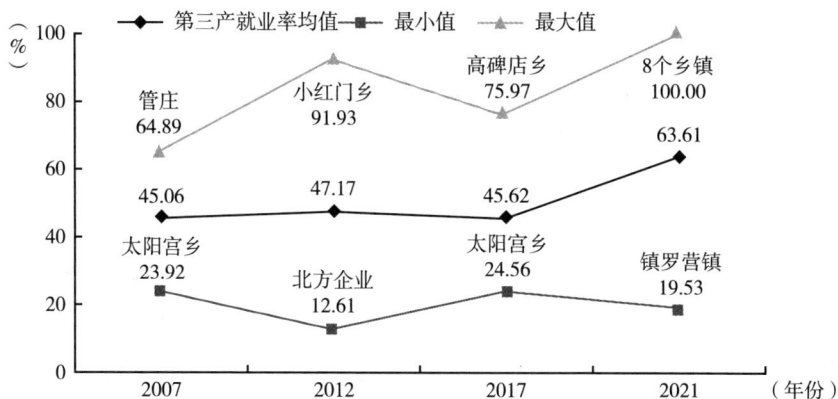

图6　2007~2021年京郊乡镇第三产业就业率均值、最小值和最大值

两极分化趋势的分析，可以发现，虽然经济发展和人口就业的平均水平整体呈现增长或维持稳定态势，但两极分化问题长期存在，尤其是集体资产积累、人均所得、人口规模和第三产业就业比例等方面极值差异明显。这说明乡镇发展不均衡的现象严峻，而且具有早期资源禀赋优势的乡镇发展得越来越快，而较差的乡镇发展前景堪忧，如不进行更高层级的区级调控，镇域经济两极分化问题将难以自行消除。

二　2007~2021年京郊187个乡镇综合发展水平测度

本报告选取集体经济状况、人口规模和就业情况三个方面共计7个指标，通过因子分析法为指标赋权，计算得出2007~2021年京郊187个乡镇综合发展水平得分及排名，并据此研究了京郊14个区辖区内乡镇发展水平及差异。

（一）乡镇集体经济发展水平测度的指标选取、方法介绍及实证测算

1.指标体系的构建

测度指标的科学选择是量化乡镇集体经济发展水平的前提。在综合考虑指标的代表性、独立性和可获得性的基础上，我们选取了乡镇的集体经济水

平、人口与劳动力规模及就业结构作为一级指标，这是反映乡镇发展水平最重要的三个维度。指标选取及其描述性统计如表 1 所示。

集体经济水平，包含 3 个二级指标：（1）集体资产，是乡镇集体经济发展水平的重要因素，可以较好地反映乡镇集体经济的潜在发展实力；（2）负债，合理负债有利于区域经济发展，负债经营一方面说明乡镇具有借债能力和较好的信誉，另一方面也说明乡镇可能仍在投入资产经营项目；（3）人均所得，即镇内村集体经济组织成员纯收入加总值，集体经济发展的根本目的要惠及当地农户，带动农户增收，人均所得是体现集体经济发展水平和分配制度合理性的重要变量。

人口与劳动力规模，包含 2 个二级指标：（1）农户总人口，即集体经济组织成员数量，是乡镇集体经济可持续发展的基础，人口规模过小的乡镇发展会严重受阻，而且由于人口难以自由流动，不同乡镇人口数量长期内会维持稳定状态；（2）集体经济组织成员中的劳动力人数，保持一定规模的劳动力数量有利于镇域产业经营和发展。

就业结构，包含 2 个二级指标：（1）就业率，稳定的集体经济成员的劳动力就业率是乡镇经济发展和民生福利的重要体现；（2）第三产业就业比例，随着城镇化进程的推进和产业结构的调整，第三产业日渐成为农户就业的主要渠道，相比于传统的一、二产业，第三产业的附加值一般较高，第三产业就业比例一定程度上可以衡量乡镇的就业质量。

表 1　乡镇集体经济发展水平测度指标选取及其描述性统计

分类	变量	2007 年均值	2012 年均值	2017 年均值	2021 年均值
集体经济水平	集体资产（万元）	58128	129723	230891	205103
	负债（万元）	29082	74060	138742	107858
	人均所得（万元）	0.99	1.55	2.33	2.97
人口与劳动规模	农户总人口（人）	16869	16445	16226	16357
	劳动力人数（人）	9568	9664	9508	9556
就业结构	就业率（%）	93.89	93.93	93.33	93.58
	第三产业就业比例（%）	45.24	47.17	45.62	63.61

2. 乡镇集体经济发展水平测算方法介绍

本报告运用因子分析法（主成分方法）对各变量中各个指标进行赋权，这种方法采用的是"降维"的思路，利用成分矩阵、因子得分矩阵、旋转后因子贡献率进行相关的运算，最后归一化得出各个指标的权重。处理方式如下：

（1）评价指标原始数据的标准化处理

$$x_{ij}^* = \frac{x_{ij} - \bar{x}_j}{\sqrt{\mathrm{var}(x_j)}}(i = 1,2,\cdots,n; j = 1,2,\cdots,m)$$

其中，x_{ij} 表示第 i 个乡镇第 j 个指标的观测值，x_{ij}^* 为标准化后的指标值，$\bar{x}_j$ 和 $\sqrt{\mathrm{var}(x_j)}$ 分别为第 j 个指标的样本均值和标准差。

（2）计算相关矩阵

在对数据进行标准化处理后计算相关矩阵 R，并计算 R 的特征值 $\lambda_1 \geqslant \lambda_2 \geqslant \cdots \geqslant \lambda_m \geqslant 0$ 及对应的标准正交化特征向量 u_1，u_2，$\cdots$，u_m，其中 $u_j = (u_{j1}$，u_{j2}，$\cdots$，$u_{jm})$，$(j=1，2，\cdots，m)$。

（3）计算特征值的因子贡献率

$$E = \sum_{k=1}^{l} \lambda_k \Big/ \sum_{n=1}^{m} \lambda_n$$

（4）提取 l 个因子，得到载荷矩阵

$$y_k = \sum_{j=1}^{m} u_{kj} x_j (k = 1,2,\cdots,l)$$

（5）得到因子得分矩阵

根据得出的主成分矩阵和解释的总方差表计算线性组合中每一个指标在每一个主成分中的系数 F。$F_{vk} = z_{nk} / \sqrt{r_k}$，其中 F_{vk} 表示第 v 个指标在第 k 个主成分上的得分系数。

（6）计算每一个指标的权重 G

$$G_v = \frac{\sum_{v=1}^{n} e_k \times F_{vk}}{\sum_{k=1}^{m} e_k}$$

其中，G_v表示第v个指标在总指标体系中的初始权重，e_k为所提取的第k个因子的贡献率，F_{vk}为第v个指标在第k个因子上的得分系数。

最后，由于所求得的所有指标的初始权重之和不为1，需要进行归一化处理，从而得出第v个指标所赋最终权重。根据指标权重和标准化后的原始数据加权平均得到综合指标得分值。

3. 乡镇集体经济发展水平实证测算

我们将2007年、2012年、2017年和2021年的乡镇样本数据作为混合面板进行降维分析，提取公因子并最终计算出指标权重，该权重对于计算187个乡镇的得分时均适用，也使得不同乡镇历年得分可比。按照前文所述方法，我们将依次得到因子贡献率、因子载荷矩阵和因子得分系数矩阵，并最终测算出综合模型中7个指标的权重。

（1）因子贡献率

首先通过SPSS软件得到因子贡献率，共提取3个因子，3个因子累计贡献率为80.20%。在以凯撒正态化最大方差法进行旋转后，每个因子的贡献率发生了些微变化，分别为35.43%、28.12%、16.64%（见表2）。在后续操作中，将利用旋转后得到的因子贡献率来计算综合模型中的指标权重。

表2 因子提取结果及其贡献率

因子	初始特征值			旋转载荷平方和		
	总计	方差百分比	累计百分比	总计	方差百分比	累计百分比
1	2.73	39.00	39.00	2.48	35.43	35.43
2	1.74	24.83	63.83	1.97	28.12	63.55
3	1.15	16.37	80.20	1.17	16.64	80.19

（2）因子载荷矩阵

此处仅提供旋转后的因子载荷矩阵，该因子载荷矩阵表明了公因子与观测变量的相关性。这里用要素禀赋解释 3 个因子的潜在含义：因子 1 与农户总人口和劳动力人数高度相关，可能代表镇域集体经济发展中的人口禀赋；因子 2 与乡镇资产和负债高度相关，因此因子 2 可能代表集体资本禀赋；因子 3 与第三产业就业比例高度相关，第三产业就业比例与产业结构升级转型有关，可能代表乡镇技术禀赋。与此同时，从表 3 可以看出，人均所得与 3 个因子的正相关性都比较明显，这可能意味着农户的经济福利是乡镇的要素禀赋优势最直观的体现。

表 3　旋转后的因子载荷矩阵

	因子1(人口禀赋)	因子2(资本禀赋)	因子3(技术禀赋)
集体资产	0.122	0.983	-0.052
负债	0.082	0.981	-0.091
人均所得	0.751	0.156	0.484
农户总人口	0.962	0.057	-0.148
劳动力人数	0.960	0.055	-0.176
就业率	0.021	-0.090	0.139
第三产业就业比例	-0.218	0.039	0.920

（3）因子得分系数矩阵

在得到因子载荷矩阵后，为了获得各个因子对原始变量的系数（也就是特征向量），可以把载荷矩阵中的列除以对应因子的特征值的正平方根，得到的向量即各因子对原始变量的系数向量。如表 4 所示，每一个原始变量都可以表示成这 3 个因子的线性组合，线性组合中的系数即后续要用到的因子得分。

表 4　因子得分系数矩阵

	因子1(人口禀赋)	因子2(资本禀赋)	因子3(技术禀赋)
集体资产	-0.037	0.506	-0.024
负债	-0.056	0.508	-0.060
人均所得	0.328	0.024	0.462
农户总人口	0.392	-0.056	-0.077
劳动力人数	0.390	-0.057	-0.101
就业率	0.024	-0.047	0.120
第三产业就业比例	-0.046	0.053	0.787

（4）综合模型中的指标权重

在为了获得指标 i 的权重，我们将 3 个因子分别对指标 i 的系数和对应的因子贡献率相乘后加总，再除以累计因子贡献率 80.20%，得到指标 i 在 7 个指标中的相对重要性，即初始权重。因为 7 个指标的初始权重之和不一定为 1，我们在此将权重归一化，除以初始权重之和进行校正，得到每个指标的最终权重。

例：指标 1（资产）最终权重 = {[（-0.037×35.43%）+（0.506×28.12%）+（-0.024×16.64%）] /80.19%} /0.9958 = 0.1561/0.9958 = 0.1568

表 5 为 7 个指标的最终权重，我们将其分别乘以对应的标准化之后的原始数据，加权平均得到四个年度 187 个乡镇的综合发展水平，并在下一部分介绍乡镇集体经济综合发展水平测算结果并进行评价。

表 5　指标赋权结果

指标	初始权重	最终权重
集体资产	0.1561	0.1568
负债	0.1409	0.1415
人均所得	0.2492	0.2503
农户总人口	0.1376	0.1382
劳动力人数	0.1314	0.1319
就业率	0.0190	0.0191
第三产业就业比例	0.1616	0.1623

（二）乡镇集体经济综合发展水平测算结果及排名统计

通过因子分析法为指标赋权并测算出 2007～2021 年 187 个乡镇集体经济的综合发展水平后，为了使数据更平稳集中和清晰可比，我们使用极值标准化方法将乡镇得分归一化到［0，1］，后文所提供的乡镇集体经济综合发展水平得分皆是标准化之后的结果。

1. 2007～2021 年乡镇集体经济综合发展水平整体变化趋势

图 7 显示了 2007～2021 年京郊 187 个乡镇集体经济综合发展水平平均

分、最低分、最高分和变异系数。可以看出，2007~2021 年北京市 187 个乡镇集体经济综合发展水平平均得分呈现增长趋势，但不同乡镇之间发展不均衡的现象较为严重。首先，平均得分从 2007 年的 0.11 持续上升到了 2021 年的 0.19，代表乡镇综合发展水平整体呈现增长态势。其次，最高分和最低分历年的极值差异极大，说明两极分化问题较为严重。最后，历年变异系数均大于 0.6 且下降趋势不明显，代表不同乡镇综合发展水平差异相当大且在长达 14 年的时间内并没有显著缩小。

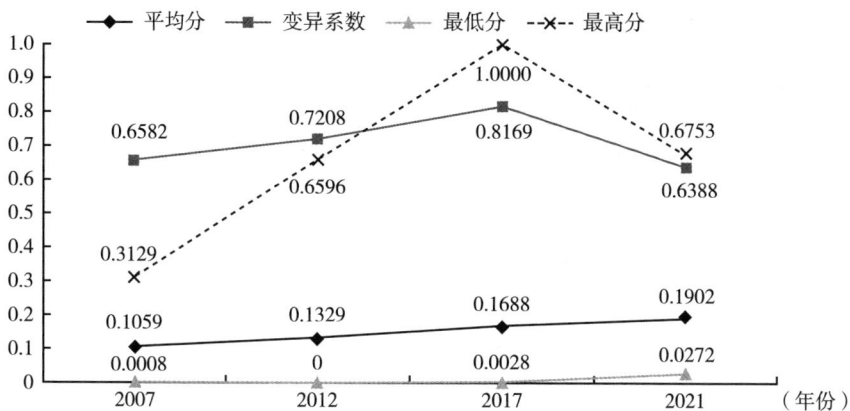

图 7　2007~2021 年京郊 187 个乡镇集体经济综合发展水平变动情况

2. 2007~2021 年综合发展水平排名情况

由于完整排名数据较多，在此仅展示 2007 年、2012 年、2017 年和 2021 年 4 年镇域集体经济综合发展水平前 10 名及倒数 10 名的乡镇。从这 4 年排名情况来看：（1）2007~2021 年京郊乡镇集体经济综合发展水平逐年提升，2007 年得分 0.25 以上便能进入前 10 行列且第一名得分仅为 0.31，到 2021 年得分 0.44 分以上才能进入前 10 行列；（2）乡镇之间发展差异较大，前 10 名乡镇得分至少为 0.25，但倒数十名乡镇得分很难超过 0.05，而且具有先发优势的乡镇发展更快，两极分化的趋势越发严重；（3）同一个区内的乡镇发展不均衡，如丰台区的花乡、卢沟桥乡 2007~2017 年得分排名都在前十，但同属丰台区的老庄子乡却历年都出现在倒数 10 名之列。

（1）2007 年北京市乡镇集体经济综合经济发展水平排名情况（部分）

表 6　2007 年北京市乡镇集体经济综合发展水平排名情况（部分）

排名	行政区	乡镇	得分	排名	行政区	乡镇	得分
1	通州区	潞县镇	0.3129	178	门头沟区	军庄镇	0.0161
2	通州区	宋庄镇	0.3084	179	昌平区	北方企业	0.0155
3	通州区	张家湾镇	0.3068	180	房山区	大安山乡	0.0140
4	丰台区	花乡	0.3004	181	平谷区	熊尔寨乡	0.0131
5	大兴区	黄村镇	0.2965	182	朝阳区	南磨房乡	0.0131
6	丰台区	卢沟桥乡	0.2956	183	房山区	南窖乡	0.0131
7	大兴区	榆垡镇	0.2787	184	门头沟区	王平镇	0.0121
8	丰台区	南苑乡	0.2655	185	房山区	蒲洼乡	0.0112
9	大兴区	庞各庄乡	0.2626	186	昌平区	城北街道	0.0045
10	房山区	琉璃河镇	0.2598	187	丰台区	老庄子乡	0.0008

（2）2012 年北京市乡镇集体经济综合发展水平排名情况（部分）

表 7　2012 年北京市乡镇集体经济综合发展水平排名情况（部分）

排名	行政区	乡镇	得分	排名	行政区	乡镇	得分
1	丰台区	卢沟桥乡	0.6596	178	房山区	大安山乡	0.0257
2	丰台区	花乡	0.5367	179	门头沟区	军庄镇	0.0232
3	丰台区	南苑乡	0.4437	180	朝阳区	将台乡	0.0219
4	大兴区	黄村镇	0.3794	181	平谷区	熊尔寨乡	0.0206
5	通州区	宋庄镇	0.3696	182	平谷区	黄松峪乡	0.0190
6	通州区	张家湾镇	0.3658	183	昌平区	城北街道	0.0178
7	通州区	潞县镇	0.3599	184	房山区	南窖乡	0.0141
8	通州区	永顺镇	0.3479	185	丰台区	老庄子乡	0.0085
9	大兴区	榆垡镇	0.3462	186	房山区	蒲洼乡	0.0082
10	大兴区	庞各庄乡	0.3164	187	昌平区	北方企业	0.0000

（3）2017 年北京市乡镇集体经济综合发展水平排名情况（部分）

表 8　2017 年北京市乡镇集体经济综合发展水平排名情况（部分）

排名	行政区	乡镇	得分	排名	行政区	乡镇	得分
1	丰台区	花乡	1.0000	178	房山区	大安山乡	0.0312
2	丰台区	卢沟桥乡	0.9643	179	房山区	南窖乡	0.0286
3	丰台区	南苑乡	0.6701	180	朝阳区	南磨房乡	0.0271
4	大兴区	黄村镇	0.5011	181	门头沟区	军庄镇	0.0268
5	大兴区	榆垡镇	0.4805	182	平谷区	黄松峪乡	0.0227
6	通州区	宋庄镇	0.4483	183	平谷区	熊尔寨乡	0.0218
7	通州区	永顺镇	0.4466	184	昌平区	城北街道	0.0217
8	通州区	张家湾镇	0.4411	185	房山区	蒲洼乡	0.0176
9	通州区	潞县镇	0.4299	186	昌平区	北方企业	0.0126
10	大兴区	庞各庄乡	0.4115	187	丰台区	老庄子乡	0.0028

（4）2021 年北京市乡镇集体经济综合发展水平排名情况（部分）

表 9　2021 年北京市乡镇集体经济综合发展水平排名情况（部分）

排名	行政区	乡镇	得分	排名	行政区	乡镇	得分
1	大兴区	黄村镇	0.6753	176	密云区	密云镇	0.0533
2	大兴区	榆垡镇	0.5524	177	朝阳区	太阳宫乡	0.0479
3	通州区	宋庄镇	0.5446	178	门头沟区	军庄镇	0.0465
4	通州区	永顺镇	0.5182	179	房山区	南窖乡	0.0452
5	通州区	张家湾镇	0.5128	180	昌平区	城北街道	0.0425
6	海淀区	西北旺镇	0.4943	181	朝阳区	南磨房乡	0.0414
7	通州区	潞县镇	0.4936	182	房山区	蒲洼乡	0.0398
8	通州区	潞城镇	0.4736	183	平谷区	黄松峪乡	0.0339
9	大兴区	庞各庄乡	0.4658	184	丰台区	长辛店镇	0.0306
10	石景山区	—	0.4443	185	平谷区	熊尔寨乡	0.0272

注：石景山区没有乡镇建制，只有下辖的 12 个村级农工商公司，可以视同为区镇范围重叠，作为一个乡镇来看待。2021 年缺失 2 个乡镇，总计 185 个。

（三）各区所辖乡镇集体经济平均综合发展水平及变异系数

为了研究京郊各区所辖乡镇发展状况，我们计算了2007~2021年京郊14个区所辖乡镇集体经济平均综合发展水平和发展差异，其中平均综合发展水平以均值体现，发展差异以变异系数体现，最后综合考量均值和变异系数来评价各区所辖乡镇整体发展状况。

1. 2007~2021年京郊各区所辖乡镇集体经济平均综合发展水平

表10显示了2007~2021年京郊各区所辖乡镇平均得分状况。可以看出，2007~2021年，绝大多数乡镇平均得分有所增长，但均不足0.5，整体水平有待提高。通州区、丰台区、石景山区、大兴区、海淀区和顺义区地理位置较好，以近郊和平原为主，镇域集体经济发展水平相对较高，平均得分在0.15以上；房山区、密云区、延庆区、昌平区、平谷区、怀柔区、门头沟区以远郊和山区为主，镇域集体经济发展水平相对较低，平均得分均不足0.15。朝阳区较为特殊，虽然地理位置以近郊为主，但乡镇普遍体量较小，人口和劳动力相对缺乏，资产规模和人均所得也不占优势，得分整体较低。

表10 2007~2021年京郊各区所辖乡镇平均得分状况

行政区	2007年	2012年	2017年	2021年	平均（由高到低）
通州区	0.2262	0.2828	0.3576	0.4231	0.3224
丰台区	0.1800	0.3215	0.5015	0.1812	0.2961
石景山区	0.1475	0.2087	0.3387	0.4443	0.2848
大兴区	0.1815	0.2223	0.2854	0.3647	0.2635
海淀区	0.1048	0.1426	0.2188	0.3005	0.1917
顺义区	0.1131	0.1332	0.1681	0.1988	0.1533
房山区	0.1115	0.1268	0.1494	0.1768	0.1411
密云区	0.0941	0.1124	0.1377	0.1489	0.1233
延庆区	0.0813	0.1040	0.1302	0.1584	0.1185
昌平区	0.0784	0.1009	0.1228	0.1605	0.1157
平谷区	0.0884	0.1028	0.1167	0.1214	0.1073
怀柔区	0.0771	0.0922	0.1120	0.1229	0.1011
门头沟区	0.0600	0.0813	0.1113	0.1432	0.0990
朝阳区	0.0582	0.0769	0.0891	0.1180	0.0856

2. 2007~2021年京郊各区所辖乡镇发展差异

变异系数衡量了各区内部乡镇的发展差异，2007~2021年，京郊绝大多数区所辖乡镇变异系数有所降低，但发展差异仍然较为明显，这代表同一区内部镇域经济发展不均衡问题依旧较为严重。此外，行政区所处区位、整体发展水平与发展差异之间并没有明显关联，发展水平较高的丰台区变异系数是最大的，但发展水平较低的朝阳区发展差异也很显著（见表11）。

表 11　2007~2021 年京郊各区所辖乡镇发展差异状况（变异系数）

行政区	2007 年	2012 年	2017 年	2021 年	平均（由高到低）
丰台区	0.6938	0.8108	0.8644	0.4722	0.7103
门头沟区	0.7528	0.7272	0.6455	0.5848	0.6776
房山区	0.6565	0.6683	0.6545	0.6027	0.6455
朝阳区	0.6283	0.5717	0.6437	0.5523	0.5990
延庆区	0.6511	0.5734	0.5745	0.5287	0.5819
昌平区	0.5104	0.5806	0.6122	0.5086	0.5530
密云区	0.5382	0.4942	0.485	0.4761	0.4984
海淀区	0.3781	0.3568	0.4661	0.4708	0.4180
大兴区	0.4142	0.4176	0.4527	0.3713	0.4140
平谷区	0.4953	0.4816	0.4701	0.1573	0.4011
顺义区	0.3742	0.3587	0.3433	0.3485	0.3562
通州区	0.3004	0.2681	0.2413	0.242	0.2630
怀柔区	0.2278	0.2408	0.2135	0.2036	0.2214

3. 京郊各区所辖乡镇集体经济综合发展水平及发展差异总体评价

在综合考虑各区内部乡镇集体经济综合发展水平和发展差异后，我们使用均值/变异系数来体现各区内部发展总体态势，由于综合得分均值越大越好、变异系数越小越好，因此该指标越大则代表乡镇发展过程兼顾"公平"和"效益"的效果越好，反之，则存在发展滞后或发展不均衡现象。

将各区所辖乡镇总体发展态势分为四个等级，均值/变异系数小于0.2，总体发展差；均值/变异系数为0.2~0.4，总体发展较差；均值/变异系数为0.4~0.6，总体发展较好；均值/变异系数大于0.6，总体发展好。

由表 12 可知，石景山区、通州区、大兴区所辖乡镇整体发展态势最好，总体能维持较高的发展水平和较小的发展差异；海淀区、怀柔区、顺义区、丰台区发展态势较好，海淀区和丰台区主要是因为"效益"指标表现更好，而怀柔区和顺义区则主要因为"公平"指标表现较好；平谷区、密云区、房山区、昌平区和延庆区发展态势较差，"公平"和"效益"指标均不占优势；门头沟区和朝阳区发展态势最差，发展水平较低且发展差异较大。

表 12　京郊各区所辖乡镇集体经济综合发展水平及发展差异总体评价

行政区	综合发展水平	整体发展差异	均值/变异系数	总体评价
石景山区	高	—		好
通州区	高	小	1.2262	好
大兴区	高	中	0.6365	好
海淀区	高	中	0.4586	较好
怀柔区	低	小	0.4564	较好
顺义区	中	小	0.4304	较好
丰台区	高	大	0.4168	较好
平谷区	低	中	0.2676	较差
密云区	中	中	0.2474	较差
房山区	中	大	0.2186	较差
昌平区	中	中	0.2092	较差
延庆区	中	大	0.2036	较差
门头沟区	低	大	0.1460	差
朝阳区	低	大	0.1428	差

三　京郊乡镇集体经济发展演化趋势及层级固化分析

本部分将京郊 187 个乡镇按照集体经济综合发展水平等分为高、中、低三个层级并分析历时 5 年、10 年、14 年后的不同层级的演化状况。在此基础上利用历史数据通过马尔可夫链方法预测 2017～2027 年（10 年）以及 2021～2035 年（14 年）的乡镇集体经济演化收敛矩阵。

（一）京郊乡镇集体经济5年、10年、14年发展演化情况

1. 2007～2012年（5年）发展演化

首先研究 2007～2012 年（5 年）京郊乡镇综合发展水平的演化情况。根据收敛矩阵（见表 13）和演化收敛趋势（见图 8）显示，2007 年共有 63 个低水平乡镇，其中 92.06%在 2012 年仍为低水平乡镇，且没有一个低水平乡镇能在 5 年内发展为高水平乡镇；2007 年共有 62 个高水平乡镇，其中 95.16%在 2012 年仍为高水平乡镇，且没有一个高水平乡镇在 5 年内衰退为低水平乡镇。这说明绝大多数乡镇的发展水平在 5 年内维持原有层级，层级跳跃的可能性很小，镇域集体经济发展水平固化现象十分明显。

表 13　2007～2012 年（5 年）京郊乡镇发展演化矩阵

单位：个，%

		2012 年		
		低	中	高
2007 年	低	58(92.06)	5(7.94)	0
	中	5(8.06)	54(87.10)	3(4.84)
	高	0	3(4.84)	59(95.16)

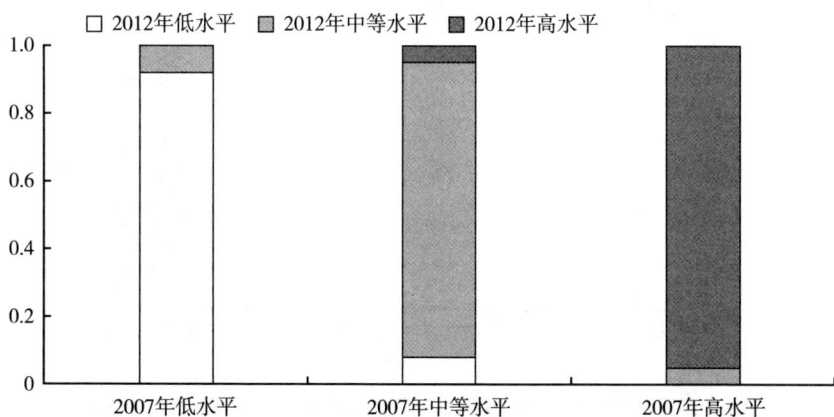

图 8　2007～2012 年（5 年）京郊乡镇集体经济发展演化收敛趋势

2.2007~2017年（10年）发展演化

其次关注 2007~2017 年（10 年）乡镇演化收敛趋势。如收敛矩阵（见表 14）和演化收敛趋势（见图 9）所示，2007 年 63 个低水平乡镇有 87.30%在 2017 年仍为低水平乡镇，没有低水平乡镇能跃升为高水平乡镇；2007 年 62 个高水平乡镇有 87.10%在 2017 年仍为高水平乡镇，没有高水平乡镇衰退为低水平乡镇。总的来说，10 年间的乡镇层级变化要比 5 年相对明显，但是本质上不同层级的乡镇都依照其各自初始条件形成俱乐部收敛，即使长期来看也很难有较大变动。

表 14 2007~2017 年（10 年）京郊乡镇集体经济发展演化矩阵

单位：个，%

		2017 年		
		低	中	高
2007 年	低	55(87.30)	8(12.70)	0
	中	8(12.90)	46(74.19)	8(12.90)
	高	0	8(12.90)	54(87.10)

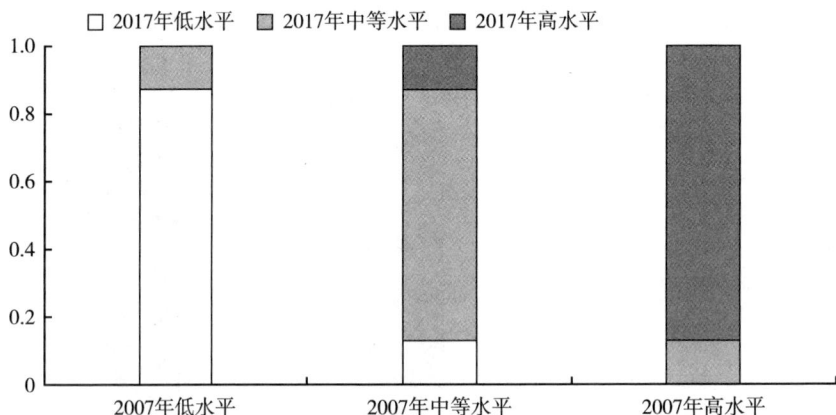

图 9 2007~2017 年（10 年）京郊集体经济乡镇发展演化收敛趋势

3. 2007~2021年（14年）发展演化

最后研究 2007~2021 年（14 年）乡镇演化收敛趋势。如收敛矩阵（见表 15）和演化收敛趋势（见图 10）所示，2007 年 63 个低水平乡镇有 78.69%在 2021 年仍为低水平乡镇，有 2 个低水平乡镇跃升为高水平乡镇；2007 年 62 个高水平乡镇有 80.65%在 2021 年仍为高水平乡镇，没有高水平乡镇衰退为低水平乡镇。总的来说，随着时间的推移，14 年间的乡镇层级的变化相对更为明显，甚至个别乡镇实现了从低到高的跃升，但是绝大多数乡镇仍维持原有状态，层级跃迁仍是小概率事件，乡镇固化现象依旧明显。

表 15　2007~2021 年（14 年）京郊乡镇发展演化矩阵

单位：个，%

		2021 年		
		低	中	高
2007 年	低	48(78.69)	11(18.03)	2(3.28)
	中	14(22.58)	39(62.90)	9(14.52)
	高	0	12(19.35)	50(80.65)

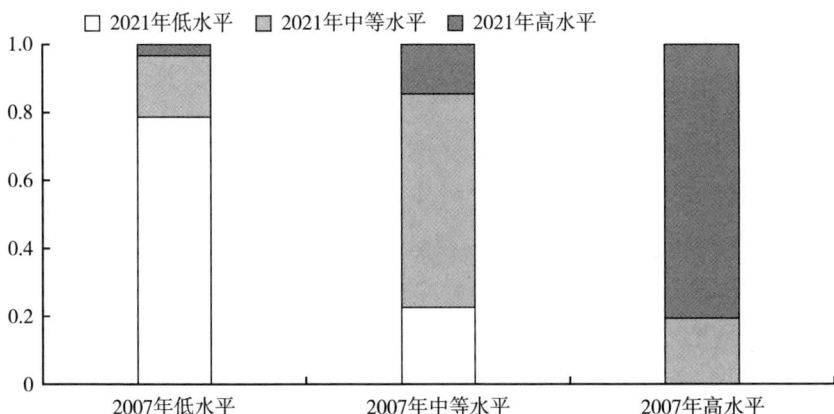

图 10　2007~2021 年（14 年）京郊乡镇经济发展演化收敛趋势

（二）基于马尔可夫预测法对京郊乡镇未来集体经济收敛演化趋势预测

前文利用已有数据分别描述了 2007~2012 年（5 年）、2007~2017 年（10 年）、2007~2021 年（14 年）乡镇集体经济的演化发展特征，为了进一步预测乡镇未来发展演化趋势，基于马尔可夫预测法和历史数据对 2017~2027 年（10 年）、2021~2035（14 年）年乡镇的演化收敛趋势进行分析预判。

1. 马尔可夫预测法有效性检验，基于2007~2012年数据预测2012~2017年演化情况

马尔可夫预测法是应用概率论中马尔可夫链的理论和方法来分析时间序列的变化规律，并判断未来变化趋势的一种数学方法。为了验证马尔可夫预测法的有效性，基于历史数据对 2012~2017 年乡镇发展变迁进行预测并与真实结果对比。首先，将 2007~2012 年的演化矩阵（表 13）看作一个 3×3 的转移概率矩阵，矩阵中的第一行（92.06%、7.94%、0）表示 2007 年低水平乡镇在 2012 年有 92.06%仍为低水平乡镇，发展成为中等水平和高水平的概率各为 7.94%和 0。同样，第二行、第三行分别表示 2007 年中等水平和高水平的乡镇 5 年后的演化结果。根据 2007~2012 年的转移概率矩阵对 2012~2017 年进行预测，也就是求原矩阵的二步转移矩阵，求解结果如表 16 所示。对比表 16（预测）和表 17（真实）发现，预测结果与真实结果相当接近，基于历史数据的马尔可夫预测法是较为有效的。

表 16 2012~2017 年京郊乡镇集体经济发展演化矩阵（预测）

单位：%

		2017 年		
		低	中	高
2012 年	低	85.39	14.23	0.38
	中	14.44	76.73	8.82
	高	0.39	8.82	90.79

表 17　2012~2017 年京郊乡镇集体经济发展演化矩阵（真实）

单位：%

		2017 年		
		低	中	高
2012 年	低	88.89	11.11	0
	中	11.29	79.03	9.68
	高	0	9.68	90.32

2. 2017~2027年京郊乡镇综合发展水平演化（预测）

在验证了马尔可夫预测法的有效性之后，可以根据 2007~2017 年（10年）乡镇综合发展水平的演化结果对 2017~2027 年乡镇演化态势进行预测，预测结果如演化矩阵（见表 18）和演化收敛趋势（见图 11）所示。可以看出，2017 年低水平乡镇到 2027 年成为高水平乡镇的可能性仅有 1.64%，高水平乡镇退化为低水平乡镇的概率也仅有 1.67%，绝大多数乡镇仍会维持其原有水平，乡镇分化的格局长期难以改变。

表 18　2017~2027 年（10 年）京郊乡镇集体经济发展演化矩阵（预测）

单位：%

综合发展水平演变		2027 年		
		低	中	高
2017 年	低	77.85	20.51	1.64
	中	20.83	58.34	20.81
	高	1.67	20.81	77.53

3. 2021~2035年京郊乡镇集体经济综合发展水平演化（预测）

同样，基于 2007~2021 年（14 年）乡镇集体经济综合发展水平的演化结果可以对 2021~2035 年乡镇演化态势进行预测，预测结果如演化矩阵（见表 19）和演化收敛趋势（见图 12）所示。可以看出，随着时间的不断迁移，在足够长的时间内，乡镇层级变动的概率相对提升，2021~2035 年会有 7.84% 的低水平乡镇可能发展为高水平乡镇，也可能有 4.37% 的高水平乡镇

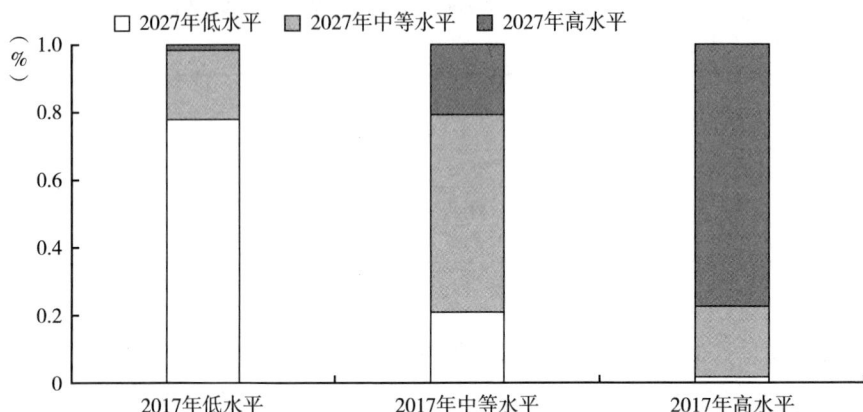

图11 2017~2027年（10年）京郊乡镇集体经济发展演化收敛趋势（预测）

退化为低水平乡镇，这代表在未来十多年的时间内京郊乡镇发展不是一成不变的，也可能会迎来新的契机。但总体而言，即使观察时间长达14年，乡镇维持其原有发展水平仍是大概率事件，不同层级乡镇重新洗牌的可能性不大，多数乡镇的发展仍旧取决于其基础条件。

表19 2021~2035年（14年）京郊乡镇集体经济发展演化矩阵（预测）

单位：%

		2035年		
		低	中	高
2021年	低	65.99	26.16	7.84
	中	31.97	46.44	21.58
	高	4.37	27.78	67.85

总的来说，虽然马尔可夫预测法是一种基于数据本身变化规律的数理预测法，并不能排除实际发展过程中各种政策环境和外部影响，与未来实际结果可能会有所差异，但预测结果仍能表明，如果不施以外部调控，任由乡镇根据其基础条件和资源禀赋自行发展，最终的状态将是乡镇集体经济发展的阶层固化，且这种长期以来形成的固化格局很难被打破。这是因为不同乡镇

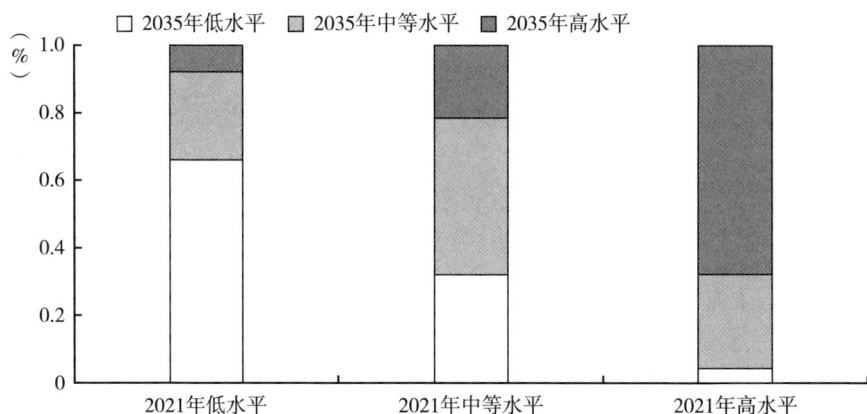

图 12　2021~2035 年（14 年）京郊乡镇集体经济发展演化收敛趋势（预测）

的地理位置、市场机会、经济生产传统、劳动力市场、资源配置、国家政策倾斜等方面的资源存在显著差异，不同乡镇只能在其各自的基础条件上形成俱乐部收敛，也就是说按照目前"镇自为战"的形式，在相当长的时间内无法达成乡镇均衡发展的目标，乡镇分化甚至固化现象将长期存在。为此，需要加强区级统筹，整合资源和要素，优化产业与空间布局，培育跨镇发展的体制机制，促进镇域集体经济的均衡协调发展，进一步夯实农民农村共同富裕的坚实基础。

B.5
北京市大兴区镇村分化分析及趋势预测

陈雪原　周雨晴*

摘　要： 本报告通过对北京市大兴区 532 个村庄和 14 个乡镇的分化历史
与现状的实证分析及趋势预测，阐明破除"村自为界""镇自为
界"发展体制格局，实施"区镇统筹，均衡发展"是下一步深
化农村集体经济体制改革的基本方向和总体要求。研究发现以下
几个问题。（1）村域经济差距持续扩大。2005～2015 年，村庄
最高人均所得和最低人均所得均有所增长，但人均所得最低的村
庄发展缓慢，人均所得最高的村庄发展迅速，两极分化程度不断
扩大。同时，村庄就业形势严峻，最高就业村就业人数不断下
降，最低就业村就业人数波动不大。（2）镇域经济出现空间上
的层级固化现象。北部 5 镇村庄平均发展水平得分较高且逐年递
增，中部 4 镇村庄平均发展水平得分波动较大，南部 5 镇村庄平
均发展水平持续处于低位。（3）村域经济出现层级固化现象，
低水平村庄很难实现层级跃升，即使到 2025 年，层级固化的现
象也难有突破。预测到达平衡状态时，低水平村庄占 44.07%，
中等水平村庄占 33.42%，高水平村庄占 22.51%。

关键词： 乡镇统筹　"俱乐部收敛"　村庄发展　北京市

---

* 陈雪原，北京市农村经济研究中心经济体制处处长，经济学博士，研究方向为城镇化、集体
经济组织治理与集体土地制度改革；周雨晴，中国农业发展银行总行，经济学博士，研究方
向为金融理论与政策、农村金融与区域经济。

2020 年 1 月 1 日，新修订的《土地管理法》正式实施。两年多来，我们在基层调研中发现，一些地区受到规划审批等因素影响，集体土地入市工作依然面临诸多困难。主要原因在于制度变革与组织体制变革缺乏协调，在"村自为界"的条件下，资源要素难以集中优化配置。2015 年以来，大兴区在改革试点工作实践中，形成了"区级调控，镇级统筹"的整体推进土地改革的方式方法，具有创新性、前瞻性和可操作性。本报告采用北京市农村"三资"监管平台数据对 2005~2015 年①北京市大兴区 14 个乡镇 532 个村庄的经济状况、人口规模和就业情况做出描述性统计分析，在此基础上对村庄及镇域经济进行了实证分析，为大兴区制定改革方案提供了重要支撑。

一 2005~2015年大兴区村庄发展趋势描述性统计分析

（一）平均发展水平变化趋势

1. 经济发展趋势

村均集体资产与净资产规模波动增长。2005~2015 年大兴区村均集体资产、负债、净资产增长速度均较快，其中村均集体资产和负债增长趋势较为接近，因此村均集体净资产增幅不大（见图 1）。

村均人均所得直线增长，村均主营业务收入大幅增长。2005~2015 年大兴区村均人均所得与主营业务收入均大幅增长，其中村均人均所得近乎呈直线上升，村均主营业务收入增速较快，但在 2014 年之后呈现一定下降趋势（见图 2）。

2. 人口及就业状况发展趋势

村均劳动力人数有所波动，农业户籍人口、成员数（集体经济组织成员）及就业人数略有变动。2005~2015 年大兴区村均农业户籍人口、成员

---

① 考虑到北京市"三资"监管平台数据自 2016 年开始进行系统性的指标调整，本报告未对数据进行延展，而是通过预测的方式延展到下一个时期，保证了分析的时效性。

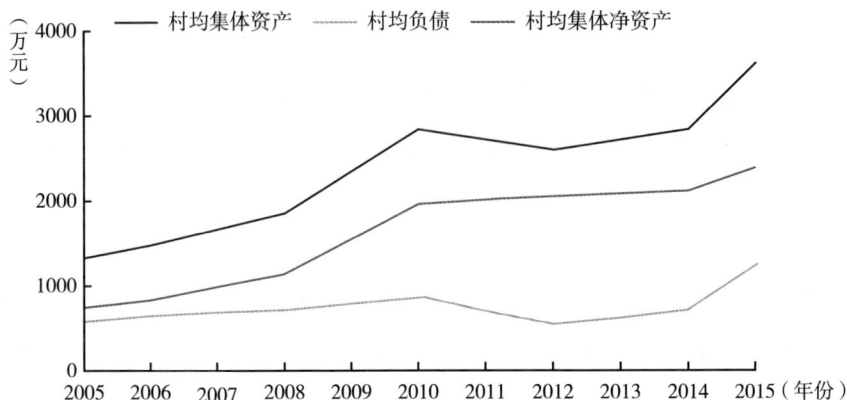

图 1　2005～2015 年大兴区 532 个村村均集体资产、负债及净资产变动情况

资料来源：北京市农村"三资"监管平台（2005～2015 年），下同。

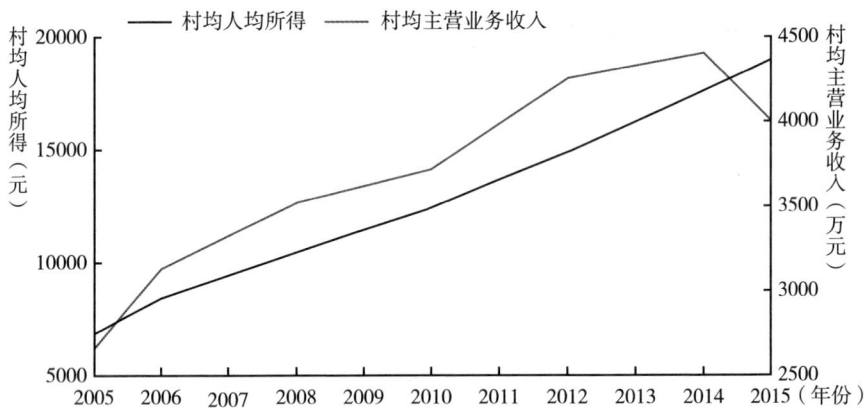

图 2　2005～2015 年大兴区 532 个村村均主营业务收入及人均所得情况

数（集体经济组织成员）和就业人数均处于相对稳定状态，其中成员数和就业人数小幅下降，农业户籍人口小幅上升；而村均劳动力人数在 2012 年之前均较为稳定，2014 年骤然上升，并在 2015 年重新回落至原有水平（见图 3）。

2005～2015 年大兴区就业以第一产业为主，第三产业次之，第二产业占

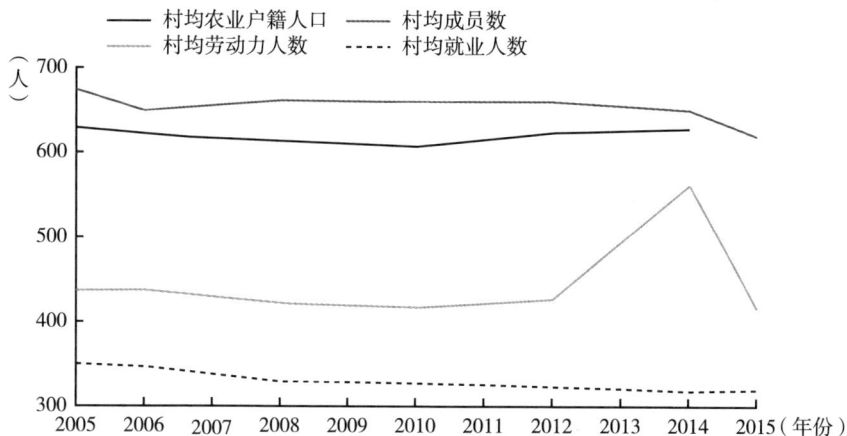

图3 2005~2015 年大兴区 532 个村村均户籍人口及劳动力就业情况

比相对较小，但随着时间的推移，一产平均就业占比不断下降，三产平均就
业占比不断提升，2015 年一产平均就业占比降至五成，三产平均就业占比
超过四成（见图4）。

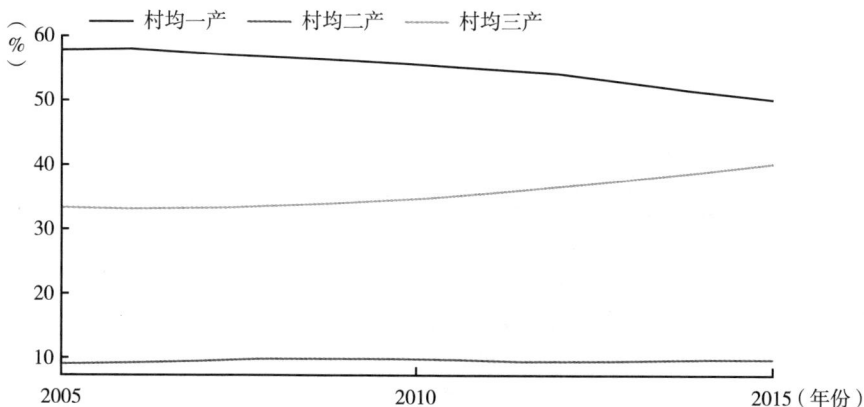

图4 2005~2015 年大兴区 532 个村村均一、二、三产就业占比

2005 年，大兴区村均一产就业占比高达 57.88%，三产就业占比为
33.26%。10 年后，一产就业占比有所下降，三产就业占比进一步提升，但

二产就业占比变动不大。2005～2015年大兴区村庄就业以一产和三产为主
(见图5和图6)。

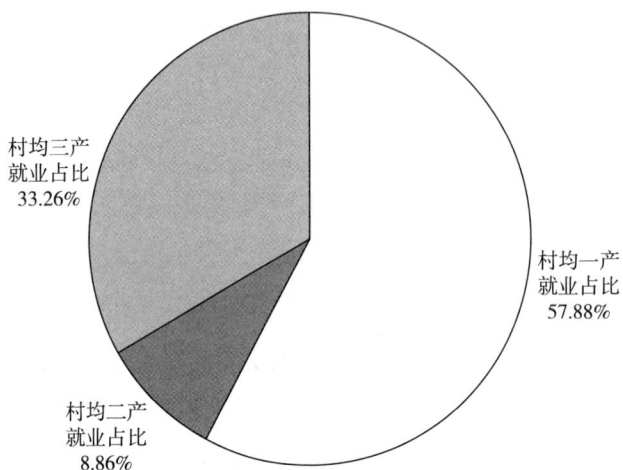

村均三产
就业占比
33.26%

村均一产
就业占比
57.88%

村均二产
就业占比
8.86%

图5 2005年大兴区532个村村均一、二、三产就业占比

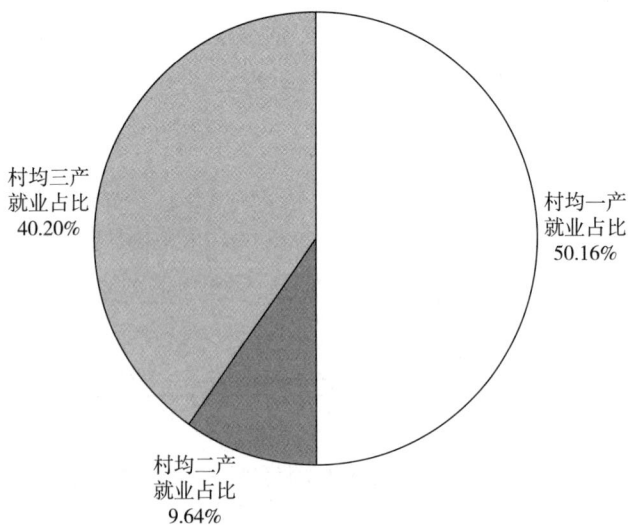

村均三产
就业占比
40.20%

村均一产
就业占比
50.16%

村均二产
就业占比
9.64%

图6 2015年大兴区532个村村均一、二、三产就业占比

2014 年村均劳动力占比与就业率波动较大。2012 年之前，大兴区村均劳动力占比和就业率相对稳定。2014 年统计劳动力人数突增，但村均农业户籍人口和就业人数变动不大，因此，2014 年村均劳动力占比骤然上升，村均就业率骤然下跌，但在 2015 年又恢复至原有水平（见图 7）。

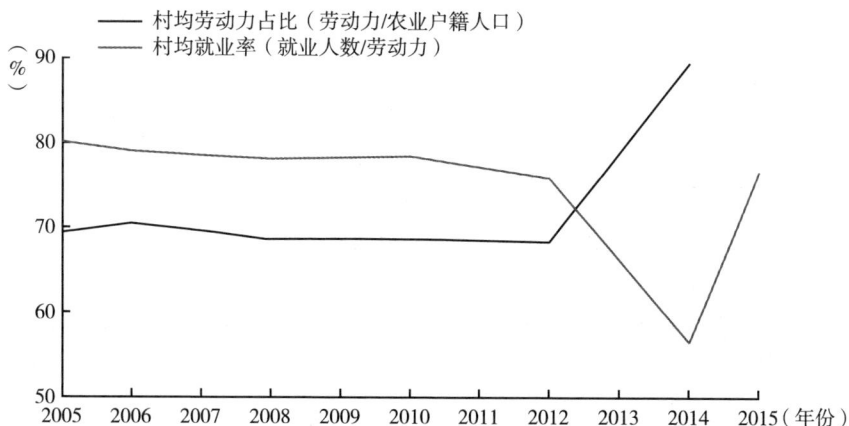

图 7　2005~2015 年大兴区 532 个村村均劳动力占比与就业率

（二）2005~2015年村庄两极分化发展趋势明显

1.经济状况两极分化趋势

村集体资产与净资产两极分化程度缩小。大兴区 532 个村庄中，村集体资产与净资产最高的村和最低的村差距明显，尤其是在 2005~2010 年，集体净资产最高的村发展快速，两极差距不断加大，2010 年以后，由于大兴区进行腾退工业大院等改造工作，增长最快的村集体资产与净资产规模骤然萎缩，2012 年到达低谷，后续几年提升也相对缓慢，因此两极分化差距缩小。但是，发展最为滞后的村 10 年间集体资产与净资产规模几乎没有任何变化（见图 8 和图 9）。

村集体主营业务收入两极分化程度先升后降。在大兴区 532 个村中，村集体主营业务收入最高的村与最低的村差距同样相当明显，2005~2014 年发展最快的村村集体主营业务收入不断增长，但在 2015 年有所回落，因此村

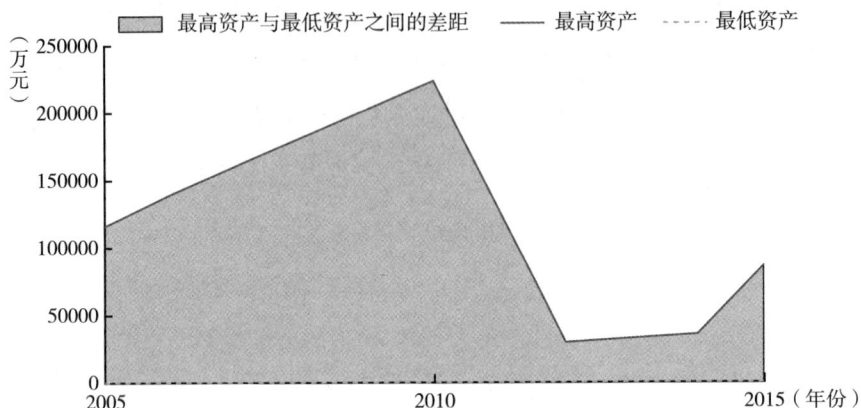

图8 2005~2015年大兴区村集体资产两极分化情况

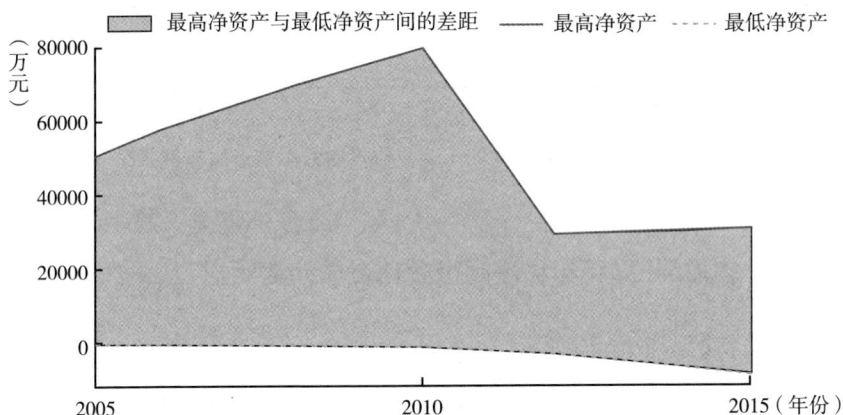

图9 2005~2015年大兴区村集体净资产两极分化情况

庄两极分化趋势先升后降，但是，发展最为滞后的村几乎没有村集体主营业务收入（见图10）。

人均所得两极分化程度有所加剧。2005~2015年，大兴区最高人均所得和最低人均所得均有所增长，但最低人均所得增长缓慢，最高人均所得增长迅速，因此，村庄人均所得的两极分化程度不断扩大（见图11）。

2. 人口及就业状况两极分化趋势

农业户籍人口两极分化程度相对稳定。2005~2014年，大兴区农业户籍

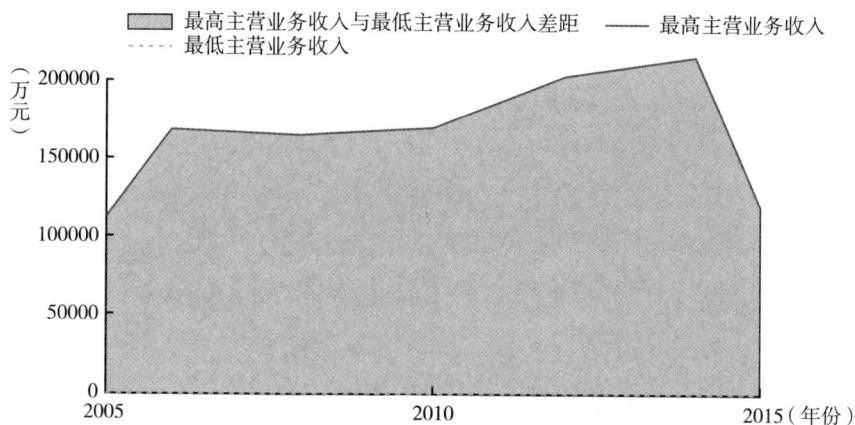

图 10 2005~2015 年大兴区村集体主营业务收入两极分化趋势

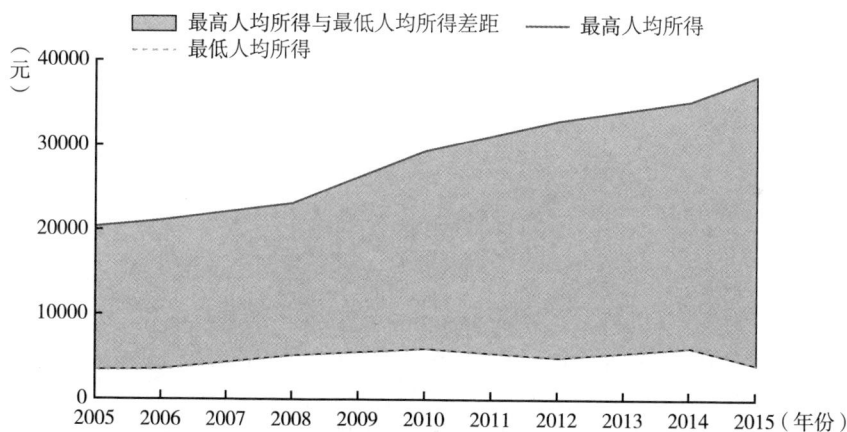

图 11 2005~2015 年大兴区人均所得两极分化趋势

人口最多的村和最少的村基本没有发生较大规模的人口变动，两极分化程度相对稳定（见图 12）。

成员数两极分化程度略有波动。2005~2015 年，大兴区成员数两极分化程度略有波动，主要是由于 2006 年最高成员数骤减，而在其他年份，成员数的差异都相对稳定（见图 13）。

2014 年劳动力人数两极分化程度骤升。2012 年以前，大兴区劳动力人数两极分化程度较为稳定，2014 年最高劳动力人数骤然上升，导致两极差

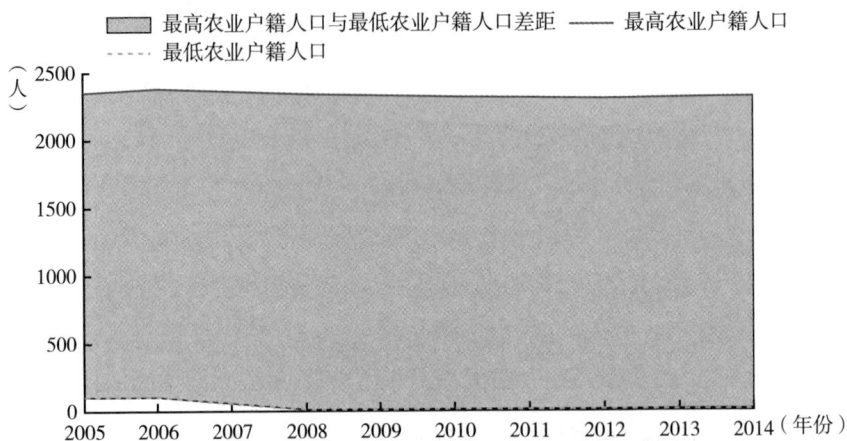

图12 2005～2014 年大兴区村庄农业户籍人口两极分化趋势

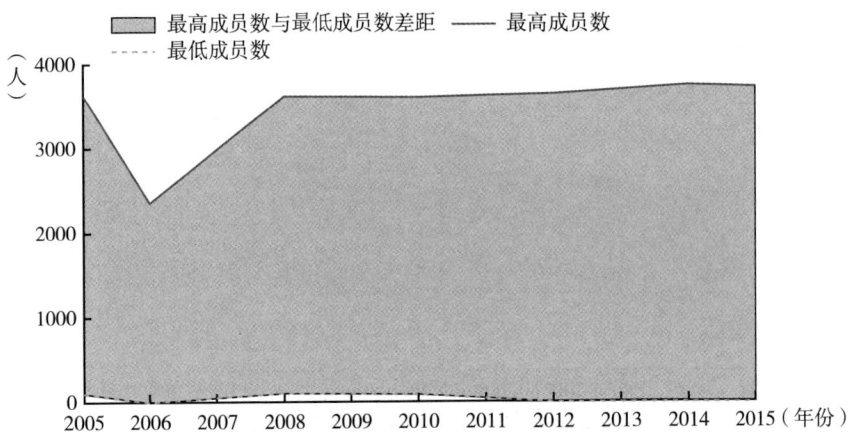

图13 2005～2015 年大兴区村庄成员数两极分化趋势

异扩大，但在 2015 年又重新回落至正常水平（见图 14）。

就业人数两极分化程度有所降低。2005～2015 年，由于大兴区最高就业人数不断下降，最低就业人数波动不大，因此就业人数两极分化程度有所降低（见图 15）。

通过对大兴区 532 个村庄经济、人口和就业状况两极分化趋势的分析，发现两极分化差异的减小，主要是由于发展最好的村的退步而非发展最差的

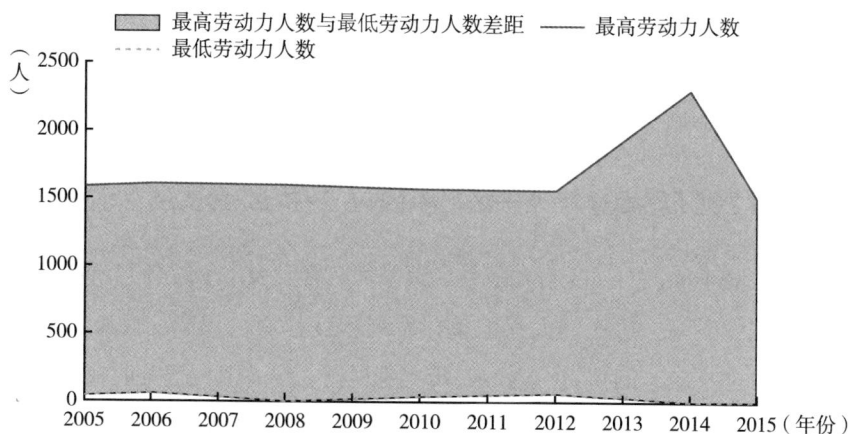

图14 2005~2015年大兴区村庄劳动力人数两极分化趋势

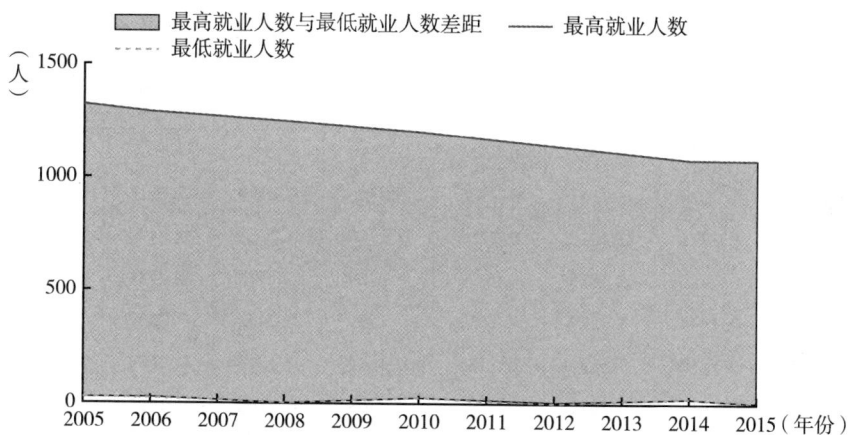

图15 2005~2015年大兴区村庄就业人数两极分化趋势

村的进步，发展好的村经济与人口有所波动，但发展差的村几乎停滞不前，这说明村庄发展不均衡现象严峻，如不加以调控，发展差的村前景堪忧。

二 镇域村庄平均综合发展水平及相对差距

为了研究大兴区各乡镇内部村庄发展状况，我们计算了2005~2014年大兴区 14 个乡镇村庄平均综合发展水平和发展差异,其中平均综合发展水平以均值体现,发展差异以变异系数与极值差距体现,同时结合这两方面内容综合评价各乡镇发展状况(具体计算方法见 B4)。

(一)2005~2014年大兴区各乡镇村庄平均综合发展水平得分

2005~2014 年,大兴区绝大多数乡镇平均综合发展水平得分有所增长,但整体水平仍然不高,这代表大兴区整体发展程度仍有待提高。此外,大兴区北部 5 镇(亦庄镇、旧宫镇、西红门镇、黄村镇、瀛海镇)得分明显较高,中部 4 镇(安定镇、庞各庄镇、北臧村镇、魏善庄镇)得分居中,南部 5 镇(青云店镇、榆垡镇、长子营镇、礼贤镇、采育镇)发展相对滞后,如表 1 所示。

表 1   2005~2014 年大兴区各乡镇村庄平均综合发展水平得分

平均得分	2005 年	2006 年	2008 年	2010 年	2012 年	2014 年	10 年平均 (由高到低)
亦庄镇	0.2421	0.2348	0.2314	0.2419	—	—	0.2376
旧宫镇	0.2029	0.2147	0.2166	0.2365	0.2449	0.2511	0.2278
西红门镇	0.1771	0.2018	0.2250	0.2385	0.2508	0.2490	0.2237
黄村镇	0.1772	0.1815	0.1899	0.2269	0.2530	0.2781	0.2178
瀛海镇	0.1447	0.1527	0.1639	0.1959	0.2472	0.2552	0.1933
安定镇	0.1810	0.1771	0.1732	0.1682	0.1718	0.1684	0.1733
庞各庄镇	0.1615	0.1611	0.1540	0.1768	0.1762	0.1661	0.1660
北臧村镇	0.1694	0.1590	0.1732	0.1678	0.1709	0.1526	0.1655
魏善庄镇	0.1631	0.1635	0.1587	0.1784	0.1645	0.1522	0.1634
青云店镇	0.1471	0.1490	0.1462	0.1463	0.1491	0.1578	0.1493
榆垡镇	0.1560	0.1472	0.1490	0.1421	0.1433	0.1305	0.1447
长子营镇	0.1372	0.1407	0.1429	0.1459	0.1504	0.1329	0.1417
礼贤镇	0.1527	0.1498	0.1475	0.1364	0.1246	0.1144	0.1376
采育镇	0.1247	0.1275	0.1332	0.1358	0.1387	0.1218	0.1303

北部 5 镇村庄平均综合发展水平得分较高且逐年递增。2005~2014 年,大兴区北部 5 镇得分均处于相对较高水平且不断上升,其中亦庄镇(仅有 3

年数据）得分居首位；黄村镇得分上升最快，2014 年得到最高平均分；瀛海镇在 2012 年以前得分大幅升高，2012 年以后增速减缓；旧宫镇和西红门镇得分稳定攀升（见图 16）。

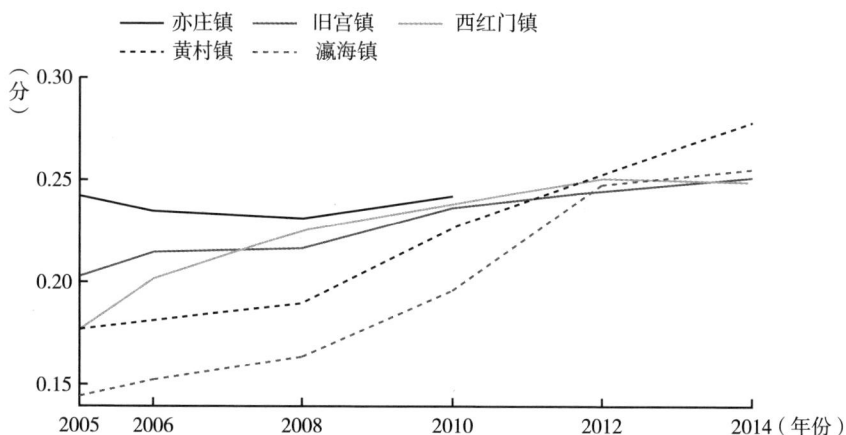

图 16　2005~2014 年北部 5 镇村庄平均综合发展水平得分情况

中部 4 镇村庄平均综合发展水平得分波动较大。2005~2014 年，大兴区中部 4 镇得分略显无序，除安定镇得分整体呈现递减趋势外，庞各庄镇、北臧村镇和魏善庄镇得分波动程度较大（见图 17）。

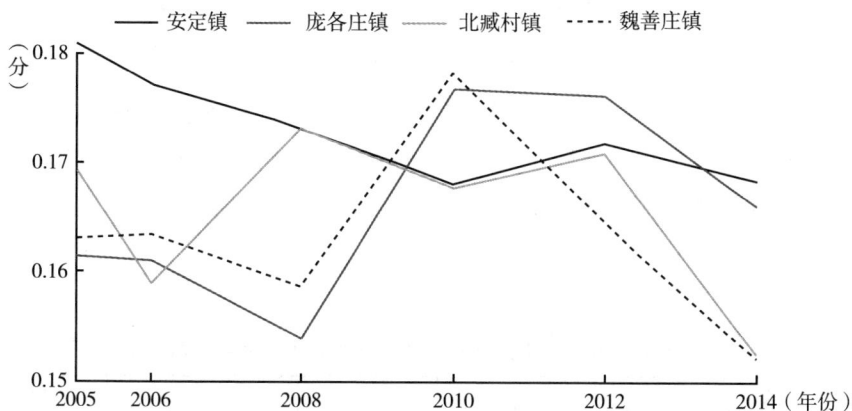

图 17　2005~2014 年中部 4 镇村庄平均综合发展水平得分情况

南部 5 镇村庄平均综合发展水平较低。2005~2014 年，大兴区南部 5 镇得分较低且发展趋势各异，长子营镇和采育镇 2005~2012 年得分稳定上升，但 2014 年骤然下滑；榆垡镇和礼贤镇 10 年之间得分不断下跌，礼贤镇下跌幅度最大；青云店镇得分则整体呈现小幅度上升态势（见图 18）。

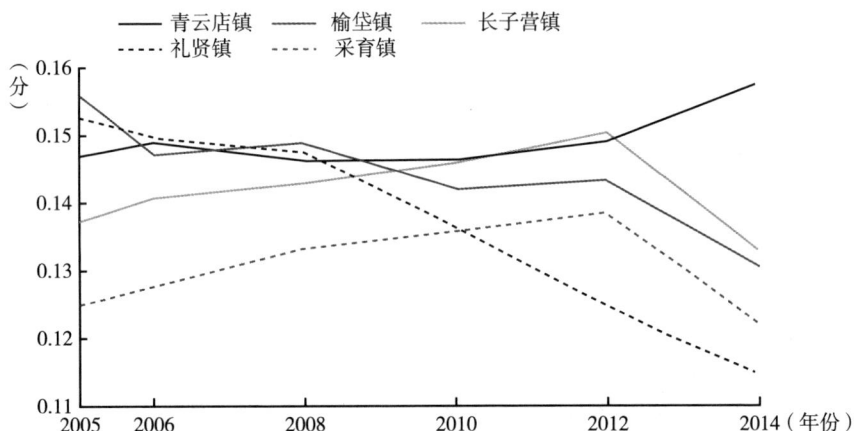

图 18　2005~2014 年南部 5 镇村庄平均综合发展水平得分情况

（二）2005~2014年大兴区各乡镇村庄综合发展水平相对差距

变异系数衡量了各乡镇内部村庄的整体发展差异，极值差距衡量了各乡镇内部村庄的两极分化程度。2005~2014 年，大兴区绝大多数乡镇变异系数和极值差距有所降低，但差异仍然较为明显，代表大兴区整体发展不均衡程度依旧较为严重。在差异程度上，并没有呈现一定的区位影响，例如，平均得分较高的北部 5 镇发展差异有大有小，平均得分较低的南部 5 镇发展差异也各不相同（见表 2 和表 3）。

表 2　2005~2014 年大兴区各乡镇村庄综合发展水平变异系数

变异系数	2005 年	2006 年	2008 年	2010 年	2012 年	2014 年	10 年平均（由低到高）
瀛海镇	0.3608	0.3496	0.3147	0.2468	0.2421	0.2563	0.2951

变异系数	2005 年	2006 年	2008 年	2010 年	2012 年	2014 年	10 年平均 （由低到高）
旧宫镇	0.3120	0.2968	0.3030	0.3247	0.3325	0.3134	0.3137
亦庄镇	0.3803	0.3553	0.3581	—	—	—	0.3646
青云店镇	0.3849	0.3860	0.3766	0.3762	0.3636	0.3407	0.3713
北臧村镇	0.4783	0.3406	0.4605	0.3285	0.3131	0.3801	0.3835
采育镇	0.4072	0.3780	0.3710	0.3757	0.3698	0.4514	0.3922
礼贤镇	0.3211	0.3253	0.3372	0.3946	0.4617	0.5169	0.3928
黄村镇	0.4622	0.4488	0.4806	0.4375	0.4042	0.4153	0.4414
长子营镇	0.4706	0.4660	0.4616	0.4319	0.4175	0.5083	0.4593
魏善庄镇	0.4402	0.4445	0.4860	0.7030	0.4210	0.4838	0.4964
安定镇	0.4708	0.4827	0.4817	0.4977	0.5162	0.5271	0.4960
庞各庄镇	0.5421	0.5448	0.4970	0.4927	0.5073	0.5756	0.5266
榆垡镇	0.6041	0.6070	0.6270	0.6155	0.6164	0.7480	0.6363
西红门镇	0.7096	0.7794	0.7865	0.7290	0.6033	0.5886	0.6994

表 3　2005~2014 年大兴区各乡镇村庄综合发展水平极值差距

极值差距	2005 年	2006 年	2008 年	2010 年	2012 年	2014 年	10 年平均 （由低到高）
礼贤镇	0.2165	0.2129	0.2159	0.252	0.2527	0.2598	0.2350
瀛海镇	0.4408	0.2217	0.1933	0.1703	0.1915	0.1966	0.2357
北臧村镇	0.3220	0.2006	0.3753	0.1882	0.1804	0.1911	0.2429
亦庄镇	0.3803	0.1973	0.1872	—	—	—	0.2549
旧宫镇	0.4176	0.2013	0.2113	0.2489	0.2838	0.2671	0.2717
采育镇	0.6543	0.1948	0.1858	0.196	0.1946	0.208	0.2723
青云店镇	0.335	0.2796	0.2681	0.2618	0.2632	0.2476	0.2759
长子营镇	0.2211	0.3253	0.3277	0.3141	0.3137	0.3413	0.3072
榆垡镇	0.2048	0.4203	0.4116	0.3397	0.342	0.3721	0.3484
黄村镇	0.3206	0.3537	0.3598	0.3821	0.407	0.4156	0.3731
魏善庄镇	0.2717	0.3147	0.3058	0.7406	0.2953	0.3205	0.3748
安定镇	0.3792	0.3609	0.3569	0.3626	0.4127	0.4011	0.3789
庞各庄镇	0.363	0.4179	0.3327	0.3986	0.398	0.4287	0.3898
西红门镇	0.2164	0.7765	0.8432	0.8958	0.7116	0.7264	0.6950

北部 5 镇村庄整体发展差异相对稳定。2005~2014 年，大兴区北部 5 镇发展差异相对稳定，除西红门镇变异系数和极值差距都处于高水平，其余 4 镇发展差异均不大且相当稳定（见图 19 和图 20）。

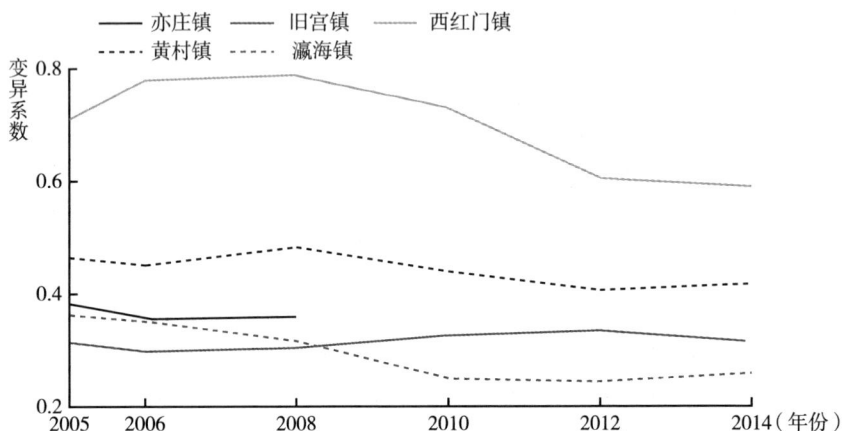

图 19　2005~2014 年北部 5 镇村庄综合发展水平变异系数

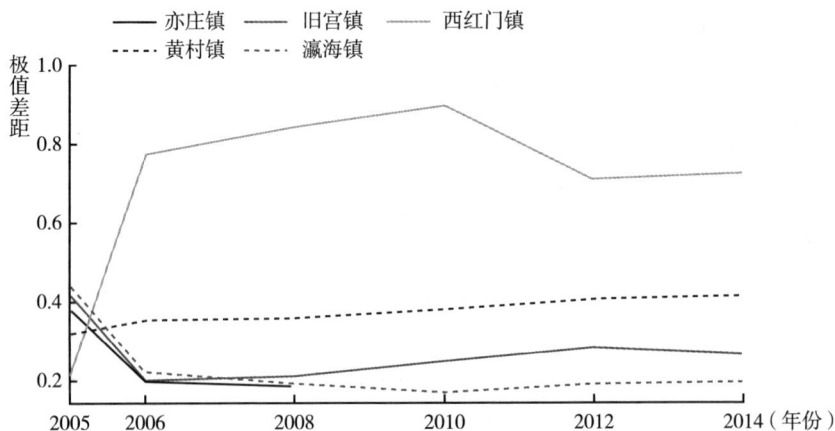

图 20　2005~2014 年北部 5 镇村庄综合发展水平极值差距

中部 4 镇村庄整体发展差异波动较大。2005~2014 年，大兴区中部 4 镇发展差异各不相同，其中安定镇和庞各庄镇变异系数和极值差距都处于中等水平且较为稳定；魏善庄镇和北臧村镇变异系数和极值差距都呈现波动趋势（见图 21 和图 22）。

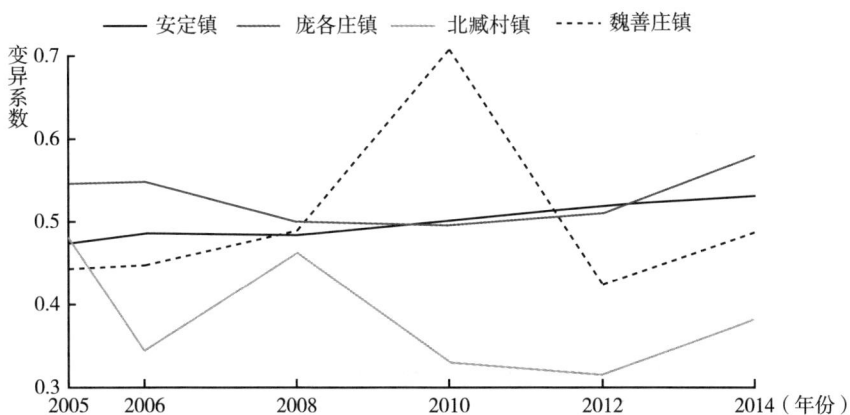

图 21　2005～2014 年中部 4 镇村庄综合发展水平变异系数

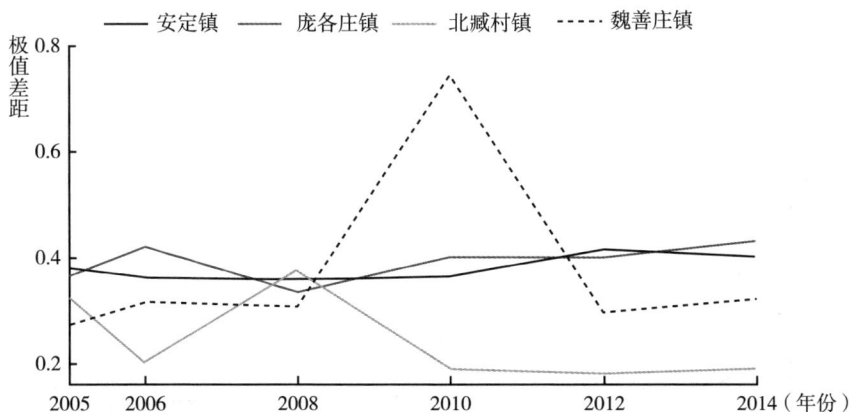

图 22　2005～2014 年中部 4 镇村庄综合发展水平极值差距

南部 5 镇村庄整体发展差异稳定中略有增长。2005～2014 年，大兴区南部 5 镇整体发展差异基本稳定，其中榆垡镇、长子营镇和采育镇在 2012 年之前变异系数基本稳定且略有下降，2014 年大幅提升；礼贤镇变异系数稳定上升；青云店镇变异系数稳定下降。南部 5 镇的极值差距在 2006 年之后有小幅波动但基本稳定（见图 23 和图 24）。

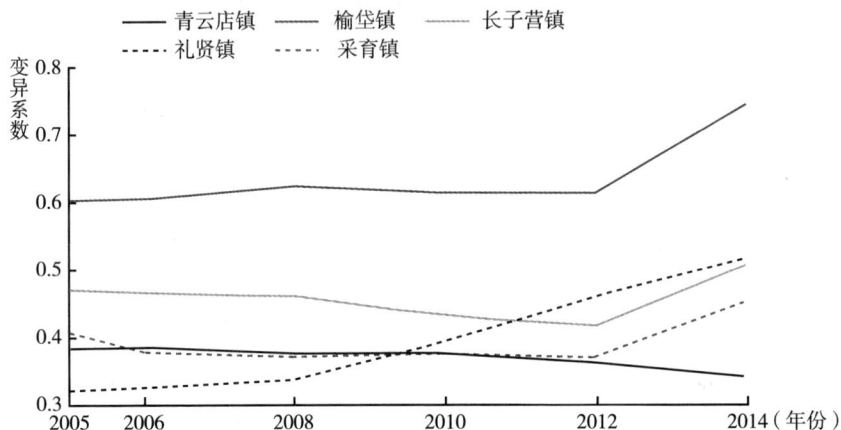

图 23　2005~2014 年南部 5 镇村庄综合发展水平变异系数

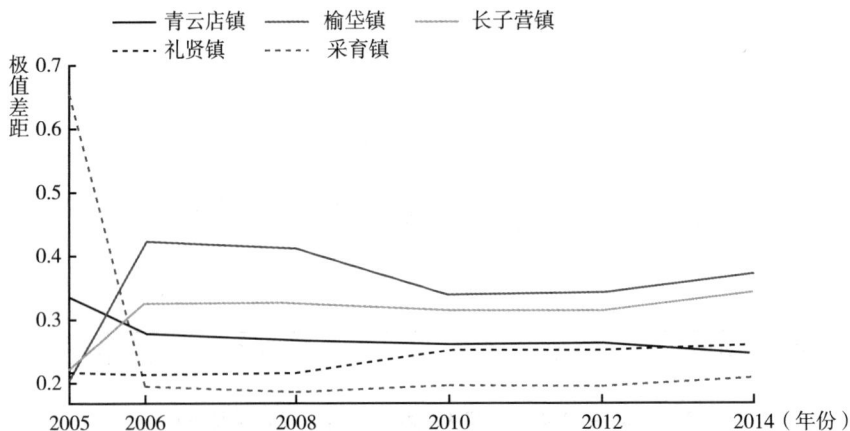

图 24　2005~2014 年南部 5 镇村庄综合发展水平极值差距

（三）大兴区各乡镇村庄综合发展水平及发展差异总体评价

在综合考虑各乡镇内部村庄发展水平和发展差异后，使用均值/变异系数体现乡镇总体发展态势，由于综合得分均值越大越好，变异系数越小越好，因此该指标越小则代表村庄发展过程中兼顾了"公平"和"效益"，反之，则存在发展滞后或发展不均衡现象。

将各乡镇内部村庄发展总体态势分为四个层级，均值/变异系数小于0.3，总体发展差；均值/变异系数处于0.3~0.4，总体发展较差；均值/变异系数处于0.4~0.5，总体发展较好；均值/变异系数大于等于0.5，总体发展好。如表4所示，发展差异与南北区位差异高度相关，北部地区5个乡镇中有4个发展为"好"或"较好"，仅有一个"较差"，而南部地区5个乡镇中有4个为"较差"或"差"。

表4　大兴区各乡镇村庄综合发展水平及发展差异总体评价

乡镇	综合发展水平	整体发展差异	极值差距	均值/变异系数	总体评价
亦庄镇	高	小	小	0.7258	好
瀛海镇	高	小	小	0.6949	好
旧宫镇	高	小	小	0.6479	好
黄村镇	高	中	大	0.4995	较好
北臧村镇	中	小	小	0.4425	较好
青云店镇	低	小	中	0.4031	较好
礼贤镇	低	中	小	0.3684	较差
安定镇	中	大	大	0.3502	较差
魏善庄镇	中	大	大	0.3373	较差
采育镇	低	中	中	0.3348	较差
西红门镇	高	大	大	0.3267	较差
庞各庄镇	中	大	大	0.3164	较差
长子营镇	低	中	中	0.3104	较差
榆垡镇	低	大	中	0.2294	差

三 2005~2025年：村庄综合发展水平分化及趋势预测

（一）每5年村庄综合发展水平的演化收敛

将大兴区532个村庄按照综合发展水平等分为"高、中、低"三个层级并分析它们每5年的演化收敛趋势。其中，具体包括2005~2010年和2010~2014年村庄综合发展水平的演化收敛。此外，基于2010~2014年的数据利用马尔可夫预测法预测2015~2020年村庄演化收敛矩阵和2020~2025年的每5年演化收敛矩阵。

1.2005~2010年大兴区村庄综合发展水平演化

根据收敛矩阵（见表5）和演化收敛图（见图25），2005年152个低水平村庄，到2010年85.53%仍为低水平村庄，且没有低水平村庄在5年内发展为高水平村庄；高水平村庄演化情况类似。这说明低水平村庄5年后绝大多数仍为低水平村庄，高水平村庄5年后绝大多数仍为高水平，层级跳跃幅度很小，村庄固化现象严重。

表5 2005~2010年大兴区村庄综合发展水平演化

单位：个，%

综合发展水平演变		2010年		
		低	中	高
2005年	低	130(85.53)	22(14.47)	0
	中	33(19.19)	116(67.44)	23(13.37)
	高	0	26(15.48)	142(84.52)

2.2010~2014年大兴区村庄综合发展水平演化

2010~2014年村庄演化收敛趋势与2005~2010年基本一致。如收敛矩阵（见表6）和演化收敛图（见图26）所示，2010年的低水平村庄85.98%到2014年仍为低水平村庄，没有低水平村庄能跃升为高水平村庄；高水平村

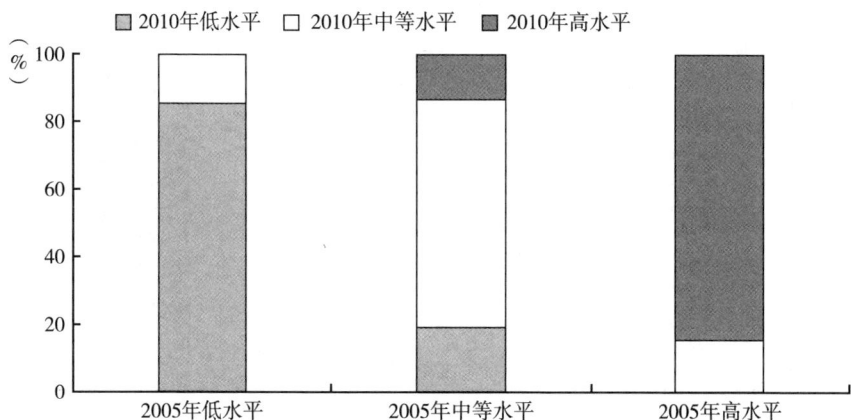

图25 2005～2010年大兴区村庄演化收敛趋势

庄情况类似。总的来说，5年间不同层级的村庄都依照其各自初始条件形成俱乐部收敛，呈现一定的层级固化现象，也就是"富村永远富，穷村永远穷"。

表6 2010～2014年大兴区村庄综合发展水平演化

单位：个，%

综合发展水平演变		2014年		
		低	中	高
2010年	低	141(85.98)	23(14.02)	0
	中	11(7.53)	124(84.93)	11(7.53)
	高	0	11(6.96)	147(93.04)

3. 基于马尔可夫预测法对村庄未来每5年的收敛演化趋势进行预测

利用已有数据分别描述2005～2010年、2010～2014年村庄的演化发展规律，为了预测村庄将来的发展演化规律，依托马尔可夫预测法和现有数据对2015～2020年、2020～2025年村庄的演化收敛趋势进行预测。

马尔可夫预测法是应用概率论中马尔可夫链的理论和方法来研究分析时间序列的变化规律，并由其预测未来变化趋势的一种预测技术。首先，

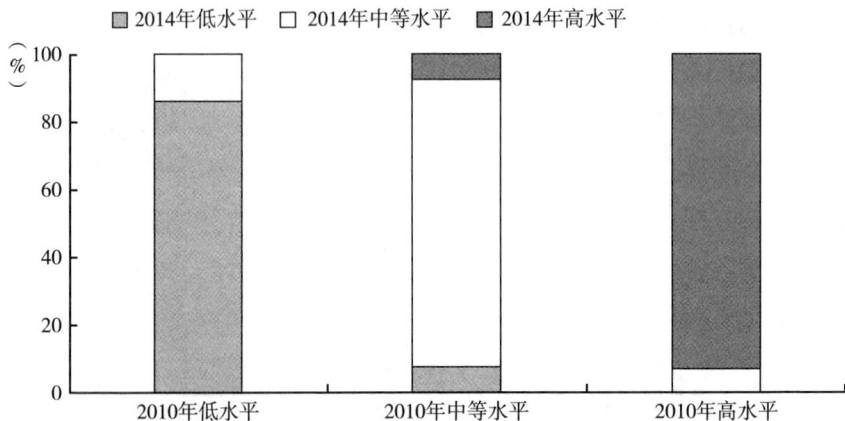

图26　2010~2014年大兴区村庄演化收敛趋势

将2010~2014年的演化矩阵看作一个3×3的转移概率矩阵，矩阵中的第一行（85.98%、14.02%、0）表示2010年低水平村庄在2014年有85.98%仍为低水平村庄，发展成为中等水平和高水平的各为14.02%和0。同样，第二行、第三行分别表示2010年是中等水平和高水平的村庄5年后的演化结果。

根据2010~2014年的转移概率矩阵对2015~2020年以及2020~2025年的情况进行预测，也就是求原矩阵的二步转移矩阵和三步转移矩阵。

4. 2015~2020年、2020~2025年大兴区村庄综合发展水平演化（预测）

随着时间的不断推移，村庄层级变动的概率相对提升。例如，2015~2020年有1.06%的低水平村庄可能会发展为高水平村庄，2020~2025年这一概率则进一步上升为2.79%，这代表更多的村庄在未来10年可能会迎来新的发展契机。但总体而言，截至2025年，多数低水平村庄和高水平村庄仍维持其原始的层级水平，不同层级村庄重新洗牌的概率不大，多数村庄的发展仍旧取决于其基础条件（见表7、表8、图27和图28）。

表7   2015~2020 年大兴区村庄综合发展水平演化

单位：%

综合发展水平演变		2020 年		
		低	中	高
2015 年	低	74.98	23.96	1.06
	中	12.87	73.71	13.40
	高	0.52	12.39	87.09

表8   2020~2025 年大兴区村庄综合发展水平演化

单位：%

综合发展水平演变		2025 年		
		低	中	高
2020 年	低	66.27	30.94	2.79
	中	16.62	65.34	18.02
	高	1.38	16.65	81.96

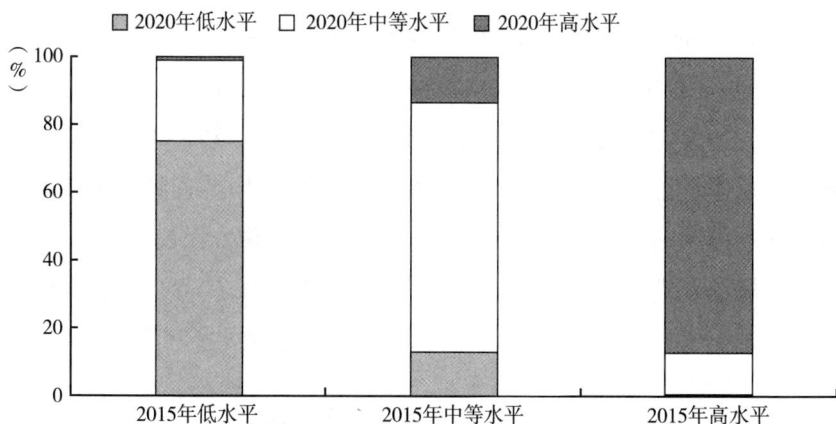

图 27   2015~2020 年大兴区村庄演化收敛趋势

（二）每10年村庄综合发展水平的演化收敛

在研究了大兴区村庄每 5 年的演化收敛趋势后，更换间隔年度，测算

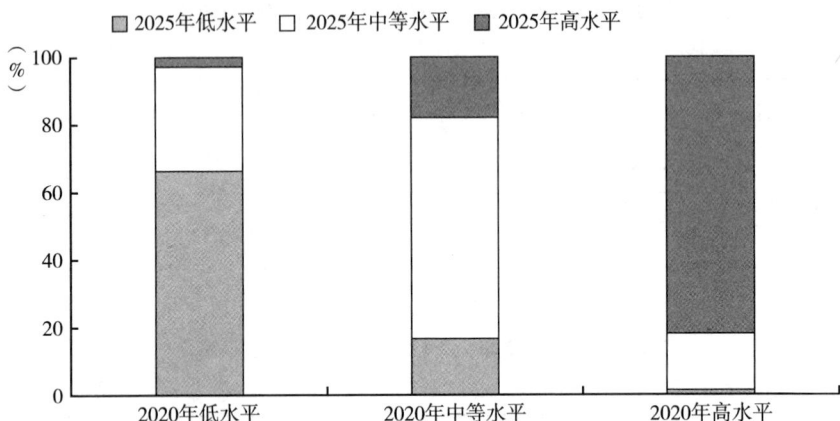

图 28　2020~2025 年大兴区村庄演化收敛趋势

2005~2014 年 10 年间村庄综合发展水平的演化收敛趋势，并通过马尔可夫预测法进一步预测未来 10 年，也就是 2015~2025 年村庄的收敛演化矩阵。

1. 2005~2014 年大兴区村庄综合发展水平演化

由演化矩阵（见表 9）和演化收敛图（见图 29）可知，虽然时间间隔更改为 10 年，但演化结果趋同，2005~2014 年的演化结果与 2010~2014 年差距不大，10 年时间并不会使村庄出现较大的层级浮动，80%左右的低水平村庄和高水平村庄 10 年后仍维持原始水平。但是 10 年间隔和 5 年间隔一个较为明显的区别是，对原本处于低水平的村庄来说，无论是 5 年还是 10 年，其发展水平都不会有较大起色，但中高水平的村庄 10 年内层级变动的可能性明显大于 5 年。这可能意味着，村庄固化现象在低水平村庄中尤为严重。

表 9　2005~2014 年大兴区村庄综合发展水平演化

单位：个，%

综合发展水平演变		2014 年		
		低	中	高
2005 年	低	127(85.81)	21(14.19)	0
	中	29(18.71)	111(71.61)	15(9.68)
	高	0	24(14.37)	143(85.63)

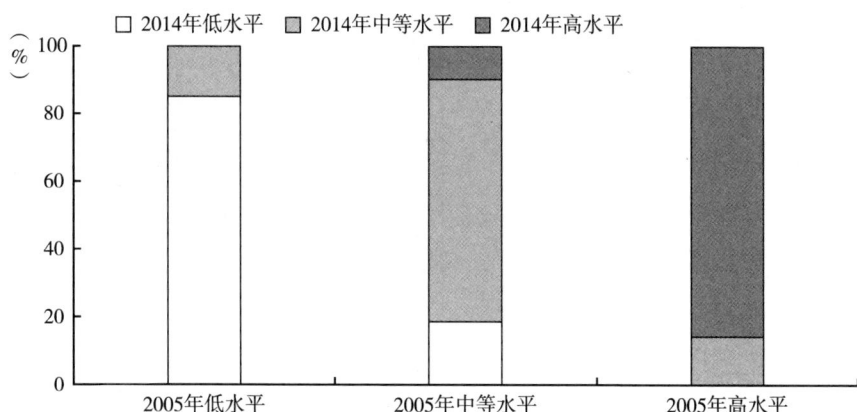

图 29   2005~2014 年大兴区村庄演化收敛趋势

2. 2015~2025年村庄综合发展水平演化（预测）

基于 2005~2014 年的转移概率矩阵，再次利用马尔可夫预测法预测 2015~2025 年的村庄演化矩阵。其预测结果与 2020~2025 年的预测结果略有区别但基本趋势不变，代表间隔年度的改变并不显著影响对村庄演化结果的预测。由此表明，20 年的时间也并没有使村庄层级完全消亡，这种"穷村一直穷，富村一直富"的俱乐部收敛趋势相对稳定（见表 10 和图 30）。

表 10   2015~2025 年大兴区村庄综合发展水平演化

单位：%

综合发展水平演变		2025 年		
		低	中	高
2015 年	低	76.29	22.34	1.37
	中	29.45	55.33	15.22
	高	2.69	22.60	74.72

3. 大兴区村庄发展收敛最终状态（预测）

基于马尔可夫预测法，预测了村庄最终的收敛结果，平衡状态为低水

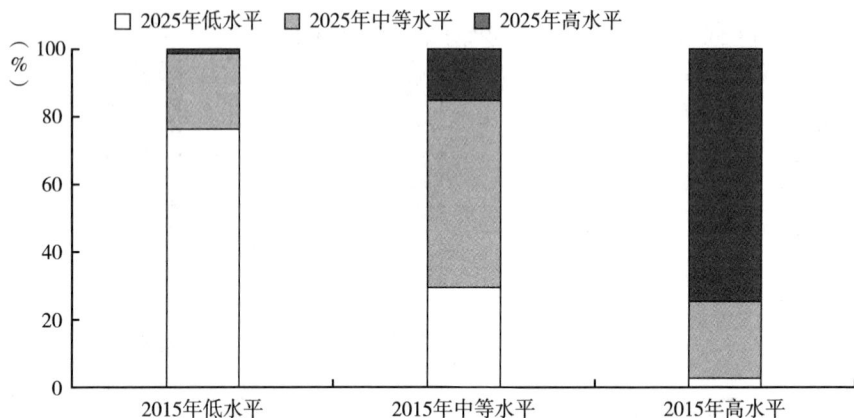

图30　2015~2025年大兴区村庄演化收敛趋势

平村庄占44.07%，中等水平村庄占33.42%，高水平村庄占22.51%。虽然马尔可夫预测法是一种基于数据本身变化规律的数理预测法，并不能排除实际发展过程中各种政策环境和外部影响，与未来实际结果可能会有所差异，但预测结果仍旧表明，如果不进行外部调控，任村庄自由发展，最终的状态将是村庄层级固化显著，且这种长期以来形成的固化格局再难以打破。

四　结论与建议

本报告通过对大兴区村庄分化特征的研究，发现村域经济差距在持续扩大、村域经济出现层级固化现象。通过马尔可夫预测法预测2015~2025年的演化结果也基本类似，村庄固化现象不会发生明显改变。说明在市场化过程中，由于村庄的地理位置、市场机会、经济生产传统、劳动力市场、资源配置、国家政策倾斜等方面的资源存在显著差异，不同村庄只能在其各自的基础条件上形成层级固化，也就是说按照目前"村自为界"的形势，在相当长的时间内无法实现村庄均衡发展的目标，村庄分化甚至固化现象将长期存在。

同时，与村域经济层级固化类似，镇域经济也出现了空间上的"北部、中部、南部"的层级固化现象。这说明了实施区级统筹的作用和意义。要按照镇域空间功能的差异性，优化城镇体系空间布局和产业链整合。

推进区镇统筹、均衡发展，是当前中国农村经济体制改革的必然趋势和迫切要求，具有一般性意义。

B.6
村集体经济组织综合效率、影响因素及区位差异分析

陈雪原 孙梦洁 王 蕾*

摘 要： 全面认识和把握农村集体经济组织的效率水平，有利于提升农村集体经济的自觉性、主动性，也有利于理解农村集体经济的本质特征，为加快农村集体经济组织立法提供实证支撑。本报告基于北京郊区40个村庄在1978年、1988年、1998年、2006年、2014年和2018年6个时点上形成的面板数据，采用随机前沿分析方法（Stochastic Frontier Approach，SFA），计算和比较村集体经济组织的经济效率与综合效率，并分析其主要影响因素和区位差异。研究发现：（1）经济效率与综合效率变动趋势均存在近似"倒U"形曲线，最大值出现在1988年，长期处于右半段的持续下降区间，这意味着在市场化进程中，农村集体经济组织呈现效率逐步下降的趋势；（2）2006年以后农村集体经济组织的综合效率开始超过经济效率，表明近年来，集体经济组织在承担社会功能方面更加凸显；（3）社会性负担功能在城乡接合部地区的村集体经济组织更加突出，对该地区集体经济组织综合效率的影响更显著。平原地区的综合效率水平波动较大，2006年后开始反弹。

关键词： 集体经济组织 综合效率 经济效率

* 陈雪原，北京市农村经济研究中心经济体制处处长、经济学博士，研究方向为城镇化、集体经济组织治理与集体土地制度改革；孙梦洁，北京市农村经济研究中心经济体制处副处长、管理学博士，研究方向为集体产权制度改革、集体经济评价、农户经济行为；王蕾，中国社会科学院工业经济研究所副研究员、经济学博士，研究方向为能源政策、能源效率、农村能源发展。

一　引言

2021 年 8 月 17 日，习近平总书记在中央财经委员会第十次会议上提出："大力发挥公有制经济在促进共同富裕中的重要作用。"2022 年 4 月 29 日，习近平总书记在中共中央政治局第三十八次集体学习时强调，要历史地、发展地、辩证地认识和把握我国社会存在的各类资本①及其作用，正确处理资本和利益分配问题，坚定不移走全体人民共同富裕的道路。农村集体经济组织是我国社会主义公有制经济的重要形式，是一种劳动群众的集体所有制的合作经济，是农民实现共同富裕的重要组织载体。但是，由于农村集体经济组织法制化进程滞后，其概念界定、功能定位等尚不清晰，关于其运行效率的理论与实证研究尚不多见。实际上，受到内部治理机制不健全、外部制度政策环境不利、人力资源短缺等多方面因素影响，人们对农村已经形成了一个集体经济组织运行效率较低的印象，赋予其"低端经济"的标签。如果不能改变这种简单的、模糊性的认识，发展壮大集体经济就将缺乏自觉性、坚定性。

从内涵更广一些的合作经济领域来看，相关研究主要集中在农民专业合作社及其对农户经营效率的影响方面。刘森挥等（2019）发现，组织化农户的技术效率明显高于未组织化农户，在多种组织模式中，合作社型组织模式对农户技术效率的提升作用最为明显，甚至高于"企业+农户"。董莹和穆月英（2019）认为，合作社能强化受教育程度较高的小农户的管理能力，促进区域专业化生产，从而动态提升小农户的整体生产效率。李霖等（2019）认为，与完全市场交易模式相比，部分横向合作模式和完全横向合作模式能够显著提升农户的蔬菜生产技术效率，然而纵向协作模式在提升农户生产技术效率方面无明显优势。苏昕和刘昊龙（2017）认为，农民专业合作社平均成员数量对农业生产效率提升具有积极作用，并能够缓解农村劳

---

① 主要指国有资本、集体资本、民营资本、外国资本、混合资本等各种形态资本。

动力转移对农业生产的不利影响。以上研究均未能直接触及集体经济组织效率的测量。

2016年，中共中央、国务院《关于稳步推进农村集体产权制度改革的意见》提出"充分发挥市场在资源配置中的决定性作用和更好发挥政府作用，明确农村集体经济组织市场主体地位"，同时，又提出"农村集体经济组织承担大量的农村社会公共服务支出，不同于一般经济组织"。现实观察发现，农村集体经济组织主要承担着两类社会功能：一是农村集体经济组织成员生产、生活的基本保障，如灌溉、生产设施维修、农业社会化服务等大量的生产性服务保障，农民饮水、就业、居住、养老、医疗等生活性保障，农村道路等基础设施与公共设施的建设，治安、文化、卫生、体育、娱乐等公共服务的提供等；二是推进农民农村共同富裕。张勇等（2010）认为，提高集体资产配置效率、强化村民与集体经济之间的利益联结机制、推动农村产业转型升级以及筑牢乡村治理根基是股份合作型新集体经济基本生存逻辑。可见，农村集体经济组织承担着经济、社会、政治等多方面功能，与农民专业合作社、公司等组织形式具有诸多本质性的差异，单纯从经济视角来看待和评价集体经济的效率是不全面的，应研究提出基于不同维度的效率测量方法。

2017年，《民法总则》正式明确了农村集体经济组织属于一类"特别法人"。陈雪原、孙梦洁（2021）提出农村集体经济组织的首要功能是促进乡村社区的社会成本内部化，并从所有制上的节约交易成本、经营体制上的统一经营、组织形态上的产权开发和治理结构与机制上的民主治理四个维度，做了进一步功能解析，发现农村集体经济组织是一种能够兼顾多种功能需求的精致的制度设计，扎实推进农民农村共同富裕是农村集体经济组织的比较优势所在。

从城乡融合发展的改革目标来看，随着城乡二元管理体制的逐步破除，特别是农村集体产权制度改革阶段性任务的完成，村委会主要承担社会管理职能，相关费用应由财政予以保障；新型集体经济组织承担经济职能，主要负责集体资产经营管理，并按股（份额）向农民分红，不再承担社会管理的相关费用。但是，在现实运行过程中，考虑到村社社区文化传统、政府财力等因素，在一个相当长的时期内，新型农村集体经济组织承担相应的社会公共服务支出，仍有其现实需要和客观必然性。这可以视为集体经济组织的一种"正外部性"，即社会成本内部化。

为此，评价集体经济组织的效率，在对农村集体经济组织性质和功能准确理解和把握的基础上，不仅要看经济效率，还要把经济与社会两个方面的贡献统一起来观察，测算综合效率。国有经济综合效率研究（王蕾，2015）、区域研发创新效率研究（白俊红等，2009）为研究农村集体经济组织综合效率提供了重要的借鉴和参考。

本报告提出了农村集体经济组织综合效率测算的方法，利用北京郊区40个村庄在1978年、1988年、1998年、2006年、2014年和2018年6个时点上形成的面板数据，对农村集体经济组织综合效率进行分析和评估，观察农村集体经济综合效率的演变趋势，论证农村集体经济组织的特殊性质和功能，为集体经济领域专项扶持政策的制定提供有力的支撑。

二　研究框架

（一）综合效率的概念和测算方法

Kmans 首先提出了技术效率的概念，如果不减少其他产出就不能增加任何产出，或者不增加其他投入就不可能减少任何投入，则称该投入产出为技术有效的。对集体经济组织的效率进行评价的前提，是基于不同性质的技术效率界定"综合效率"的概念内涵。当仅考虑经济因素时，我们称这样的技术效率为经济效率，而当把就业帮扶等社会性负担类因素纳入进来后，我们称这样的技术效率为综合效率，从而将集体经济组织绩效分为经济绩效与综合绩效两个部分。其中，经济绩效就是集体经济组织的产出（或利润），而综合绩效则可以通过成员福利、公共安全、基础设施等支出反映。

以往的文献一般采用数据包络分析方法（DEA）或随机前沿分析方法（SFA）测算某一决策单元的技术效率，如王辉（2010）运用随机前沿分析方法对于农村收入差距进行分析，孟令杰（2000）运用数据包络分析方法对中国农业技术效率进行分析，李谷成（2008）采用随机前沿分析方法对我国粮食生产技术效率进行分析等。

数据包络分析方法主要运用线性规划方法进行计算，没有考虑到环境变化等随机因素对效率的影响，是一种非参数估计方法。而随机前沿分析方法是一种参数估计方法，在确定性生产函数的基础上提出了具有随机扰动项的随机边界模型，考虑了随机冲击效应，除了能够计算效率值还能够确定影响效率的主要因素，因此作为本报告进行集体经济组织综合效率测算的方法。

（二）测算指标的选择与描述性统计

在选择指标上，主要考虑数据可获得性与可对比性。本报告在北京郊区城乡接合部、平原和山区三类地区选取有代表性的 40 个村，构建 1978 年、1988 年、1998 年、2006 年、2014 年和 2018 年的 6 期面板数据库。分析所用数据主要来源于北京市农村"三资"管理平台数据及驻村问卷调查。投入类指标有三个，分别是净资产、就业劳动力数、农用地面积。将户均集体经济收入作为产出指标。数据处理和建立模型工作均采用 Stata15 完成。相关变量的基本统计量如表 1 所示。

表 1 40 个村相关变量的基本统计量（2018 年）

变量	总体	城乡接合部	平原	山区
户均集体经济收入（万元）	18.07	34.76	16.19	4.27
就业劳动力数（人）	584.90	660.20	673.30	366.30
成员数（人）	1032.40	1112.60	1223.80	649.00
村级集体净资产（万元）	5255.06	11833.32	3377.62	980.25
农用地面积（亩）	4047.71	739.48	3244.37	8898.21
人均集体净资产（元）	52040.43	121126.50	26221.30	16576.09
人均劳动所得（元）	36386.93	46703.13	31926.16	32026.82

注：所有指标使用当年价格统计。

三　测量模型的构建与估计

（一）SFA 模型

构建村级集体经济组织最优产出模型如下：

$$Q^* = f(A,\beta)\exp(v)\exp(-u) \tag{1}$$

其中，A 表示一组投入要素，β 为模型参数。$f(\cdot)$ 表示由投入决定的集体经济组织最优产出函数。随机扰动项 ε 分为两个部分，一部分表示随机误差项 v，因为集体经济组织的最优产出并不完全决定于内部要素，还可能受外部环境等随机因素的干扰，使其价值随机地偏离理论上的最大价值。另一部分表示技术无效率，即非负误差项 u。

SFA 技术效率可以定义为：

$$TE = \exp(-u) = Y/f(A,\beta)\exp(v) \tag{2}$$

在 u 的分布已知的情况下，可以测算出技术效率的平均值 $TE = E[\exp(-u)]$。

当仅考虑经济因素的时候，我们称这样的技术效率为经济效率，而当把就业帮扶等社会性负担类因素纳入进来后，我们称这样的技术效率为综合效率。

（二）估计模型设定

本报告采用柯布-道格拉斯生产函数[①]，构建估计模型如下：

$$\ln(Y_{it}) = \beta_0 + \beta_1\ln(L_{it}) + \beta_2\ln(K_{it}) + \beta_3\ln(R_{it}) + \alpha Z + v_{it} - u_{it} \tag{3}$$

其中，i 代表第 i 个集体经济组织，t 代表年份。Y 代表产出，即以

---

① 对于生产函数的设定，目前较为常用的有柯布-道格拉斯和超越对数形式两种，后者的优点是放宽了技术中性和产出弹性固定的假设，但容易产生多重共线性问题。

户均集体经济收入为代表的集体经济发展水平，L 表示就业劳动力数，K 表示村级集体净资产，R 表示村农用地面积，Z 表示一系列反映影响村级集体经济组织产出的外生变量，v_{it}、u_{it} 分别表示随机误差项和技术非效率。

由于农村集体经济组织除承担经济功能外，还承担了实现集体经济组织成员福利最大化等多元化的社会发展功能，而社会性负担越重可能导致其经济效率越低。在既有的数据条件下，用成员数与就业劳动力数的比值代表集体经济组织的社会性负担水平，称为劳均负担，即每一个就业劳动力承担的分配人口负担，并将其进行分组生成虚拟变量 p_2、p_3、p_4 加入模型中。按照假设，将充分安置就业劳动力和带动分配人口看作决定集体经济组织是否达到最优的重要因素，因此在模型中分别加入社会性负担指数与就业劳动力的交乘项，代表集体经济组织的正外部性。

$$\ln(Y_{it}) = \beta_0 + \beta_1 \ln(L_{it}) + \beta_2 \ln(K_{it}) + \beta_3 \ln(R_{it}) + \beta_4 p_2 + \beta_5 p_3 + \beta_6 p_4 + \beta_7 p_2 \ln(L)$$
$$+ \beta_8 p_3 \ln(L) + \beta_9 p_4 \ln(L) + \alpha Z + v_{it} - u_{it}$$

（4）

p_1 取值为 1，代表 0<劳均负担≤1，p_1 取值为 0，代表其他情况；p_2 取值为 1，代表 1<劳均负担≤2，p_2 取值为 0，代表其他情况；p_3 取值为 1，代表 2<劳均负担≤3，p_3 取值为 0，代表其他情况；p_4 取值为 1，代表社会负担指数>3，p_4 取值为 0，代表其他。$p_2\ln(L)$、$p_3\ln(L)$ 和 $p_4\ln(L)$ 是三个交互项。

如表 2 所示，模型 1 为仅考虑经济要素的随机前沿模型。模型 2 考虑了集体经济组织的社会性负担程度。模型 3 加入劳均负担与就业劳动力数的交乘项。集体经济组织为了增加农户家庭收入，往往倾向于最大限度安置本村集体经济组织成员中的劳动力，并且出于公平性考虑，倾向于在一些公益岗位上进行轮流安置，这一指标也代表集体经济组织的社会贡献。模型 4 将综合考虑经济因素和社会性因素。

表2　样本总体面板随机检验模型估计及检验结果

随机前沿估计 $\ln(Y)$	变量定义	模型1	模型2	模型3	模型4
$\ln(L)$	就业劳动力数	-0.163 (0.119)	-0.161 (0.120)	-0.416 (0.141)	0.551 (0.705)
$\ln(K)$	村级集体净资产	0.589*** (0.043)	0.611*** (0.043)	0.608*** (0.042)	0.612*** (0.043)
$\ln(R)$	农用地面积	-0.331*** (0.066)	-0.315*** (0.064)	-0.317*** (0.064)	-0.317*** (0.065)
p_2	1<社会性负担≤2		1.645*** (0.546)		6.510 (4.616)
p_3	2<社会性负担≤3		2.028*** (0.557)		6.354 (4.685)
p_4	社会性负担>3		2.362*** (0.658)		8.080 (5.252)
$p_2\ln(L)$	交互项1			0.235*** (0.083)	-0.748 (0.718)
$p_3\ln(L)$	交互项2			0.297*** (0.085)	-0.660 (0.729)
$p_4\ln(L)$	交互项3			0.361*** (0.109)	-0.916 (0.861)
_cons	常数项	0.924 (0.880)	-1.142 (0.968)	0.672 (0.109)	-5.767 (4.551)
t	时期数	6	6	6	6
N	样本量	207	207	207	207
Log Likelihood	极大似然值	-347.046	-339.684	-340.070	-339.057
Prob>chi^2	卡方检验	0.0000	0.0000	0.0000	0.0000

注：（ ）内为标准差值；*、** 和 *** 分别代表10%、5%和1%的显著性水平。

（三）模型估计结果

模型估计结果如表2所示，模型1~模型4的估计结果均显示出以户均集体经济收入为衡量标准的集体经济组织前沿价值随着村级集体净资产 ln（K）的增加而增加，随着农用地面积的增加而减少。模型 2 考虑了集体经济组织的社会性负担，估计结果显示出当 2≤劳均负担<3 时和劳均负担>3 时，随着社会性负担的提高，对集体经济组织的综合效率呈正向影响。模型 3 综合考虑了集体经济组织的社会性负担和就业最大化目标，估计结果显示，当劳均负担≥3 时，随着集体经济组织安置劳动力人数剩余较多增加，对集体经济组织效率呈显著的正向影响关系。可见，集体经济组织具有承担社会性功能的有效性。

如图 1 所示，对 1978~2018 年的混合截面数据进行进一步分析发现，劳均负担>2 的集体经济组织大多位于城乡接合部和平原。其中，劳均负担>3 的集体经济组织，城乡接合部占 50%，平原地区占 33.33%，山区仅占 16.67%。一般而言，城乡接合部地区生活成本较高，特别是依托土地或物业资产获取财产性收入的机会较多，农民就业意愿相对较低，农村"闲人现象"较普遍，可能造成本村中老年劳动力剩余较多，由此导致劳均负担上升。

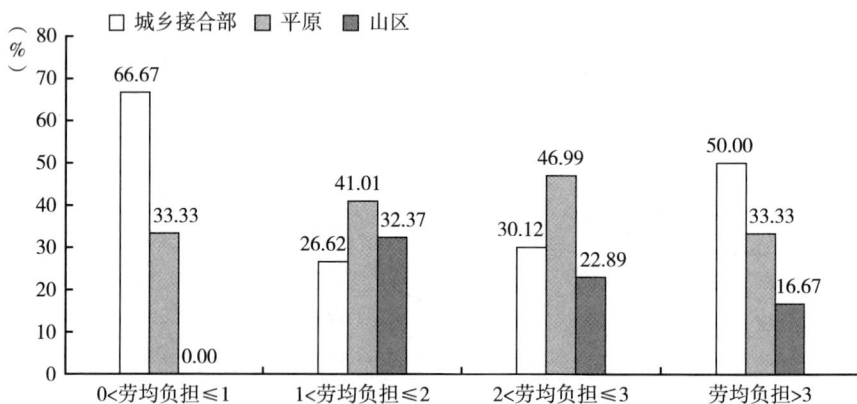

图 1　三类地区集体经济组织的劳均负担情况

（四）测算效率估计值（TE）

根据每个村集体经济组织的效率估计值，可以计算出 1978~2018 年三类地区农村集体经济组织效率的算术平均值。[①] 计算结果如表 3 所示，在仅考虑经济因素的情况下，1978~2018 年，40 个村集体经济组织的经济效率值是 0.357，城乡接合部地区的经济效率值是 0.353，平原地区的经济效率值是 0.371，山区的经济效率值是 0.336。

如果将社会性负担作为衡量集体经济组织综合效率的因素，1978~2018 年三类地区和样本总体的综合效率值均有所上升。进一步将最大化就业目标纳入其中，则综合效率值较仅考虑经济目标的情况，仍有所上升。由此证明了集体经济组织具有承担社会性功能的有效性。

具体来看，本报告测算了 40 个样本村的效率估计值（见附表 1）。当考虑到社会目标，29 个村集体经济组织的综合效率估计值有所增加，占 72.5%。有 11 个村的综合效率估计值有所减少，占 27.5%。其中，城乡接合部地区有 4 个村效率值下降，占其总数的 36.36%；平原地区有 5 个村效率值下降，占其总数的 29.41%；山区有 2 个村效率值下降，占其总数的 18.18%。可见，城乡接合部地区社会性负担更突出，且对该地区集体经济组织综合效率的影响更显著。

表3　40 个样本村的经济效率值和综合效率值（1978~2018 年）

地区类型	经济效率值（经济目标）	综合效率值（1）（经济目标与社会性负担）	综合效率值（2）（经济目标与充分就业）	综合效率值（3）（经济目标与社会性负担和充分就业）
城乡接合部	0.353	0.362	0.363	0.358
平原	0.371	0.376	0.373	0.378
山区	0.336	0.351	0.349	0.349
样本总体	0.357	0.366	0.363	0.365

1978~2018 年集体经济组织效率水平的变化如图 2 所示。在仅考虑经济目标的情况下，采用 SFA 估计的 1978 年 40 个村集体经济组织经济效率值是

————————

[①] 样本村集体经济组织经营的经济效率和综合效率估计值见附表 1。

0.391，1988 年达到最大值（0.412），之后逐渐下降，2014 年效率值为
0.291。在综合考虑经济目标和社会性负担后，集体经济组织的综合效率值
1978 年为 0.390，同样于 1988 年达到最大值（0.404），2006 年之后加入社
会性负担以后的综合效率值高于经济效率值。表明集体经济组织在承担社会
性负担方面的有效性。

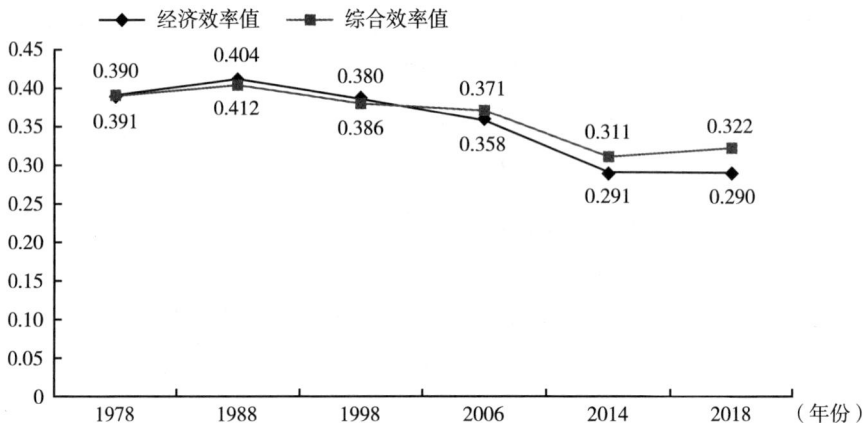

**图 2　1978～2018 年 40 个样本村集体经济组织经济效率与
综合效率变化情况**

1978～2018 年城乡接合部与平原地区的效率水平如图 3 所示。本报告分
别计算城乡接合部、平原①各自的效率水平，结果发现城乡接合部地区的综
合效率更为凸显，且自 1988 年以来，城乡接合部的经济效率或综合效率均
高于平原地区。1978～2018 年，城乡接合部地区集体经济组织的综合效率值
维持在 0.92 左右，远高于其经济效率值。平原地区的综合效率水平波动较
大，其经济效率 1988 年以后一直处于下降状态；综合效率 2006 年开始反
弹，至 2018 年有明显增加（见图 4）。

----

①　由于山区样本较少，本报告不单独计算山区的技术效率。

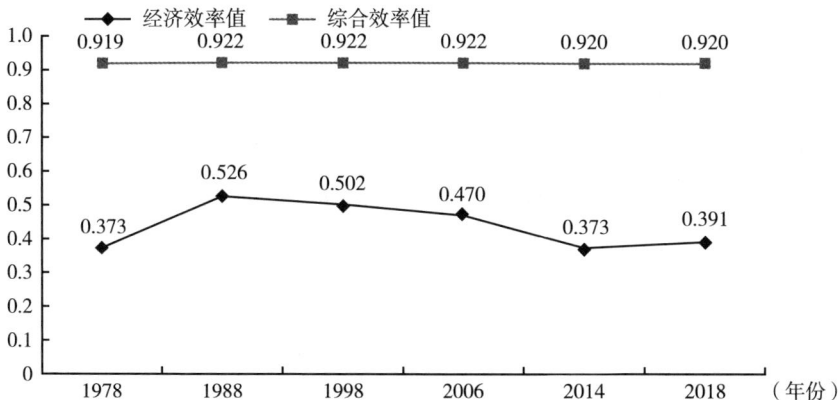

图 3　1978～2018 年城乡接合部地区集体经济组织经济效率与综合效率变化情况

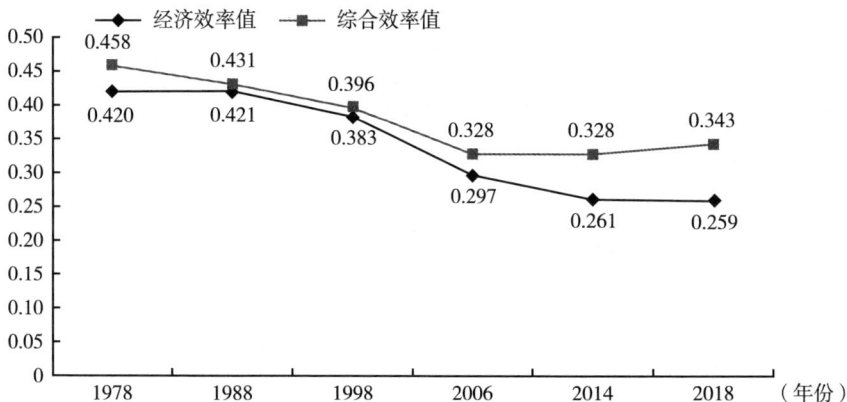

图 4　1978～2018 年平原地区集体经济组织经济效率与综合效率变化情况

四　结论与建议

通过对改革开放 40 余年来北京郊区 40 个样本村集体经济组织经济效率与综合效率的测算，研究发现：（1）经济效率与综合效率均存在近似"倒 U"形曲线，最大值出现在 1988 年，长期处于右半段的持续下降区间，这意味着在市场化进程中，农村集体经济组织呈现效率逐步下降的趋势；（2）2006年以后村集体经济组织的综合效率开始超过经济效率，表明近年来集体经济组织在承担社会性功能方面更加凸显；（3）社会性负担功能在城乡接合部地区的村级集体经济组织更加突出，对该地区农村集体经济组织综合效率的影响更显著。平原地区的综合效率水平波动较大，2006年后开始反弹。

对农村集体经济组织的综合效率分析表明农村集体经济组织具有社会成本内部化的典型特征，这与农户、农业企业、农民专业合作社等显著不同，在实施乡村振兴战略过程中具有唯一不可替代性。提高农村集体组织的综合效率，需要加大对集体经济组织的补贴力度，增强集体经济组织承担社会职能的能力和水平；要积极推进制度规范化建设，提升集体资产资源的配置效率，挖掘集体经济增长的潜力。

从长远来看，还要制定农村集体经济组织承担社会性功能的清单，并逐步剥离不应由农村集体经济组织承担的部分功能，改由政府财政承担，相关公共产品支出费用逐步纳入政府财政预算之中，并由村委会负责执行。村级集体经济组织在清晰界定职能之后，主要负责集体资产的经营管理，并进一步提升农村集体经济治理的规范化水平。

参考文献

陈雪原、孙梦洁，2021，《"特别法人，特在哪里"：党建引领下的新型集体经济治理及其评级系统》，载陈雪原、孙梦洁、周雨晴等《中国农村集体经济发展报告（2021）》，社会科学文献出版社。

董莹、穆月英，2019，《合作社对小农户生产要素配置与管理能力的作用——基于PSM-SFA模型的实证》，《农业经济问题》第10期。

李霖、王军、郭红东，2019，《产业组织模式对农户生产技术效率的影响——以河北省、浙江省蔬菜种植户为例》，《农业经济问题》第7期。

刘森挥、曹建民、张越杰，2019，《农户组织模式与其技术效率的关系——一个考虑样本异质性的分析》，《农业经济问题》第12期。

苏昕、刘昊龙，2017，《农村劳动力转移背景下农业合作经营对农业生产效率的影响》，《中国农村经济》第5期。

王蕾，2015，《中国油气体制改革研究》，《中国社会科学院工业经济研究所创新工程研究报告》。

白俊红、江可申、李婧，2009，《应用随机前沿模型测评中国区域研发创新效率》，《管理世界》第10期。

张勇、唐超、路娟，2010，《股份合作型新集体经济：生成逻辑、运行机制及实践约束——来自陕西省Y村的例证》，《湖南农业大学学报》（社会科学版）第10期。

王辉，2011，《中国农村居民收入不平等问题研究——经济增长、消费与技术进步的视角》，山东大学博士论文。

孟令杰，2000，《中国农业产出技术效率动态研究》，《农业技术经济》，第5期。

李谷成，2008年，《基于转型视角的中国农业生产率研究》，华中农业大学博士论文。

附表1　40个样本村经济效率和综合效率对比（1978~2018年）

编码	村庄	地区类型	仅考虑经济因素TE	加入社会因素TE	变化
1	十里河	城乡接合部	0.467	0.482	+
2	高碑店	城乡接合部	0.215	0.266	+
3	草桥	城乡接合部	0.392	0.408	+
4	南宫	平原	0.500	0.489	+
5	八角	城乡接合部	0.330	0.355	+
6	太平庄	城乡接合部	0.378	0.383	+
7	车耳营	平原	0.535	0.520	−
8	大峪	城乡接合部	0.406	0.409	+
9	爨底下	山区	0.423	0.450	+
10	涧沟	山区	0.443	0.454	+
11	南街	城乡接合部	0.502	0.489	−
12	窦店	平原	0.565	0.512	−
13	四马台	山区	0.350	0.377	+

编码	村庄	地区类型	仅考虑经济因素 TE	加入社会因素 TE	变化
14	西总	城乡接合部	0.183	0.194	+
15	大稿	平原	0.387	0.389	+
16	草厂	平原	0.305	0.306	+
17	仇庄	平原	0.155	0.160	+
18	安乐庄	平原	0.208	0.209	+
19	吴雄寺	平原	0.296	0.303	+
20	西赵各庄	平原	0.597	0.583	−
21	稷山营	平原	0.337	0.312	−
22	三合庄	城乡接合部	0.347	0.309	−
23	西辛峰	平原	0.526	0.554	+
24	麻峪房	山区	0.130	0.147	+
25	狼垡二	城乡接合部	0.317	0.300	−
26	四各庄	平原	0.316	0.341	+
27	黎明	平原	0.285	0.436	+
28	西黄垡	平原	0.357	0.377	+
29	和平街	城乡接合部	0.263	0.304	+
30	西凡各庄	平原	0.258	0.258	+
31	刁窝	山区	0.349	0.359	+
32	东大街	城乡接合部	0.392	0.365	−
33	东帽湾	山区	0.316	0.305	−
34	西水峪	山区	0.163	0.167	+
35	庄禾屯	平原	0.114	0.123	+
36	蔡家洼	平原	0.527	0.519	−
37	娄子峪	山区	0.283	0.301	+
38	龙聚山庄	山区	0.562	0.591	+
39	小丰营	山区	0.176	0.135	−
40	岔道	山区	0.442	0.473	+

附表2 城乡接合部地区样本面板随机检验模型估计及检验结果

随机前沿估计 ln(Y)	变量定义	模型1	模型2	模型3	模型4
ln(L)	就业劳动力数	−0.034 (0.177)	−0.137 (0.201)	−0.063 (0.210)	−1.119 (3.942)
ln(K)	村级集体净资产	0.611*** (0.068)	0.643*** (0.071)	0.639*** (0.071)	0.652*** (0.069)
ln(R)	农用地面积	−0.591*** (0.105)	−0.582*** (0.104)	−0.581*** (0.103)	−0.541*** (0.103)
p_2	1<社会性负担≤2		1.139*** (0.565)		−8.680 (27.459)
p_3	2<社会性负担≤3		1.461*** (0.594)		−6.305 (27.529)
p_4	社会性负担>3		1.900*** (0.725)		0.501 (27.824)
$p_2$ln(L)	交互项1			0.165*** (0.081)	1.408 (3.963)
$p_3$ln(L)	交互项2			0.210*** (0.086)	1.097 (3.947)
$p_4$ln(L)	交互项3			0.291*** (0.121)	−0.164 (4.031)
_cons	常数项	1.306 (1.118)	−1.519 (1.455)	−0.065 (1.264)	6.171 (27.546)
t	时期数	6	6	6	6
N	样本量	60	60	60	6
Log Likelihood	极大似然值	−84.349	−81.117	−81.330	−79.775
Prob>chi^2	卡方检验	0.0000	0.0000	0.0000	0.0000

注：（ ）内为标准差值；*、**和***分别代表10%、5%和1%的显著性水平。

附表3　平原地区样本面板随机检验模型估计及检验结果

随机前沿估计 ln(Y)	变量定义	模型1	模型2	模型3	模型4
ln(L)	就业劳动力数	−0.243 (0.238)	−0.397* (0.224)	−0.920*** (0.303)	−3.604 (14.619)
ln(K)	村级集体净资产	0.553*** (0.068)	0.589*** (0.065)	0.586*** (0.065)	0.588*** (0.066)
ln(R)	农用地面积	−0.141 (0.225)	−0.315 (0.206)	−0.317 (0.208)	−0.299 (0.217)
p_2	1<社会性负担≤2		2.413*** (0.863)		−14.737 (80.308)
p_3	2<社会性负担≤3		3.284*** (0.879)		−14.543 (80.312)
p_4	社会性负担>3		3.570*** (1.121)		−15.861 (80.380)
$p_2$ln(L)	交互项1			0.449*** (0.157)	3.133 (14.622)
$p_3$ln(L)	交互项2			0.586*** (0.160)	3.239 (14.623)
$p_4$ln(L)	交互项3			0.652*** (0.199)	3.526 (14.635)
_cons	常数项	0.307 (2.227)	−0.491 (2.037)	2.411 (2.104)	16.996 (80.317)
t	时期数	6	6	6	6
N	样本量	93	93	93	93
Log Likelihood	极大似然值	−158.817	−149.713	−149.592	−149.529
Prob>chi²	卡方检验	0.0000	0.0000	0.0000	0.0000

注：（　）内为标准差值；*、**和***分别代表10%、5%和1%的显著性水平。

B.7
北京市村集体经济可持续发展能力分化研究

陈雪原　周雨晴*

摘　要： 村集体经济可持续发展能力，一直是科学制定村庄整治规划、镇域国土空间规划中的一个焦点、难点问题。本报告利用 1978～2018 年 6 个时点的北京市郊区 40 个村集体经济组织追踪调查数据，通过因子分析法建立村集体经济可持续发展能力评估指标体系和预警评级系统，进行不同类型村庄发展趋势的分析，对分类推进乡村振兴战略具有重要的理论和实践参考价值。研究发现：（1）村集体经济可持续发展能力主要取决于村庄区位和主导产业类型、村集体经济组织成员人口与自然资源、村集体经济治理水平、村集体财富积累水平、村经济总收入和农户收入水平；（2）近年来，村集体经济可持续发展能力指数总体呈现上升态势，但是村与村之间的极值差不断拉大，相对差距也在不断扩大；（3）村集体经济可持续发展能力评估值的中位数位于 0.4360，如果低于中位数，该村庄将进入衰落区，如果高于中位数则进入发展区。

关键词： 集体经济　可持续发展能力　村庄评价

---

* 陈雪原，北京市农村经济研究中心经济体制处处长、经济学博士，研究方向为城镇化、集体经济组织治理与集体土地制度改革；周雨晴，中国农业发展银行总行，经济学博士，研究方向为金融理论与政策、农村金融与区域经济。

一 引 言

从 2005 年党的十六届五中全会提出推进新农村建设，到 2017 年党的十九大进一步提出乡村振兴战略，中央层面一直力求通过激发乡村地区内部的内生动力，改善城乡关系。但是，经历改革开放 40 余年的村际市场化竞争后，农村地区内部发展的非均衡态势日益凸显，呈现严重的"好、中、差"村庄层级固化格局（陈雪原、周雨晴，2020；陈雪原、周雨晴、翁凝，2020）。村庄发展分异主要体现在村集体经济的差异化发展上，有必要提前对村集体经济发展状况进行分类评估，预测不同区位、类型的村集体经济发展潜力，从而为科学制定村庄整治规划、乡镇国土空间规划提供有力的实证支撑。

学界已有大量的对于新农村建设和乡村振兴战略的评价研究。曲福田等（2007）参照反映国内新农村建设与国际社会发展的相关指标体系，采用层次分析法，设计出一套评价新农村建设的指标体系，根据不同地区农村的社会发展状况与江苏省的实际情况计算出了该省新农村建设的标准值，用以衡量新农村建设的实现程度。顾凤岐和王爽（2006）从经济发展、管理民主、生活安康、设施改善、乡风文明、生态良好六个方面设置 53 个个体指标，初步构建社会主义新农村建设村庄发展评价的理论基础。田亚平等（2007）以湖南省衡南县工联村为例，构建了包括 5个一级指标、27 个二级指标的社会主义新农村建设村级指标体系，并运用该指标体系对衡南县谭子山镇的先进示范村工联村进行实证评价及检测。张雪等（2020）从产业兴旺、生态宜居、乡风文明、治理有效、生活富裕五个方面构建乡村振兴实践评价指标体系，对辽宁省乡村振兴战略实施效果进行评价，发现达成率最高和最低的分别是治理有效（84%）和乡风文明（38%）。

现有的评价研究存在如下一些问题：一是指标体系设计的针对性不强，未能清晰区分村级评价指标和区域评价指标；二是主要从理论或政策要求出发构建指标体系，主观性指标（例如村庄整洁程度等）没有量化，影响实证操作性；三是已有的实证研究以全国和宏观区域评价为主，而针对村域经济单元，特别是村集体经济的评价研究很少。

评价分析指标赋权方法主要有主观赋权法和客观赋权法两类。层次分析法及专家打分法等主观赋权法要求有专家的评定，人为影响因素较大。而以因子分析法为代表的客观赋权法主要是对数据本身规律的分析和提炼，可以化繁为简，将多个指标对应到几个综合指标上，能够在较为完整地保护原本数据信息的基础上实现降维分析。因此，我们从村集体经济层面出发，利用1978～2018年北京市40个村的追踪调查数据，通过因子分析法建立村集体经济可持续发展能力评估指标体系，得出1978～2018年各时点村庄排名。在此基础上，形成村集体经济可持续发展能力的预警评级系统。

二 村集体经济可持续发展能力测算

（一）样本数据

本报告采用分层抽样方法，于2007年在北京市14个区（县）抽取40个样本村，其中丰台2个，大兴4个，密云3个，平谷3个，延庆3个，怀柔3个，房山3个，昌平3个，朝阳2个，海淀2个，石景山1个，通州4个，门头沟3个，顺义4个。后经过2015年和2019年两次跟踪问卷调查，结合北京市"三资"监管平台数据，整合形成了1978年、1988年、1998年、2006年、2014年和2018年6个时点的40个村庄的面板数据。

采集数据后，分别按照区位类型和经济类型对40个村庄进行类型划分（见表1）。

表1　样本村区位类型和经济类型分布

区位类型	村庄数	经济类型	村庄数
城乡接合部	12	产业带动	21
平原	17	城市化	12
山区	11	资源开发	7
总数	40	总数	40

如表2所示，位于城乡接合部的12个村庄有11个是向城市化方向发展的，仅有1个为产业带动；位于平原的17个村庄有16个是产业带动的，仅有1个是向城市化发展；位于山区的11个村庄，有4个是产业带动的，有7个是依靠资源开发的。由此可见，村庄区位分布与经济发展密切相关，城乡接合部的村庄多将靠近城市的区位优势转化为地租收入，以此作为集体经济增长点；平原地区的村庄则利用区位交通便利等优势条件，发展多种经营或二、三产业，推动产业转型升级，从而带动集体经济发展；山区则依托特殊的自然资源条件，以生态资源开发、观光休闲旅游为主。

表2　样本村庄区位类型和经济类型的交叉分布

	产业带动	城市化	资源开发
城乡接合部	1	11	0
平原	16	1	0
山区	4	0	7

（二）指标体系构建

在综合考虑指标体系建立要求和原则的基础上，选取了一级指标，涉及集体经济发展、集体经济组织成员数量、区位及主导产业类型、集体经济治理四个维度，其中集体经济发展包含人均村经济总收入、人均集体净资产、人均劳动所得、公有经济占比、三产收入占比、人均耕地面积 6 个指标；集体经济组织成员数量包含劳动力人数、成员数 2 个指标；区位及主导产业类型包含是否城乡接合部、是否平原、是否城市化带动、是否产业带动 4 个指标；集体经济治理包含村支书年龄、村支书任职时间、村支书是否连任 3 个指标。指标选取及描述性统计如表 3 所示，可以观察到 1978 ~ 2018 年 40 年间样本村庄各类指标均值变动趋势。

表 3　村集体经济可持续发展能力评估指标选取及描述性统计

一级指标	二级指标	均值		
		1978 年	1998 年	2018 年
集体经济发展	人均村经济总收入ª（万元）	0.091	5.620	27.767
	人均集体净资产（万元）	0.039	2.091	23.427
	人均劳动所得（元）	329.833	5138.690	36386.930
	公有经济占比ᵇ（%）	0.940	0.428	0.308
	三产收入占比ᶜ（%）	0.053	0.473	0.674
	人均耕地面积（亩）	3.881	4.479	11.290
集体经济组织成员数量	劳动力人数（人）	618.975	545.250	630.300
	成员数ᵈ（人）	1257.400	1073.600	1032.35
区位及主导产业类型	是否城乡接合部（是=1）	0.300	0.300	0.300
	是否平原（是=1）	0.425	0.425	0.425
	是否城市化带动（是=1）	0.300	0.300	0.300
	是否产业带动ᵉ（是=1）	0.525	0.525	0.525
集体经济治理	村支书年龄	—	—	51.385
	村支书任职时间（年）	—	—	6.595
	村支书是否连任（是=1）	—	0.590	0.405

注：a. 用村经济总收入/分配人口数表示；b. 即村经济总收入中集体经济收入占比；c. 即村经济总收入中第三产业收入占比；d. 村集体经济组织成员数量，即参与集体经济组织分配人口数；e. 40 个村集体经济发展动力主要分为三类，除了文中两类之外，第三类参照项为"是否资源带动"。

（三）指标相关系数矩阵

表4汇报了15个指标的相关系数矩阵。一般而言，相关系数小于0.3为低度相关，大于0.8为高度相关，位于0.3~0.8为中度相关。从相关系数矩阵中可以看出，多数指标是中低度相关关系，高度相关的较少，因此指标体系具有较强的独立性。但是也存在个别指标的相关性较强，具有中高度相关性，如：（1）劳动力人数和成员数相关系数为0.896；（2）区位类型（是否城乡接合部）和经济类型（是否城市化带动）相关系数为0.867；（3）村支书任职时间和村支书是否连任相关系数为0.779等。因此，进一步通过因子分析法进行降维并提取公因子。

（四）因子分析

将40个村的6年数据作为混合面板数据进行降维分析，提取公因子并计算获得指标权重，该权重在计算1978~2018年40个村集体经济可持续发展能力的得分时均适用，也使得各村得分水平历年可比。具体来说，采用因子分析法提取主成分，依次得到因子贡献率、因子载荷矩阵和因子得分系数矩阵，并最终根据因子贡献率和因子得分系数测算出综合模型中15个指标各自的权重。

1. 因子贡献率

提取因子并得到因子贡献率的目的，是在多个变量中找出隐藏的具有代表性的因子，将本质相同的变量归入一个因子。表5显示了用因子分析法提取的因子贡献率，共提取5个因子，累计贡献率为74.508%，特征值在70%以上，可以用这5个共性因子来代表15个具体的指标。在用凯撒正态化最大方差法进行旋转后，每个因子的贡献率发生了些微变化，分别为20.650%、17.113%、14.886%、11.469%、10.390%，但累计贡献率不变。后续还将利用旋转后的因子贡献率来计算综合模型中的指标权重。

表4 指标相关系数矩阵

	1. 人均村经济总收入	2. 人均村集体净资产	3. 人均劳动所得	4. 公有经济占比	5. 三产收入占比	6. 人均耕地面积	7. 劳动力人数	8. 成员数	9. 是否城乡结合部	10. 是否平原	11. 是否城市化带动	12. 是否产业带动	13. 村支书年龄	14. 村支书任职时间	15. 村支书是否连任
1. 人均村经济总收入	1.000														
2. 人均村集体净资产	0.184	1.000													
3. 人均劳动所得	0.374	0.456	1.000												
4. 公有经济占比	0.060	0.510	0.214	1.000											
5. 三产收入占比	0.301	0.208	0.344	0.167	1.000										
6. 人均耕地面积	-0.111	-0.051	-0.047	-0.193	0.254	1.000									
7. 劳动力人数	0.066	0.108	0.169	0.403	-0.093	-0.360	1.000								
8. 成员数	0.152	0.081	0.110	0.411	-0.160	-0.371	0.896	1.000							
9. 是否城乡结合部	0.399	0.383	0.310	0.388	0.389	-0.260	0.237	0.146	1.000						
10. 是否平原	-0.187	-0.155	-0.214	-0.101	-0.517	-0.187	0.105	0.176	-0.548	1.000					
11. 是否城市化带动	0.096	0.352	0.253	0.470	0.261	-0.254	0.281	0.190	0.867	-0.428	1.000				
12. 是否产业带动	0.022	-0.213	-0.229	-0.301	-0.378	-0.157	0.037	0.124	-0.558	0.701	-0.678	1.000			
13. 村支书年龄	0.047	0.189	0.163	0.098	0.003	-0.208	0.126	0.024	0.304	-0.029	0.274	-0.026	1.000		
14. 村支书任职时间	-0.024	0.065	0.070	0.177	-0.026	-0.150	0.084	0.057	0.132	0.049	0.163	-0.087	0.546	1.000	
15. 村支书是否连任	-0.072	0.018	-0.035	0.112	-0.029	-0.104	0.026	0.003	0.014	0.099	0.054	-0.045	0.362	0.779	1.000

表5 提取公因子及其贡献率

因子	初始特征值			提取载荷平方和			旋转载荷平方和		
	总计	方差百分比	累计%	总计	方差百分比	累计%	总计	方差百分比	累计%
1	4.073	27.153	27.153	4.073	27.153	27.153	3.098	20.650	20.650
2	2.671	17.807	44.960	2.671	17.807	44.960	2.567	17.112	37.763
3	2.023	13.487	58.448	2.023	13.487	58.448	2.233	14.886	52.649
4	1.338	8.920	67.368	1.338	8.920	67.368	1.720	11.469	64.118
5	1.071	7.141	74.508	1.071	7.141	74.508	1.559	10.391	74.508

2. 旋转后因子载荷矩阵

表6汇报了旋转后的因子载荷矩阵，显示了5个因子和15个具体指标之间的相关性，各因子的含义与和它相关性最强的几个指标有关：因子1主要与是否城乡接合部、是否平原、是否城市化带动、是否产业带动和三产收入占比相关，主要代表村集体经济发展过程中的区位、动力和经济类型；因子2主要与人均耕地面积、劳动力人数和成员数相关，主要代表村集体经济组织人口规模与农地资源条件；因子3与村支书年龄、村支书任职时间和村支书是否连任有关，主要代表村集体经济治理水平；因子4主要与人均村集体净资产和公有经济占比有关，主要代表村集体经济组织财富积累水平；因子5主要与人均村经济总收入和人均劳动所得相关，主要代表村集体与农户收入水平。

表6 旋转后的因子载荷矩阵

	因子1	因子2	因子3	因子4	因子5
1. 人均村经济总收入	0.078	0.099	-0.036	0.048	0.867
2. 人均村集体净资产	0.165	0.054	0.089	0.776	0.194
3. 人均劳动所得	0.127	0.015	0.050	0.554	0.568

	因子 1	因子 2	因子 3	因子 4	因子 5
4. 公有经济占比	0.285	0.416	0.096	0.676	-0.157
5. 三产收入占比	0.450	-0.335	-0.073	0.326	0.376
6. 人均耕地面积	-0.027	-0.681	-0.231	0.242	-0.190
7. 劳动力人数	0.027	0.861	-0.007	0.223	-0.014
8. 成员数	-0.078	0.878	-0.061	0.209	0.010
9. 是否城乡接合部	0.810	0.277	0.146	0.106	0.352
10. 是否平原	-0.795	0.258	0.105	-0.050	-0.161
11. 是否城市化带动	0.834	0.334	0.163	0.163	0.025
12. 是否产业带动	-0.868	0.151	-0.019	-0.202	0.154
13. 村支书年龄	0.126	0.118	0.724	-0.006	0.206
14. 村支书任职时间	0.027	0.037	0.916	0.088	-0.060
15. 村支书是否连任	-0.052	-0.039	0.852	0.072	-0.152

总的来说，因子1代表村庄区位、动力和经济类型；因子2体现村集体经济组织人口规模与农地资源条件；因子3代表村集体经济治理水平；因子4代表村集体经济组织财富积累水平；因子5代表村集体与农户收入水平。由此可见，因子分析的因子提取结果与我们构建指标体系时的一级指标设想是一致的，只有个别指标（人均耕地面积和三产收入占比）的归类存在一定差异。

3. 因子得分系数矩阵

在得到旋转后的因子载荷矩阵后，需要进一步获得各个因子对15个原始变量的系数（也就是特征向量），因此可以把因子载荷矩阵中的列除以对应因子的特征值的正平方根，得到的向量才是各因子对原始变量的系数向量。如表7所示，每一个原始变量都可以表示成这5个因子的线性组合，线性组合中的系数即在计算指标权重中要用到的因子得分。

表 7　主成分得分系数矩阵

	因子 1	因子 2	因子 3	因子 4	因子 5
1. 人均村经济总收入	0.078	0.099	-0.036	0.048	0.867
2. 人均集体净资产	0.165	0.054	0.089	0.776	0.194
3. 人均劳动所得	0.127	0.015	0.050	0.554	0.568
4. 公有经济占比	0.285	0.416	0.096	0.676	-0.157
5. 三产收入占比	0.450	-0.335	-0.073	0.326	0.376
6. 人均耕地面积	-0.027	-0.681	-0.231	0.242	-0.190
7. 劳动力人数	0.027	0.861	-0.007	0.223	-0.014
8. 成员数	-0.078	0.878	-0.061	0.209	0.010
9. 是否城乡接合部	0.810	0.277	0.146	0.106	0.352
10. 是否平原	-0.795	0.258	0.105	-0.050	-0.161
11. 是否城市化带动	0.834	0.334	0.163	0.163	0.025
12. 是否产业带动	-0.868	0.151	-0.019	-0.202	0.154
13. 村支书年龄	0.126	0.118	0.724	-0.006	0.206
14. 村支书任职时间	0.027	0.037	0.916	0.088	-0.060
15. 村支书是否连任	-0.052	-0.039	0.852	0.072	-0.152

4. 综合模型中的指标权重

为了获得指标权重，我们将 5 个因子分别对各指标的得分系数和对应的因子贡献率相乘后加总，再除以累计因子贡献率 74.508%，得到该指标在 15 个指标中的相对重要性，即初始权重。因为 15 个指标的初始权重之和不一定为 1，我们在此将权重归一化，除以初始权重之和，得到每个指标的最终权重。

例：三产收入占比最终权重 = ｛ [（0.450×20.650%） + （-0.335× 17.112%） + （-0.073×14.886%） + （0.326×11.469%） + （0.376× 10.391%）] 74.508%｝ /2.188 = 0.0620

表 8 为主因子类型与相对应的 15 个具体指标的初始权重和最终权重，将其分别乘以对应的标准化之后的原始数据，加权平均后可以得到 1978～2018 年 40 个村集体经济可持续发展能力得分，我们将在下文对村庄得分结果和历年排名进行汇报。

表 8　主因子分类及指标赋权结果

主因子类型	具体指标	初始权重	最终权重
因子 1:区位及产业	三产收入占比	0.136	0.0620
	是否城乡接合部	0.383	0.1748
	是否平原	−0.170	−0.0778
	是否城市化带动	0.369	0.1686
	是否产业带动	−0.219	−0.1002
因子 2:资源条件	人均耕地面积	−0.199	−0.0910
	劳动力人数	0.236	0.1079
	成员数	0.201	0.0920
因子 3:治理水平	村支书年龄	0.234	0.1071
	村支书任职时间	0.204	0.0933
	村支书是否连任	0.137	0.0625
因子 4:财富积累	人均村集体净资产	0.222	0.1016
	公有经济占比	0.276	0.1260
因子 5:收入水平	人均村经济总收入	0.165	0.0756
	人均劳动所得	0.213	0.0974

三　北京市村集体经济可持续发展能力得分与排名

我们通过因子分析法提取公因子并为 15 个指标赋权，据此测算出 1978~2018 年各个村集体经济可持续发展能力得分，为了使得数据更平稳集中和清晰可比，我们使用离差标准化方法将村庄得分归一化到 [0，1]，后文所汇报村庄得分皆是标准化之后的结果。

（一）1978~2018 年村集体经济可持续发展能力得分变动趋势

表 9 汇报了 1978~2018 年 40 个样本村村集体经济可持续发展能力平均得分、标准差、最高得分和最低得分。

第一，1978~2018 年村集体经济可持续发展能力平均水平不断上升。40 年内平均得分从 0.0256 上升到 0.4952，年均增长率（年复合增长率）达到

7.69%，其中 1988~2006 年平均得分增长速度更快。

第二，极值差不断扩大。如图 1 所示，虽然 1978~2018 年村集体经济可持续发展能力平均得分、最高得分、最低得分均在不断增长，但是最高得分和最低得分的村庄差距有不断扩大的趋势，村集体经济可持续发展能力两极分化趋势值得关注。

第三，相对差距不断拉大。如表 9 中的标准差结果显示，1978~2018 年40 个样本村得分离散程度持续增长，在村集体经济快速增长的同时，村庄间发展不平衡现象更加明显。

表 9　1978~2018 年村集体经济可持续发展能力得分描述性统计

	1978 年	1988 年	1998 年	2006 年	2014 年	2018 年
平均得分	0.0256	0.0383	0.0851	0.1970	0.3730	0.4952
标准差	0.0218	0.0243	0.0451	0.0853	0.1588	0.2003
最高得分	0.0792	0.0901	0.2138	0.5399	0.7839	1.0000
最低得分	0	0.0023	0.0194	0.1012	0.1484	0.2262

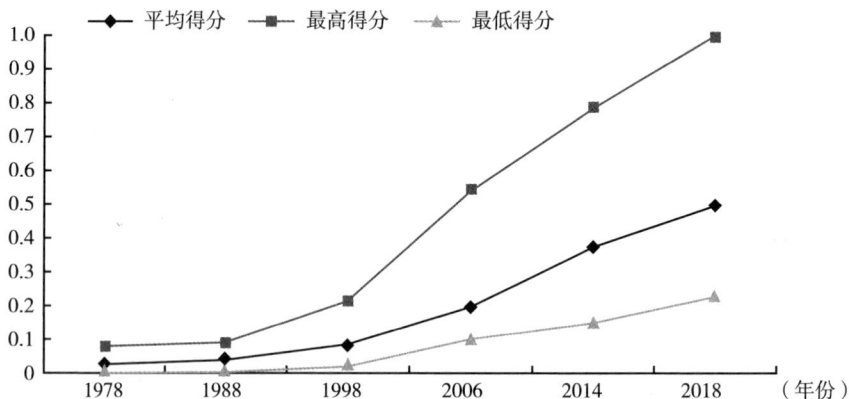

图 1　1978~2018 年村集体经济可持续发展能力平均得分、
最高得分和最低得分

（二）1978~2018年村集体经济可持续发展能力排名

表10列出了40个村庄1978年、1998年和2018年得分、排名及名次变动，历经40年的发展变迁，有些落后村庄实现了赶超，有些领先村庄却持续倒退，村集体经济可持续发展能力得分排名位次变动较大，村与村之间发展水平几乎重新洗牌。

1. 1978~1998年得分排名变动幅度较大的村庄

西凡各庄村和黎明村得分排名下降超过10名，村集体经济可持续发展水平倒退较为明显；而大稿村、和平街村、三合庄村、东大街村得分排名上升超过10名，村集体经济可持续发展能力显著上升。

2. 1998~2018年得分排名变动幅度较大的村庄

窦店村、西凡各庄村、四各庄村、稽山营村、小丰营村、草厂村、四马台村、南街村8个村庄得分排名下降均超过10名；小鲁庄村、西水峪村、车耳营村、刁窝村、西总屯村、爨底下村6个村庄得分排名上升均超过10名。

3. 1978~2018年40年整体得分排名变动状况

窦店村、西凡各庄村、西黄垡村、四各庄村、稽山营村、小丰营村、草厂村、四马台村、南街村和黎明村10个村庄得分排名下降超过10名，尤其是西凡各庄村和稽山营村排名下降最为严重，分别下降29名和21名；而狼垡二村、大稿村、小鲁庄村、三合庄村、西水峪村、车耳营村、刁窝村、西总屯村和爨底下村9个村庄得分排名上升超过10名，尤其是西水峪村和西总屯村排名上升最为显著，分别上升28名和36名。

表10　1978~2018年北京市40个村集体经济可持续发展能力得分排名及其变动

村庄	1978年		1998年		2018年		40年排名变动
	得分	排名	得分	排名	得分	排名	
高碑店	0.0792	1	0.1399	6(↓5)	0.6226	10(↓4)	↓9
窦店	0.0739	2	0.1298	7(↓5)	0.4903	17(↓10)	↓15
十里河	0.0679	3	0.1230	8(↓5)	0.5828	11(↓3)	↓8
草桥	0.0653	4	0.1491	4	0.8005	4	—

村庄	1978 年		1998 年		2018 年		40 年排名变动
	得分	排名	得分	排名	得分	排名	
大峪	0.0642	5	0.1046	13(↓8)	0.5457	12(↑1)	↓7
太平庄	0.0610	6	0.1469	5(↑1)	0.9301	2(↑3)	↑4
西凡各庄	0.0540	7	0.0655	25(↓18)	0.2902	36(↓11)	↓29
南宫	0.0418	8	0.1513	3(↑5)	0.7886	6(↓3)	↑2
八角	0.0401	9	0.1595	2(↑7)	0.6995	9(↓7)	—
岔道	0.0316	10	0.2138	1(↑9)	0.7333	8(↓7)	↑2
西黄垡	0.0298	11	0.1020	15(↓4)	0.4115	22(↓7)	↓11
四各庄	0.0296	12	0.0722	21(↓9)	0.3475	31(↓10)	↓19
稽山营	0.0294	13	0.0721	22(↓9)	0.3020	34(↓12)	↓21
狼垡二	0.0257	14	0.1197	10(↑4)	1.0000	1(↑9)	↑13
蔡家洼	0.0243	15	0.0714	23(↓8)	0.5117	15(↑8)	—
小丰营	0.0242	16	0.1046	14(↑2)	0.3876	28(↓14)	↓12
吴雄寺	0.0235	17	0.1017	16(↑1)	0.4406	20(↓4)	↓3
安乐庄	0.0222	18	0.0620	26(↓8)	0.4419	19(↑7)	↓1
草厂	0.0219	19	0.1159	11(↑8)	0.3529	30(↓19)	↓11
西赵各庄	0.0214	20	0.0667	24(↓4)	0.4022	25(↓1)	↓5
庄禾屯	0.0189	21	0.0605	27(↓6)	0.4054	23(↑4)	↓2
四马台	0.0187	22	0.0773	19(↑3)	0.2933	35(↓16)	↓13
南街	0.0164	23	0.0907	17(↑6)	0.2683	37(↓20)	↓14
大稿	0.0149	24	0.1228	9(↑15)	0.7972	5(↑4)	↑19
和平街	0.0138	25	0.1103	12(↑13)	0.4313	21(↓9)	↑4
仇庄	0.0134	26	0.0471	32(↓6)	0.4048	24(↑8)	↑2
黎明	0.0132	27	0.0229	38(↓11)	0.2262	40(↓2)	↓13
娄子峪	0.0118	28	0.0387	34(↓6)	0.3269	33(↑1)	↓5
小鲁庄	0.0117	29	0.0447	33(↓4)	0.5234	13(↑20)	↑16
三合庄	0.0109	30	0.0878	18(↑12)	0.5161	14(↑4)	↑16
西辛峰	0.0108	31	0.0555	31	0.3703	29(↑2)	↑2
涧沟	0.0108	32	0.0575	29(↑3)	0.2544	38(↓9)	↓6
东帽湾	0.0077	33	0.0573	30(↑3)	0.2481	39(↓9)	↓6
东大街	0.0073	34	0.0765	20(↑14)	0.3974	26(↓6)	↑8
西水峪	0.0031	35	0.0194	40(↓5)	0.7637	7(↑33)	↑28
车耳营	0.0026	36	0.0592	28(↑8)	0.4975	16(↑12)	↑20
麻峪房	0.0024	37	0.0201	39(↓2)	0.3305	32(↑7)	↑5
刁窝	0.0017	38	0.0241	37(↑1)	0.3911	27(↑10)	↑11
西总屯	0.0014	39	0.0298	36(↑3)	0.8132	3(↑33)	↑36
爨底下	0.0000	40	0.0306	35(↑5)	0.4676	18(↑17)	↑22

四 构建村集体经济可持续发展能力
预警评级系统

未来北京市郊区将有一半左右的村庄趋于衰落甚至消亡（张文茂等，2010）。为此，预警指标区间针对村庄发展与衰落两大类预测各占一半。如表 11 所示，预警评级系统通过分位数区间划分，共形成了 6 个区间，从低到高分别是危险区、衰退区、停滞区、安全区、发展区和扩张区。村集体经济发展能力评估值的中位数位于 0.4360，如果低于中位数，该村庄将进入衰落村的预警状态，如果高于中位数则进入发展区。

村集体经济可持续发展能力是编制村庄整治规划或镇域国土空间规划时，选择村庄是否保留，或判断其是否有可持续发展能力的时候的重要指标，如果其综合得分值落入前三个区间就属于将来可能被取消或合并的村，落入后三个区间就属于将来可以保留下来的村，也可能发展为新型的中心村社区或新兴的小城镇社区。当然这些区间和级别主要是通过数据分析方法获得的，实践工作中还应结合村庄的具体情况进行全面分析和判断。

表 11 村集体经济可持续发展能力预警评级系统

	衰落型		
	危险区	衰退区	停滞区
百分位区间	10%及以下	10%~25%	25%~50%
得分区间	$x \leqslant 0.2793$	$0.2793 < x \leqslant 0.3503$	$0.3503 < x \leqslant 0.4360$
村庄	东帽湾 南街 涧沟 黎明	四各庄 四马台 娄子峪 稽山营 西凡各庄 麻峪房	东大街　仇庄 刁窝　和平街 小丰营　庄禾屯 草厂　西赵各庄 西辛峰　西黄垡

续表

	发展型		
	安全区	发展区	扩张区
百分位区间	50%~75%	75%~90%	90%以上
得分区间	$0.4360 < x \leqslant 0.6028$	$0.6028 < x \leqslant 0.7989$	$x > 0.7989$
村庄	三合庄　十里河 吴雄寺　大峪 安乐庄　小鲁庄 爨底下　窦店 蔡家洼　车耳营	八角 南宫 大稿 岔道 西水峪 高碑店	太平庄 狼垡二 草桥 西总屯

综上，建立村集体经济可持续发展能力评估指标体系，并通过因子分析法赋权，计算村庄的可持续发展能力得分，据此对村庄进行排序和比较，该结果能够应用于村庄发展能力的甄别判断和预警评级，成为客观区分村庄类型、进行空间规划的重要参考依据，对于分类推进乡村振兴战略实施具有一定的理论意义和实践层面的参考价值。

参考文献

陈雪原、周雨晴，2020，《基于北京郊区 3885 个村庄的全域分析》，载陈雪原、李尧、孙梦洁等《中国农村集体经济发展报告（2020）》，社会科学文献出版社。

陈雪原、周雨晴、翁凝，2020，《基于北京郊区 40 个村庄的长时段观察（1978~2018）》，载陈雪原、李尧、孙梦洁等《中国农村集体经济发展报告（2020）》，社会科学文献出版社。

曲福田等，2007，《江苏省新农村建设指标体系、实现程度与区域比较研究》，《农业经济问题》第 2 期。

顾凤岐、王爽，2006，《构建社会主义新农村指标体系研究》，《统计与信息论坛》第 5 期。

田亚平、李虹、李超文，2007，《新农村建设的村级评价指标体系——以湖南省衡南县工联村为例》，《经济地理》第 3 期。

张雪、周密、黄利、赵晓琳，2020，《乡村振兴战略实施现状的评价及路径优化——基于辽宁省调研数据》，《农业经济问题》第 2 期。

张文茂等，2010，《城镇化与社会转型——北京郊区农村经济社会结构转型研究》，北京燕山出版社。

B.8
村集体经济组织成员人口规模分化分析

陈雪原　周雨晴*

摘　要： 农村集体经济组织成员是村集体经济的民主决议主体和收益主体，发挥着基本动力源的重要作用，成员人口规模扩张或萎缩是衡量村集体经济发展潜力和趋势的重要指标。本报告利用北京市郊区40个村庄1978~2018年调研数据，分析了村集体经济组织成员流动趋势和特征，并在此基础上进行了实证检验。利用固定效应模型进行研究发现：（1）村经济总收入和集体净资产的提高对于集体经济组织成员进入有显著的正向影响；（2）随着村经济总收入来源于第二和第三产业的比重、集体经济收入占村经济总收入比重的增加，集体经济组织成员也倾向于增加；（3）相对于村干部不兼任，村支书兼任村委会主任、村支书兼任合作社社长以及三职一身兼都有效地促进了集体经济组织成员流入，而村委会主任兼任合作社社长没有明显效果。利用Probit模型进行分析得出的结论类似，也有新的研究发现：（1）农村集体产权制度改革会导致集体经济组织成员流出；（2）村内建立养老制度有助于吸引集体经济组织成员流入；（3）村支书兼任村合作社社长对集体经济组织成员流入具有正向影响。

关键词： 集体经济　集体经济组织成员　人口迁移

---

* 陈雪原，北京市农村经济研究中心经济体制处处长、经济学博士，研究方向为城镇化、集体经济组织治理与集体土地制度改革；周雨晴，中国农业发展银行总行，经济学博士，研究方向为金融理论与政策、农村金融与区域经济。

一 引言

在人多地少的国家或地区，历经千百年的农耕文明的优胜劣汰与人口迁移，形成了相对稳定的或大或小的村落社区块状聚居的社会形态，其中，村社公共财产经营管理的水平和规模，历来是直接影响其人口规模扩张或收缩，乃至彻底消亡的重要因素。而经历了300多年的工业化社会的充分洗礼，村落社区的形态正在发生新一轮的剧变。

新中国成立后，经过全国范围的农业合作化，我国1956年建立了农村集体经济组织，相比一般社区性合作经济组织，增加了公有制的要素，公共财产的管理模式由历史上的乡绅治理转变为党建引领为核心，更加趋于规范化。一方面，嵌入不同历史阶段国家发展战略目标之中，促进了国家工业化、城镇化进程；另一方面，在为社区组织成员提供生产、生活基本保障与促进成员共同富裕方面也一直发挥着重要作用。但是，如果从微观层面观察，随着市场化、工业化、城镇化进程的快速推进，村与村之间集体经济组织成员数量变动趋势发生了显著的分化，形成了人口流入村与人口流出村两种基本类型。解析影响其变动趋势的因素，对于提升集体经济组织凝聚力、向心力，促进乡村人口集聚，优化村庄空间形态，扎实推进农民农村共同富裕具有重要的现实意义。

处于二元结构转型阶段的发展中国家，一般都存在人口从传统部门向现代部门大量迁移的现象。经典的二元经济理论主要基于两部门之间的绝对收入差距来解释劳动力的迁移，关注重点是迁入地，而非迁出地，并成为后来关于农业劳动力非农转移、农民市民化等相关领域研究的理论源头和思维模式。

实际上，迁出地对农村人口与劳动力迁移发挥着不容忽视的作用，且作用方式和机制也是多元化的。Lee（1966）提出了推-拉模型，认为迁移是对原出发地和目的地两种作用的综合效果，如高人口密度或者人地关系压力大等产生的推力和就业机会多产生的拉力。Stark（1984）创立的新经济迁移理论（NELM）认为，影响人口和劳动力迁移的重要因素是其所在环境下的相对收入，收入差距越大的地区越能激励劳动力进行迁移。盛来运（2007）利用国家统计局农村住户抽样调查数据对农村劳动力外出、回流和留城行为进行了实证分析，认为社区（村庄）非农产业发展水平与劳动力外出的可能性成反比，与回流的可能性成正比，与留城的可能性成正比。杨金凤等（2005）以山西省316名外出劳动力为研究对象，分析了农村劳动力个体非农就业能力（知识增长、沟通能力、适应能力等）与外出就业动机之间的联系。村社非农产业发达程度对个体非农就业能力会产生潜移默化的影响，由此也为推进集体经济产业升级，促进农民就地就近实现城镇化提供了一个旁证。

总之，已有的相关研究对迁移行为的解释由关注目的地特点延伸到关注迁出地的村庄社区特点乃至个体特点等。但是，作为迁出地的一项重要制度安排，农村集体经济发展对于迁移的影响仍未得到充分的关注。

村集体经济组织成员人口规模增减，既有外生因素的影响，如工业园区、城市新区建设过程中的征地转居、生态环境建设过程中的水库移民、险村搬迁，农村集体产权制度改革过程中由于股权兑现而出现部分成员退出农村集体经济组织，也有婚姻、生育、投靠子女等方式导致的村与村之间的人口自然迁移。经典的人口迁移理论针对人口迁移动因的解释基本上是对由传统部门向现代部门转移的经济学原理的反复运用，并逐步固化为由乡村到城市的迁移。实际上，农村集体经济组织成员留下或退出的决策动因，既取决于经济因素，如经济发展规模、产业结构，也受经济体制状况、居住环境舒适状况、社会保障水平等社会因素的影响。如果能够获得当地非农业部门（现代部门）经济收入并享受社区内部保障机制与福利制度，农户将不愿意选择退出（Haggblade et al.，2002）。作为一种社会经济组织，发展壮大农村集体经济组织，恰恰可以对成员迁移决策发挥重要的引力作用，从而让农民有组织地就地就近实现城镇化。

根据对贵州的塘约村、箐口村，陕西的马季沟村，北京的黄山店村、窦店村，江苏的华西村，河南的南街村等集体经济发展新老典型的实地调研和长期跟踪观察，在农村集体土地所有制条件下，集体经济组织成员人口规模变动与国外私有制条件下人口迁移相比具有不同的特点，集中到一点就是中国可以依托农村集体经济组织集聚人口和劳动力资源，实现组织的现代化转型。根据我们对 1978~2018 年北京市 40 个村的调研①发现，一些村庄完成了二、三产业升级，村民能够在社区统筹机制下获得非农就业岗位，不仅能享受村内自建的社区保障机制的红利，而且每年还能获得分红和多项福利，这使得组织成员大多不愿意退出集体经济组织，对各类农转居项目缺乏明显的兴趣。

农村集体经济组织成员是村集体经济的民主决议主体和收益主体，是发展的基本动力源，成员人口规模是衡量村集体经济发展潜力和趋势的重要指标。本报告在分析集体经济组织成员人口规模变动趋势性特征的基础上，通过对 40 个村集体经济组织面板数据的计量分析，分析影响农村集体经济组织成员变动②的主要因素，并探讨其作用机理，并对提升农村集体经济组织的"人气"提出对策建议。

二 集体经济组织成员变动特征

（一）1978~2018年村集体经济组织平均成员数描述性统计

我们利用北京市农村经济研究中心对北京 14 个区县 40 个样本村庄 1978~2018 年的跟踪调查数据，对集体经济组织成员变动状况进行统计分析。图 1 是 1978~2018 年 40 个样本村庄集体经济组织成员数均值，从 1978 年的 1257 人减少到 2018 年的 1032 人，成员数整体下降趋势较为明显。

图 2 展示了不同区位类型村庄 1978~2018 年集体经济组织成员数均值。城乡接合部成员数均值从 1978 年的 1882 人下降到 2018 年的 1113 人，下降

---

① 样本选取方式见 B.6 "村集体经济发展分化的评级系统研究"。
② 本报告不考虑集体经济组织成员生、老、病、死等机械增长与减少因素。因此，成员人口规模的增减视同净流入与净流出。

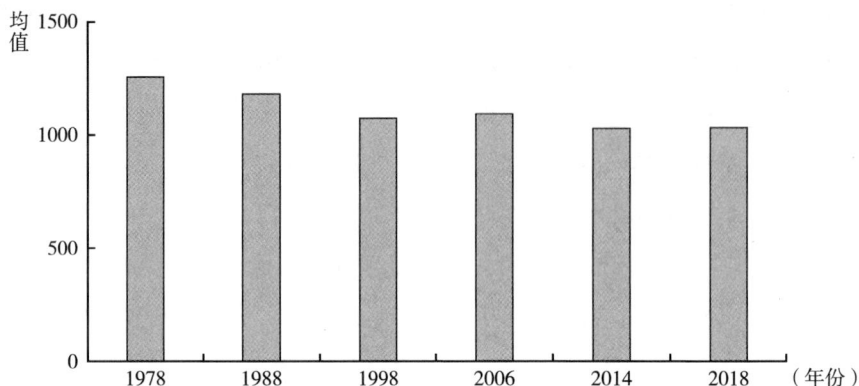

图1　1978~2018年北京市40个样本村集体经济组织成员数均值

趋势相当明显，这可能与城郊地区农民征地转居补偿金额规模较大，并在集体产权制度改革过程中实现资产兑现而退出有关；平原地区成员数均值40年来基本在1200人上下波动，整体变化不大；山区成员数小幅增长，从1978年的542人增长到2018年的649人。

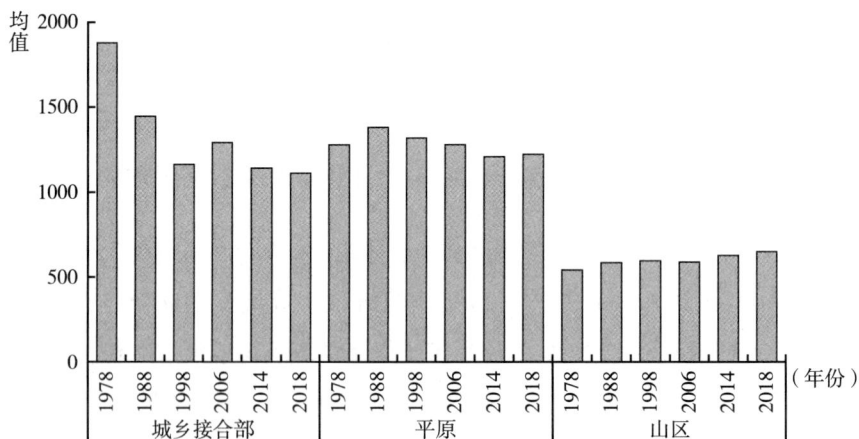

图2　北京市不同区位类型村庄1978~2018年集体经济组织成员数均值

（二）不同时期村集体经济组织成员数平均变动趋势

图3更为直观地显示了不同时期村集体经济组织成员数平均变动趋势

值。首先，1978~1988 年、1988~1998 年、2006~2014 年成员数负向变动，而 1998~2006 年和 2014~2018 年成员数出现正向增长。其次，1988~1998 年成员流出最为严重，村均减少 100 余人，1978~1998 年和 2006~2014 年成员村均减少 50 余人。最后，1998~2006 年和 2014~2018 年成员数村均增长规模很小，均未超过 30 人。由此可见，1978~2018 年村庄成员数主要呈负增长状态，尤其在 1988~1998 年，较多成员退出集体经济组织。

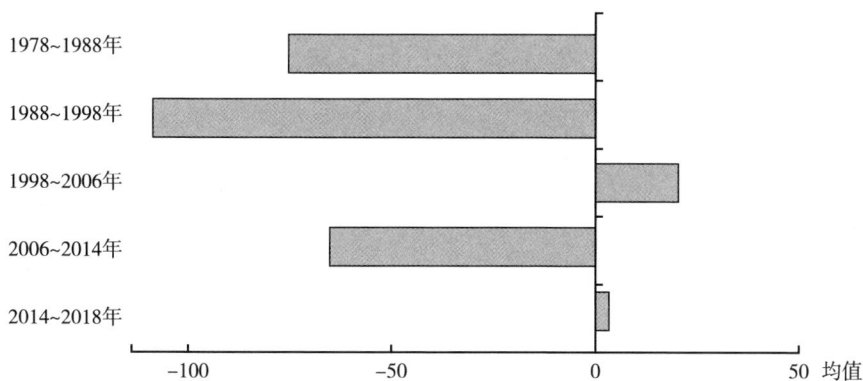

图 3 不同时期村集体经济组织成员数平均变动趋势

图 4 是不同区位类型村庄不同时期集体经济组织成员平均数变动状况，城乡接合部成员数仅在 1998~2006 年正向增长，整体呈现流出趋势，1978~1988 年成员数均值下降最多，村均减少超过 400 人；平原地区成员数变动不大，村均增减均在 100 人以内，1978~1988 年成员数增长最多，2014~2018 年也略有增长，其余年份以负向变动为主；山区成员数变动幅度虽小但历年整体为正向增长趋势。

（三）不同时期村集体经济组织成员净流入和净流出排名统计

表 1 显示了不同时期集体经济组织成员净流入和净流出排名前 6 的村庄及其具体变动数量。1978~1988 年成员数流入最多的庄禾屯增长了 616 人，流出最多的太平庄减少了 1513 人。1988~1998 年成员数流入最多的小丰营仅增长

城乡接合部

1978~1988年	
1988~1998年	
1998~2006年	
2006~2014年	
2014~2018年	

平原

1978~1988年	
1988~1998年	
1998~2006年	
2006~2014年	
2014~2018年	

山区

1978~1988年	
1988~1998年	
1998~2006年	
2006~2014年	
2014~2018年	

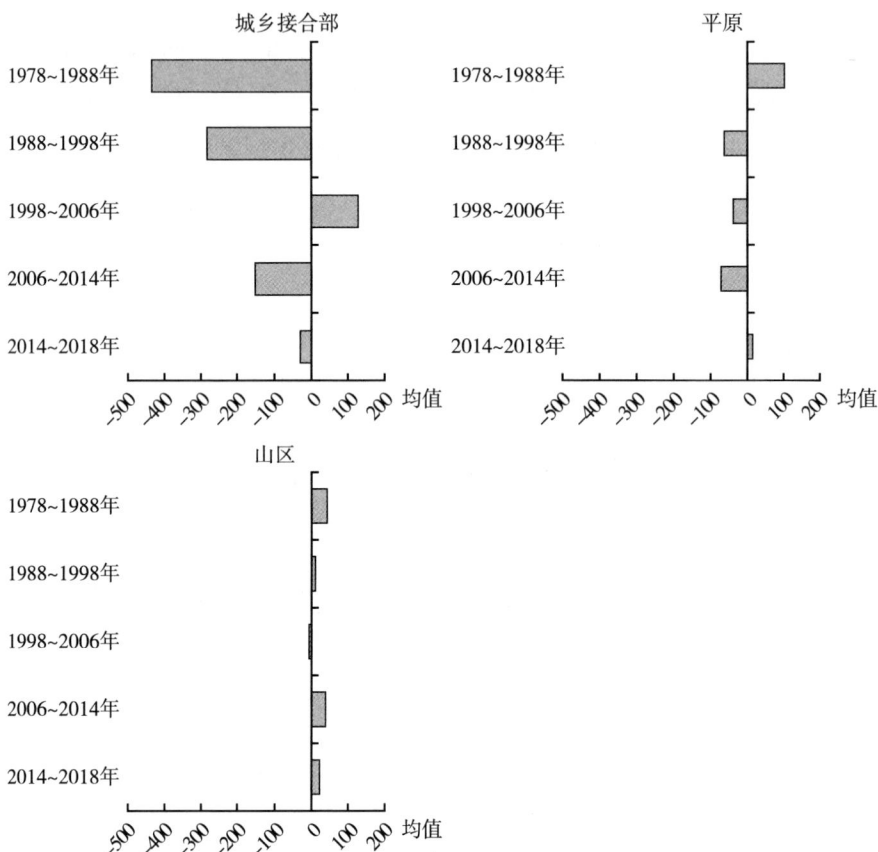

图4 不同区位类型村庄不同时期集体经济组织成员数平均变动趋势

了220人,而流出人数最多的高碑店达到830人。1998~2006年成员数流入最多的草桥村增长930人,流出人数最多的大峪村减少768人。2006~2014年成员数流入最多的狼垡二村增长373人,而流出人数最多的大峪村减少了1174人。2014~2018年成员数流入最多的安乐庄村增长304人,流出最多的草桥村减少607人。值得注意的是,1978~1988年、1988~1998年、2006~2014年,排名前6的流出数量均大于排名前6的流入数量,成员流出成为主要趋势。但1998~2006年则相反,排名前6的流入数量均大于排名前6的流出数量,集体经济组织成员数在这一时期出现一定的增长。

表1 1978~2018 年集体经济组织成员数流入和流出排名前六的村庄及其变动数量

年份	成员数变动	排名1	排名2	排名3	排名4	排名5	排名6
1978~1988	流入	庄禾屯 (616)	大稿 (410)	西凡各庄 (227)	南宫 (218)	仇庄 (188)	小鲁庄 (174)
	流出	太平庄 (-1513)	高碑店 (-1270)	八角 (-1188)	草桥 (-715)	大峪 (-388)	十里河 (-353)
1988~1998	流入	小丰营 (220)	岔道 (148)	草厂 (95)	草桥 (57)	四各庄 (50)	狼垡二 (40)
	流出	高碑店 (-830)	十里河 (-741)	大峪 (-604)	八角 (-455)	南宫 (-304)	南街 (-278)
1998~2006	流入	草桥 (930)	东大街 (604)	蔡家洼 (572)	南街 (555)	太平庄 (271)	三合庄 (192)
	流出	大峪 (-768)	高碑店 (-430)	窦店 (-268)	草厂 (-216)	稽山营 (-202)	西凡各庄 (-168)
2006~2014	流入	狼垡二 (373)	高碑店 (349)	西凡各庄 (335)	南宫 (286)	岔道 (286)	和平街 (200)
	流出	大峪 (-1174)	太平庄 (-746)	东大街 (-723)	蔡家洼 (-626)	窦店 (-375)	大稿 (-322)
2014~2018	流入	安乐庄 (304)	大稿 (218)	狼垡二 (121)	涧沟 (113)	岔道 (86)	大峪 (73)
	流出	草桥 (-607)	南宫 (-383)	八角 (-63)	黎明 (-26)	东大街 (-17)	蔡家洼 (-16)

三 集体经济组织成员流动影响因素的实证设计

（一）变量选取及描述性统计

我们使用 40 个样本村 1978~2018 年的调研数据来实证检验集体经济组织成员流动的影响因素，选取的被解释变量为集体经济组织成员数变动和集体经济组织成员数是否净流入。集体经济组织成员数变动具体的测算方法是下一期的成员数与当期成员数之差，而集体经济组织成员数是否净流入则利用集体经济组织成员数变动的正负值来进行（0，1）二元变量赋值。

影响村庄集体经济组织成员数流动的解释变量，也就是关乎集体经济组织成员效用函数的因素，主要涉及以下几个方面。

一是村经济总收入。村庄间经济收入存在显著差异，而且村均经济收入水平对于集体经济组织发展能力和村集体经济组织成员效用具有重要意义，会显著影响村民是否进入集体经济组织的决策行为，为此我们控制了人均村经济总收入变量。

二是村集体资产积累水平。村集体资产积累（集体净资产）水平提高，有利于增加集体产业项目投资，提升集体经济组织成员的分红收入，提高村民享受的就业、医疗、养老等福利，进而增强村集体经济的实力和凝聚力，为此我们控制了人均集体净资产变量。

三是产业结构类型。随着二、三产业的兴起，非农就业可以改善农民的社会地位和经济收入，进而提高其效用水平，因此村庄的产业发展状况也可能成为集体经济组织成员变动的重要因素。一方面，村经济总收入的产业来源可以反映产业发展和升级情况，因此我们控制了村经济总收入中第二和第三产业的比重；另一方面，耕地是从事第一产业的农户最基本的资本要素，反映了村域经济对农业的依赖状况，一般人均耕地较多的地区也是纯农业地区，考虑到这点，我们控制了人均耕地面积。

四是体制改革因素。家庭承包经营为基础、统分结合的双层经营体制在不同地区"统"（集体化）的程度，以及集体产权制度改革的进程均存在明显差异。较高的集体化水平对于村庄内部开展各项社会事业，能发挥统筹、协调和促进作用。集体经济比重是直观度量集体化水平的基本指标，因此我们控制了村经济总收入中集体经济收入占比。此外，自1993年以来，为适应城市化进程，北京市开始推进以资产变股权、社员当股东为主要特征的农村集体产权制度改革。一般来讲，集体经济组织在确定完集体资产总量、人口和劳龄总量以及个人股份后，准备组建新型农村集体经济组织前，会让集体经济组织成员自愿选择股份兑现退出还是继续留在集体经济组织，多数地区的大多数农民选择了退出，这对集体经济组织成员规模势必产生直接的影响。为此，我们控制了是否完成农村集体产权制度改革变量。

五是村庄居住环境和社会保障水平。村庄居住环境和居民所能享受的各类社会保障服务也是影响集体经济组织成员迁移流动的重要因素。从平房搬迁到楼房，对于农户来说，能够改善居住和生活条件，更好地享受城市文明，但是也有可能带来乡村生活福利的损失以及劳动生产不方便等各类问题，因此我们控制了农户是否上楼这一指标来进行实证检验。在村民解决了温饱问题、拥有稳定的就业机会时，享受到和城市一样或接近的社会保障往往成为大多数农民的强烈愿望，故而我们控制了本村是否建有自己的合作医疗制度和村内是否建立了养老制度两个指标。

六是村庄治理机制。在村庄发展的过程中，尤其是初期，需要在村庄能人的引导、发动和带领下实现村庄经济飞跃，因此村支书的能力和水平对于村庄的发展来说至关重要。村支书的个人特质和任职时间跨度等指标状况，能够在一定程度上反映村庄治理水平，故而我们控制了村支书的年龄、村支书受教育程度、村支书任职年限和村干部兼职情况四个指标。

七是村庄的区位类型。一般来说，越靠近中心城区的村庄，受到城市经济的辐射带动作用越强，集体经济实力和吸引力也越强，但是随着辐射半径的扩展，如精品民宿、乡村旅游等产业在远郊区的兴起，城乡接合部或近郊区的区位优势可能会逐渐减弱，远郊区的农民也能够获得更多的发展资源和机会，农民经济独立性增强，转居退出集体经济组织的概率也相应增加。村庄的区位因素对于集体经济组织成员流动也有一定的影响，并且具有不确定性，因此我们也加入了区位类型这一控制变量。

表2呈现了变量类型、符号、定义及其描述性统计。

表2 变量类型、符号、定义及其描述性统计

变量类型	变量符号	定义	均值	标准差
被解释变量	Pop_shifts	集体经济组织成员数量变动	-45.0100	289.3095
	Ifinflow	集体经济组织成员是否净流入(是=1)	0.5875	0.4933
经济发展 积累水平	Income	人均村经济总收入(万元/人)	13.8731	36.7522
	Net_asset	人均集体净资产(万元/人)	8.4889	24.4961
产业结构	Industry	村经济总收入中第二、三产业的比重(%)	0.6356	0.3741
	Plowland	人均耕地面积(亩/人)	6.4651	15.2421

变量类型	变量符号	定义	均值	标准差
体制改革	Public	村经济总收入中集体经济收入占比(%)	0.4683	0.4164
	Reform	是否完成集体产权制度改革(是=1)	0.3625	0.4817
居住环境和社会保障水平	Ifbuilding	农户是否上楼(是=1)	0.3917	0.4902
	Medical	本村是否建有自己的合作医疗制度	0.3309	0.4723
	Pension	本村是否建立了养老制度	0.5899	0.4936
村庄治理	Age	村支书的年龄	49.9917	11.1743
	Education	村支书受教育程度(初中=1,高中=2,中专=3,大专及以上=4)	2.8058	1.4590
	Duration	村支书任职年限	9.3350	8.9108
	Additional	村干部兼任情况(不兼=1;支书兼主任=2;支书兼社长=3;主任兼社长=4;三职都兼=5)	2.2251	3.5496
区位类型	Location	城乡接合部=1,平原=2,山区=3	2.0000	0.7432

(二)模型及方法

1. 固定效应模型和随机效应模型

如模型(1)所示,被解释变量为集体经济组织成员数量变动 Pop_shifts_{it},受到截距项 λ_{it}、解释变量 $controls_{it}$ 和残差项 u_{it} 的影响。固定效应模型中截距项 λ_{it} 代表每个村庄不随时间改变的个体特征(风俗文化、地理区位等),且这种特征和解释变量 $controls_{it}$ 有关。随机效应模型中截距项 λ_{it} 是随机的且与解释变量 $controls_{it}$ 无关。

$$Pop\_shifts_{it} = \lambda_{it} + \beta\, controls_{it} + u_{it} \tag{1}$$

2. 面板 Probit 模型

如模型(2)所示,在面板 Probit 模型中,因变量 $Ifinflow_{it}$ 是二元变量,其取值情况由潜变量 $Ifinflow_{it}^{*}$ 决定。潜变量 $Ifinflow_{it}^{*}$ 的大小由常数项、解释变量 $controls_{it}$ 和残差项 u_{it} 决定。

$$Ifinflow_{it} = \begin{cases} 0, & Ifinflow_{it}{}^* \leq 0 \\ \\ 1, & Ifinflow_{it}{}^* > 0 \end{cases}$$

$$Ifinflow_{it}{}^* = \alpha + \beta controls_{it} + u_{it} \qquad (2)$$

四 集体经济组织成员流动影响因素的实证结果

表 3 呈现了集体经济组织成员流动影响因素的实证结果，前两列是因变量为集体经济组织成员数变动时分别通过固定效应模型和随机效应模型进行回归的结果，后两列是因变量为集体经济组织成员数是否净流入时面板 Tobit 回归系数及其边际效应模型。首先来看固定效应模型和随机效应模型的模型选择，固定效应模型整体显著性检验（F 检验）P 值极小，代表固定效应模型设定是合适的，而随机效应模型整体显著性检验（卡方检验）P 值为 0.2469，代表随机效应模型解释力非常弱。此外，固定效应模型 Rho（个体效应与解释变量相关系数）也显示个体效应与解释变量相关且个体效应 F 检验非常显著。因此，总体来看，选取固定效应模型是较为合适的。

表 3   集体经济组织成员流动影响因素的实证结果

	因变量：Pop_shifts		因变量：Ifinflow（面板 Tobit 模型）	
	固定效应模型	随机效应模型	系数	边际效应模型
Income	4.1355 ***	2.5270 ***	0.0230 **	0.0070 **
	(0.9657)	(0.8977)	(0.0104)	(0.0030)
Net_asset	3.5993 **	2.2853	−0.0002	−0.0001
	(1.8176)	(1.8342)	(0.0093)	(0.0027)
Industry	91.8542 *	39.5324 *	−0.4559	−0.1344
	(54.6163)	(23.1235)	(0.3695)	(0.1075)
Plowland	−0.6912	−0.1243	−0.0160	−0.0047
	(2.3878)	(1.9539)	(0.0136)	(0.0039)

续表

	因变量：Pop_shifts		因变量：Ifinflow（面板 Tobit 模型）	
	固定效应模型	随机效应模型	系数	边际效应模型
Public	66.7877 * （41.3567）	−18.1585 （66.7316）	0.2927 * （0.1648）	0.0863 * （0.0486）
Reform	−104.1333 （84.1415）	−93.1117 （84.3211）	−0.8108 * （0.4673）	−0.2389 * （0.1343）
Ifbuilding	−51.7035 （101.2516）	−57.6848 （98.9790）	0.0451 （0.5684）	0.0133 （0.1677）
Medical	30.8560 （48.9958）	36.0344 （75.0462）	0.2265 （0.4205）	0.0668 （0.1232）
Pension	37.1265 （41.9958）	11.8611 （88.9666）	0.4973 * （0.2946）	0.1466 * （0.0869）
Age	1.3496 （3.0612）	−0.6596 （2.9457）	0.0029 （0.0166）	0.0009 （0.0049）
Education	−70.8354 * （41.2335）	−38.1122 * （21.1181）	−0.0959 （0.2289）	−0.0283 （0.0671）
Duration	−4.1743 （5.5069）	0.6784 （5.3664）	−0.0176 （0.0290）	−0.0052 （0.0085）
Additional = 2	278.8974 ** （142.1432）	184.4307 * （107.5376）	0.5625 （0.4976）	0.1663 （0.1471）
= 3	109.0186 * （64.3046）	159.5813 * （93.6161）	0.7904 * （0.4673）	0.2308 * （0.1365）
= 4	−2.3956 （239.4488）	94.8020 （230.8183）	0.2685 （1.2486）	0.0795 （0.3715）
= 5	149.8993 * （87.7382）	132.6184 * （78.6928）	0.0007 （0.6939）	0.0002 （0.2029）
Location = 2	—	190.2013 *** （65.3621）	0.1727 （0.4154）	0.0500 （0.1194）
= 3	—	232.3698 *** （75.0941）	0.4342 （0.4845）	0.1270 （0.1380）
模型显著性 检验 P 值	0.0252	0.2469	0.001	0.001
Rho	0.4460	—	—	—
个体效应 F 检验	2.28	—	—	—
观测值	188	188	188	188

注：（ ）内数值为标准误，*、**、*** 分别表示在 10%、5% 和 1% 的水平上显著。

　　运用固定效应模型进行测算的结果显示，经济发展、产业结构、体制改革和村庄治理等因素都会影响集体经济组织成员流动。

　　第一，人均村经济总收入和人村集体净资产的提高对于集体经济组织成员进入有显著的正向影响。人均村集体经济总收入水平和净资产积累水平提高，有利于改善村庄的经济环境和产业结构，提升集体经济组织发展潜力及其所提供的养老、医疗、教育等福利水平，这使得集体经济组织成员不会轻易退出，并可能会吸引其他农户进入。

　　第二，村经济总收入来源于第二和第三产业的比重增加，集体经济组织成员也倾向于增多，这可能是因为村庄产业升级改造带来的就业和增收机会使得人口黏性增强。在改革开放后，农业之外的二、三产业不断发展壮大，但是村庄产业升级进程也具有明显的差异性，二、三产业发展较为迅速的村庄往往更具吸引力，而产业升级缓慢的村庄人口和劳动力往往会选择去村庄外部寻找就业和发展的机会，集体经济组织成员也随之流出。

　　第三，村经济总收入中集体经济收入占比对集体经济组织成员流入影响显著。村庄经济总收入主要来自以家庭经营和私营企业等为主要成分的私有经济，以及村庄社区集体经济组织和下属控股企业的集体经济两大部分。在二元经济体制没有发生根本性转变之前，农业生产社会化服务以及养老、医疗、教育等社会事业投入中的大部分来自村庄集体经济收入。因此，集体经济比重较高对于吸引集体经济组织成员具有明显作用。

　　第四，村支书受教育程度对于集体经济组织成员流动表现出了显著的负向影响，这可能是因为村庄治理依赖于村支书深耕农村的经验和阅历，而受过高等教育却缺乏落地经验的治理者在乡村治理中可能表现出"水土不服"的情况。

　　第五，相对于村干部不兼任，村支书兼任村委会主任、村支书兼任合作社社长以及三职集于一身都能有效地促进集体经济组织成员流入，而村委会主任兼任合作社社长却没有明显优势，这说明村干部尤其是村支书兼任其他重要职务在一定程度上有利于村庄治理和发展。

利用面板 Tobit 模型分析的结果与利用固定效应模型分析的结果略有差异。

首先，人均村经济总收入和村经济总收入中集体经济收入占比对于集体经济组织成员净流入仍旧表现出了正向作用，说明村庄经济发展水平越高，集体经济的发展实力和集约化程度越强，集体经济组织对成员的凝聚力、向心力就越容易发挥出来，促使组织成员规模的扩大。

其次，农村集体产权制度改革会导致集体经济组织成员流出。主要是由于在改革的过程中，集体经济组织成员会选择现金兑现而退出集体经济组织。

再次，村内建立养老制度有助于吸引集体经济组织成员流入。受到城乡二元经济与社会结构的影响，我国城镇居民享受的养老保险制度并没有覆盖广大农村居民，农民长期以来主要依靠传统的家庭养老模式，因此在村庄内部建立养老保险制度能够吸引集体经济组织成员流入。

最后，不同于利用固定效应模型测算的结果的是，村干部兼任指标仅有村支书兼任村合作社社长对集体经济组织成员流入具有正向影响，这可能意味着村支书兼任合作社社长所带来的积极影响是最为稳健和重要的。

五　结论与建议

根据村集体经济组织成员流动影响因素的实证检验分析结果可知，促进村集体经济组织成员数增长和组织成员净流入，需要从提升村经济总收入和集体净资产积累水平、升级产业结构、提高经济集体化程度、改革农村集体产权制度、改善养老保障和村干部任职情况等几个方面着手。其中，在两个模型中影响均显著且最为稳健的指标是经济总收入、集体经济收入比重和村支书兼任合作社社长。因此，我们提出了以下几点对策建议。

第一，促进农村经济收入可持续增长。村庄经济实力是集体经济组织发展壮大的根本基础，通过农村集体经济转型升级，如实现一、二、三产业融合，集约高效利用集体建设用地，完善产业链条等，促进村庄经济实力不断提升，实现农村经济快速、健康、可持续发展。

第二，大力支持农村集体经济发挥主导作用。在实施乡村振兴战略、促进农民农村共同富裕的过程中，要有意识地扶持壮大集体经济，在税收、融资、用地、人力资源配置、基础设施建设等多个方面，坚持集体经济优先发展原则，使集体经济在农村各类所有制经济中发挥引领作用。

第三，要鼓励农村治理中的"一肩挑"。乡土社会的文化传统具有特殊性，需要一个"家长"来集合各方面力量，形成集体行动。特别是要强调党建引领作用的发挥，通过法定民主程序，让村书记兼任集体经济组织的主要负责人。对于村书记的选择，不能唯学历是举，要全面考察村干部的经验阅历以及在基层的威信和声望。

第四，优化农村集体产权制度改革方案，充分照顾村集体经济组织的长远利益。改变过去让农民自愿兑现股份"一走了之"的做法，原则上只允许农村集体经济组织成员退出劳龄股，而不允许退出户籍股。

第五，进一步提升农村集体经济组织成员的福利水平。提升各项福利，如过节费，子女上学补助，老人赡养，肉、蛋、奶生活补贴，医疗补贴，养老补贴等，进一步增强集体经济组织成员对集体的依赖感和信任感。

参考文献

E. S. Lee，1966，"A theory of migration"，*Demography*，3（1）：47- 57.

W. A. Lewis，1954，"Economic Development with Unlimited Supplies of Labor"，*The Manchester School of Economic and Social Studies* 22（2）：113-152.

W. A. Lewis，1958，"Unlimited Labor：Further Notes"，*The Manchester School*，26（1）：1-32.

W. A. Lewis，1972，"Reflection on Unlimited Labor"，*International Economics & Development*，75-96.

O. Stark，，1984，"Rural-to-urban Migration in LDCs：A Relative Deprivation Approach"，*Economic Development and Cultural Chang*，32（3）475-486.

S. Haggblade，P. Hazell and T. Reardon，2002，"Strategies for Stimulating Poverty

Alleviating Growth in the Rural Nonfarm Economy in Developing Countries," *EPTD Discussion Papers*.

盛来运，2007，《中国农村劳动力外出的影响因素分析》，《中国农村观察》第 3 期。

杨金凤、张清霞，2005，《教育对农村劳动力外出就业及收入的影响——基于山西省的调查》，《高等农业教育》第 12 期。

专题篇Ⅱ:"三统筹"

Special Report Ⅱ: "Three-Dimension Coordination"

B.9
集中城镇化地区集体经济转型发展研究

——以丰台区北宫镇为例

北宫镇联合课题组*

摘　要:　随着非首都功能疏解向纵深推进,长期以来以不动产租赁为主的农村集体经济,普遍面临着转型升级、减量提质的紧迫要求。本报告在丰台区北宫镇辖区6个村集体经济组织问卷调查数据分析和实地调研的基础上,立足进入后工业社会和特大城市辐射带动的京郊时空特征,提出"3342"的集体经济转型发展战略,即"体制统筹、空间统筹、产业统筹"的"三统筹"总体思路;城

---

* 课题组组长:穆志军;副组长:石斌。课题组成员:陈雪原、李尧、孙梦洁、王洪雨、代静、孟祥云、杜浩、尤颖洁等。执笔人:陈雪原,北京市农村经济研究中心经济体制处处长、经济学博士,研究方向为城镇化、集体经济组织治理与集体土地制度改革;李尧,北京金域美境科技有限公司,研究方向为城镇化、土地整理、信息化;孙梦洁,北京市农村经济研究中心经济体制处副处长、管理学博士,研究方向为集体产权制度改革、集体经济评价、农户经济行为;王洪雨,北京市农村经济研究中心经济体制处副处长,研究方向为集体产权制度改革、集体土地制度改革。

市化、城镇化、美丽乡村的"三类地区"分类推进；改变刚性的福利分配模式、改变传统的财务管理模式、改变粗放的耕地经营模式、改变封闭的治理机制模式等发展模式的"四个改变"；系统梳理北宫镇乡镇级集体经济经营体制、申报全国农村改革试验区的"两项重点工作"。

关键词： 可持续发展　集中城镇化　乡镇级集体经济

为探索丰台区北宫镇集体经济可持续发展的有效路径，应对和破解当前多数村集体经济收入来源趋于枯竭的严峻形势，2021年11月至2022年1月，联合课题组先后完成了镇域6个村的问卷调查，并赴李家峪、张郭庄、东河沿、辛庄、大灰厂5个村开展实地座谈交流，在北宫镇政府召开了课题研讨会。在此基础上，形成了研究报告。

一　北宫镇村级集体经济发展现状与问题分析

（一）集体经济组织经营情况

1. 基本情况

土地出租和利息收入占集体经济组织收入较大比重。如图1所示，主要收入来源是"土地出租"的被访集体经济组织占50%；"利息收入"占33.33%，"其他"占16.67%（即东河沿村，为征地补偿款）。

集体经济组织普遍设有下属企业，经营效益亟待提升。平均有3.5个下属企业，最多的有7个下属企业（东河沿村、大灰厂村均有6个二级企业、1个三级企业）。有3个村级集体经济组织无盈利企业。

集体资产经营方式为租赁或全资经营。如图2所示，租赁经营占66.67%，其余为全资经营，占33.33%。

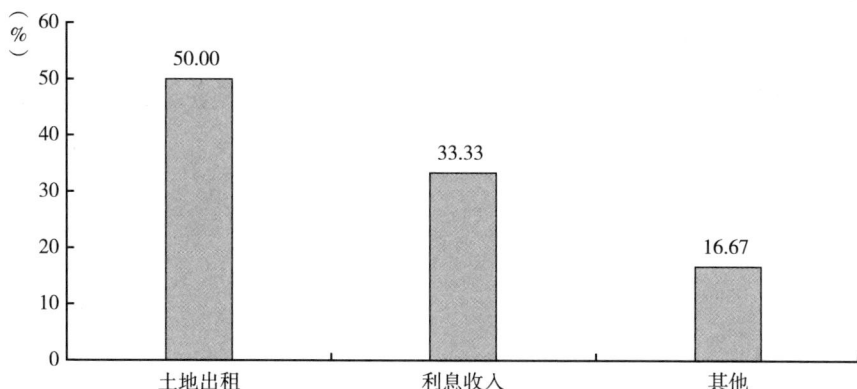

图 1　被访村级集体经济组织的主要收入来源

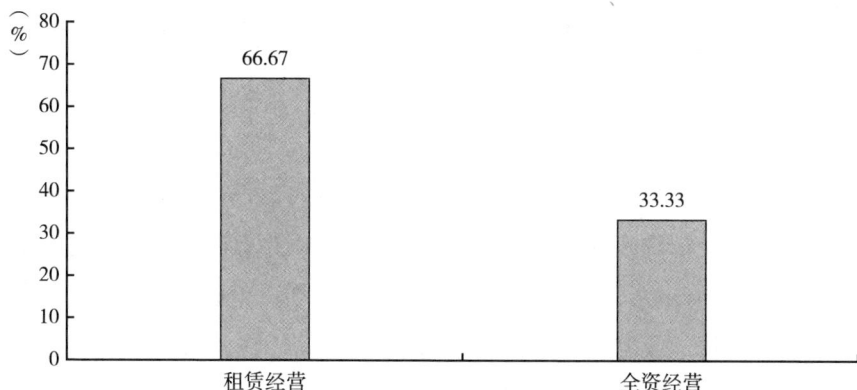

图 2　被访村级集体经济组织资产经营方式

大部分村级集体经济组织缺乏投资渠道。村级集体经济组织或下属企业有投资项目的有 2 家，占 33.33%。1 家企业投资农业项目，另有 1 家投资集租房、园区等项目建设。

2. 集体土地资源利用粗放

被访村级集体经济组织平均拥有集体土地 8617.55 亩，其中经营性建设用地 516.76 亩，宅基地 229.46 亩，农用地 1446.14 亩（耕地 797.10 亩），公益性建设用地 179.30 亩，其他用地 6245.89 亩。① 如图 3 所示，从整体来看，其他用地占比最高，为 72.48%；其次是农用地，占 16.78%，其中耕地占 55.12%；经营性建设用地占 6.00%；宅基地占 2.66%；公益设施用地占 2.08%。

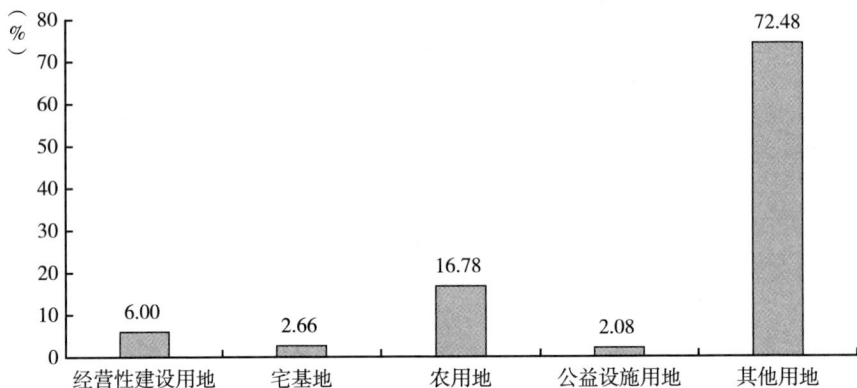

图 3　被访村级集体经济组织拥有土地情况

总体上看，土地利用效率较低，耕地、基本农田、百万亩造林管护、探索林下经济等资源高效利用模式需要镇级统筹。以张郭庄村为例，棚改完成后村里剩余约 30 亩边角地，因地块分散、细碎难以单独利用，需要结合镇级规划，统一征地或统一用于公共绿地等。

3. 村级集体经济组织资产状况差异性较大

村与村之间资产收益水平相对差距持续拉大。如表 1~4 所示，2020 年被访村级集体经济组织间总资产、净资产、总利润、净利润的标准差均较 2018 年有一定程度增加。

集体经济组织总资产。如表 1 所示，2018 年，6 村均值为 40382.96 万元，其中，最大值为东河沿村，最小值为李家峪村。2019 年、2020 年，6 个村均值持续增长，两个极值所在村未发生变化。

---

① 本次调研中，大灰厂村问卷中的农用地为 642 亩，主要为耕地，而其他用地 9938.8 亩，均为林地。

表 1　被访村级集体经济组织总资产状况

单位：万元

项目	2018 年	2019 年	2020 年
均值	40382.96	43392.96	58955.76
最大值	101338.85	107159.38	124562.79
最小值	3789.21	3564.08	3426.91
标准差	37630.96	38638.81	49900.44

集体经济组织净资产。如表 2 所示，2018 年，净资产均值为 13246.37 万元，其中，最大值为张郭庄村，最小值为东河沿村。2019 年、2020 年的均值总体呈现"U"形上升态势，但是，极值差距快速拉大，两个极值所在村未发生变化。

表 2　被访村级集体经济组织净资产状况

单位：万元

项目	2018 年	2019 年	2020 年
均值	13246.37	12417.84	14104.88
最大值	68476.67	67288.33	75587.03
最小值	−12747.83	−13793.04	−17871.33
标准差	28492.92	28389.50	32292.79

集体经济组织总利润多数为负值。如表 3 所示，2018 年，6 个村级集体经济组织总利润均值为−826.82 万元，其中，最大值为李家峪村，最小值为张郭庄村。2019 年，情况类似且两个极值所在村未发生变化。2020 年，均值为−1441.88万元，其中，李家峪村最大，东河沿村最小。李家峪村域面积较小，人口规模小，负担相对较轻，而东河沿村股东最多，是李家峪村的 4 倍，负担沉重。

表 3　被访村级集体经济组织总利润状况

单位：万元

项目	2018 年	2019 年	2020 年
均值	−826.82	−783.76	−1441.88
最大值	−43.89	27.00	−12.55
最小值	−2125.04	−1421.55	−4480.55
标准差	761.01	473.00	1664.44

集体经济组织净利润多数为负值。如表 4 所示，2018 年、2019 年、2020 年净利润均值分别为 −830.16 万元、−694.43 万元、−1324.72 万元，集体经济组织盈利能力总体呈下降态势。极值情况与总利润结果类似。

表 4　被访村级集体经济组织净利润状况

单位：万元

项目	2018 年	2019 年	2020 年
均值	−830.16	−694.43	−1324.72
最大值	−43.89	27.00	−12.55
最小值	−2125.04	−1421.55	−4480.55
标准差	759.52	537.52	1665.52

（二）集体经济组织治理情况

股东存在明显的老龄化及在职股东比例偏低问题。2018 年 6 个村集体股东数量均值为 1790.5 个，2019 年和 2020 年均为 1790 个。股东总数最多的是东河沿村，3 年均为 2591 个，最少的是李家峪村，3 年均值为 640 个，仅为东河沿村的 1/4。2020 年，东河沿村退休股东为 1253 人，占个人普通股股东总数（2590 人）的 48.4%，而在职普通股股东 144 人，仅占普通股股东总数的 5.6%。辛庄村退休普通股股东占比为 46.1%，大灰厂村为 38.3%。

管理层人员交叉任职，基本维持封闭的管理模式。被访集体经济组织董事会平均 5.3 人，监事会 3.0 人，经理层 2.3 人。董事会与经理层成员重合人数平均为 3.2 人，存在所有权与经营权不分的问题。如表 5 所示，被访村级集体经济组织管理人员大多为自身培养或上级委派，且都没有从社会招聘，当年均没有人离职。

表5 被访村级集体经济组织人员构成

单位：%

人员构成	自身培养	社会招聘	上级委派
党支部	96.05	0	3.95
董事会	96.88	0	3.13
监事会	68.42	0	31.58
经理层	100.00	0	0

股权管理办法制定情况。被访村级集体经济组织中有2家已经有或正在研究制定股权管理办法，占33.33%，其他情况的占66.67%。

（三）集体经济组织收入和支出情况

村级集体经济组织收入来源不稳定，且主要依靠拆腾补偿费用维持当前开支。如果不能及时开辟新的可持续增收渠道，大部分村级集体经济组织收入将出现大幅下滑。如表6所示，主要收入有四项。

一是其他收入。2018年和2019年，均为其他收入占比最高，分别为69.04%和80.92%。其他收入主要是征地补偿款或拆除腾退补偿款，属于一次性收入，不具有可持续性。如东河沿村，2018年征地补偿款14262.44万元，2019年征地补偿款25979.01万元，2020年就没有征地补偿款了。

二是村集体产业运营收入。一般无产业运营收入。只有2020年有规模性的经营性收益，且占比最高。主要是由于太子峪村当年产业运营收入达8380万元，将均值拉高，其他村均为0。

三是出租收入。2018年和2019年，地、山、林厂房等出租收入占比位居第二，分别为19.17%和10.49%。随着进一步"疏、整、促"，面临着转型升级的难题。

四是投资收益。2018年和2019年利息等投资收益位居第三，分别为9.48%和7.25%，2020年投资收益位居第四，为11.72%。

表 6 被访村级集体经济组织收入情况

单位：万元，%

收入来源	2018 年		2019 年		2020 年	
	均值	占比	均值	占比	均值	占比
土地发包	62.50	1.34	30.22	0.50	99.08	2.63
地、山、林厂房等出租	893.35	19.17	639.55	10.49	701.34	18.61
村集体产业运营	0	0	0.11	0	1405.10	37.30
村级公益事业专项补助经费	33.33	0.72	36.67	0.60	40.00	1.06
村党组织服务群众经费	11.58	0.25	14.87	0.24	32.50	0.86
投资收益	441.67	9.48	441.67	7.25	441.67	11.72
其他	3216.41	69.04	4933.83	80.92	1048.27	27.82
合 计	4658.84	100.00	6096.92	100.00	3767.96	100.00

村级集体经济组织运转经费支出情况。如表 7 所示，支出结构主要有以下几个方面。

一是福利支出为主。被访村级集体经济组织运转经费中村民福利支出以及养老支出始终居前三位。2018 年、2019 年和 2020 年村民福利支出占比均最高，分别为 67.93%、59.14% 和 68.83%，但均值在下降，分别为6042.84 万元、2952.52 万元和 2461.00 万元。一般集体经济组织成员转为居民后，不再享受村集体经济福利，福利支出的逐年下降与农业户籍人口的减少存在直接关系。

以张郭庄村为例，村级集体经济组织成员福利性支出 2157.3 万元。第一，各种补贴性支出 2034.5 万元，包括村民退休费 730.9 万元、退休奶费125.9 万元、劳动力补助 375 万元、粮食补助 245 万元、煤火费 136.9 万元、春节补助 136.4 万元、"十一"补助 137 万元以及重阳节老人补助、幼儿园入园退园补助、在校生补助、慰问、妇女节育慰问等；第二，各种村民保险费支出 122.8 万元。

二是养老支出较高。2018 年、2019 年和 2020 年，养老支出占比均位居第三，分别为 3.53%、5.81% 和 8.35%，且逐年升高。养老支出具有福利性质，实际上仍属于福利支出的范围。

三是运行维护费支出逐步增长。2020 年，公共服务运行维护费位居第二，占 9.66%。公共运维属于村集体经济组织承担的社会性负担，主要应由公共财政承担。

四是其他支出较高。2018 年和 2019 年位居第二，分别占 23.61% 和 24.68%。

表 7　被访村级集体经济组织运转经费支出项目

单位：万元，%

支出项目	2018 年		2019 年		2020 年	
	均值	占比	均值	占比	均值	占比
村干部报酬	79.62	0.89	78.98	1.58	88.62	2.48
村级组织办公经费	168.38	1.89	161.21	3.23	139.32	3.90
公共服务运行维护费	155.11	1.74	231.81	4.64	345.25	9.66
村级负担的水电费	36.04	0.41	45.80	0.92	24.19	0.68
村民福利	6042.84	67.93	2952.52	59.14	2461.00	68.83
养老	314.26	3.53	290.24	5.81	298.33	8.35
其他	2100.81	23.61	1232.09	24.68	218.08	6.10
合　计	8897.06	100.00	4992.65	100.00	3574.79	100.00

大部分村级集体经济组织收不抵支，差额变动剧烈，缺乏稳固的收入来源是根本原因。如表 8 所示，6 个村级集体经济组织 2018 年均收不抵支，收支差额合计达 -25429.28 万元。2019 年，东河沿村和张郭庄村收支差额为正，其余 4 个村为负，总体上样本村收大于支，差额合计为 6625.54 万元。2020 年，太子峪村和辛庄村收支差额为正，其余 4 个村均为负，样本村收支差额合计为 1158.93 万元。尽管 6 个村级集体经济组织支出总额呈现下降趋势，但收入总额波动幅度较大，且 2020 年出现了明显下滑，收支不平衡的问题仍有进一步加剧的潜在风险。

251

表8 被访村级集体经济组织收支差额情况

单位：万元

样本村	2018 年			2019 年			2020 年		
	收入	支出	收支差	收入	支出	收支差	收入	支出	收支差
东河沿	18198.50	28314.58	-10116.08	27357.53	15600.51	11757.02	4252.25	6387.95	-2135.70
太子峪	2215.00	4908.00	-2693.00	2095.00	5356.00	-3261.00	10173.00	5876.00	4297.00
辛庄	4326.00	16034.70	-11708.70	3536.60	4500.60	-964.00	5299.20	4443.10	856.10
张郭庄	1704.58	2040.32	-335.74	2817.31	2301.76	515.55	1904.33	2324.28	-419.95
李家峪	216.47	434.73	-218.26	58.52	428.05	-369.53	196.93	449.45	-252.52
大灰厂	1292.50	1650.00	-357.50	716.50	1769.00	-1052.50	782.00	1968.00	-1186.00
合 计	27953.05	53382.33	-25429.28	36581.46	29955.92	6625.54	22607.71	21448.78	1158.93

二 北宫镇集体经济可持续发展的总体思路："三统筹"

（一）"双重转型期"的阶段判断：由工业化后期向后工业社会转型，高增长向高质量发展转型

发展阶段判断是研究一个地区经济发展战略的总起点。就北京市而言，自2011年第二产业比重降到20%以内的10年间，已经处于后工业社会①发展阶段。2017年9月，中共中央、国务院批复了《北京城市总体规划（2016—2035年）》，提出了严控人口规模、建筑规模的双控指标，北京成为全国第一个明确提出并实践存量减量发展的超大城市。正如一个人从出生到成人之后身高、体重不再增加，重点转为提高自身成熟度，统筹解决工业化历史遗留问题，实现整体均衡发展，是后工业化社会的基本要求。

---

① 后工业化概念由美国社会学家丹尼尔·贝尔提出，后经美国未来学家阿尔温·托夫勒、经济社会学家弗雷德·布洛克的进一步阐述，产生了广泛的影响，其基本特征为去工业化、去农业化、服务业高端化。

近年来，丰台区城市建设重点逐渐由河东地区转移到河西地区，重大项目陆续落地，配套设施逐步完善，作为二绿地区的北宫镇发展动力日益强劲。但是，如果从前瞻性的宏观视角来审视，该地区重大项目落地的密集期也即将结束。2020年，丰台区人均GDP 9.18万元，折合1.33万美元，跨越中等收入门槛水平，三次产业结构为0.04∶15.23∶84.73，常住人口城镇化率为99.3%。北宫镇农民人均可支配收入27460元①，低于全市农村居民人均可支配收入（30126元），可以设定为丰台区的中下等水平，总体上处于工业化后期向后工业化时期的社会结构转型期与高增长向高质量发展的发展方式转型期。探索北宫镇集体经济可持续发展的有效路径，要立足于"镇域统筹，整体发展"的总要求，推进集体经济转型发展。

（二）总体思路："三统筹"

体制统筹是"三统筹"的关键，是空间统筹与产业统筹的前提条件与重要支撑。

1. 体制统筹

以乡镇一级为基础，建立"区—镇—村"三级统筹体制。② 区级负责研究和布局主导产业和城镇体系。乡镇一级建立跨村联营联建的"龙头"，健全统筹发展的体制机制。村级负责组织农户，完善集体资产的管理体制机制。其中，乡镇级统筹载体可以采取"两级产权，多层经营"的乡镇农工商公司及其下属专业公司的组织体制，作为镇域集体产业园区的立项主体。"两级"主要包括镇农工商公司与村股份经济合作社，均为可以独立进入市场的产权主体。乡集体经济组织和村集体经济组织可以下设从总公司、专业公司（板块）到市场化公司的若干个不同性质和级别的公司或合作社。

国有经济与集体经济之间的深度合作。党的十八届三中全会指出"国

---

① 不排除存在统计口径上的差异。

② 早在20世纪30年代，毛泽东在《长冈乡调查》中就指出"根据群众的意愿，以村为单位统筹生产，一切地方都可实行，特别是在扩大红军数多的地方。必要时还可以乡为单位，甚至以区为单位统筹，上杭才溪区就是这样做的"。

有资本、集体资本、非公有资本等交叉持股、相互融合的混合所有制，是基本经济制度的重要实现形式"。一是丰台科技园西二区建设过程中，园区管委会与镇政府对接，依托乡镇统筹利用集体建设用地试点项目，形成产业园区之间的统筹协调与配套布局。二是集租房建设过程中，充分发挥周边国有部门较多、实力较强、人才公寓等居住需求旺盛的地区优势，主动对接，做到信息对称，订单式供应。

政府职能部门之间的政策集成。聚焦乡镇统筹利用集体建设用地试点项目，区级主导搭建规划与自然资源、人力社保、发改、住建、财政、园林等多个部门统筹协调平台和机制，实现政策匹配。一是以辛庄、大灰厂、赵辛店、长辛店四村联营公司或联营公司与社会资本合资成立新公司作为立项主体，开展项目申报相关工作。二是打通社保政策与试点项目，参照王四营模式"趸缴变分期，死钱变活钱"，利用辛庄村棚改项目资金，同步解决联营项目启动资金及农民整建制农转居问题。三是耕地、林地等农地资源整治、绿地还建项目规划指标缺口与乡镇统筹利用集体产业用地试点项目结合起来，破解规划指标难题，保障后续发展的可持续性。

2. 空间统筹："两类园区+两类社区"

北宫镇地处丰台区河西地区，要立足丰台区分区规划定位，适度承接与绿色生态发展相适应的文化旅游、健康养生等功能，形成以乡镇为单元的规划实施路径，构建"两类园区+两类社区"的"四区联动"空间发展格局。利用当前编制镇域总体规划的契机，提前优化空间布局，征询、协调好村与村之间的诉求和利益关系。科学合理布局"现代科技园区、现代农业园区""城镇型社区、新型农村社区"。

内核1：现代科技园区。依托丰台科技园西二区，配套发展研发机构、科技服务、商业配套服务、通信、设计等高科技类、金融或高端制造类主产业园区，生成具备产业与功能集聚能力和人口承载能力的小城镇内核，形成区域经济发展的主导力量。

配套1：城镇化社区。推动集租房项目建设，集中建设丰台科技园西一区、西二区及周边大型国有企事业单位职工配套住房和镇域农民保障房。按照"户有所居"的思路，完成农村居住形态由一户一宅向农民集中上楼转变，培育多功能的新市镇或特色小镇。村庄整治集约出的建设用地指标，可用于支撑镇域试点项目园区建设。

内核2：现代农业园区。在村一级发展生产、生活、生态多功能的现代农业科技、休闲园区以及周边规模化的圈状或带状分布的农业产业基地，优化组合农业全产业价值链，探索"地产地销，直供直销"模式。同时，适度配置适宜规模的地区发展非农产业项目，作为村级集体经济发展的有效支撑。

配套2：新型农村社区。大灰厂村在棚户区改造中，可选择发展路径有两个。一是建设城镇化社区，采取自身资金平衡方式，经由棚户区改造实现农民上楼，集约出的用地指标用于村内布局产业项目或集租房等项目；二是保留一定的乡村风貌，建设具有新型乡村风格的社区。通过镇域整体资金平衡进行棚改，集约出的用地指标主要用于休闲、观光等集体产业用地试点项目。依据丰台区分区规划，大灰厂村属于建筑高度控制在18米以下区域，结合村庄区位，建议按照低密度空间方式进行城市更新。可依托北宫森林公园的独特资源环境条件，参照石景山朗园、首钢遗址公园等模式，实施城市有机更新，在村域范围内统筹规划设计社区与园区的合理空间布局。

3. 产业统筹

按照丰台区开展国家产城融合示范区建设要求，推进产业园区从单一生产性园区经济向综合性城市经济转型，探索产业和城镇融合发展的新型城镇化道路，丰富集体产业业态，壮大集体经济。要发挥乡联社及其下属专业公司的重要作用，实施产业链整合。具体包括以下几个方面。

多维度拓展都市型现代农业的新空间。一是生产功能主导。充分盘活碎片化的耕地资源，依托乡级农业公司发展高端的现代种业园区，逐步扩大对郊区乃至全国的影响力和带动力。促进农业观光休闲园区、农业科技园区与农业基地的配套协调。二是生活功能主导。村庄内部拆旧腾退还绿后，扩充休闲活动功能场所。规划一般农用地地区推广休闲农业、科技农业、文旅农业，增加农业附加值。推动一、二、三产融合发展，注重"农业+旅游""农业+文化""农业+体验""农业+观光"，带动集体增收。三是生态功能主导。修复采矿用地，扩大绿色空间规模，拓展新的生态增量。规划林地推广平原造林。进一步提升园博园的生态养护功能。西北部北宫森林公园进一步扩展空间范围，提升生态涵养功能。结合碳中和、碳足迹、碳汇市场等新政策的落地，积极探索耕地、林地生态价值向经济价值转化的新路径。

园区之间的配套协调。按照《丰台分区规划（国土空间规划）（2017年—2035年）》要求，中关村科技园区丰台园西区是河西地区承载首都科技创新服务功能的重点地区，西二区结合北宫镇集体产业建设规划，探索产城融合的城乡协同发展道路。乡镇统筹利用集体产业用地试点中的园区项目要与丰台科技园西二区中的产业集群形成联动，承接其产业外延，并建设青年公寓、文体商业、品牌连锁等为丰台科技园提供配套服务，同时满足周边新增居住人口的服务需求。

园区与社区之间的产业配套协调。按照职住平衡的基本思路，为园区配建人才公寓、青年公寓等集租房，形成集体经济稳定的收入来源。

（三）实施路径

1.城市化集聚：棚改+集体产业配套

张郭庄村、东河沿村、太子峪村实施棚改带动完成转型。张郭庄村和东河沿村地理位置较为优越，棚改带动可以顺利实现人口转居。集体经济产业运营项目有两类：一是集租房项目，收益较为稳定；二是配套发展高科技产业，培育居住、商业配套产业聚集区。

李家峪村通过棚改项目带动完成转型。包括集体经济组织成员上楼及集体产业培育运营。在集租房项目尚未进入正常运行期间，重点培育现有的93户小院项目和信鸽产业园项目，维持集体经济的可持续发展。

太子峪村需要在西二区建设带动下完成转型。要实现整体旧村改造，而不能是仅负责园区范围内涉及的村庄拆迁。

2. 城镇化集聚：乡镇统筹利用"集体建设用地+集体土地出让+盘活超转资金"

主要涉及辛庄、大灰厂、赵辛店和长辛店 4 个村。[①] 这 4 个村未来集体经济可持续发展主要依托试点产业园区，培育轨道交通研发产业及周边居住、商业配套聚集区。参照初步试点方案，保底收益 1.6 亿元，每个村年均分红 4000 万元。[②] 一是明确 4 个村集体在联营公司的股权比例关系。可以资产或资源评估折价方式，确认各自股权占比。二是启动资金可以参照王四营模式，与社保超转资金统筹使用或者招标企业带资建设。三是探索集体土地出让的有效路径，解决拆腾启动资金问题。

3. 美丽乡村特色的城市有机更新："村庄土地整治+集体土地出让"

大灰厂村除参与统筹利用集体建设用地项目外，还要立足自身资源优势特征，侧重地区土地集约化利用和提升人居环境，培育生态、休闲等适合地区发展功能定位的产业项目。一是通过村内土地整治的方式，解决规划建设用地指标。二是通过部分集体土地上市出让，解决村庄整治的前期资金问题。三是发展生态休闲产业聚集区，优化生产与生活空间布局。居住区可以规划在北宫森林公园以南地区，产业园区可以安排在现村庄社区南侧。

三　对策建议：推进集体经济转型发展的"四个改变"

（一）改变刚性福利分配模式

福利分配发放水平要结合集体经济收入状况，允许年度之间有一定的弹性，打破刚性支付模式，缓解集体经济产业转型期的支出压力。征地补偿款原则上在解决完农民转居和社会保障城乡并轨问题之前，只能按照一定比例发放到户。

规范和健全干部薪酬激励机制。发挥薪酬的保障、激励和增进公平功

---

① 赵辛店和长辛店村行政区划调整后已经划入长辛店街道。
② 2020 年，北京市居民家庭人均可支配收入 69434 元，其中，财产净收入 11789 元，占比 17%。可以根据 4 个村集体经济组织成员数量和全市人均财产净收入核算保底收益。

能，解决干部薪酬结构不合理、村集体经济组织之间差距偏大、与经营效益和工作完成情况脱节等问题，构建和谐的干群关系，促进集体经济发展。

（二）改变传统财务管理模式

聘请第三方会计管理机构，实施代理记账，提升集体经济财务管理水平，彻底解决村级集体经济组织财会人员短缺、年龄老化、知识结构不适应、记账科目不准确问题。

积极发挥第三方专业优势，针对代理记账重点、难点业务进行培训，加强对乡村两级集体经济组织及下级企业内控、税务的财务指导力度，完善村级财务管理相关制度建设，强化农村集体经济组织财务管理的法制化、制度化、规范化。

（三）改变封闭治理模式：所有权与经营权分离

主要是理顺"三重关系"，建立健全运行机制，实施所有权与经营权分离。

党组织与董事会的领导与被领导关系。一般集体经济组织股权结构相对均质化，缺乏大股东的行动主动性，对经营状况的关心和参与决策动力不足。有必要加强党建引领，提高股东及股东代表的基本素质，提高股东决策力。充分发挥党建引领作用，凡属重大决策均需要由党组织专题会讨论后确定。同时，理顺党务与社务的治理边界。

股东（代表）大会与董事会之间的信任托管关系。董事会受股东（代表）大会委托，代表资产所有者进行集体经济治理。有条件的村级集体经济组织要进一步完善董事会组织架构，设立人才、提名、审计、薪酬、投资等专业委员会。

董事会与经理层的委托代理关系，重点是积极探索如增资扩股、期权股、岗位股等股权管理方式，建立健全职业经理人的激励机制。对于有条件的、经营资产比较多的集体经济组织重点在下属轻资产公司试点总经理负责制，向社会招聘职业经理人。经理层要压缩社会性事务负担，提升专职化程度。

监事会部门往往形同虚设，可由镇级纪委部门负责同志兼任。

关键是要实行"三权分置"，即股份经济合作社股东（代表）大会行使所有权、董事会行使占有权（法人财产权）、经理行使经营权，董事会居于法人治理结构的核心。

（四）改变耕地粗放经营模式：培育现代种业示范园区

一是落实新《土地管理法实施条例》中的耕地保护补偿制度，强化补偿激励。大灰厂、李家峪、东河沿等村位于生态培育带，应严格控制建设类型和建设强度，不适宜进行集中建设。为此，要争取市区两级规划自然资源部门、农业农村部门支持，落实《土地管理法实施条例》中的耕地保护补偿制度，按照科学适宜的标准进行足额补偿。保底标准是维持当地农村集体经济组织成员的基本生活水平。

二是借力丰台区种业大会，统筹集约利用耕地资源，开展国家农业种业示范园区建设。持续、高效地转化绿色空间的经济价值。

三是组建北宫镇农工商总公司下属农业专业公司（承继原长辛店镇联合社下属农业经济）。统筹整合农地资源，以种业为主，培育新产业、新业态。

四是研究开展土地承包经营权抵押融资。按照《北京市农村承包土地经营权抵押贷款实施办法（试行）》的融资要求，发挥乡村两级集体经济组织的统筹作用，将碎片化的耕地资源进一步流转整合，破解资金瓶颈，加大金融对乡村振兴的支持力度。

五是参照耕地进出平衡政策，通过整理林地资源培育集体经济新的增长点。自然资源部、农业农村部、国家林草局《关于严格耕地用途管制有关问题的通知》（自然资发〔2021〕166号）提出落实"进出平衡"，即把耕地转为林地、草地、园地等其他农用地及农业设施建设用地的，要把另外的林地、草地、园地等其他农用地及农业设施建设用地整治为耕地。由此，作为农用地的土地整理费用，如20万元/亩，创造了新的增收空间。

六是赋予乡村两级集体经济组织林地特许养护权。乡村两级集体经济组织下设绿化养护公司与公共服务经营公司,负责提供以平原造林、山区生态养护为主的生态环境服务及竞争性较弱的基础设施维护的公共服务。

四 关于北宫镇壮大新型集体经济的两个思考

(一)理顺北宫镇乡镇级集体经济的经营体制

乡镇级集体经济组织是体制统筹的"龙头",当前要通过"五分开",着力加强乡镇级集体经济组织的经营体制建设,进而将碎片化的土地资源、产业项目串联起来,形成集体经济转型发展的合力,形成区域协同发展的新局面。

一是政社功能分开。处理好乡镇党委、政府与乡镇农工商总公司之间的关系。制定乡联社议事决策工作规范。切实做到政社分设,两本账、两个功能有效分开。乡镇级集体经济组织是集体资产的所有者,负责规划全镇集体资产布局和发展模式、方向及重点。二者均需要在乡镇党委的统一领导下开展工作。核心是要根据发展的实际情况,科学设定乡镇农工商总公司的审批额度权限。

二是乡村两级治理边界分开。乡级统筹内容与村级统筹内容要有差别,实施清单化管理。同时,要充分尊重乡级统筹的客观优势,而不能继续维持"村村点火、户户冒烟"的发展体制格局。此外,要在乡村治理架构完善的基础上,培育新型的乡村民主治理体系。

三是产权方与经营方分开。作为产权主体,乡镇农工商总公司(实质为联社或总社)要按照"社+公司"的组织形式,通过设立专业公司及专业公司下属公司作为经营方,形成直接参与市场竞争、产权开放、有限责任的市场主体。

四是乡镇农工商总公司、专业公司与市场化公司分开,突出公司层级功能差异。乡联社发挥着全乡域经济社会发展"兜锅底"的功能和作用，按照专业化分工的原则，设立农业公司、物业公司、投资管理公司等若干个专业公司，重点任务是在内部形成有效的专业分工协作，并与市场对接，打造专业品牌。如张郭庄村回迁房投入使用后，村级集体经济组织可下设物业子公司，负责项目物业管理。由镇级与社会企业协商，集租房项目物业管理优先交由镇级、村级集体经济组织下设物业子公司负责。目标是乡村两级集体经济组织物业公司按照"准物业化管理"标准经营，既便于规范化管理，又可以取得比以户为单位出租更高的收益。各专业公司下面，利用纯粹的市场机制运作方式，成立若干个市场化运营公司，专职于市场竞争。可先在下属子公司层面开展集体经济混合所有制试点。

五是重资产与轻资产分开。重资产一般包括土地、房屋等不动产，经营风险较小，适合由乡联社（总公司）下属的物业公司直接经营。轻资产一般为投资管理类项目，技术含量较高，市场风险较大，需要采取引入职业经理人团队、股权创新管理、技术入股等方式进行运营。

（二）研究申报"三统筹"综合改革试点，争取纳入国家农业农村综合改革试点，完善集体经济发展的外部政策环境

"体制统筹、空间统筹、产业统筹"作为北宫镇集体经济转型发展下一步的基本方针和工作思路，纳入 2021～2025 年市级"三统筹"改革试点工作。编制试点工作方案，经区政府专题会议后，由区政府上报市农业农村局合作经济指导处，经国家有关部委联审通过后，纳入全国农村改革试验区，从而实现集体经济转型发展政策的进一步突破。除体制统筹外，重点突破的政策需求主要有以下几个方面。

1. 按照国土空间规划要求，推进"北宫镇国土空间规划"编制工作

市区两级规划与自然资源部门指导镇域总规划编制工作，镇域资源进行系统梳理，满足后续项目立项申报的用地规划条件。一是稳定用地功能布局。按照"多规合一"的基本要求和总体思路，立足丰台区分区规划，统筹城镇开发边界内的控制性详细规划与城镇开发边界外的实用性村庄规划，

科学合理布局镇域农业、生态、城镇等功能空间，划定落实永久基本农田、生态保护红线和城镇开发边界。镇域总体规划应当包括国土空间开发保护格局和规划用地布局、结构、用途管制等内容，明确耕地保有量、建设用地规模、禁止开垦的范围等要求。二是提高土地节约集约利用水平，保障土地的可持续利用。按照丰台分区规划要求，统筹布局产业用地和居住用地，培育服务首都功能的高端服务业。三是调高还建集体产业用地指标标准。需要结合二绿地区实际，拟定可行的二绿地区人均（或劳均）产业用地标准和容积率标准，如劳均100平方米的规划建设用地指标。

2. 探索推进集体经营性建设用地入市的有效路径，推进农业科技园区、农村社区建设

一是存量入市。依法取得符合规划的存量经营性建设用地，具备开发建设基础设施基本条件的可以直接就地入市。二是整治入市。零星、分散的居民点建设用地，可先行组织复垦为农用地后，将腾挪出的建设用地指标调整到同一项目范围内入市。三是新增入市。因项目区域生活或生产及其配套功能需要，确需少量新增建设用地，依法办理农转用手续，按农垦经营性建设用地性质入市。

3. 借鉴王四营模式，统筹使用辛庄村棚改安置补偿资金与拆腾费用

借鉴"资金变资产、趸缴变分期、死钱变活钱"的四季青模式、王四营模式，借助辛庄村超转人员资金解决统筹试点项目拆腾资金问题。试点产业项目正常运营后，按照预期试点项目保底收益50%的标准定期支付超转费用。考虑到产业项目的运营风险，可由区级财政予以担保。

在完成社保体制城乡并轨后，要适时放宽剩余征地补偿款的使用范围，提高集体经济组织成员的福利和分红水平。

附录：

1. 北宫镇乡村两级集体经济组织经营体制示意（现状）
2. 北宫镇乡村两级集体经济组织体制改革示意（拟改）

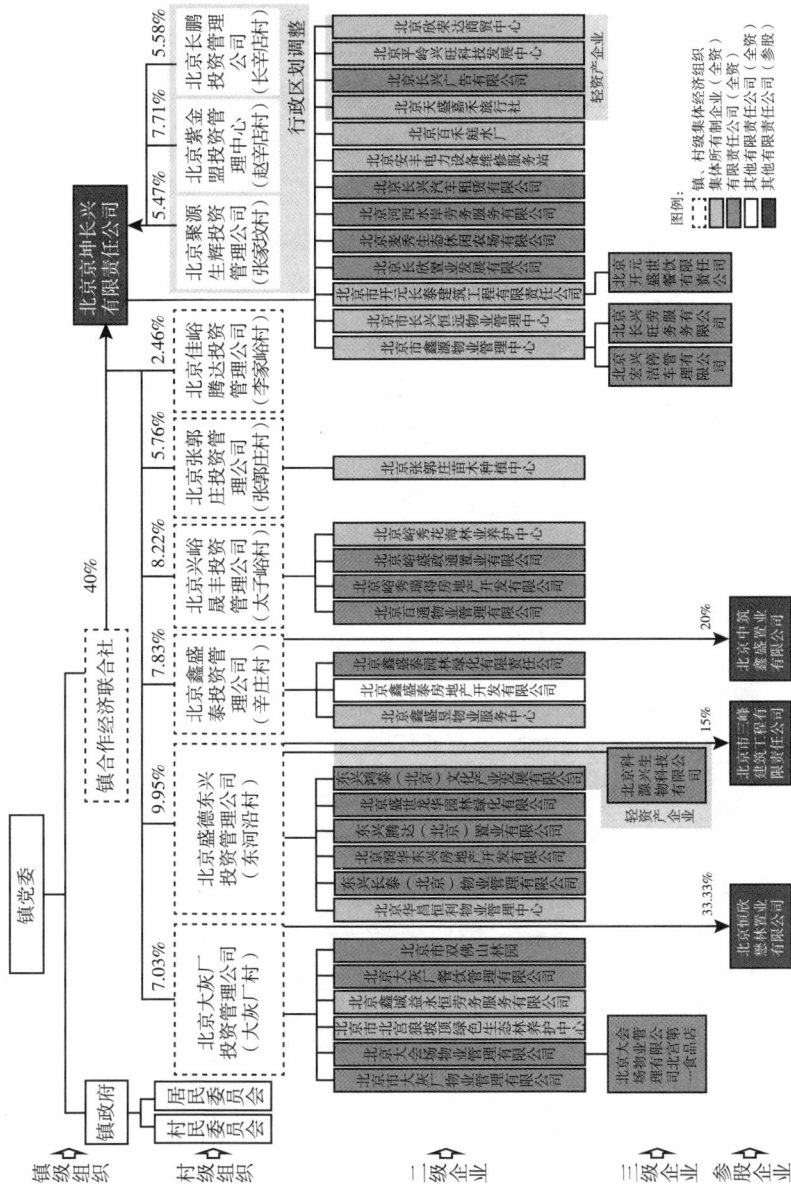

附图 1　北宫镇乡村两级集体经济组织经营体制示意（现状）

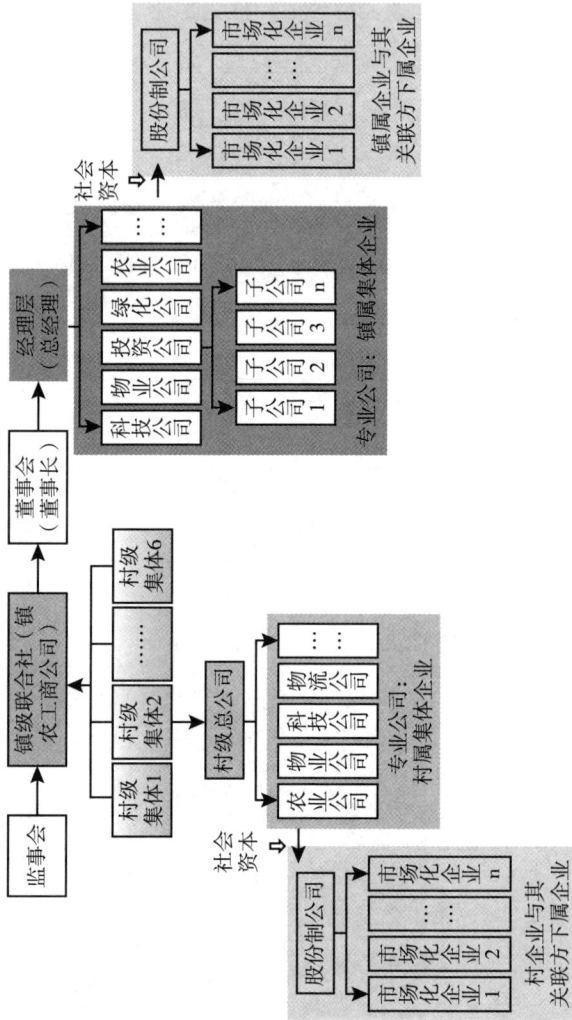

附图 2　北营镇乡村两级集体经济组织体制改革示意（拟改）

B.10

非集中城镇化地区集体经济发展路径研究

——基于平谷区 18 个集体经济薄弱村的调查

集体经济薄弱村平谷区调查组 *

摘　要： 作为生态涵养区，平谷区集体经济薄弱村相对集中，占北京市 13 个涉农区薄弱村总量的 14%。本报告基于随机抽样获取的平谷区 18 个样本村问卷调查数据，围绕人口、土地、产业、收支现状及面临的突出问题和发展意愿等主要方面分别进行了梳理，揭示提升"统"的层级，推进薄弱村跨村统筹发展的客观必然性。在加强"统"的体制演变总趋势引领下，分集中城镇化与非集中城镇化两类地区，结合产业结构、社会结构演化的不同方向，提出转化集体经济薄弱村的六类实施路径。

关键词： 集体经济薄弱村　非集中城镇化　转型发展

北京市平谷区位于首都生态涵养发展区，多数地区属于非集中城镇化的传统农业区，三面环山，山区、半山区[①]占 4/7，平原占 3/7，以林果业、种植业为主，代表了农业农村现代化过程中除集中城镇化地区以外的另一种基本类型。近年来，随着中心城区产业和功能的辐射和带动，不同区位和资

---

* 调查组组长：熊文武、姚杰章。调研组成员：崔爱国、翟翠立、曹洁、孙梦洁、杨君、丁浩。执笔人：王洪雨，北京市农村经济研究中心经济体制处副处长，研究方向为集体产权制度改革、集体土地制度改革；陈雪原，北京市农村经济研究中心经济体制处处长、经济学博士，研究方向为城镇化、集体经济组织治理与集体土地制度改革。

① 视同为浅山区。

源禀赋的村庄形成了显著的差异化发展路径,成为分类转化集体经济薄弱村的基本依据和着眼点。2021 年,按照市农业农村局与市农研中心关于京郊集体经济薄弱村专题调查工作安排,联合调查组通过随机抽样获取了 100 个样本村,平谷区有 18 个样本村。本报告基于平谷区 18 个样本村的问卷调查和实地座谈、走访,探讨集体经济转型发展的现实路径。现将调研情况报告如下。

一 发展现状及主要问题:亟待提升"统"的层级

18 个调查样本村分别为大华山镇苏子峪村,黄松峪乡白云寺村,峪口镇南营村、刘家店镇东山下村、凤落滩村、南独乐河镇峰台村、南山村、熊儿寨乡北土门村、花峪村、镇罗营镇上营村、上镇村、金海湖镇东马各庄村、耿井村、海子村、水峪村、向阳村、小东沟村和祖务村,位于山区、浅山区①、平原地区的受访村分别为 12 个、4 个和 2 个。总体看,这些村发展集体经济缺人才、缺规划、缺效率、缺动力,已经难以再通过自身独立参与市场竞争获得新的发展力量,亟待提升"统"的层级,突破"村自为界"的发展体制格局,实施"抱团发展"。调查问卷显示,72.2%的村(13 个村)表示有必要与周边村联合发展。

(一)缺人才:人口及劳动力结构老龄化严重

一是村两委班子年龄偏大。受访村党支部书记平均年龄为 48.6 岁,50 岁以上的 11 人,占 61%,40 岁以下 4 人;本科学历 1 人,大专 9 人,高中(中专)7 人,初中 1 人。其中,17 个村实现了"一肩挑",占 94.4%,3 个村有"第一书记",占 16.7%,均来自所在镇党委或镇政府。

二是村庄人口老龄化严重。受访村平均人口规模为 344 户、975 人,其中,农业户籍人口村均 207 户、550 人。村均 60 岁及以上的老人 264 人,占

---

① 一般指海拔 100~300 米地区。

总人口数的 27.1%，属于中度老龄化阶段①；村均长期在本村居住的农业户籍老人 190 人，占长期在本村居住的农业户籍人口的 40%，已进入重度老龄化阶段（见图 1）。

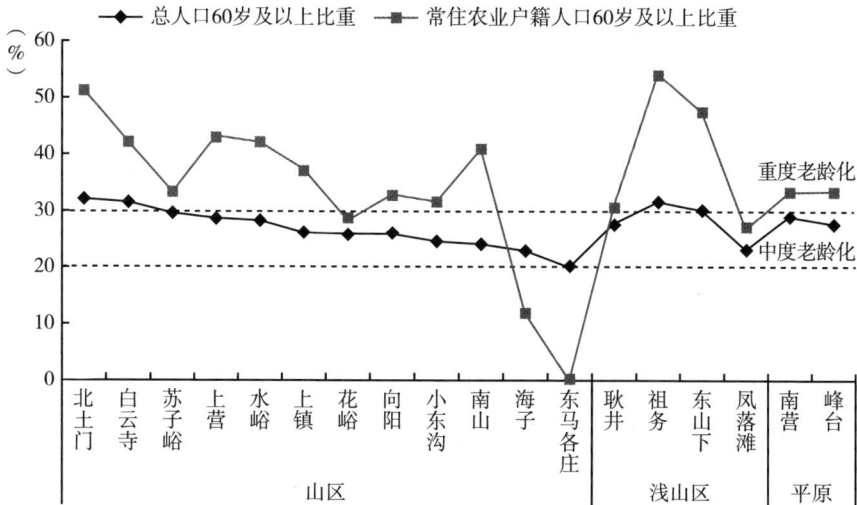

图 1　受访村总人口及常住农业户籍人口老龄化情况②

三是实际就业劳动力主要从事一产且老龄化严重。村均实际就业劳动力 512 人，超龄劳动者③占 18.9%，且主要从事农业。一、二、三产就业劳动力占比分别为 50.8%、16.7%、32.5%，其中第一产业实际就业劳动力中小于 40 岁的仅占 8%、50 岁及以上的占 58.2%。

（二）缺规划：优质土地资源稀缺，农宅等资源闲置

一是区位较偏远。受访村处于北京市远郊区，与北京城区的平均距离约 85

---

① 参照国家统计局标准，一个国家如果 60 岁及以上人口占全部人口的比重超过 10%，则进入老龄化社会；如果 60 岁及以上人口比重为 10%～20%，则属于轻度老龄化阶段；在 20%～30% 为中度老龄化阶段；超过 30% 是重度老龄化阶段。

② 东马各庄村 1993 年全村农转非，没有农业户籍人口。

③ 指实际参加劳动的 60 岁及以上的男劳动者和 55 岁及以上的女劳动者。

公里，与本区城区的平均距离约 19 公里，与近郊区村庄相比区位劣势明显。

二是耕地资源稀缺，土地流转率较低，利用效率也较低。村均集体土地总面积 6496 亩，农用地、建设用地、未利用地分别占 94.6%、4.7%、0.7%。村均耕地 515.7 亩，占村均集体土地总面积的 7.9%，流转比例 9.0%；村均林地 3546.3 亩，占村均集体土地总面积的 54.6%，流转比例 6.4%；村均园地 1465.4 亩，占村均集体土地总面积的 22.6%，流转比例 9.7%。流转土地主要用于百万亩造林等生态用途，其次为流转给村集体，再次为流转给村外个体户和社会企业。仅 1 个村发展了林下经济，占该村林地总面积的 4.5%。

三是经营性建设用地资源短缺严重。村内建设用地主要为宅基地和公共管理与公共服务设施用地，村均现状集体经营性建设用地 19.8 亩，仅占村均集体土地总面积的 0.3%，折合劳均 25.8 平方米，人均 13.5 平方米，远远低于一绿地区劳均 50 平方米建设面积（假设容积率为 1）的配比标准。同时仅分布在 5 个受访村。

四是闲置农宅利用不足。村均农宅 326 套，有 5 个村农宅发生流转，共 36 套。9 个村显示有闲置农宅，占总村数的 50%，共 205 套，村均 22.8 套；6 个村存在一户多宅情况。但是，闲置农宅利用缺乏明晰的路径。

受访村主要土地利用分类占村集体土地总面积比重情况如表 1 所示。

表 1　受访村主要土地利用分类占村集体土地总面积比重情况

单位：%

受访村	农用地	其中						建设用地	其中	
		1. 耕地	2. 园地	3. 林地	4. 草地	5. 水面	6. 其他农用地		1. 现状集体经营性建设用地	2. 宅基地
苏子峪	89.1		43.2	45.9				10.8		9.7
白云寺	98.8		20.8	78.0				1.2		1.1
东马各庄	97.1	0.8	1.1	76.6			18.6	1.6		1.4
耿井	89.5	21.9	67.5					10.5		10.1
海子	89.8	3.3	32.9	39.7	14.0			10.2	1.3	8.1

续表

| 受访村 | 农用地 | 其中 | | | | | | 建设用地 | 其中 | |
		1. 耕地	2. 园地	3. 林地	4. 草地	5. 水面	6. 其他农用地		1. 现状集体经营性建设用地	2. 宅基地
水峪	96.8	8.6	36.6	50.1	0.0	0.1	1.5	3.2		2.4
向阳	99.2			99.2				0.8		0.7
小东沟	94.0	0.1	30.3	44.2	19.4			6.0		5.3
祖务	85.9	28.6	57.3					14.1		11.7
东山下	88.5		33.2	55.3				11.5		6.3
凤落滩	96.0	1.5	18.1	75.3				4.0		3.8
峰台	79.5	64.1		3.7		4.1	7.5	20.5	5.2	10.3
南山	93.7	1.3	17.5	39.2	35.4		0.2	6.3		6.1
北土门	98.6		17.1	81.5				1.4		1.2
花峪	99.6			99.6				0.4		0.4
南营	79.0	36.7	2.6	8.8		10.6	20.2	21.0	1.1	8.0
上营	94.8	12.8	28.9	53.2				2.3	0.1	1.5
上镇	95.0	16.2	47.1	31.6				2.9	0.1	2.5

（三）缺效率：农业仍是主要产业，一、二、三产融合程度较低

一是村庄产业以农业为主。2020 年，受访村村均产业产值 176.7 万元、村均吸纳本村农民就业 197.6 人，劳均产值 8942.3 元，为同年全市社会劳动生产率（285128 元）的 3.1%。一、二、三产产值比例为 89.5：4.4：6.1，吸纳本村农民就业比例为 96.8：0.7：2.5。

从产业比重看，林果业产值占比最高（79.8%），产品主要为大桃、梨、核桃、枣，分布在 16 个村，苏子峪村、东山下村、峰台村产值较高；其次为种植业（传统大田作物）（6.5%），产品以玉米、小麦为主，多用于村民日常食用，仅少量用于销售；休闲农业与乡村旅游业产值占比较低（2.4%），村均产值为 4.2 万元（部分村不掌握农户经营收入情况），主要为采摘和民俗旅游（见图 2）。受访村均无农产品加工业。

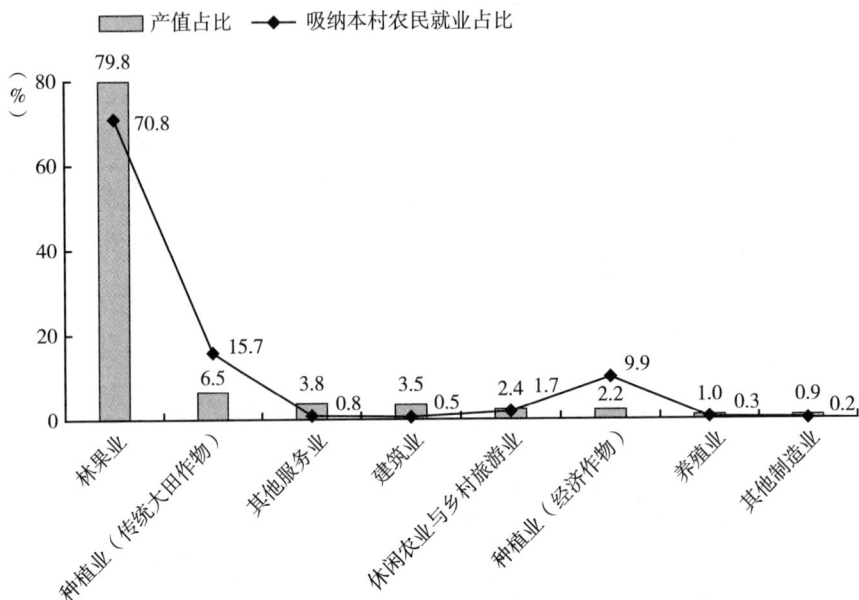

图2　受访村2020年村庄产业结构及吸纳本村农民就业情况

在市场经济冲击下，区域传统特色大桃种植业受种植技术落后、管理粗放和销售渠道窄等因素影响，市场竞争力下降。以刘家店镇大桃记账户为例，2012~2018年桃种植单位生产成本增加了7.8%，销售单价和利润却分别波动下降了24.4%和43%。

二是村庄产业以个体经营为主，带动农民就业能力较弱。12个村经营乡村观光休闲旅游业，其中以农户个体经营民俗旅游为主的村占75%，实际经营中的民俗旅游户共59户，1个村（海子村）成立了旅游合作社。村农民专业合作社共7家，其中村集体领办2家，2020年仅1家合作社（村集体领办）获得利润，并以实物形式给村民分红。受访村均无集体企业，私营企业共12家；村均在本地社会企业或个体工商户就业的劳动力5人，占实际就业劳动力总数的1%。

（四）缺动力：村集体经济无产业运营性收入，对农民增收带动性较弱

一是村集体经济组织收入主要来自财政转移性收入。2019~2020年，村均

集体经济组织收入由 75.9 万元增加到 89.1 万元，上涨 17.4%；政府政策性补助是村集体经济组织收入的主要来源，其中村级公益事业专项补助经费、党组织服务群众经费两项转移支付收入占比从 67.2% 提高到 72.4%；土地发包和地、山、林、厂房等出租收入占比从 1.3% 增加到 2.5%，2020 年村均出租收入约为 8 万元。受访村均无村集体产业运营收入和投资收益。

二是收不抵支村占比超六成。2019 年、2020 年收不抵支村均为 11 个，占比 61.1%。村均集体经济组织支出由 2019 年的 79.8 万元增加到 2020 年的 93.4 万元，主要用于公共服务运行维护，其次为环境整治等支出。

三是集体经济对农民增收带动作用较小。2019 年、2020 年村均农户所得总额分别为 1414.5 万元、1443.2 万元，其中村均从集体经济获取的所得额分别为 39.7 万元、55.9 万元，占村均农户所得总额的比重分别为 2.8%、3.9%。

二　发展意愿及政策需求

（一）基础设施薄弱、缺少产业发展资源和资金制约集体产业发展

受访村认为本村集体产业发展的主要制约因素依次是基础设施薄弱（22.6%）、缺乏产业发展资源（15.1%）、缺少产业发展资金（15.1%）以及缺少规划建设用地指标（15.1%）；最突出的制约因素是缺乏产业发展资源（27.8%）、缺少产业发展资金（27.8%）和基础设施薄弱（16.7%）（见图 3）。

（二）发展乡村观光休闲旅游业、林果业及种植业（经济作物）意愿强烈

受访村在村庄未来发展产业的选择中，计划发展休闲农业与乡村旅游业的占 37.8%、林果业为 26.7%、种植业（经济作物）为 15.6%。

休闲农业与乡村旅游业具体来看主要有以下类型：第一，依托特色林果业发展采摘、民宿和旅游等，如东山下村等；第二，依托红色资源和历史文化资源发展民宿、培训教育基地等，如峰台村；第三，依托景区发展观光休闲旅游业，如海子村等。

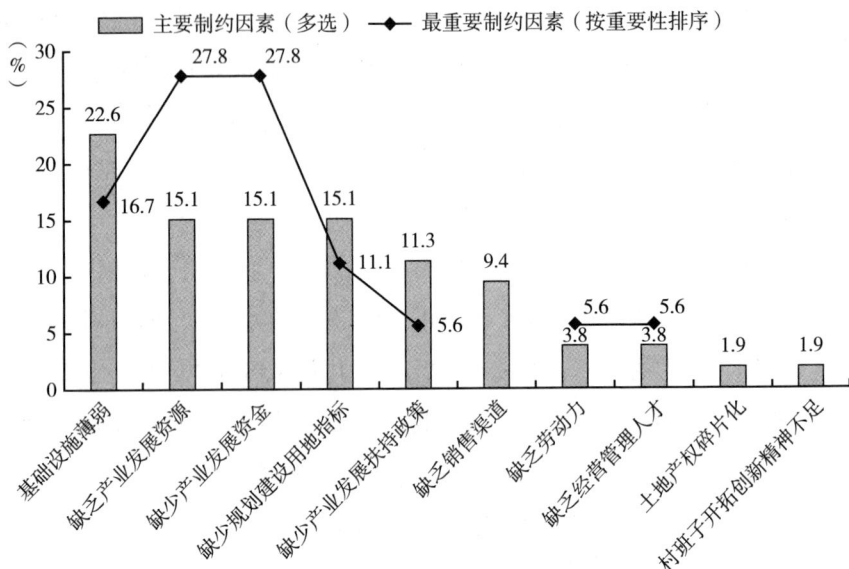

图3　受访村集体产业发展主要制约因素

在浅山区，林果业发展意愿与休闲农业与乡村旅游业持平，均为40%，说明林果业仍有相当大的发展空间。

此外，种植业（经济作物）在平原区发展意愿中与休闲农业与乡村旅游业持平，均为33.3%（见表2）。

表2　受访村未来计划发展的产业类型（多选）

单位：%

计划发展产业类型	受访村	其中		
		山区	浅山区	平原
休闲农业与乡村旅游业	37.8	37.9	40.0	33.3
林果业	26.7	24.1	40.0	16.7
种植业（经济作物）	15.6	13.8	10.0	33.3
农产品加工业	8.9	13.8	0	0
种植业（传统大田作物）	6.7	3.4	10.0	16.7
养殖业	2.2	3.4	0	0
其他	2.2	3.4	0	0

（三）基础设施建设、规划建设用地指标、财政资金投入等政策支持需求集中

受访村实现未来产业发展计划，需要的政策支持依次为产业基础设施（26%）、规划建设用地指标（22%）、财政投入（18%）（见图4）。最需要的政策是获得规划建设用地指标支持（44.4%），其次为产业基础设施支持（27.8%），再次为财政投入（16.7%）。从具体需求来看，以上政策支持主要为了满足村庄改善人居环境和产业发展的需要，一方面用于修建村庄道路、上下水管道、灌溉设施等生活基础设施，另一方面用于修建景观路、精品民宿、停车场、采摘园、厂房等产业发展配套设施。

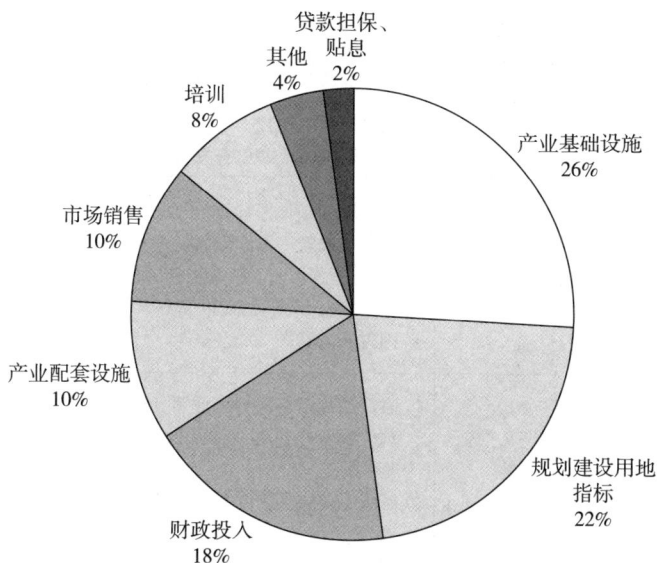

图4　受访村需要的政策支持（多选）

三　集体经济薄弱村转型发展的实施路径

推进集体经济薄弱村转型发展，首先要从集中建设区和非集中建设区两类区域进行区分，进而从产业结构与社会结构演化的不同方向着手，培育和

激活集体经济薄弱村发展的新动力，形成"两大类+六小类"的转型实施路径，如表 3 所示。

表3 平谷区受访村集体经济转型发展路径示意

区位类型	发展动力	重点项目	扶持政策	典型案例
集中城镇化地区	1. 产业园区带动	国家现代农业科技园区	1. 组建镇级联营公司； 2. 旧村整体改造和异地集中上楼； 3. 规划建设用地指标； 4. 园区配套农业基地建设	峪口镇南营村
		文旅休闲功能区	1. 组建镇级联营公司； 2. 闲置农宅利用； 3. 规划建设用地指标	金海湖镇海子村、水峪村、向阳村、东马各庄村
	2. 城镇化带动	重点镇或一般镇镇区	1. 规划建设用地指标； 2. 产业基础设施提升； 3. 旧村改造与新村建设资金扶持	镇罗营镇上营村
	3. 城市化带动	新城或边缘组团	1. 投融资风险内控； 2. 社会保障与公共服务并轨	怀柔区怀北镇新峰村
非集中城镇化地区	4. 三产融合带动	传统种植业升级	1. 规划建设用地指标； 2. 招聘或股权等方式引入专业团队； 3. 贷款、担保贴息（农地流转、果品品质改善、林下经济、产业配套）； 4. 闲置农宅利用	刘家店镇东山下村、凤落滩村；大华山镇苏子峪村；金海湖镇耿井村、祖务村、小东沟村；熊儿寨乡花峪村；镇罗营镇上镇村
		农产品供销、加工等	1. 农产品加工相关许可证照办理； 2. 现代农业产业组织体系构建，促进产销对接； 3. 区级专业协会引导品牌打造	南独乐河镇南山村
	5. 村庄整体改造带动	新农村社区建设	1. 旧宅基地按比例置换为集体产业用地； 2. 财政资金扶持	黄松峪乡白云寺村
	6. 特色资源盘活带动	特色产业项目	1. 规划建设用地指标； 2. 提升基础设施水平和村庄环境； 3. 专业运营团队引入	南独乐河镇峰台村、熊儿寨乡北土门村

注：1. 城市化带动类型典型案例新峰村也是此次 100 个集体经济薄弱村调研样本村；

2. "扶持政策"主要是通过对各村调查问卷中的需求意愿概括汇总形成。

（一）集中城镇化地区

1.农业科技园区或休闲观光园区等产业园区带动

借助北京平谷国家农业科技园区、金海湖文旅休闲功能区，集中区域资源和资金，发展高精尖农业或旅游观光产业，壮大集体经济。政策扶持上侧重于加强乡级集体经济经营体制改革、合理规划建设用地指标、实施土地确权颁证以及开展抵押融资等。

如位于平原区的峪口镇南营村，位于"农业中关村"京瓦农业科技创新中心规划建设范围内，区位条件相对较好、交通便利，可以通过园区带动实现产业结构、社会结构转型。

2.城镇化带动

借助镇区产业集聚，进行旧村改造或棚户区改造，提高土地集约利用水平和配套设施水平，培育产业增长极，带动集体经济发展。一般指位于重点镇、一般镇中心区规划范围内的或边缘组团内的集体经济薄弱村。

如上营村，位于镇罗营镇镇区内，重点是按照融入镇区的思路，推进旧村改造和新村建设，农民上楼后集约出的土地发展养老、精品民宿，修建完善村内道路、休闲亭等公共设施，培育产业发展集聚内核和增长点。

3.城市化带动

一般是位于新城或边缘组团规划建设边界范围内的薄弱村，借助整村征地拆迁、农民上楼，利用征地补偿款或对不动产的稳健经营，为集体经济组织成员提供城市化过程中永久的利益依托，如怀柔区怀北镇新峰村。目前，平谷区的 18 个样本村中尚无此类型。

（二）非集中城镇化地区

1.三产融合带动

承接中心城区功能辐射，充分挖掘资源综合潜力，通过一产传统农业产业的转型升级带动二产、三产发展，推动农业产业与农产品加工、乡村观光休闲旅游融合发展，壮大集体经济实力。这类村侧重加强一、

二、三产融合发展用地、高端运营团队引入、农户餐饮培训等方面的政策扶持。

如东山下村，当前大桃产业种植面积具有一定规模，且紧邻丫髻山景区、交通便利，可发挥集体经济组织引领作用挖掘资源综合潜力，通过传统桃种植业升级推进农旅融合发展，带动村庄综合配套水平和集体经济实力的提升。一方面引进科学种植技术和管理模式进行大桃规模化种植，在桃园引进观光、采摘、体验等休闲项目，推进农地多元化利用。另一方面盘活村内闲置农宅，统一改造和管理打造精品民宿，并与周边丫髻山等景区联动，为游客配套提供"第二站"休闲游憩场所。

2. 新农村社区改造带动

主要是实施了新民居建设且有一定规模旧农宅闲置的村，可将旧宅基地进行集约规范利用，按一定比例调整为集体产业用地并交由村集体经济组织统一经营，并引入专业化运营团队，壮大集体经济。针对这类村可开展"旧宅基地集约利用"试点，在旧宅基地资源整合再利用、集体产业用地指标等方面给予重点支持，探索农业增效、农民与集体增收和生态环境保护的多赢模式。

如白云寺村，存在村集体经济壮大"无产业"、规划"无支撑"、发展"无动力"、生存"无收益"等突出问题，而新民居建设后的135处旧农宅及引进社会资本建设的独栋别墅、敬老院多数闲置，因缺少规划建设用地指标处于待拆状态。可通过编制村庄规划，将集约利用后的旧宅基地规划为集体产业用地，通过农村产权交易所引入专业运营团队，结合禅文化，运营高端民宿、观光采摘等项目。

3. 特色资源盘活带动

依托山水、田园风光、景区或红色文化等特色产业资源，聚焦红色文化体验、农耕文化体验、书法文化体验、教育培训等功能，重点发展体验式休闲旅游，带动集体经济发展。这类村对于村企对接、引入市场化经营模式和启动资金扶持的需求较突出。

如峰台村，是全市唯一"中国书法之乡"、打造了京郊唯一书法文化品牌"上元雅集",村内有区级文物保护单位三义庙,村庄产业以大桃种植为主,交通便利、生态环境优美。应发挥书法文化特色的带动作用,结合美丽乡村建设,发展以中小学生文化游学体验、大桃采摘、农业观光为主的生态农业和休闲旅游业。

B.11
粮食主产区集体经济发展路径

——"北大荒农服模式"探索

北大荒农服模式研究课题组*

摘　要： 本报告从"北大荒农服模式"的主要做法、创新点和启示三个方面，对粮食主产区通过"三统筹"推进农业农村现代化的实施路径进行了分析和总结。研究发现，"北大荒农服模式"提升了农业组织统筹的层级，构建了新型的现代农业产业组织体系，提升了粮食安全的国家控制力和农业的国际竞争力，为粮食主产区实现农业农村现代化探索了一条新路，也为全球农业现代化道路贡献了创新性的"中国方案"。一是通过体制统筹，构建"四位一体"的中国特色农业经济体系，国有经济与集体经济、合作经济、家庭经济融合发展，推动了新时代中国农业改革的"二次飞跃"；二是通过产业统筹，大型国有经济引领农业社会化服务产业体系整合，拓展了中国特色农业现代化的科学内涵；三是通过空间统筹，探索出地区乡村振兴的全域实施路径。

关键词： 北大荒　社会化服务体系　国有经济　集体经济

---

* 课题组组长：赵邦宏，河北农业大学副校长、教授、博士生导师。主笔人：王哲，河北农业大学经济管理学院教授，博士，研究方向为农业社会化服务、薯类产业经济、农业节水政策；陈雪原，北京市农研中心经济体制处处长，博士，研究方向为城镇化、集体经济组织治理与集体土地制度改革；江晶，北京农学院教授，博士，研究方向为都市型现代农业、农业经济管理；韩喜艳，潍坊学院教授，博士，研究方向为农业经济、农业产业链；白丽，河北农业大学副教授，博士，研究方向为农业产业经济；邓少华，河北农业大学在读博士生，研究方向为农业社会化服务、农村集体经济。

长期以来，我国"大国小农"国情、小农户对接现代农业交易成本居高不下、现代农业产业组织体系建设滞后，直接影响了农业质量效益和竞争力的提高。《乡村振兴促进法》第二十二条指出："各级人民政府应当加强国有农（林、牧、渔）场规划建设，推进国有农（林、牧、渔）场现代农业发展，鼓励国有农（林、牧、渔）场在农业农村现代化建设中发挥示范引领作用。"北大荒农垦集团有限公司（以下简称北大荒集团）依托现代农业大基地、大企业、大产业优势，以区域农服中心为载体，通过"农服集团+区域农服中心+农（牧）场综合服务总站+规模经营主体"的市场化运营模式，以全产业链服务为抓手，实施农业投入品统一供应、农产品统一经营、全程数字农服的"双控一服务"，发挥品牌影响力、科技创新力、产业控制力、资本运营力、粮食集散力和抗风险能力，守护好北大荒现代农业大基地这一核心优势，做优做大做强粮食保障基地、绿色食品供应基地、肉禽蛋奶供应基地，建成了中国农业服务领域的"航空母舰"。2021年，北大荒集团粮食总产量463.1亿斤，比2015年增加30.9亿斤，增长7.1%，提供商品粮440亿斤，可满足1.6亿城乡居民一年口粮需求；实现专业化服务全覆盖，当年实现肥料统供率95%，种子统供率92%，现代农服覆盖全垦区并服务农村1080万亩次。

"北大荒农服模式"实施"体制统筹、产业统筹、空间统筹"，坚持和完善了基本经济制度，构建了中国特色新型农业经济体系，提升了粮食安全的国家控制力和农业的国际竞争力，探索了一条国有经济与集体经济等其他所有制经济融合推进中国特色新型农业农村现代化、大力实施乡村振兴战略的新路，为全球农业现代化道路贡献了创新性的"中国方案"。

一 "北大荒农服模式"的主要做法

北大荒因国家战略而生，为国家战略服务，是新中国粮食供给的大后方，是新时代国家粮食安全的压舱石，代表中国新发展格局背景下"三农"领域最先进的生产力和生产关系。1978年，全国陆续实施家庭联产承包责任制，开启农村体制改革以后，黑龙江垦区 1985 年开始兴办家庭农场，确定了以家庭农场为基础、大农场统筹小农场、统分结合的双层经营体制，将垦区农业经营从传统计划经济体制下的国有国营模式中解脱出来，解决"大锅饭"问题。随着生产力水平的不断提高、农业社会化服务组织的不断崛起以及数字农业的长足进步，北大荒集团北安分公司摸索出了"以下至上"需求导向的农业社会化服务体系，历经近 10 年探索和实践，形成了可复制、可推广的"北安模式"。特别是农垦体制改革后，"北安模式"在北大荒集团内部以及黑龙江省、全国进行推广实践，成立了专门的北大荒农业服务集团及其下属的区域农业综合服务中心，实施"服务全国"战略，全面推动北大荒集团打造农地运营商和新型国际粮商"大战略"落地落实。

（一）北大荒农业服务集团组织框架

2020 年，北大荒集团整合重组了农业服务集团（以下简称"农服集团"）。农服集团设农资公司、农化公司、农机公司三个板块。农资公司由北大荒种业集团全资子公司吉林北大荒农资有限公司、北大荒种业集团德美农资有限公司、北大荒种业集团红枫种植有限公司重组而成，承担复合肥、掺混肥及钾肥集团化供应任务，并提供配套技术服务；农服集团新设立全资农化服务有限公司，承担绿色农药生产、贸易、统一供应及技术服务；农机公司承担农用机具制造、国内外品牌农机代理贸易、集团化运营、农机租赁、"三代"（代种、代管、代收）作业服务等，参照滴滴打车模式打造智能农机服务平台。

农服集团先后在集团 9 个分子公司以及黑龙江佳木斯市、安徽凤阳县、吉林、冀鲁豫、赣鄂湘等地成立 14 家区域农业综合服务中心。区域农服中心由农服集团持股 51%，分公司所辖农场有限公司持股 49%（分公司代为行使股东权力）。区域农服中心内设立"三部一中心"，即综合服务部、平台服务部、营销服务部及财务核算中心四个部门，其中综合服务部负责人力资源管理、日常管理、物流管理、固定资产管理、企业内控管理等工作；平台服务部负责农业综合信息收集整理、保险、金融、期货、数字农服、智慧农业等业务；营销服务部负责农资供应，产前、产中技术服务及培训，新产品、新技术示范及综合服务推广；财务核算中心负责农服资金管理、财务核算、经营分析及对接金融（贷款）等业务。

（二）"双控一服务"农业社会化服务抓手

"北大荒农服模式"全面实施农业投入品统一供应、农产品统一经营、全过程数字农服的"双控一服务"运行模式。

一是投入品统一采购。利用集团农资公司、农化公司、农机公司的规模优势，实施生产资料投入品统一供应，保证绿色安全，降低生产成本。

二是生产全过程数字化服务。北大荒农服集团垦区内外，大力推进规模农田替代一般农田、保护性耕作替代传统翻耕、智能化替代机械化、绿色农药替代传统化学农药、有机肥替代化肥、地表水替代地下水，全面实现高标准农田、农机智能化、标准化生产、绿色生产、投入品专业化统供、数字农服管控全覆盖。

三是农产品统一销售。借助北大荒集团强大的国企实力、营销渠道优势和品牌优势，在粮食和农产品销售方面实现统一。

（三）主要运行形式与经验做法

北大荒农服集团组建了14家区域农服中心，在实现了垦区全覆盖的同时，将"北大荒农服模式"推广到全国。形成了集团内、省内和省外三种主要形式。

1. 垦区内实行"农服集团+区域农服中心+农（牧）场综合服务总站（科技服务中心）+规模经营主体"模式

北大荒集团构建了"农服集团+区域农服中心+农（牧）场综合服务总站（科技服务中心）+规模经营主体"的市场化新型现代农业服务模式，形成"以下至上"的投入品采购体系和产品统一销售体系。农服集团通过集中采购议价、构建商业储备体系、农资淡旺季差价、收取平台佣金、土地托管、供应链金融等方式，充分挖掘土地资源附加生产要素的价值，创新效益增长模式，各经营主体共担风险、共享红利，形成稳定的共生关系。

农服集团是北大荒集团设立的农业服务机构，依托农资、农化、农机三大业务板块，针对农业主体对农业社会化服务的需求，围绕产前、产中、产后全过程，全要素提供农业服务，发挥统领和统筹作用。区域农业综合服务中心是农服集团与分公司合资组建的控股子公司，统一负责区域内农业投入品集团化供应，开展社会化服务，向农服集团对接落实各农（牧）场农业投入品需求和服务内容需求。108个农场有限公司具体负责制定和实施农业社会化服务方案、耕地承包方案、农业和农机生产实施方案及规模经营管理、考核方案等相关方案细则，负责对各管理区农业生产经营进行督导检查、指挥调度。农场有限公司下辖管理区，代表公司行使相应的土地统一发包、生产统一经营、新技术统一推广落实、农艺服务统一提供等职能。规模家庭农场是各个农场有限公司、管理区和区域农服中心、科技服务中心与种植户之间联系的载体，规模家庭农场实行民主选举、民主决策、自主经营，确定规模家庭农场的经营主体地位，保障了农业标准化和"双控一服务"落地落实。以户为单位的家庭农场也称种植户，它们与规模家庭农场经营融合、利益分享、风险共担，采取自主选择、自愿申请形式加入规模家庭农场，种植户拥有土地承包权和收益权，规模家庭农场拥有经营管理权，按照种植户承包耕地面积分配经营收益和费用支出。

北大荒集团内部投入品统一采购，规模家庭农场对照采购名录自主选择生产资料，并确定品类和数量，逐级申报至农场有限公司农业科技服务中心、分公司区域农服中心、农服集团相关产业公司，从而实现统一订购，集团为种植户提供质量最好、价格最优的生产资料。生产过程数字化服务，运用人工智能、大数据、云计算、区块链等信息化技术，对农业生产数据进行收集整理和计算分析，在种管收储、运加销各环节，引入农业订单、金融贷款、生资优选、农机作业、农业保险、在线教育培训与农业新闻动态、科普资讯等服务，构建农业标准化、产业规模化、模式数字化、供应可持续、品质可追溯、技术可叠加的农业供给侧云服务平台，提供全面、准确、协同、高效的农业智能化解决方案。规模家庭农场按照种植结构、品种结构、作业标准，与管理区共同监管种、管、收各环节的作业质量，在对重大生产经营事项进行决策前召开规模家庭农场成员议事会议，向种植户通报作业层次、作业标准、风险保障、费用支出等信息，将家庭农场成员意见建议及时反馈给科技服务中心，配合新技术的推广和应用。农产品统一销售，规模家庭农场将粮食产量、销售价格等信息及时向成员公布并商讨，经过超半数种植户同意方可统一销售，粮款汇入农场有限公司指定公户。各家庭农场总成本、总收入由管理区统一核算并阶段性公开，年末按照种植户承包面积分配经营收益、补贴保险和费用支出。农产品销售引入了"订单+保险+期货""基差+点价""企业贸易"等经营模式，规避了价格风险，提高了议价能力。

2. 黑龙江省域内实行"县级区域农服中心+村集体+合作社/种植大户"模式

黑龙江省是农业大省、产粮大省，农服集团及其区域农服中心与市县乡政府合作，组织村集体和合作社，将所流转的土地交由区域农服中心全程托管或环节托管。垦区内 10 家区域农服中心通过辐射周边县，以县级区域农服中心为载体，实施垦地合作、全域链接，向村集体、合作社、种植大户输出高标准种植技术，提供全产业链条服务。发挥农服集团生产物资"统供"的质优价廉优势，为周边市县提供农资服务；发挥农机优势，农机跨区作业，提供代耕、代种、代收服务。围绕提供仓储物流、金融保险、管理咨询等服务，降低了农户市场风险；借助北大荒集团营销渠道，在粮食和农产品销售环节增加收入。将"双控一服务"向周边拓展，逐步实现黑龙江省域全覆盖，增强对周边区域的辐射带动，全面推进垦地合作，拉动地方经济发展。

3. 省外实行"省级区域服务中心+村集体+高素质农民+小农户"模式

农服集团在全国粮食主产区成立省级区域农服中心，重点打造赣鄂湘区、华南区、西南区、西北区、华北区和华东区等区域农服中心。在当地党委政府支持下，与集体经济、其他所有制经济组建合资公司，通过县、乡政府与村集体对接，由村集体负责在农民自愿基础上进行土地流转、统一规划，交由北大荒区域农服中心托管，区域农服中心统一组织，按照北大荒标准提供全程或者某个环节的代耕、代种、代收服务；向农民统一提供低于市场价格的化肥、种子、农药等农用物资，借助北大荒集团营销渠道，在粮食和农产品销售环节增加收入。该种模式帮不愿种地的农户流转、帮愿意种地的农户托管、帮村集体增加经济收入、帮政府解决了农村空心化问题。

（四）"北大荒农服模式"运行成效

农服集团依靠北大荒集团的金字招牌做背书，在全国开展农业社会化服务。2021年，农服集团运行一年实现销售收入20亿元，实现利润4000万元，化肥统供率94.7%、种子统供率91.8%、农产品统营率超过90%。2022年，计划托管农村土地5200万亩次，一季度落实农业社会化服务面积1426万亩次，完成比例27.4%。其中：省内各区域农服中心农业社会化服务目标2200万亩次，已确定902.22万亩次；省外农业社会化服务目标3000万亩次，已落实523.78万亩次，完成比例17.5%。未来5年农服集团将在全国粮食主产区组建20个省级区域农服中心，在有农业保险补贴试点的产粮大县组建200个县级区域农服中心、1000个村镇级合作社。

北大荒集团作为我国农业先进生产力的代表，农业科技贡献率达76.28%，主要农作物耕种收综合机械化水平达99.7%，集团拥有国家级及省级农业产业化龙头企业12家，培育了"北大荒""完达山""九三"等一批中国驰名商标。"北大荒农服模式"以"双控一服务"为抓手，实现高标准农田、农机智能化、绿色生产、标准化生产、数字农服管控、投入品专业化统营"六个全覆盖"，加快实施有机肥替代化肥、绿色农药替代传统化学农药、地表水替代地下水、保护性耕作替代传统翻耕、无人化替代机械化、标准化格田替代一般格田"六个替代"，保障粮食生产的高科技水准和质量安全。

"北大荒农服模式"使各农（牧）场在坚持和完善"大农场统筹小农场"的农业双层经营体制框架内逐步走向农业专业化分工之路，提升了国有企业对粮食安全的控制力和竞争力，为垦区率先实现农业现代化奠定基础，同时辐射带动周边农村农业，促进小农户与现代农业有机衔接，示范引领中国特色农业现代化。

探索实践证明"北大荒农服模式"可复制、可推广，"十四五"期间农服集团将打造成为营收超 200 亿元企业，全国农业社会化服务面积 3.6 亿亩，占全国耕地面积的 20%。农服集团以为中国农民服务、为中国 18 亿亩土地服务、为中国粮食安全服务，以"省内再造一个北大荒、全国再造一个黑龙江"为使命，提高国家粮食安全控制力，真正做到"中国人的饭碗任何时候都要牢牢端在自己手中"。

二 "北大荒农服模式"的主要创新点

北大荒集团作为国有农垦经济的骨干和代表，将统筹的方法运用到农业社会化服务体系中来，以构建省、县、镇等各级区域农业综合社会化服务中心为龙头，实施"体制统筹、产业统筹、空间统筹"，加快了"大国小农"资源禀赋条件下的农业产业结构转型升级，提升了粮食安全的国家控制力、增强了农业的国际竞争力，为推进中国特色新型农业农村现代化、加快实施乡村振兴战略探索了一条新路。这种创新实践，对于带动农业农村多种所有制经济共同发展、坚持和完善我国基本经济制度、巩固党的执政基础具有重要的意义。

（一）体制统筹：构建"四位一体"的中国特色农业经济体系，推动了新时代中国农业改革的"二次飞跃"

习近平总书记强调，"加快构建以农户家庭经营为基础、合作与联合为纽带、社会化服务为支撑的立体式复合型现代农业经营体系"[1]，为创新农业经营体系、实现农业改革"二次飞跃"指明了方向。农垦国有经济与农村集体经济、农户家庭经济、农民合作经济等共同构成"四位一体"的中国特色农业经济体系。这是我国以公有制为主体、多种所有制经济共同发展

---

[1] 习近平：《在中央全面深化改革领导小组第二十七次会议上的讲话》（2016 年 8 月 30 日），《习近平的"三农"情怀和战略智慧》，中国日报中文网，http：//china.chinadaily.com.cn/2017-02/06/content_ 28117863.htm？from＝singlemessage。

的基本经济制度在农业农村领域的重要体现。"十三五"期间,黑龙江农垦实施以垦区集团化、农场企业化为主线的农垦体制改革,撤销了黑龙江省农垦总局,组建了北大荒集团,以"北大荒农服模式"构建区域农业社会化服务体系,成为引领和重构现代农业产业组织体系的"龙头",打造了家庭承包经营为基础、统分结合的双层经营体制的升级版,历史性地创建了新时代中国农业体制变革"二次飞跃"的具体实现形式。

一是公有制主导,构建龙头引领的控制链,实现"统"的到位。首先,确保粮食安全,夯实"党管农村"的基石。"手中有粮,心中不慌"。粮食日益成为一种基础性的公共产品和战略物资,粮食供给不稳易引发物价连锁反应,乃至全社会性的通货膨胀,危及国家政权的健康平稳运行。不同于ADM、邦迪、嘉吉、路易达孚等发达资本主义国家建立在私有制基础上的国际大粮商,北大荒集团是国有独资公司,国家在确保粮食安全中具有绝对控制力,加强了党的领导力,夯实了党的执政基础,体现了落实国家发展战略的首要职责和基本功能。其次,国有农业经济与多种所有制经济互融激活了中国特色新型农业经济体系"原动力"。充满活力和具有强大发展后劲的国有经济与农村集体经济、农户家庭经济、农民合作经济等多种所有制经济有机融合,充分发挥公有制经济在融资、价格控制、供销渠道、技术与产品质量、品牌以及农地资源整合等多方面的优势,加强了"统"的力度,构建了融合发展的"四位一体"的中国特色农业经济体系,在农村土地集体所有制基础性地位、现有土地承包关系不变前提下,以土地经营权流转为基础,创造了多样化的农业经营方式,推动农业生产经营的集约化、专业化、组织化、社会化,形成了农业现代化进程中国有经济与集体经济等多种所有制经济共同发力的"双核驱动"结构。最后,夯实统筹整合现代农业产业组织体系的根基。在垦区内,通过"集团公司+专业公司+农场+专业农场"模式实现大农场统筹小农场;在垦区外,国有经济与集体经济强强联合,通过"集团公司+农村集体经济组织+农民专业合作社(家庭农场、农业企业等)"模式,为完善农业现代化的微观体制机制,提供了坚固的内核支撑、健康的组织生态和广阔的运作平台,使农村基本经营制度更加充满持久的制度活力。

二是"四位一体",搭建协作分工的主体链,实现"分"得彻底。按照"'统'得到位,'分'得彻底"的总体要求,发挥市场配置资源的决定性作用,专业分工、协同发力,国有经济、集体经济、合作经济和家庭经济各展所长、利益共享,建立稳固而可持续的主体链、价值链、分配链,形成"四位一体"的中国特色新型农业经济体系。第一,以高素质农民为代表的家庭农场侧重生产环节,发挥数千年来积淀形成的精耕细作的传统农耕优势。垦区内,施行以家庭农场为基础、大农场统筹小农场的统分结合双层经营体制;垦区外,将村集体整合的农地资源,流转给经过专业培训的高素质农民,形成新型家庭农场。第二,以农民专业合作社或供销社等为代表的合作经济侧重供销环节,发挥熟悉市场的信息优势、价格优势和一定程度上的规模优势。第三,社会企业侧重加工环节,发挥资金、技术和人才、管理等综合优势。第四,农村集体经济侧重农地资源整合环节,作为农地的所有者代表和产权主体,解决农地经营规模零碎化问题,并享有农地承包权规模化整合后的农地产权(占有权),作为产权主体通过农村产权交易所与新型农业经营主体直接对接。第五,农服集团为农业社会化提供专业化服务。以数字农服为平台,统一提供农用物资、统一经营农产品,通过"双控一服务",解决"种、管、收"等生产服务系列环节以及供销、农民培训、信贷、技术、信息等诸领域的服务规模经济问题。随着服务规模持续、快速地提升,控制力和龙头带动效应会日益凸显。

三是全过程统筹,优化清单式"产业链",实现"管"的科学。首先,北大荒农服集团组织架构与产业链高度契合,下辖种业、农资、农机、农化、农地运营五个板块,构建了现代农业全产业链组织体制优势。其次,实施全过程统一管理。围绕产前、产中、产后全过程全要素,按照"龙头企业+基地"的一体化运营模式,加强种子、化肥的生产基地建设,完善全过程管理,统一生产、统一采购、统一供应,从源头上实施对整个农业生产链条的控制。通过不断提高统供率和统销率,设定化肥、农机等统控目录,实施清单化管理。推进"三大一航母"工程,进一步提升"产业链"的系统化管理水平。同时，提升农业数字化水平。推进农业社会化服务与信息化深入融合，不断提升产业链的精准化管理水平，实现"供、种、管、收、储、运、加、销"全过程专业化、社会化服务。

（二）产业统筹：大型国有经济引领农业社会化服务产业体系整合，拓展了中国特色农业现代化的科学内涵

2016年，中国第三产业在GDP中的占比首次超过了第二产业，且占比过半（50.69%），中国进入工业化后期向后工业社会转型阶段，加之全国人口峰值即将到来，劳动力供给不断减少，农业竞争力提升将主要依赖技术效率与配置效率的改进，这就要求对农业生产方式进行深刻的变革。北大荒集团承担着领跑全国农业农村现代化的历史使命，拥有一批现代化的国有农场群和重要农产品生产基地，形成了组织化程度高、规模化特征突出、产业体系健全的独特优势，成为我国实施农业供给侧结构性改革、推进更好服务和融入新发展格局、实现高质量发展的一支不可或缺的重要支撑力量。"北大荒农服模式"把农业生产性服务业作为产业链的"龙头"，并依托"龙头"的巨大带动效应引导和优化产业协作分工，大幅节约了市场交易成本，提升了配置效率，加快了农业技术进步的节奏，提升了技术效率和全要素生产率，揭示了中国农业"人多地少"资源禀赋特征下规模经济的新内涵，展示了未来农业现代化的新场景。

一是走出了规模经济的新路径。由通过土地流转扩大经营规模的传统规模经济路径，升级拓展到通过扩展社会化服务规模扩大经营规模，如托管服务模式的广泛采用，创新了农业规模经济的新内涵和有效实现路径。以农业社会化服务体系为纽带和引擎，构建起专业化服务、社会化分工、标准化流程、企业化运营、平台化赋能的服务产业体系，从农资投入品、高标准种植技术、金融、保险等多维度赋能，实现了产业链的重新整合，增强了粮食经营的市场竞争力，规避了我国人多地少的资源禀赋劣势。以2021年为例，北大荒集团水稻单产1231.9斤/亩、玉米1289.8斤/亩、大豆349.2斤/亩，分别比全省农村高227.4斤/亩、441.8斤/亩、102.7斤/亩，比全国农村高

283.9斤/亩、451.8斤/亩、89.2斤/亩。如果黑龙江省三大粮食作物达到北大荒集团的水平，可以增产600多亿斤；如果全国达到这个水平，可增产4300多亿斤。"北大荒农服模式"开拓了"大国小农"特点下农业现代化的新的广阔空间。

二是提升了资源配置效率。首先，国企背书的声誉机制降低了社会交易成本。大型国有企业具有不同于一般社会企业的高信誉度，加之"北大荒"的品牌价值，促进了现代农业产业体系构建过程中多个环节合作协议的快速达成，也保障了"北大荒农服模式"后续可持续运行。其次，村集体的天然优势降低了经营主体的交易成本。农村集体经济组织具有公有制和社区性的两个基本特征，是天然的农地资源整合的产权主体，可以有效降低小农户、合作经济组织与农垦集团等之间的交易成本。再次，产业链条之间的优化整合降低了生产成本，提高了安全边际。随着"四位一体"农业经济体系运行机制的日趋成熟，功能组合也在不断实现复合化和专业化。通过打造"农服集团+区域农服中心+农（牧）场综合服务总站+规模经营主体"的市场化新型现代农业服务模式，实施农业投入品统一供应、农产品统一经营、全过程数字农服的"双控一服务"战略，统供统销系统内耗不断减少，促进了农业生产、加工及供销的效率提升与化肥、农药、农机等农资成本的大幅度降低，投入品安全性得到了有效保障。如在生产前端通过种子、化肥等农业投入品集团化运营，控制了采购成本。统供肥不但价格便宜，而且保质保量，肥料直接送到晒场，节省了运输和保管的费用，足不出户就能用上"放心肥"，解决了生产资料行业对粮食生产主体的利益侵蚀。最后，北大荒数字农业综合服务平台的信息化力量助推了资源配置的精准化。通过简捷、方便的App电子商务平台，可以打通种、管、收、储、运、加、销等农业生产环节，农业订单、金融贷款、农资买卖、无人机植保、农机共享、农业保险、线上教育培训等业务全部在线操作完成，精准、高效的生产决策与管理系统促进了农业现代化与信息化的深度融合。

三是加快了科技进步的速度。首先，直接开展针对职业农民等基层经营主体的培训服务，形成了持续而稳定的科技有效需求。在农业生产托管、标准种植、作业监管、经营管理等环节培训职业农民，培育新的规模家庭农场，加快了农业机械、种业、土壤改良等技术的落地生根，有效解决了小农经济条件下科技有效需求不足的问题，解决了农业科技进步"最后一百米"问题。其次，"四位一体"新型农业经济体系为技术进步构筑了顺畅的传导机制。北大荒农服集团的技术领先势能有效转换为垦区内、垦区外的科技进步动能，从产业统筹的新角度，迅速扩大科技进步的有效需求，更为彻底地解决长期以来困扰中国农业技术转化"供需两层皮"的难题。最后，创新了"科技园区—科技示范带—大田"新技术推广模式，畅通农业科技成果转化通道。围绕智能管理、安全精准、节本增效，加快新技术、新成果的推广应用，促进服务体系与经营主体相互依附、相互作用、相互支撑。

（三）空间统筹：探索乡村振兴的实施路径

习近平总书记指出："全面实施乡村振兴战略的深度、广度、难度都不亚于脱贫攻坚，必须加强顶层设计，以更加有力的举措、汇聚更强大的力量来推进。"① 新中国成立 70 多年来，中国农业农村发展实现了重大的历史性变革，解决了农民的温饱问题，农民收入持续增长，摆脱了绝对贫困，全面建成了小康社会。当前，已经开启全面建设社会主义现代化国家的新征程。要让乡村尽快跟上国家发展步伐，就要以农业农村现代化为总目标，坚持农业农村优先发展总方针，落实产业兴旺、生态宜居、乡风文明、治理有效、生活富裕总要求，建立健全城乡融合发展体制机制和政策体系，扎扎实实做好乡村振兴这篇大文章。破解不平衡不充分发展的社会主要矛盾，关键是用"统筹"的生产方式、方法，转变城乡与区域分割的发展方式，而与集中城镇化地区、林果业地区相比，大田粮食作物地区产业比较效益低，人口外流与村庄空心化严重，是乡村振兴战略实施的难中之难。

北大荒集团在推进现代农业大基地、大企业、大产业建设，努力形成农业

---

① 习近平：《坚持把解决好"三农"问题作为全党工作重中之重，举全党全社会之力推动乡村振兴》，《求是》2022 年第 7 期。

领域"航母"的过程中，小城镇化率达到85%，农场职工家庭人均可支配收入30055元，比全国农村居民人均可支配收入18931元高58.8%，成为加快农村社会结构转型、实现乡村振兴的排头兵；在垦地合作中，北大荒集团以区域农服中心为抓手，以服务为纽带，推进农业科技示范区、农业社区等民生工程建设，构建新型农业生态文明，有效地推动了粮食主产地区农业农村现代化进程，带动城乡与区域均衡发展，努力探索一条国有农业经济引领乡村振兴的道路。

一是在垦地合作中统筹推进农业科技园区与农业基地建设。通过构建覆盖省、县、镇、村的多级网络化区域农业服务中心，与市县全域链接，开展农业托管服务，向地方延伸原料基地，建成新型农业示范区、农机示范区与带状的粮食作物产业基地，示范带动地方农业发展。目前，安徽省凤阳县正在全县推进区域农服模式，加快全域农业农村现代化进程。

二是统筹推进农业现代化与新型农业社区建设。通过推进农业标准化、机械化、智能化，结合"双控一服务"增强农业市场竞争力和可持续发展能力，引导务工农民返乡创业，聚集人气，为乡村活化创造基本的产业支撑。以"未来社区"为目标，推进大田粮食作物地区的居民点有机整合，通过镇域统筹利用集体建设用地，促进小城镇功能与服务升级，辐射带动乡村社区公共服务水平的整体提升。

三是农业农村生态文明整体提升。首先，聚焦土壤保护。改变一般化地追求农产品产量，统筹兼顾土地生产率与地力维护，促进耕地养护、修复，减少农业残留。其次，实施"六个替代"，系统推进农业生产方式革新，实现规模格田替代一般农田、保护性耕作替代传统翻耕、智能化替代机械化、绿色农药替代传统化学农药、有机肥替代化肥、地表水替代地下水。同时，推进农村人居环境建设，促进农业竞争力的不断提升，不断提升集体经济组织提供社区公共服务的能力和水平，促进农村人居环境得到持续改善。

三 关于"北大荒农服模式"的几点启示

在2020年12月的中央农村工作会议上，习近平总书记深刻指出："今后 15 年是破除城乡二元结构、健全城乡融合发展体制机制的窗口期。"① 随着中国工业化、城镇化进程逐步由快速推进向空间趋于均衡的演进，产业结构与社会结构的剧烈变动将基本结束，城乡分工、区域分工、产业分工、功能分工、所有制分工等进一步清晰化、定型化，这为运用新的战略思维转变农业发展方式，提供了重要历史契机。"北大荒农服模式"的创新和探索，为新时代全面推进社会主义现代化建设提供了重要启示。

（一）落实粮食安全战略必须加强国有经济控制力

凡属于我国社会主义现代化建设全局性的重大问题，都需要从战略上进行思考、研究和筹谋。粮食属于特殊的战略物资，疫情的发生再次加深了人们对于粮食的公共产品属性的认知。粮食安全，作为社会稳定和国家安全的重要基础、国际竞争的重要筹码，必须要实现国家控制。为此，一定要发挥"国家队"的核心作用。

当前国家粮食安全面临着多方面的挑战，亟待探索新的粮食生产供给模式，替代现有的"小农经济+国家补贴"的传统模式。一方面，在以"小、散、低"为基本特征的小农经济条件下，种粮经济比较效益偏低，农民陆续向二、三产业转移，导致大田粮食作物地区村庄空心化；另一方面，目前国内主要农产品价格已高于进口价格，继续提高价格遇到"天花板"，而农业补贴（种粮补贴、良种补贴、农机补贴、农业生产资料价格综合补贴）水平已经达到世贸组织要求的临界值，继续提升空间也已经极为有限。加之农民日益老龄化、一些地区家庭承包经营已经趋于弱化等诸多因素，传统的粮食供给模式已经不可持续，维持粮食安全的根基已经显现出明显的脆弱性。

面对浩如烟海的小农个体或私有粮食市场主体，国家不可能采取强制措施要求农民增加粮食产量，来保障国家粮食安全。通过国有经济保持对粮食

---

① 习近平：《坚持把解决好"三农"问题作为全党工作重中之重，举全党全社会之力推动乡村振兴》，《求是》2022 年第 7 期。

生产供给的控制力，是一劳永逸的破解当前粮食供给基础脆弱难题的高效而明智的战略选择。"北大荒农服模式""四位一体""双控一服务"的实践给出了有力证明，投入品统供，凸显"超级团购"优势；农产品统营，构建"联合军团"格局；"数字农服"统管，打造"智慧农业"样板。为此，有必要整合全国以国有农垦系统为代表的涉农国企的资源优势，推广"双控一服务"的国家控制的粮食安全保障模式。一是要建立全国农垦系统省际联席会议制度。进一步完善中央直属垦区现行"部省双重领导、以省为主"的管理体制，厘清国家有关部门和省级政府职责，建立权责统一、管理规范、决策民主的制度体系，加强农垦系统在省域之间的配合协调力度，促进纵向与横向交流沟通。二是进行全国粮食生产专项规划布局。依据土地资源禀赋和比较优势的地域特点，系统谋划和布局粮食生产的空间布局，配套专项政策，保障粮食供给端的国家调控。三是采取不同方式，因地制宜，借鉴北大荒农服集团对粮食安全的控制力。我国农村地域广阔，存在农情差异、南北差异、平原与山区差异、粮食主产区与非主产区差异，这决定了中国农业社会化服务体系的多样性。不同地区、不同主体、不同农产品对社会化服务的需求不同，不会是一个单一模式。垦区内主要采取大农场统筹小农场的双层经营体制，垦区外重点是按照"四位一体"的模式，构建立体式复合型的现代农业产业组织体系，实现优势互补、互利共赢。

（二）国有经济与集体经济有机衔接，有效激发了提升农业竞争力的制度红利

"大而不强"是我国实现农业现代化进程中亟待解决的一个"老大难"问题。这是以"散状"同质化家庭经营主体为主的必然结果。为此，提升农业竞争力，必须克服农业经营规模门槛，进而产生对科技进步的有效需求，最终达到提升农业国际竞争力、促进农业可持续发展的目的。

"北大荒农服模式"，一方面通过构建省、县、乡镇等各级区域农服中心，打造了社会化服务体系的"龙头"，创造了服务规模经济，一定程度上规避了农地经营碎片化的制约；另一方面，在垦区外通过与集体经济组织联

合，推进土地承包经营权规模化流转，培训职业农民来承包土地，形成了类似垦区内的新型规模家庭农场，从而为规模经营搭建了有力的体制支撑，凸显了中国特色的社会主义经济特征。

当前一个需要注意的问题是，国有经济与集体经济衔接的路径已经有了成功的实践探索，但是尚处于起步阶段。而农村集体经济本身具有社区性的"碎片化""村自为界"的天然禀赋，贯通县、镇各级区域农服中心与以职业农民为代表的家庭农场之间的快捷通道，需要研究和探索农村集体经济组织自身的体系化问题，避免出现"肠梗阻"。关节点是畅通县域集体经济系统的组织体系，最终形成成熟的"四位一体"的中国特色新型农业经济体系。

可先选择有条件的地区，成立县级集体资产监督管理委员会，负责与县级区域农服中心进行对接，共同引领构建立体式复合型的现代农业产业组织体系。在目前全国基本完成农村集体产权制度改革阶段性任务的基础上，各乡镇普遍成立以村集体为团体股东的乡联社，作为乡镇级的社区集体经济组织，统筹规划镇域范围内的二、三产业园区，农业科技园区、城镇社区与农村社区建设。县级集体资产监督管理委员会下设"一办、一公司、一会"，即集体资产监督管理委员会办公室、县级联营公司、县级集体经济联合会。联营公司可下设公共资源产权交易服务中心和集体产业转型升级引导基金。县级集体经济联合会以本县内各乡镇级联合社为团体股东，为集体经济发展提供各种专业化指导、服务和舆论支持，并在扶持政策上进行积极呼吁和争取。可考虑将此类社团组织列入政府事业（正科级）编制序列。普遍成立乡联社是关键一招。

按照"国有龙头、县级对接、乡镇规划、村级生产"的总体思路，培育国有经济与集体经济"双核驱动，四位一体"的现代农业产业组织体系，带动小农户进入现代农业发展轨道。县级成立产业（专业）协会组织，与农垦县级区域服务中心对接，专注于打造区域品牌；乡级联社下的农业公司，与镇级区域农服中心或农（牧）场综合服务总站相衔接，可以采取合作协议方式，也可以采取入股融资模式，负责镇域农业产业布局与空间统筹，培育农业科技园区、农业开发区，打造集生产托管、技术服务、加工销售、区域品牌构建、法律支持等于一体的综合性服务平台，促进农民享受全产业链价值。发挥乡村两级集体经济组织资源整合的比较优势，实施土地资源碎片化整合，进而具体负责实施农业各项生产活动。

（三）释放国有经济创造力，需要优化金融、财政、土地等政策机制

"北大荒农服模式"取得的显著成效，说明推进乡村振兴、实现共同富裕，国有经济加入并发挥"龙头"引领、示范、带动作用必不可少。激发国有经济的创造力，需要优化政策机制，赋予其特殊的政策支撑。

一是设立中央农垦结构基金，创新和优化农用地利用政策机制。中央财政部门、农业农村部门联合设立中央农垦专项基金，对实施农地规模化流转的农垦企业、集体经济组织在资金奖励、项目建设、用水用电等方面实施奖补政策。对管理规范、示范带动能力强、符合产业转型升级的各类农业经营主体进行扶持。制定土地流转指导价，规避坐地要价。落实集体经济组织土地占有和规划权、土地发包和调整权、收益权以及处置权等基本权益。鼓励由村集体引领，在农户之间直接进行交换整合，培育"一个农户，一片农地"的家庭农场，或将土地集中流转到村集体经济组织领办的土地股份合作社。

二是推进农垦经营性建设用地入市，推进农业科技园区、农村社区建设。主要形式有以下几种。第一，存量入市。依法取得、符合规划的农垦存量经营性建设用地，具备开发建设所需基础设施等基本条件的可以直接就地入市。第二，整治入市。农垦零星、分散的生产队居民点建设用地，可由省级农垦集团公司或其下属二级企业先行组织复垦为农用地后，将腾挪出的建设用地指标调整到同一项目范围内入市。第三，新增入市。因项目区域生活或生产及其配套功能需要，确需少量新增建设用地，依法办理农转用手续，按农垦经营性建设用地入市。

三是全面提升以农垦为代表的涉农国企信息化建设水平。联合信息技

术、农业农村等主管部门以及信息化领域头部企业，为农垦系统的信息化建设提供全方位、"定制式"服务。通过业务数字化、网络信息化、管理移动化，加快实现全过程数字化农服对农资投入端、农作物生长端、农产品销售加工端、金融服务端的有效控制，提升农业社会化服务的效率和水平，实现农业现代化与信息化的深度融合。

地 区 篇

Regional Reports

B.12

广东省探索发展新型农村
集体经济分析

广东省农业农村厅课题组*

摘　要： 广东省高度重视农村集体经济转型发展，从 20 世纪 80 年代开始，不断探索社会主义集体经济的有效实现形式，逐步建立健全农村集体经济发展各项体制机制。2021 年，在农村集体产权制度改革基础上，广东省在梅州市等 5 地部署开展新型农村集体经济专项改革试点，探索完善农村基本经营制度、发展壮大农村集体经济、增强村级集体经济可持续发展能力的有效路径。

* 课题组组长：陈宗云（广东省农业农村厅党组成员、副厅长）。副组长：黄孟欣（广东省农业农村厅二级巡视员）。执笔人：胡学冬，广东省农业农村厅政策法规与改革处处长，研究方向为农村集体产权制度改革、农村土地制度改革、农村集体经济等；王国志，广东省农业农村厅政策法规与改革处四级调研员，研究方向为农村集体产权制度改革、农村集体经济等；张祖荣，广东省农村综合改革专责组成员，研究方向为农村集体产权制度改革、农村综合改革等；郑怀文，广东省农村综合改革专责组成员，研究方向为农村集体经济、农村综合改革等；张洁，广东省农村综合改革专责组成员，研究方向为农村集体产权制度改革等；许安燕，广东省农村综合改革专责组成员，研究方向为农村集体经济等。

目前，试点探索在强化农村基层党组织领导、创新农村集体经济发展路径、探索农村集体经济组织运行管理模式方面取得初步成效。同时，针对广东省推动农村集体经济转型发展体制机制、政策体系、资源禀赋、人才支撑等方面的短板，本报告提出了创新体制机制、加大投入支持、拓展发展渠道、强化保障措施等政策建议。

关键词： 新型农村集体经济　可持续发展　广东省

　　农村集体经济是社会主义市场经济的重要组成部分，农村集体经济的发展，关系到农民的切身利益及农村改革和发展的大局。习近平总书记在主持党的十九届中共中央政治局第八次集体学习时指出："要把好乡村振兴战略的政治方向，坚持农村土地集体所有制性质，发展新型集体经济，走共同富裕道路。"广东省高度重视农村集体经济转型发展，省委全面深化改革委员会将健全促进新型农村集体经济发展体制机制列为新发展阶段创造型引领型改革任务，在梅州市等5地试点探索完善农村基本经营制度、发展壮大农村集体经济、增强村级集体经济可持续发展能力的有效路径。

一　广东省农村集体经济发展背景

（一）农村集体经济发展体制机制基本完善

　　广东不断探索社会主义集体经济的有效实现形式，使农村集体经济与农业现代化发展要求相适应。自1985年起，宝安县沙井镇万丰村、横岗镇等地尝试进行农村股份合作制改革；1993年，南海市等地探索土地股份合作制，珠三角等地也推行不同形式农村股份合作制改革。1996年以来，广东建立起了农村集体资产经营管理机制、内部民主管理机制、内部决策机制、资产评估机制等多项制度，建立健全了农村集体经济组织理事机构和监事机构，出台了集体资产台账制度、民主管理制度、承包经营制度、工程招投标和资产流转制度、资产运行状况报告制度，相继颁布实施《广东省农村集体经济审计条例》《广东省村务公开条例》《广东省农村集体经济组织管理规定》，印发《农村集体经济组织与资产管理实施方案》。2011年印发《关于深化珠江三角洲地区农村综合改革的若干意见》（粤办发〔2011〕21号）。2013年修订了《广东省农村集体经济组织管理规定》（省政府令第189号）。2019年出台《中共广东省委全面深化改革委员会印发〈关于坚持和加强农村基层党组织领导扶持壮大村级集体经济的意见〉的通知》（粤改委发〔2019〕9号）。

（二）农村集体产权制度改革阶段性任务基本完成

根据国家部署安排，广东省自2015年先行开展农村集体资产股份权能改革试点，2017~2019年先后承担了3批国家农村集体产权制度改革试点任务。2020年5月，中央农办、农业农村部批复广东省农村集体产权制度改革试点方案，截至2021年10月底，广东省村组两级已登记赋码农村集体经济组织243616个，其中，经济联合社22944个、经济合作社220672个，通过改革共确认集体经济组织成员6300.33万人，149578个农村集体经济组织改革时点量化集体资产6663.90亿元，基本完成农村集体产权制度改革阶段性任务。

（三）农村集体经济组织运行相对平稳

广东省农村集体经济组织以原人民公社、生产大队、生产队为基础，按照集体土地所有权归属和集体资产产权归属设置。截至2021年底，全省村组两级集体资产11975.25亿元，其中，经营性资产8718.12亿元、占72.8%，非经营性资产3257.13亿元、占27.2%；以货币资金形态存在的集体资产4507.7亿元、占集体资产总额的37.64%。全省农村集体经济组织总负债4811.32亿元，资产负债率40.18%，农村集体经济运行较为平稳，风险总体可控。

（四）其他各项保障措施逐步健全

一是稳步构建农村集体产权流转交易服务体系。统筹整合农村相关平台资源，建立健全互联互通的农村集体产权流转交易管理服务平台，推动平台扩容提质，发挥实效。截至 2021 年 12 月底，全省有县级平台 133 个，镇级平台 1372 个，基本实现县镇全覆盖，省级流转交易管理服务平台将于近期上线试运行。二是基本实现村党组织书记、村委会主任、村级集体经济组织负责人"一肩挑"。认真贯彻落实《中国共产党农村工作条例》及广东省实施办法，将农村集体经济组织换届选举纳入全省村（社区）"两委"换届选举工作一体部署、一体推进，印发《关于做好村级农村集体经济组织换届工作的通知》，积极支持村党组织书记通过法定程序担任村级集体经济组织负责人。截至 2021 年 4 月，全省村级集体经济组织换届工作基本完成，村党组织书记担任村级集体经济组织负责人比重超过 99%。

二 发展新型农村集体经济专项改革试点主要进展

2021 年 10 月，广东省印发《发展新型农村集体经济专项改革试点实施方案》，各试点地区按照既定实施方案大力推进各项改革工作落地落实。目前，已取得初步成果。

（一）强化农村基层党组织领导

围绕巩固党在农村的执政基础谋划推进试点各项改革工作，提高村"两委"干部整体素质，选准配强农村集体经济发展带头人和经营管理人员，逐步提高村民小组长、村民代表的党员人数比例，发挥农村基层党组织领导核心作用。梅州市梅江区、梅县区、五华县、兴宁市向集体经济薄弱村选派了驻村第一书记，为开展工作提供了组织保证和人才支持。为进一步增强农村集体经济组织管理队伍素质，兴宁市通过实施"党员人才回乡计划"，选拔 1279 名致富带头人、退伍军人、外出经商人员等到村任职。阳江市阳东区探索开展"机关·两新·农村"党组织融合共建活动，增强基层党组织的组织力、凝聚力和战斗力。

（二）创新农村集体经济发展路径

为破解村级集体经济组织发展基础薄弱的困局，各试点地区结合地方实际，探索开展抱团经营、盘活资源、金融创新、服务创收等发展模式。一是抱团经营模式。江门鹤山市古劳镇大埠村整合村组两级资源，建立新型农村集体经济联合体，引入社会资本合作开发 4.13 公顷丢荒土地，发展大棚蔬菜种植，土地租金实现收益翻倍。梅州市平远县结合扶持村级集体经济试点工作，整合试点村扶持资金与其他涉农财政资金，按每 100 亩出资 50 万元额度筹集基金，采取固定分红和收益分红相结合的模式组织 37 个村级集体经济组织抱团入股圣药公司，合作共建梅片树种植基地；五华县统筹整合 15 个扶持村级集体经济试点村扶持资金与 48 个薄弱村驻镇帮镇扶村资金抱团联营入股光伏电站。阳江市阳东区支持指导集体经济组织与区供销社合作开展农产品直供配送、农资农技配送、生活必需品配送、农产品冷链物流等项目建设。目前，已启动塘坪直销网点建设，完成了塘坪供销社老旧房产拆除和土地平整工作。二是盘活资源模式。清远市佛冈县针对农村闲置土地资产，探索"政府招商+集体资产入股"形式，探索物业项目建设多元化投资机制，引导村以土地、资金等形式参与投资高岗镇新联村社岗下自然村农产品一条街项目、龙山镇农贸市场改造项目、汤塘镇菱塘村改造旧厂房项目等一系列基础设施建设项目。梅州市梅江区宫前村利用美丽乡村建设资金支持，修建"结对共建路""家风家训墙""莲塘印象"等美丽景观节点，盘活旧砖厂用地建成乡村体育馆，以体育产业带动村集体年收入 20 万元以上。三是金融创新模式。梅州市蕉岭县成立扶持壮大村级集体经济发展基金，在 5 年的周期内前 3 年每年投入 500 万元作为发展基金进行扶持，后 2 年每年投入 500 万元对集体经济进行巩固提升，县财政统筹安排 1000 万元设立"发展壮大村级集体经济贷款风险基金"，按 1:10 的比例放大贷款额度，有效防控村级集体经济贷款风险，为村级集体经济组织创办、领办的企业在金融机构贷款兜底撑腰。同时，出台《蕉岭县发展壮大村级集体经济贴息实施细则》，对村级集体经济产业项目贷款给予3年期限全额贴息，助推村级集体经济快速发展壮大。四是服务创收模式。清远市佛冈县以行政村基层综合服务平台为基础，联合供销社、农村电商等经营服务主体，提供生产资料、统防统治、产品供销、信用合作、金融、电子商务等服务，参与建设了汤塘镇竹山村粉葛加工厂基地、水头镇西田村鹰嘴桃基地包装场及农家乐、水头镇王田村农副产品冷库及分选集散仓库、水头镇桂元村蔬菜基地包装场及分拣中心、水头镇石潭村农副产品展厅及分拣场、仓库等一批项目。

（三）探索创新农村集体经济组织运行管理模式

揭阳市揭东区着力探索完善超大型农村集体经济组织运行体制机制。一是优化设置农村集体经济组织成员代表比例。制定实施《揭东区农村集体经济组织选举实施细则》，农村集体经济组织成员不超过3000人的，成员代表比例不少于成员总数的3%，最少不少于15人；3000人以上的，采取"双推一选"方式，每5~15户选举产生1个成员代表。更加科学高效地实现超大型农村集体经济组织民主管理、民主决策、民主监督，充分保障农村集体经济组织成员的知情权、参与权、表达权和监督权。二是探索成立经济联合社新路径。印发实施《揭东区农村集体产权制度改革——一村多社设立行政村经济联合社方案》，参考《公司法》的组织形式，探索一村多社行政村以辖属组级农村集体经济组织为法人发起的方式设立经济联合社，优化成员代表构成，为发展新型农村集体经济奠定了重要的制度保证，运转良好稳定。

三 存在的主要问题

当前，广东省推动农村集体经济转型发展，在体制机制、政策体系、资源禀赋、人才支撑等方面面临不少突出问题。

（一）体制机制方面

广东省按照集体资产所有权归属设置农村集体经济组织，各地普遍存在村组两级集体经济组织分别管理属于本组织的集体资产的现象，在组级层面发展集体经济难以实现规模效益。同时，产权制度安排使村级层面难以发挥统筹作用，导致集体资产粗放型、碎片化经营。

（二）政策体系方面

农村集体经济，尤其是粤东西北地区集体经济基础较为薄弱，单靠自身积累难以形成长效稳定发展机制，必须靠政策和投入支持。另外，农村公共事务如治安、环卫、基础设施管护等社区公共服务开支负担较重，新冠肺炎疫情防控部分支出也由农村集体经济组织承担，加大了集体经济自我积累和转型升级的难度。

（三）资源禀赋方面

由于土地等资源性资产大多已承包到户，农村集体经济组织自身保留的资产资源不多。大多数地区，尤其是粤东西北地区地理位置不优越，部分集体资产仅限于组织成员内部流转、线下交易，更增加了盘活难度，收益普遍不高。

（四）人才支持方面

农村集体经济组织独具成员集体所有和特有的社区性，人才加入机制不够健全完善，集体经济经营管理队伍绝大部分来源于留守当地的组织成员，文化程度总体不够高，主动创新意识和担当能力不够强，缺少"有知识、懂技术、会经营、善管理"的专业人才。

四　下一步工作建议

针对广东省农村集体经济转型发展实际，提出如下对策建议。

（一）创新体制机制，探索建立以镇为单位全域统筹支持村级集体经济发展机制

探索以乡镇为主体，跨村落整合利用乡村资源，统筹支持村级集体经济组织承接镇域范围内乡村振兴有关项目的实施与管护，探索构建"政府引导、市场主导、社会参与"的可持续农村集体经济发展模式。

（二）加大投入支持，创新财政金融支持村级集体经济模式

创新财政扶持资金使用模式，支持以县为单位统筹扶持村级集体经济试点资金，整合有关涉农项目资金，投资参股经营稳健的国有企业项目。推动公共服务向农村延伸、社会事业向农村覆盖，健全城乡一体的基本公共服务体系和以财政投入为主的稳定的村级组织运转经费保障机制。创新金融支持模式，鼓励各类金融机构推出适合集体经济的金融产品，提供便捷高效的金融服务；鼓励和支持各类金融机构与村集体协商签订略高于同期银行存款利率的保底收益协议，托管村集体闲置资金。建立现代农业产业园联农带农机制，带动村集体和农民分享二、三产业增值收益。

（三）拓展发展渠道，支持村集体多路径发展集体经济

支持和帮助村级集体经济组织立足资源资产优势，大力推广"资源变资产、资金变股金、农民变股东"改革，加快推进农村集体土地资源集约化利用、房屋设施市场化经营、闲置资金资本化运营，因地制宜通过资源开发、物业经营、生产服务、村庄建设等途径，多形式壮大集体经济。

（四）强化保障措施，加快构建农村集体经济自我积累长效机制

完善结对帮扶关系，选准配强村集体经济发展带头人和经营管理人员，为驻镇帮镇扶村提供有力人才支撑。统筹考虑集体利益和个人利益，不断健

全完善有利于壮大集体经济促进农民持续增收的利益分配制度。指导处于发展起步阶段的农村集体经济组织，将更多集体经济收益滚动投入扩大再生产；严格体现集体"所有权"参与征地补偿款分配，防止侵蚀农村基本经营制度基础。指导各地依法对各类农村集体经济合同进行全面清查、完善、纠正。加快建立省级农村产权流转交易服务平台，实现各级互联互通，推动农村集体资产保值增值。

B.13
把好浙江门户 推动共同富裕

——关于省际边界村发展情况的调研报告

孙飞翔 方杰 李振航 张旭*

摘 要： 本报告对浙江省302个省际边界行政村2019~2020年的基本情况和运行特点进行分析，指出当前制约边界村发展的主要因素和边界村应选择的发展路径，并就下一步推动边界村高质量发展提出对策建议。(1) 统一编制发展规划。省级层面编制接轨跨省边界地区的发展规划，将省际边界村发展纳入发展改革、经信、商务等部门政策框架，给予政策倾斜和专项扶持。(2) 调整优化产业结构。着眼形成独特的边界村特色，体现时代特征、浙江特色、地区特点，适度调整村庄产业结构，丰富村庄发展内涵。(3) 持续加强基础设施建设。将边界村建设成"重要窗口"展示点，提升整体形象，确保当地群众生活省内城乡同标、省际高于邻省。(4) 协同推进社会治理。探索实行省际边界党建联动机制，以党建统筹解决省际边界村出现的诸多矛盾，逐步实现组织同步建设、产业同步发展、制度同步完善、资源同步共享。(5) 深化农村集成改革。统筹推进农民带权进城改革、"两进两回"改革、乡村数字化改革，围绕乡村整体智治，加快集成和推进边界地区业务数字化应用，建设一批未来乡村。

---

* 孙飞翔，浙江省农业农村厅一级巡视员，研究方向为农村改革和经营管理；方杰，浙江省农业农村厅政策与改革处处长，研究方向为农村改革政策；李振航，浙江省农业农村厅政策与改革处副处长，研究方向为农村集体产权制度改革、农村集体经济组织建设、村庄经营和集体经济发展等；张旭，浙江农林大学博士研究生，研究方向为农村集体经济。

关键词： 边界村 高质量发展 共同富裕 集体经济

省际边界村有着特殊的地理区位，是打造"重要窗口"的"前沿地带"，比如浙北杭州、嘉兴、湖州的边界村；是需要重点扶持的"辐射末梢"，比如浙西南衢州、丽水等 26 县的边界村。根据浙江省委主要领导批示精神，浙江省农业农村厅组织调研组，深入杭州、嘉兴、湖州、衢州、丽水等地，对省际边界行政村的发展情况进行了专题调研。

一 省际边界村发展基本情况及特点

至 2020 年底，浙江省际边界村共 302 个，其中与福建省接邻的行政村有 111 个，主要分布在温州与丽水；与安徽省接邻的行政村有 68 个，主要分布在杭州、湖州与衢州；与江苏省接邻的行政村有 45 个，主要分布在嘉兴与湖州；与上海市接邻的行政村有 28 个，均分布在嘉兴；与江西省接邻的行政村有 50 个，均分布在衢州。共涉及农户 16.19 万户、55.41 万人，常住人口 45.76 万人，外出人口 15.31 万人。村域面积 31.76 万公顷，耕地面积 54.33 万亩。在 302 个行政村中，省定相对经济薄弱村 96 个、占 31.8%，生态红线内村 102 个、占 33.8%，革命老区村 99 个、占 32.8%，少数民族村 16 个、占 5.3%。这些边界村主要有以下几个特点。

（一）集体经济日趋壮大但呈现不平衡性

近年来，各地认真贯彻落实中央和省委关于发展壮大村级集体经济决策部署，整合资源、凝聚合力，不断推动村级集体经济发展，特别是加大了对经济基础相对薄弱的省际边界村的扶持力度，在项目、资金等方面加强保障，省际边界村村级集体经济持续稳定增长。2020 年，302 个省际边界村村级集体经济总收入 6.47 亿元（村均 214.2 万元）、经营性收入 2.32 亿元

（村均 76.8 万元）、农村居民人均可支配收入 2.4 万元，比 2019 年分别增长 13.9%、16.4%、6.2%。但集体经济发展南北分化突出，不平衡现象明显。从绝对值看，2019 年浙南地区（温州、衢州、丽水）边界村村均集体经济总收入 58.88 万元、村均经营性收入 18.31 万元，浙北地区（杭州、嘉兴、湖州）边界村村均总收入 350.38 万元、村均经营性收入 126.06 万元，南北分别相差 291.5 万元、107.75 万元。2020 年浙南地区边界村村均总收入 68.36 万元、村均经营性收入 21.52 万元，浙北地区边界村村均总收入 397.50 万元、村均经营性收入 146.41 万元，南北分别相差 329.14 万元、124.89 万元。从增速看，2019~2020 年浙南地区省际边界村集体经济总收入平均增速为 13%、经营性收入增速为 19%，浙北地区省际边界村集体经济总收入平均增速为 18%、经营性收入增速为 22%。浙北地区边界村平均村集体总收入增速比浙南地区高 5 个百分点，平均经营性收入增速高 3 个百分点，可见差距有扩大的趋势。

（二）支持政策多样但缺乏专项扶持

据调查，各地在现有政策范围内给予边界村相关支持。在财政资金方面，积极探索建立涉农资金统筹整合长效机制，发挥财税体制改革牵引作用。如江山市统筹新农村建设补助资金，7 个边界村获得 529.22 万元建设补助，村均 75.6 万元。在用地保障上，各地每年安排相应的用地指标保障乡村振兴新增需求，优先审批符合规划的乡村农业和休闲农业项目，将落实用地政策列入乡村振兴战略实绩考核内容。如丽水市 4 个省际交界县 2020 年共安排 404 亩农村发展土地，其中省际边界村 138 亩。在产业扶持上，各边界村都享受所在县产业补助政策，基本做到应享尽享、能享尽享，且浙北浙南略有不同。浙北地区的村，主要围绕物业经济、工业园区建设等，如南浔区浔北村现有企业 42 家，沃克斯电梯、生力电子、凯盛纺织等规模企业都是从浔北村发展成长起来的；浙南地区的村，主要侧重主导产业种养支持，如淳安县鸠坑乡青苗村 2020 年招引茶企落户，传承汉唐鸠坑茶文化、挖掘汉唐古法制茶工艺，为青苗村鸠坑贡茶产业发展打实了基础。在生态补偿上，边界村多为生态功能区、水源涵养区，多数享受生态公益林、国家公园建设等补助。另外，根据所处地区不同，边界村还享受革命老区政策补助、移民政策补助等单项支持，但现有政策均为普适性政策，各级均未出台针对省际边界村的专项政策。

（三）基础设施建设加快但仍显薄弱

近年来，通过深化实施"千万工程"，边界村基础设施基本实现城乡互联互通、共建共享。至 2020 年底，302 个省际边界村中，298 个村具备宽带网络、占 98.7%；252 个村具备文化礼堂、占 83.4%；237 个村具备通往邻省的公路、占 78.5%；211 个村具备卫生室、占 69.9%；277 个村具备污水处理设施并实行了垃圾分类、占 91.7%；生态保护红线内的村均具备污水处理设施与实行垃圾分类。但相较于中心村，边界村村庄建设仍显薄弱，存在诸多问题，如涉及村容村貌等的基础设施缺乏统一规划，建设杂乱无章，导致村庄环境提升难；建设用地较少，建房需求大，土地难调剂。基础设施建设薄弱是调研中边界村群众反映最为强烈的问题，虽然边界村已基本实现道路、用水、灌溉等设施全覆盖，但普遍建成于 20 世纪八九十年代，个别甚至始建于新中国成立初期，道路毁损未硬化、灌溉水渠长度不够、一些经济林未开垦必要的林道，严重影响群众生产生活且无法满足农业现代化的需求。其中，交通问题的反映最为强烈。丽水市有 17 个边界村未建设通往邻省的硬化道路，占 22.08%，受制于资金、政策等多方面原因，交通问题迟迟得不到有效解决。

（四）基层治理日益完善但共治水平仍需提升

近年来，各地积极探索，创新实践以党建为引领、自治法治德治智治相结合的基层治理路子，初步形成"党建+基层治理"的新格局。积极与邻省探索共同治理模式，经常性开展各类联防联控活动，特别在疫情防控期间，边界村共设卡口，严格落实各项防控措施，取得较好成效。衢州、嘉兴等市还探索出"1+7"党员联户、"毗邻党建"等新模式，推动深化边界村基层组织建设和治理水平提升。但由于历史原因，个别边界村仍存在矛盾纠纷，短期内解决难。一方面，边界线常以田埂、大杉树等不固定物体作为参照物，因风吹日晒等原因，作为边界线参照物的不固定物体经常不稳定；另一方面，省内多地存在"插花山""插花地"现象，即浙江省边界村的集体山林、土地位于邻省地域范围内。边界村村民对地理界线等概念模糊，导致违规现象和边界村矛盾偶有发生。

二　省际边界村发展制约因素和路径选择

虽然大部分省际边界村基层组织稳固、生态底蕴浓厚、民风淳朴，但是长期面临发展瓶颈。究其原因，主要有以下几个方面。

（一）资源禀赋差，空心化程度高

边界村空心化严重，村中多数村民选择去外地务工，留在乡村的多为老人、儿童，出现边缘土地抛荒现象，农业经济发展缺乏原动力。从资源分布角度说，大多数边界村地处生态保护区、水源涵养区、革命老区，往往远离行政中心、经济中心。这些村耕地面积少，山林面积多，302个边界村人均耕地面积0.94亩，集中连片的耕地少导致土地流转基础差，限制了现代农业发展；山林虽然面积多，但都划为生态公益林，无法进行开发利用，甚至限制了林业产业化发展。从人口分布角度说，头脑灵活、商品意识强、素质相对较高的青壮年大多到集镇或者城里工作，302个省际边界村中人口流出率最高为93.9%，平均人口流出率为35.7%。人口外流现象不仅存在于浙南地区的偏远边界村，浙北地区也同样存在，如嘉兴市秀洲区多个村与江苏省盛泽镇交界，除本村村民大量外出务工经商外，村内还有大量外来居住人员白天在江苏盛泽企业工作，晚上回秀洲居住，存在隐性外流现象，这对浙江省边界村的产业发展也未起到明显促进作用。

（二）产业基础弱，发展后劲不足

边界村交通、水利设施基础较差，无论发展产业还是改善民生，都受到较大制约。农业、传统农副产品加工业、一般性工业、传统服务业占较大比重，302个边界村中主导产业为农产品种养殖业的占比高达77.5%，且质量不高，整体实力弱。不要说引进先进制造业和发展现代服务业，就是发展现代农业往往也面临技术、资金、营销渠道、传统观念的制约，使得边界村陷入"产业层次低—整体实力弱—产业升级难—发展质量低"的恶性循环。处于浙北地区的边界村相对发达，但由于政府财政收入、经济基础、人文环境等因素影响，边界村与外省相邻村的差距仍较明显，在科技、资金、项目和人才等方面，正拉大省际边界村之间的差距。

（三）政策不协同，缺乏共建机制

总的来看，省际相邻边界村之间发展规划缺乏整体布局，发展中缺乏共享机制。调研发现，边界村之间村民来往比较普遍，但只有遇到疫情防控、救灾消防等联防联控事项，双方才会共同商议，其余事项的通力协作、共商共建机制不完善，特别是在生态建设、环境整治等社会事务上，邻近省份政策和实施力度与浙江省不同步，个别邻近省际边界村还存在乱丢垃圾现象，导致浙江省在环境整治方面成本增加。在民生保障领域，调研发现体系差异导致群众生活成本上升。如丽水市一些边界村，因跨省就医交通相对方便，许多村民选择前往邻近省份就医，但因福建省、江西省和浙江省的医疗报销目录存在出入，部分就医项目未纳入浙江省农民新型合作医疗保险，补充医疗在跨省就医时无法使用，农民跨省就医医药费报销比例一般为50%，远低于全省的75%。

省际边界村高质量发展应选择如下路径：一是坚持社会事业"输血"与经济发展"造血"并重，秉持城乡融合发展的理念，统筹县域城乡发展以及基础设施、公共服务规划，推进经济社会同步发展。二是坚持生态保护与产业提升并重，实行有补偿的保护、能循环的开发，重点发展高效生态农业和循环经济,使边界村的生态经济化、经济生态化。三是坚持守正与创新并重,深入推进"两进两回",提升边界村农民创业就业的技能和本领。四是坚持长三角一体化和海西区一体化并重,加强长江三角洲地区(上海、江苏、浙江、安徽)和海峡西岸经济区(福建、浙江、江西、广东)之间的经贸合作、协同发展,实现人才、资金、要素和产业为我所用、共建共享、共治共富。

三　省际边界村高质量发展对策与建议

全面建设社会主义现代化,高质量发展建设共同富裕示范区,一个也不能少。省际边界村是浙江大家庭的重要一分子,也是浙江面向全国的门户,推动其高质量发展是题中应有之义,也是当务之急。现提出以下对策建议。

(一)统一编制发展规划

在省级层面编制接轨跨省边界地区的发展规划,将省际边界村发展纳入发展改革、经信、商务等部门政策框架,在传统产业转型升级、生态资源保护开发和群众生活提质升级等方面给予政策倾斜和专项扶持。在长三角一体化、海西区一体化发展框架内,建立多层次的跨省对话协商机制,共同编制专项发展规划,对地区间存在的不衔接、不匹配、不一致问题梳理出清单,对各地现行政策制度中的地方标准和规则,沟通协商后统筹统一。在成本共担、利益共享的前提下,探索建立省际边界地区医疗、养老、教育、文化、就业辅导等公共服务的共担共享机制,特别要提升边界地区养老服务保障能力,切实提高"两不愁、三保障"水平。建立完善省际边界村有效沟通机制,加强信息交流,降低合作交易成本,着力解决省际互联互通"最后一公里"问题。

(二)调整优化产业结构

没有特色和内涵的乡村就没有竞争力和生命力。要着眼形成独特的边界村特色，体现时代特征、浙江特色、地区特点，丰富村庄发展内涵。进一步优化生产力布局，整合现代农业园区、特色农业强镇、农产品优势区等平台，大力实施乡村产业"十业万亿"培育工程，适度调整村庄产业结构，不断壮大乡村旅游、农村电商、养生养老、运动健康、文化创意等新业态，确定工业主导、商贸物流、资源开发、农业产业等各种具有地方鲜明特色的发展方向，形成规模化的产业连接带，并与邻省交界村形成区域产业带。持续拓宽"绿水青山，就是金山银山"转化通道，完善生态产品价值实现机制，把美丽乡村发展成美丽经济，不断拓展产业增值增效空间。

（三）持续加强基础设施建设

凸显浙江与周边地区的比较优势，将边界村建设成"重要窗口"展示点，提升整体形象。有序实施较大人口规模边界村的硬化路建设，加强农村资源路、产业路、旅游路和村内主干道建设，推进公路建设项目向进村入户倾斜。实施数字乡村建设工程，加强边界村信息通信基础设施建设，推动新一代信息技术与农业生产经营深度融合。加快美丽乡村建设，优化乡村景观，提升边界村人居环境，丰富乡村旅游业态，实现一村一品、一村一韵、一村一景。加强边界村村级客运站点、文化体育、公共照明等服务设施建设，完善边界村物流体系，推动城乡生产消费有效对接，确保当地群众生活省内城乡同标、省际高于邻省。

（四）协同推进社会治理

探索实行省际边界党建联动机制，以党建统筹解决省际边界村出现的诸多矛盾，逐步实现组织同步建设、产业同步发展、制度同步完善、资源同步共享，推动省际边界村经济社会协调发展。构建交界村与邻省工作人员、警官、网格员等多元化主体相结合的立体结构治理体系，实现多元化主体的整体合力。通过整合各方资源，积极发挥社会多元治理主体的作用，建立与各类主体的信息互通，实现民心在基层聚集、资源在基层整合、问题在基层解决、服务在基层拓展，实现多元化社会治理体系的价值。运用互联网、人工智能和大数据分析等现代信息技术，逐步实现信息整合、矛盾数据汇总，横向打破边界两地的资源和信息壁垒，纵向无缝衔接社会矛盾源头预防、排查预警、多元化解、善后处置各个环节，织密边界村两地社会治理智慧网。深化数据共享平台和联合执法机制建设，对企业排污、生活排污、农药化肥使用、废弃物处置等，实行最严格的监控和统一标准的处置。

（五）深化农村集成改革

以新时代乡村集成改革为牵引，统筹推进农民带权进城改革、"两进两回"改革、乡村数字化改革。深化村经济合作社股份合作制改革，实现集体资产清产核资、社员登记备案管理、集体经济组织登记赋码全覆盖。推进新型农村集体经济发展，推行村庄经营、强村公司、"飞地"抱团、片区组团等发展模式，推动经营机制向市场化转变。拓宽"两进两回"渠道，建立边界村乡村招才引智引资制度，在边界村布局建设一批乡村双创园、农创客基地、孵化园、小微企业园等平台，引导有资金和有经验的农民返乡创业，推动城市各类人才投身边界村产业发展。围绕乡村整体智治，加快集成和提升边界地区业务数字化应用，特别是浙北省际边界村建设一批未来乡村。

B.14
湖北省强村带弱村实现农村共同富裕的
模式与对策

赵丽佳*

摘　要： 湖北强村带弱村主要采用"联合党委"和"联村发展"两种模式。为了进一步推动强村带弱村，实现农村共同富裕，要从省级层面、县乡层面、村级层面协同推进，形成"N+N""1+N""1+1"等多种模式共同发力的格局；要推动强村从基层组织建设、产业项目发展、文明乡风建设、村民创业就业四个方面对弱村进行整体帮带；要创新完善党建引领、组织动员、工作推进、奖励晋升、宣传推广五个方面的机制。

关键词： 强村带弱村　共同富裕　湖北省

共同富裕是社会主义的本质要求，是中国式现代化的重要特征，是关系党的执政基础的重大政治问题。先富带动后富是实现共同富裕目标的根本手段，也是社会主义制度优势的体现。推动共同富裕，短板弱项在农业农村，优化空间和发展潜力也在农业农村。因此，我们亟须在农业农村建立先富带动后富的帮促政策制度，实现精准扶贫与乡村振兴的有效衔接，抬高全省共同富裕底板。

---

* 赵丽佳，湖北省社会科学院农经所副研究员、管理学博士，研究方向为农村集体经济。

一　湖北强村带弱村的主要模式

目前，湖北强村带弱村主要有"联合党委"和"联村发展"两种模式。

（一）"联合党委"模式

"联合党委"模式在湖北出现得比较早。从 2010 年开始，在不改变行政村区域建制和保障村民自治的前提下，武汉市蔡甸区星光村与地域相邻、资源互补的红焰村、新安堡村、丘林村和三红村 4 个村党组织成立了星光村联合党委。联合党委探索出了"四联四包"以及"两分六统"的工作机制。"四联四包"是指 5 个村"组织联建、经济联动、队伍联管、活动联谊"的工作模式和"书记包村、委员包组、党小组长包点、党员包户"的责任制。"两分六统"是指村务与企业分开、福利暂时分开，统一组织领导、经济管理、村庄规划、投资项目、劳动用工、设施建设。通过设立片区联合党委、组建股份制集团公司，星光片区所辖各村"两委"干部在村集体企业"双向进入、交叉任职"。联合党委选派片区优秀党员担任薄弱村村支书，将星光村探索出来的"星光经验"在周边村推广开来。每年制定村级年度重点任务清单，村干部主动认领，每月依标践诺。各村之间打破信息壁垒，由片区联合党委统一组织村民进行技能培训，结合个人意愿和技术掌握情况，统一安排在片区工业园区实现就业。

在片区党委的领导下，星光片区 5 个村通过"整村搬迁—盘活土地—发展产业—农民持续增收"的途径实现了共同发展。星光片区党委整合各村土地资源，星光村为其他 4 个村的村民移址新建楼房，采取相互置换的方式，在原居民房腾出的土地上建工业园。目前，星光片区形成了由工业园、农业园、商业园和星光社区组成的"三园一区"格局。星光片区已建成 10 余个工业园区，建设高标准工业厂房 63 万平方米，引进企业 185 家，形成了以汽车零部件、空调配件为主的产业体系。2020 年星光村实现工农商总产值 40 亿元，全年上缴税收过亿元，村集体收入过亿元。联村发展使星光二村红焰村、三村新安堡村一年内还清欠债，带动两个空壳村、欠债村集体经济年收入突破 500 万元；让星光四村丘林村、五村三红村年增加村集体收入 200 多万元。2020 年，星光片区实现工业产值 36 亿元，人均收入超过4.6 万元。

目前，湖北省咸宁市在地级市范围内全面推广农村"联合党委"模式。2021 年 5 月，咸宁市委组织部印发《农村联合党委试点工作方案》，提出"以地域相连、产业相近、资源共享为纽带，以共同发展、共同富裕为目的"，采取自上而下统筹、自下而上申请相结合的办法，在综合考虑产业、地域、资源等因素的基础上，组建农村联合党委。党委成员一般由联建村（企业、社区）党组织书记、成员和乡镇驻村干部等组成。为了多形式优化农村联合党委运行机制，咸宁市委组织部提出农村联合党委按照"三不变、三独立"，即行政区划不变、村民自治主体不变、集体资产产权不变，财务管理独立建账、独立核算、独立收支的原则，定期召开会议讨论各联建村（社区、企业）征地拆迁、产业发展、收益分配等重大事项，并逐步形成"联建村（社区、企业）党组织收集上报议题—联合党委会议审议决定—联建村（社区、企业）贯彻落实"的规范程序。目前，咸宁市 24 个乡镇组建农村联合党委 24 个，带动 81 个村（社区）、8 家本地企业抱团发展。比如通城县关刀镇以经济实力比较强的杨家村为核心，将周边相邻的道上村、高桥村、云水村联合起来，组建了强村带动型的云溪湖联合党委；大坪乡依托药姑新村集中安置点，整合内冲瑶族、岳姑等 4 个村的资源抱团发展，成立了易地搬迁型的药姑新村联合党委。嘉鱼县潘家湾镇发挥蔬菜产业优势，按照产业相近或互补的原则，组建了产业互助型的蔬菜产业发展联合党委；官桥镇借助田野集团的市场和资源优势，推动其与官桥、朱砂、两湖等 5 个村融合发展，成立了村企联建型的乡村文旅产业发展联合党委。

（二）"联村发展"模式

湖北"联村发展"往往是从县级层面开始统筹开展的，其中，江陵县和远安县的工作较为突出。

江陵县组建了县、乡两级发展新型村级集体经济工作领导小组办公室，办公室将所有镇、村的项目资金、土地、人力等资源统筹起来，以乡镇辖区联系为主，以强带弱，互结"对子"成立联村产业园。早在2017年，江陵县就从县级层面整合了17个村的680万元资金，在马家寨乡杨渊村集中建设光伏发电站，每个村每年可获得3万元以上的分红。2021年，江陵县明确由13个强村帮带15个弱村，打破村界限制，采取"多村联合+合作社"的跨村联合经营方式，建成了吊瓜、豇豆、食用菌、莲藕等七大类联村产业基地。村集体有钱的出钱，有地的出地，大家每年按出资比例分红。目前"联村发展"模式已帮助江陵县弱村平均增收5万元，最高达25万元。

近年来，湖北远安县聚焦"党建带领、班子带优、产业带富、实力带强"目标，组织实施"结对帮带、同步振兴"行动，坚持"强带弱、富带穷、大带小"原则，统筹考虑102个村资源禀赋、班子队伍、产业基础、集体经济、乡风民俗、地缘关系6大方面因素，组织7个乡镇班子战斗力强、考核排名先进村与排名靠后、软弱涣散村结对，产业发展好、集体经济收入高的村与产业发展滞后村结对，面积大、人口多的村与邻近周边面积小、人口少的村结对，推动全县24个强村"一对一"结对帮带24个弱村，实现村级资源精准匹配、强弱互补。全县实行"共性要求+个性承诺"相结合方式，细化"支部共建、资源共享、增收共富"10项帮带协议内容，明确成立1个功能性党组织、每2个月召开1次结对帮带议事会、每季度开展1次联合支部主题党日、至少带动发展1项特色产业"四个一"承诺事项，同步制定不少于3项个性化自选帮带事项，实现"村有差异、点有特色"。远安县将产业发展、带富增收作为重中之重，充分发挥强村在产业基础、发展定位、项目建设、市场营销、引进市场主体等方面的先行优势，通过项目扶持、技术指导、信息服务、产品代销等方式，帮助弱村因地制宜发展特色产业，推动双方土地、劳动力、产业、政策等资源充分整合，共享发展红利。例如，强村瓦仓村充分发挥食用菌专业村发展优势，依托村内馨香食用菌农民专业合作社，帮带弱村花台村村民发展香菇、大球盖菇种植50000袋；铁炉湾村依托华屹生态生猪养殖家庭农场，为福河村30余户养殖户提供技术和销售指导，并发动村民就近到福河村粮油加工厂加工粮油，带动村民增收。

二　进一步明确强村带弱村的主要思路

推动强村带弱村，需要加强组织领导，要从省级层面、县乡层面、村级层面，在全省范围内协同推进，形成"N+N""1+N""1+1"等多种模式共同发力的格局。

（一）省级层面成立全省强村联盟，形成"N+N"带动模式

2019年，湖北全省当年经营收益100万元以上的村有667个，这些村普遍具有党建引领强、农村经济兴、人居环境优、乡风文明淳、乡村治理安、农民生活好等特征。应由省级相关部门牵头，将这些"明星村"联合起来，成立"共同富裕百村联盟"，从省级层面整合N个强村资源，共同带动全省N个弱村发展。

利用强村人才资源，打造"共同富裕百村联盟培训教育基地"，在强村建设全省村党支部书记教育基地、农技推广中心、电商培训平台等，将强村党建经验、生产技术、管理营销案例向全省推广；利用强村资金资源，建立"共同富裕百村联盟基金"，用于弱村产业发展投资、公益性基础设施建设等；利用强村市场资源，打造"共同富裕百村联盟品牌"，将帮扶村的相同产品都纳入联盟品牌中，统一标准、统一宣传、统一包装、统一销售。加速强村优势资源要素更多地向县域外、市域外溢出，形成全省强村与弱村的资源互换互补、共建共享共治。

（二）县乡级层面鼓励邻村抱团发展，形成"1+N"带动模式

县乡级政府要在全域范围内进行统筹，鼓励以有较强带动能力的强村为核心，与周边相邻村庄成立党建联盟或村庄共同体，以"雁阵效应"带动周边N个村庄共同发展。由于强村在基层党组织建设、产业发展、乡村治

理方面有优势，在与周边弱村抱团中扮演着"领头雁"的角色，强村可以为弱村传经验、给思路、帮建设。

通过联建共富平台，组建联盟党委领导班子，共同制定发展规划，形成区域一体化布局；通过联兴共富产业，联盟村共同出资组建公司，聘请职业经理人，集中碎片化土地资源，统一开展农产品生产、乡村旅游、品牌宣传等业务，推进规模化发展；通过联享共富生活，统一建设交通、饮水等高投入、广覆盖的重大基础设施，以及共同富裕数智平台，共建共治提升民生幸福化水平。

（三）村级层面自发村村结对互助，形成"1+1"带动模式

鼓励强村按照"地域相邻、产业相近、优势互补、合作共赢"的原则，与弱村结成共建对子，按照"联思想带观念、联组织带提升、联技能带致富、联产业带发展"的工作要求，着力把强村发展经验"复制"到弱村，从而形成"一带一"的帮扶模式。

强村要运用党员干部队伍建设、经济发展中的好经验和好做法指导弱村。弱村要组织党员到强村观摩学习，共同上党课，学习先进经验；根据自身存在短板弱项以"菜单化"方式，通过"点单"向强村提出帮带需求。

三　进一步完善强村带弱村的主要路径

要推动强村从基层组织建设、产业项目发展、文明乡风建设、村民创业就业四个方面对弱村进行整体帮带，从而进一步提升弱村的党组织战斗力、村集体造血能力、群众自治能力和村民增收致富能力四种能力。

（一）带基层堡垒，提升党组织战斗力

推行村际"党建协同体"建设，通过强村与弱村的组织联建、党员联培、活动联办，提升弱村党建水平和支部战斗力。

组织联建。推动各个层级的村级联盟建设党总支或党委，由强村党支部

书记担任党总支书记，或者上级组织指派党委书记，重大事项和项目建设由党总支或党委负责人牵头，研究结对帮带具体内容事项，由村党支部和村委会负责实施。

党员联培。推行干部互派互挂，跨村任职。选派一批思想政治素质好、群众基础好、协调能力强、"双带"能力强的党支部书记，担任集体经济薄弱、班子软弱涣散、宗族宗派矛盾突出村的党支部书记。将有发展潜力、综合素质较好的支部委员选派到强村挂职锻炼。推行"师徒联盟"，由强村党支部书记结对帮带弱村党支部书记，签订"师徒联盟"协议书，明确日常帮带责任。

活动联办。举办党建工作交流会、村际圆桌会议、组织生活观摩会、先锋故事会、村级重大决策咨询会等，分析解决弱村党建工作中的难点问题，确保党建工作同步推进。

（二）带产业项目，提升村集体造血能力

通过建立产业发展平台、培育支柱产业、推动项目建设，强化产业项目支撑作用，实现强村与弱村产业共兴，带动弱村增强发展的内生动力。

建立产业发展平台。建立联盟村集体经济发展的市场主体，比如股份合作社或者公司，吸收各村资金、资源入股，通过市场化运作、公司化管理，提高联盟村集体经济发展的整体效益。

培育支柱产业。具有产业发展优势的强村可以通过资源共享、技术指导、信息服务、市场销售等方式，以集群化、规模化的发展方式，统一标识、统一质量、统一销售，带动周边村发展相同产业，构建共建共享的产业格局。

推动项目建设。发挥强村在项目包装、申报、建设等方面的优势，帮助弱村选准选好项目。定期召开项目建设经验交流会，共同推进弱村重点项目建设。

（三）带乡风文明，提升群众自治能力

通过共育先进文化、共建美好村容、共商村庄治理，进一步提升弱村

"气质"，形成民风淳朴、邻里和谐的文明乡风，激发村民参与共治、共建的活力，提升乡村治理能力。

共育先进文化。由强村帮助弱村挖掘本村特色文化，开展形式多样的文体活动，丰富群众精神生活。帮助弱村培育文艺队伍，通过送图书、送节目、送器材等方式，开展文化交流。

共建美好村容。坚持党建民生"同频共振"，在村庄建设、基础配套、环境整治等方面进行结对帮扶，联合完成道路硬化、文化墙美化，进一步提升村容村貌，实现从"一处美"到"一片美"。

共商村庄治理。通过共商干部队伍管理、工作规范运行、村庄治理等，帮助弱村完善议事决策程序，推行"五议两公开"，规范村级工作，增强村民自治能力。

（四）带创业就业，提升村民增收致富能力

通过发挥强村的人才优势、信息优势，开展人员培训、劳务输出，帮助弱村村民创业就业，提升村民增收致富能力。

带创业。发挥强村党员"双带"作用，通过开展科技推广、资金扶助、信息帮扶、技术帮扶等方式，为弱村培育一批党员创业骨干和带头致富能手。开展强村党员、富裕户结对帮扶低收入户活动，帮助低收入农户创业就业。

帮就业。组建跨村劳动服务公司，发挥强村市场信息广、就业门路多等优势，帮助转移弱村富余劳动力，增加村民劳务收入。

四 进一步健全强村带弱村的工作机制

为保证"强村带弱村"活动的常态化推进，需要创新完善党建引领、组织动员、工作推进、奖励晋升、宣传推广五个方面的机制，从制度上保障工作顺利开展。

（一）完善党建引领机制，保障"统领各方"

要充分发挥基层党组织的战斗堡垒作用，以党建为抓手，发挥传帮带作用。要强化责任落实，各级党委要履行好主体责任，当好结亲帮带的"媒人"。推广"党支部+公司+基地+农户""党支部+合作社+农户"等模式，通过党支部领办合作社或者在公司设立党支部，组织集体和村民以土地、院落、山林等资源入股，企业以资金、技术和管理入股，建立健全保底收益、按股分红的利益联结机制，定期按股分红，保障共同富裕目标的实现。

（二）创新组织动员机制，保障"一呼百应"

在全省推行村级"竞赛比武大排名"制度，以县为单位，对全县所有行政村进行打分排名，鼓励引导广大农村党员干部在比中学、在赛中干，营造出担当作为、干事创业、奋勇争先的良好氛围。对前 30 名的村进行表彰，并与后 30 名村开展结对帮扶，交流好想法、复制好路子，充分发挥先进村的引领发展能力，在全省形成强村带弱村"一呼百应"的良好局面。

（三）建立工作推进机制，保障"落实落细"

各级政府要制定"'强村带弱村'五年行动计划"，"十四五"期间按照启动年 1 年、提升年 2 年、深化年 2 年的安排进行工作部署。建立工作推进机制，全省每年召开一次"强村带弱村"活动推进会，县级政府每半年召开一次"强村带弱村"活动推进会，乡镇政府每季度召开一次"强村带弱村"活动推进会，积极推动结亲帮带村梳理帮扶事项，确保帮带工作真正落实落细见成效。

（四）推行奖励晋升机制，保障"工作干劲"

各级政府应安排专项资金，用于奖励开展"强村带弱村"活动成效明显的村。对于在"强村带弱村"活动中表现优秀的村党支部书记，可选拔进乡镇党政领导班子，畅通晋升通道。

（五）制定宣传推广机制，保障"全民知晓"

加大"强村带弱村"活动宣传力度，宣传部门要组织新闻媒体广泛宣传报道全省"强村带弱村"的方案计划、工作机制、先进典型，让更多的人了解该项活动的重要意义和现实成效，将湖北"强村带弱村"活动打造成为乡村振兴的重要品牌。

B.15

发达农村集体经济如何实现"政经分开"和转型升级

——来自江苏苏南地区的案例调查

耿献辉　张培文　李杨果[*]

摘　要： "政经分开"和转型升级是新时代发达农村集体经济实现可持续发展的必由之路。本报告选取了江阴市南闸街道曙光村和太仓市城乡镇东林村作为典型案例，对发达农村集体经济实现"政经分开"和转型升级的现实路径进行了研究。曙光村通过夯实改革基础、组织机构分设、落实财务分离、健全监督监管机制和财政保障配套等措施有效地推进了村集体经济"政经分开"。东林村则通过盘活村集体资源、促进三产融合发展、建立健全激励监督机制和推进智慧化品牌化农业发展等措施实现了村集体经济的转型发展。本报告认为新时期各地农村集体经济应分类有序推进"政经分开"，积极探索三产融合和实施绿色化发展来实现农村集体经济的可持续发展。

关键词： "政经分开"　转型升级　可持续发展　农村集体经济

＊ 耿献辉，南京农业大学经济管理学院副院长、教授、管理学博士、博士生导师，研究方向为农村集体经济、涉农产业经济；张培文，南京农业大学农业经济管理专业博士生，研究方向为农村集体经济，农业资源与环境；李杨果，南京农业大学农业管理专业硕士生，研究方向为农村集体经济。

一 发达农村集体经济如何实现"政经分开"

"政经分开"是我国农村集体产权制度改革的重点之一。回顾过去几十年的农村发展,"政经合一"的体制在一定历史时期对农村社会的稳定发展起到了重要作用,但也在一定程度上削弱了农村自治组织的自治能力,损害了集体经济组织的独立性和经济利益,进而阻碍了新时期农村集体经济组织的可持续发展。2016 年 12 月 26 日,中共中央办公厅、国务院办公厅发布的《关于稳步推进农村集体产权制度改革的意见》指出"有需要且条件许可的地方,可以实行村民委员会事务和集体经济事务分离"。

进入中国特色社会主义新时代,扫清制度性障碍是发展农村集体经济的关键(陈锡文,2002;焦长权等,2016)。在这一背景下,"政经分开"被视为优化村民自治和集体经济协同发展体制改革的重要一步(韩俊,2014;陈明,2021)。在村两委与集体经济组织理事会成员交叉任职的政府主导村治模式下,集体经济组织难以独立有效地进行市场化运作(徐秀英等,2015)。有学者指出,"政经分开"改革是保障农村集体经济组织市场主体地位和释放农村集体经济组织发展活力的必然选择(夏英等,2018)。在社会系统功能分化的背景下,"政经分开"可以有效地促进共建共治共享的乡村治理"一核二元"善治格局的形成(胡肖华等,2021),是在股份合作社中嵌入相对完善的现代企业制度和法人治理机制的重要前提(孔祥智等,2017)。陈荣卓等(2017)也指出"政经分开"可能是解决村干部腐败问题的重要手段。也有学者指出,在我国广大的经济欠发达地区,集体经济面临的首要问题是如何做大"蛋糕","政经分开"改革的基础仍不具备,短期并不具备实施"政经分开"的可能性(高强等,2021)。

当前,学界对于我国农村集体经济"政经分开"改革的探讨尚不够深入,同时各地推进"政经分开"改革的基础条件也存在较大差异,政策上"一刀切"进行大刀阔斧的激进式改革可能产生有违改革初衷的后果。因此,本报告通过对改革实践案例的深入分析,试图总结发达农村集体经济实现"政经分开"改革的现实途径,为进一步推进"政经分开"改革提供借鉴参考。

(一)案例选取与介绍

江阴市地处江苏省南部,集体经济是无锡农村发展最大的特色和亮点。全市上下以习近平新时代中国特色社会主义思想为指导,坚持新发展理念,围绕内涵发展、集约发展、转型发展、融合发展、联合发展、规范发展、抱团发展、扶持发展八个方面,不断探索创新村级集体经济发展的路径方式,探索出了一条富国强村高质量发展之路。2019 年,全市村级集体经济组织总资产达 1428 亿元,村均资产 1.54 亿元;村级总收入达 78.7 亿元,村均收入 849 万元;农村居民人均可支配收入达 3.36 万元。

课题组 2021 年 12 月对无锡市江阴市开展了农村集体经济"政经分开"改革专题调研,通过在调研地查阅改革档案、座谈听取汇报,以及与有关部门领导、基层干部群众进行交流等方式获取了丰富的一手资料。南闸街道曙光村位于南闸街道东南部,村域面积 2.96 平方公里,有 14 个自然村,总人口 4035 人,2020 年末村级资产 1440 万元,村级年收入 462 万元。2020 年曙光村作为江阴市"政经分开"改革试点村,通过改革不断提高村集体发展能力,推动乡村振兴,加快共同富裕。近年来,曙光村先后获得国家级森林村、江苏省三星级康居示范村、无锡市社会主义现代化新农村建设示范村、江阴市先进基层党组织等荣誉。

(二)曙光村"政经分开"的探索路径

江阴市南闸街道曙光村主要通过夯实改革基础、组织机构分设、落实财务分离、健全监督监管机制和财政保障配套逐步推进了当地农村集体经济组织的"政经分开"改革,具体如下。

第一,夯实改革基础。在开展"政经分开"改革试点工作启动阶段,曙光村成立了以村支部书记为组长、其他村干部为组员的工作小组,在与上级部门保持沟通协调下,形成了集体经济"政经分开"改革的实施方案,理清理顺了各阶段的工作思路。参考民政局相关文件和市农业农村局"政经分开"村承担事项清单和股份合作社承担事项清单，结合本村实际，逐条逐项对照，分门别类，宜粗不宜细，形成本村集体经济"政经分开"事务分离清单。为了确保改革顺利进行，镇村集中发力对改革工作进行了大力宣传。不仅多次召开党员、村民代表会议进行宣传发动，同时组织村干部对上级文件进行学习掌握，确保改革试点工作规范、不走样。此外，召开老党员、老干部座谈会 20 人次，组织村民组长、村民代表征求意见 30 人次，对实施方案和人员分离办法、财务分离办法以及章程的修改进行探讨。围绕中央、省、市文件的精神和村组织实施的思路向成员代表做详细解释，改革草案和决议审议均充分征求了村民的意见，最终形成会议决议。

第二，组织机构分设。曙光村对村内组织进行分设，明确各机构的权责范围。村党组织是农村各类组织和各项工作的领导核心，主要负责宣传执行党的路线方针政策，讨论决定社区建设、管理和服务等重要问题。村（居）委会、村级集体经济组织在村党组织的统一领导下各司其职，保障自治组织和集体经济组织分开有序运行。村（居）委会依法开展农村基层自治活动，提供公共事务服务和开展公益事业。村级集体经济组织依法行使集体资产的经营管理权、发展集体经济和服务集体成员。

第三，落实财务分离。首先，曙光村根据市"政经分开"改革实施要求和本村集体经济"政经分开"工作方案，确定分账截止点，聘请第三方对账务进行分立，将集体资产除所涉企业和个人电费代收代付、村民承包土地流转费、生态补偿金、上级补助保运经费、结对单位帮扶资金、所涉农民征地和拆迁补偿资金、失地农民保障资金等非因集体资产收益的部分（所涉资金、债权债务、所有者权益）纳入村委会基本账户核算外，其余均确权到集体经济组织统一管理和核算。其次，按照"两实一虚"的建设要求，"三资"系统内设立村股份经济合作社和村委会账套，为确保改革延续、操作方便，原村委会账套更名为村股份经济合作社，同时新设村委会账套，实现村委会与股份经济合作社单独记账、独立核算。重点处理好"财务分离"工作后，进一步理清已签订的资产资源合同变更、公益性资产委托管理协议变更等情况。最后，在充分结合村委会和村股份经济合作社各自承担事项清单、人员分离办法、财务分离办法的基础之上，对本行政村股份经济合作社章程进行重新修订，使章程以更合理、更符合实际的方式实施。

第四，健全监督监管机制。在"政经分开"的基础之上，健全监督管理机制尤为重要。村股份经济合作社根据章程选举产生了理事会成员和监事会成员，通过成员（代表）会议表决集体经济组织事务，接受监事会及上级部门的监督，建立健全了二者的监督管理体系，实现了人员选举、议事决策、监督管理分开。同时，强化农村集体"三资"监管的公开性和透明性，落实好农村财务公开，确保集体资产不断增值、不流失，提高集体经济组织的经营效益，让集体经济组织更加健康、稳定地发展。

第五，财政保障配套。江阴市作为国内经济发达的地区之一，可以为当地推进农村集体经济"政经分开"改革提供有力的财政保障。"政经分开"以后，村两委工作人员工资和村公共服务等费用不再由集体经济组织负担，而是全部列入地方性的财政预算。另外，当地不少村集体在"政经分开"以后将村两委成员同时聘为服务中心人员，也保障了其基本的工资福利待遇。

（三）曙光村探索"政经分开"的经验借鉴

江阴市南闸街道曙光村之所以能够比较顺利地完成"政经分开"改革，主要是由于以下几点因素。一是江阴市城乡融合程度较高。江阴市属于国内经济最发达的地区之一，城镇化水平较高，农民非农就业渠道较多，吸引了大量外来务工人口，客观上也要求集体经济组织实施"政经分开"。二是江阴市具有可以实施"政经分开"的基础。一方面江阴市集体产权制度改革已经基本完成，集体经济组织基本对集体资产进行了核查摸清，比较清晰地界定了集体经济组织成员。另一方面，曙光村村民自治能力较强，乡村自治对于集体经济组织的经济利益依赖程度低，实行"政经分开"改革后仍能实行有效的乡村自治。三是曙光村党组织干部的领导统筹能力较强，对党中央实施"政经分开"改革的精神和适合本村的工作思路有着较好的把握，充分发挥了村两委组织思想动员能力，在与上级部门保持密切沟通的情况下，充分征求了广大村民意见，结合本村实际，形成本村集体经济"政经分开"事务分离清单和改革决议。四是明确了"政经分开"改革后各组织机构的权责关系，明确了集体经济组织接受村两委自治组织的监督，建立健全了监督管理体系，保证了经济自治组织和社会自治组织的互动性。同时强化农村集体三资监管的公开性和透明性，落实好农村财务公开，确保集体经济组织资产不断增值、不流失。五是江阴市政府财政实力较强。曙光村"政经分开"改革后的村两委人员工资支出和社区公共服务支出全部纳入江阴市政府财政体系，为曙光村组织干部的工作待遇和社区公共服务均等化提供了保障。

南闸街道曙光村通过夯实改革基础、组织机构分设，理顺了农村各基层组织的权责关系，为各类成员参与乡村治理疏通了渠道，也为实现和维护"新居民"的合法权益奠定了基础，通过落实财务分离、健全监督监管机制和财政保障配套，合理划分农村各项支出的承担主体，保障了农村社会自治组织和经济自治组织的有效二元互动性，防止"政经分开"改革后农村社会自治组织的弱化，提高了集体经济组织运行的有效性和成员利益。

建立完善的农村基本公共服务项目清单制度，合理划分农村各项支出的承担主体，有效减轻了集体经济组织的公益性负担，保障了集体成员利益。江阴市南闸街道曙光村的"政经分开"改革在全国来讲具有先导性，但也存在一定的局限性。一方面，江阴市属于国内比较发达的地区，经济水平高、外来人口多，客观上也要求进行"政经分开"；另一方面，"政经分开"改革也需要一定的财政实力作为支撑，对于政府财政实力较弱的欠发达地区的适用性仍待进一步考察。

二 发达农村集体经济如何实现转型升级

新时代经济发达区域的村级集体经济的收入来源较为单一，长三角和珠三角地区对"房东经济"和低端产业的依赖度较高（王会，2020；吴方卫等，2021）。以苏南为例，该区域农村集体经济发展的载体工业厂房居多，类型较为单一，物业出租收入是集体经济收入的主要来源，在部分集体经济组织中，物业收入占总收入的 70% 以上。物业经济具有收入稳定、风险小的优点，但也存在收入增长空间有限、抗风险能力弱的缺点。苏南农村集体经济组织引进的主要是劳动密集型企业，具有"小、散、乱"的特点，部分企业档次不高、产品附加值较低，不符合城乡发展布局规划（周应恒等，2016）。随着苏南劳动力价格的不断上升、土地资源的紧缺和拍地价格的提升，苏南农村集体经济"取得土地资源—建造物业设施—获得出租收入"的发展模式有待进一步转型升级。

当前推进农村三产融合发展、增加农业附加值、提高农民收入和促进农村繁荣发展是我国实现乡村振兴战略的重要支撑。农村三产融合发展指的是以农业为基本依托，通过产业联动、产业集聚、技术渗透、体制创新等方式，将资本、技术以及资源要素进行跨界集约化配置，使农业生产、农产品加工和销售、餐饮、休闲以及其他服务业有机地整合在一起，使得农村三产之间紧密相连、协同发展，最终实现农业产业链延伸、产业范围扩展和农民收入增加（姜长云，2015）。在农村三产融合发展中，作为可以联结农户与二、三产业的组织载体，农村集体经济组织自身转型升级也迎来了新机遇。

（一）案例选取与介绍

城乡镇东林村位于太仓市城区北端，水陆交通便利，南起苏昆高速公路，西邻半泾村，北越杨林塘，东枕石浦塘，村域面积 7 平方公里，总农户数 786 户。2007 年，东林村紧紧抓住太仓新城区建设机遇，农村居民搬迁腾出的宅基地和农田为村庄发展提供了建设高标准农田的条件，但也带来了"谁种地"和"失地不失收"的难题。2010 年东林村集体经济组织决定以集体自主经营方式组建东林村合作农场合作社，盘活土地资源，提供就业岗位。村集体瞄准农业现代化发展的方向，以合作农场为载体，搭建多种载体，延伸深化本村农业产业链，发展农产品加工业和旅游农业，走出了一条农村三产融合发展助推集体经济可持续发展的新路径。

（二）东林村发展农村集体经济的实践探索

（1）建设高标准农田，盘活村集体资源。随着城乡一体化进程的不断推进，东林村紧紧抓住太仓北部新城区开发建设契机，通过整体拆迁实现了村民集中居住，农民也通过"三置换"成为新市民。东林村对农户搬迁腾出来的土地进行了重新规划，全村数千亩农地集中整治形成了格田成方、集中连片、设施配套的高标准农田，为开展规模经营和发展现代化农业奠定了基础。但是，耕地谁来种以及如何有效管理实现可持续发展成为难题。在这一背景下，东林村集体经济组织先后成立东林劳务合作社、东林村合作农场合作社、农机合作社等多元化经营载体。其中东林劳务合作社下设7个公司，包括物业管理公司、园林绿化公司、家政服务公司等。劳务合作社充分盘活农民的资产、资金、技术、手艺等要素，村内的失地农户都可以参加合作社工作，在就业岗位的选择上打破年龄和空间的限制，能够根据自身的综合情况灵活地参与就业，拓宽了参与集体经济发展的收入来源，解决了农民"失地不失收"的难题，激发了农户参与集体经济发展建设的主动性与积极性。

（2）延长农业产业链，促进三产融合发展。在农村集体产权制度改革和"三变"改革政策背景下，东林村利用自身资源和较强的农业基础，以集体自主经营方式创办合作农场，合作农场采用"田养畜、畜肥田"的生态种养模式，打通种养循环链，实现种养有机结合，打造"一根草、一头羊、一袋肥、一粒米"的循环农业。东林村充分发挥农村集体经济组织的力量，组建农场、生态米厂、果园、农机合作社、劳务合作社、物业公司、羊场、食品厂、饲料厂、肥料厂10家实体组织，构建现代循环农业产业链。种养协调发展提高了农产品品质，更进一步减少了农业面源污染，为全村发展生态旅游奠定了坚实的基础。东林村具有毗邻上海、苏州，交通便利的区位优势，依托农业发展良好的资源条件，深化发展农家餐饮、林果采摘、休闲垂钓、科普体验等农业旅游精品项目，吸引城市居民游玩，拓展农业多种功能，提升综合价值，发展与生态循环相关联的二、三产业。

（3）探索管理机制，形成有效激励。2014年东林村组建成立金仓湖农业科技股份有限公司，投资建设羊场、食品厂等。该公司为集体控股公司，确保农村集体经济组织决策的话语权，对各实体因地制宜采取承包经营、收取租金委托管理、责任制管理等多种经营模式，在调动管理者积极性基础上增加集体收益。东林村成立的东林村合作农场合作社，一是以"大承包、小包干"为核心内容组建合作农场；二是以"成本核算、绩效挂钩"为主要考核手段；三是以固定用工与农忙劳务补充为主要用工形式。村内的农民可通过"土地入股，拿租金；资金入股，拿股金；劳务入股，拿薪金"三种模式参与合作农场。这种模式既坚持和保证了集体所有，也能解决小农户进一步发展所需要的"统"的问题。集体农场在经营方式、生产管理、劳务用工、收益分配等方面构建了新的模式，优化解决农业生产体制机制问题，探索出了集承包制和合作制优势于一体的农村经营新模式。东林劳务合作社拿到项目后，与其他公司一样接受考核打分，采用部门负责制，建立竞争、激励、考核机制以完善用人机制，也具有一定的激励作用。

（4）加强规范管理，强化民主监督管理。在村集体经济运行的管理监督方面，村内建立了包括村民代表大会在内的各种决策机构，每年定期召开村民代表大会，讨论决定村内事务。同时，利用信息化手段建立了农村集体资金、资产、资源"三资"管理信息平台。通过更民主的方式，调动农户参与集体经济发展建设以及监督其运转的主观能动性，加强监管，减少违章违规和腐败行为的发生。农民通过各种方式参与发展集体经济，实现利益共享，保证农民在乡村振兴中的收益主体、建设主体和治理主体地位。2021年，东林村党委充分吸纳党员议事组建议，进一步完善"实时+实地"智能化办公考勤制、仓储管理制、"月月检"部门管理制，多措并举助力乡村振兴规范化管理，为产业发展排除后顾之忧。

（5）发掘智慧农业潜力，推进品牌农业发展。东林村集体以科技为支撑，推进农业智慧化品牌化发展。充分利用智能成果，以数字化助推智慧农业发展，建成以智慧大脑为支撑的一体化平台，引进智能灌溉、北斗导航、飞防植保、激光平整等新型科技，构建"天空地"一体化农业智慧大脑的技物支撑场景。集体经济组织与苏州硒谷科技有限公司联合开发富硒水稻，种植富硒米，大力发展品牌农业；联合南京农业大学、江苏省农科院团队成立江苏省现代农业产业技术体系——太仓（肉羊）推广示范基地，培育本地特色湖羊，筹建现代化的屠宰加工厂，对自己养殖的优质畜产品进行深加工；成立金仓湖农业科技发展有限公司，全面运行"牵羊人"羊肉制品、金仓湖富硒米、金仓湖生态保鲜大米等一系列品牌。

（三）东林村集体经济创新发展模式的成效

（1）村级集体经济实力明显增强。农村集体经济主要靠"三资"发展，土地是集体经济的核心资产，随着农村工业化的发展，大批外来务工人员聚集苏南带来了对住房的大量需求，"房东经济"成为农村集体经济组织发展的主要途径，这种产业选择具有风险可控、收益稳定的优势，但是随着产业升级以及劳动密集型制造业的外移，苏南的"房东经济"增收面临挑战。东林村集体经济组织集中利用土地建设高标准农田，组建农村集体合作农场，发展循环农业产业，带动农旅产业发展，有效促进三产融合互动。2021年现代农业经营的总收入达到4550万元，占农村集体经济总收入的比重由2010年的40%增长到2021年的70%，厂房经济带来的收入呈下降趋势，在农村集体经济总收入中占40%左右。利用多种组织化形式发展集体经济，优化提升生产要素的组合配置效率成为东林村农村集体经济可持续发展的重要途径，有效推进农村集体经济产业转型升级。

（2）实现农业智慧化经营。东林村集体经济组织积极与省内外高校、科研院所对接，推进产学研合作，用现代科学技术和手段装备农业，高效、循环利用资源。基于农业大数据，打造集北斗导航系统、植保无人机与各类机械设备于一体的智慧农业。目前，东林村2200亩土地种植管理仅需9人。引进搂草、打捆、包膜机等青贮设备资源化利用秸秆，秸秆加工后成为羊场喂养饲料，"以秸秆饲料代粮"养殖高品质羊肉，与高校、科研院所联合不断优化羊舍智能网控系统，加强基础设施精准配套建设，使农业科技覆盖农业产前、产中、产后各个环节。农业机械化与农业智慧化提高了劳动生产率和农业生产技术水平，是实现农业可持续发展与现代化的基本方向。

（3）创新探索现代农业高质高效发展新模式。采用现代农业科技成果，高效利用秸秆和畜禽粪便减少农田60%的化肥使用，避免环境污染问题，有效改善土壤环境。充分利用秸秆、粪便等农业废弃物实现再生产，有利于改善和保护生态环境。在利用先进生产设备低温烘干大米后，采用日本低温保鲜技术储藏糙米，能够有效避免农药污染。优化生产设备，提升产品品质，使产品符合绿色低碳特征，促进农业产业朝着绿色、环保和文明的方向延伸，既要超高产值也要绿水青山。

（四）东林村发展模式的经验借鉴

土地是农村发展的根基。在工业化和城镇化快速发展的背景下，农村土地流转市场得到迅速发展，这为土地适度规模经营创造了条件。规模化经营一方面有利于引进各类先进技术设备，提高农业生产率；另一方面便于土地集中规划、盘活土地资源，为大量不具备专业能力的农村居民提供更多的就业机会。东林村集体经济组织通过积极引导、探索创新，将农业生产整合成一个完整的、高附加值的产业链条。该村不仅将农业生产加工与农产品销售联结起来，打造专业化的产业链布局，同时依托当地特色优势资源禀赋也有效地推进体验、休闲与观光等产业的发展，实现三产的深度融合发展。

农业生产方式的改造、农业功能的拓展以及农业产业链的延长和深化都是建立在科学技术对农业渗透融合的基础上。政府通过公共产品支出搭建产学研用公共平台，农村集体经济组织可以在该平台上与高校、科研院所联系，拓展农业生产加工部门与科研院所的合作范围，提升科研成果在农业生产中的转换速率，深化农产品精深加工层次。广泛利用现代农业科技成果，以机械化为代表的科学技术对农业发展具有支撑作用。在种养等领域的生产和加工关键环节，加强科学技术运用，提高全程机械化水平。与此同时，要将农业机械化和信息化融合，着眼于将大数据、云计算、物联网等与农机装备研发和应用结合起来，推进农业生产力水平不断提高。农业科技水平决定农业生产力水平，也决定着农业现代化的程度。

在集体经济资产运营方面也建立起较为完善的农村集体经济治理结构和管理机制。建立了包括村民代表大会在内的各种决策机构，每年定期召开村民代表大会，讨论决定村内事务。利用信息化手段建立了农村集体资金、资产、资源"三资"管理信息平台。通过更民主的方式，调动农户参与集体经济发展建设以及监督其运转的主观能动性，加强监管，减少违章违规和腐败行为的发生。2021年东林村党委充分吸纳党员议事组建议，进一步完善"实时+实地"智能化办公考勤制、仓储管理制、"月月检"部门管理制，多措并举助力乡村振兴规范化管理，为产业发展排除"后顾之忧"。

三 发达农村集体经济改革深化与发展的启示

（一）因地制宜推进"政经分开"改革

农村集体经济"政经分开"改革是优化村民自治和集体经济协同发展体制的重要一步，但各地改革的基础和制度环境存在明显差异，因此推进"政经分开"改革的具体做法也应因地制宜。在经济发达地区，多数农村集体经济已经发展到了一定水平，改革需求比较紧迫，同时政府部门也能够为实施"政经分开"改革后的村干部工资、社区公共开支等提供财政保障，总体上具有良好的改革基础。但大部分经济欠发达地区的农村集体经济并没有达到改革条件，应考虑放缓"政经分开"的推进速度。

（二）构建"二元共治"的乡村善治格局

"政经分开"作为未来乡村治理发展的必然趋势，势必会造成基层自治格局的变化。在一些村庄社会自治比较依赖经济自治的地区，需要注意"政经分开"后农村集体经济组织对村"两委"治理能力的消解作用。首先，基层干部应该充分发挥村党组织牵头抓总、统筹协调作用，弱化消解作用，从组织单元、组织权力、组织资源等方面重塑农村基层组织的权力资源配置，通过多重权威调动和资源的综合使用强化村"两委"的乡村治理能力。其次，坚决贯彻中国共产党在农村经济建设和民主建设中的核心领导作用，明确经济自治组织与社会自治组织权责关系，明确集体经济组织需接受村民委员会引导与监督，形成"二元共治"的乡村善治格局。

（三）构建农村三产融合发展的农业生产体系

地方政府应健全和完善土地流转相应的法律法规，实现土地的有序流转和集约配置，夯实现代农业生产体系基础。通过延伸农业产业链，大力推进农村三产融合发展，实现多元化经营，克服产业结构单一的局限性，促进农业产业的内部结构调整，整合成一个完整的、高附加值的产业链条。此外，可以依托当地特色优势资源禀赋打造主导产业，灵活运用土地、资金、传统文化等资源，适当推进体验、休闲与观光等产业的发展，推动三产的深度融合。在新的历史条件下，探索农村集体经济组织发展新路径、新模式，与时俱进，在全产业链上找到新的增长点，实现集体经济可持续发展，政府也可以设立集体经济产业升级补贴奖励专项资金，用于补贴奖励集体经济产业升级项目。

（四）积极探索管理机制，发展绿色低碳产业

农村集体经济发展中资产、资金以及资源的管理问题涉及农民群众的切身利益，良好的管理制度是农村集体"三资"监管的重要基础。农村集体资产资源的承包、租赁等相关交易行为，应该由专业机构按照法定程序进行评估并且制定合理的市场价格。集体收益分配方案的制定以及分配结果应当向集体成员公布，接受集体成员监督。完善集体经济激励与约束机制，调动集体经济组织成员的积极性，激发其责任感。农村集体经济组织代表农村集体组织成员行使集体资产所有权，健全集体内部民主管理决策机构和外部监督机制，保障集体资产和农民收益。

当前资源环境对我国农业发展的约束显著加强，耕地质量退化、环境污染和生态破坏等问题明显加剧。绿色是现代农业化的主攻方向，农村集体经济组织在开展农事活动时，需坚持"绿水青山就是金山银山"的科学理念。

同时，加快优化养殖畜禽粪便处理方式，推进农业生产过程的清洁化；系统地、长期地、持续地推进整个农业生产的土壤、水质、空气及整个生态系统的修复，坚持利用保护与治理相结合的发展方式发展绿色农业，使经济发展与生态保护深度融合。

参考文献

陈锡文，2002，《农民增收需打破制度障碍》，《经济前沿》第 11 期。

韩俊，2014，《"政经分开"是农村集体产权制度改革的重要方向》，《农村实用技术》第 9 期。

陈明，2021，《分工深化、去依附与乡村政经分开改革》，《人文杂志》第 2 期。

胡肖华、陈潮辉，2021，《基层党组织统率下的政经分离：乡村治理体制现代化改革的必由之路》，《湘潭大学学报（哲学社会科学版）》第 4 期。

孔祥智、高强，2017，《改革开放以来我国农村集体经济的变迁与当前亟需解决的问题》，《理论探索》第 1 期。

夏英、钟桂荔、曲颂、郭君平，2018，《我国农村集体产权制度改革试点：做法、成效及推进对策》，《农业经济问题》第 4 期。

陈荣卓、刘亚楠，2017，《农村集体产权改革与农村社区腐败治理机制建构》，《华中农业大学学报》（社会科学版）第 3 期。

焦长权、周飞舟，2016，《"资本下乡"与村庄的再造》，《中国社会科学》第 1 期。

徐秀英、赵兴泉、沈月琴，2015，《农村社区股份合作经济组织的治理——以浙江省为例》，《现代经济探讨》第 10 期。

高强、曾恒源、张云华，2021，《农村"政经分开"改革：挑战、重点与建议》，《中州学刊》第 6 期。

周应恒、耿献辉、朱占国、严斌剑，2016，《推进苏南集体经济市场化改革的建议》，《江苏农村经济》第 3 期。

吴方卫、张锦华、贾晓佳，2022，《上海农村集体经济可持续发展的路径与对策》，《上海农村经济》第 1 期。

王会，2020，《沿海发达地区农村集体经济发展的内在性质——从珠三角和苏南农民的地权问题谈起》，《甘肃社会科学》第 4 期。

姜长云，2015，《推进农村一二三产业融合发展　新题应有新解法》，《中国发展观察》第 2 期。

B.16
"强村"+"富民"协同发展
筑牢共同富裕乡村之基

——浙江省嘉兴市村级集体经济发展实践

贺学明　宋正卿　冯　涛*

摘　要： 发展壮大村级集体经济有助于乡村振兴战略的实施，有助于共同富裕的实现。嘉兴市长期以来积极探索实践发展壮大村级集体经济的有效模式，努力实现"强村"与"富民"的有机结合和协同发展，为打造共同富裕示范区典范城市筑牢乡村之基。本报告基于嘉兴市近年来扶持壮大村级集体经济的实践与做法，分析在强村富民实践上存在的主要问题，提出了强村富民要持续加大政策扶持力度，落实强村富民举措；要拓宽村级集体经济增收渠道，推动集体经济转型发展；要强化农村集体"三资"监管，促进农村集体资产保值增值。

关键词： 村级集体经济　共同富裕　浙江省

2021年6月，中共中央、国务院发布《关于支持浙江高质量发展建设共同富裕示范区的意见》，赋予了浙江高质量发展建设共同富裕示范区的光荣使命。作为中国革命红船起航地，嘉兴市始终坚持统筹城乡发展推进共同

---

* 贺学明，嘉兴市农业农村局副局长，研究方向为农村土地和农村"三资"管理；宋正卿，嘉兴市农村合作经济指导服务中心副主任，研究方向为农村土地和农村"三资"管理；冯涛，嘉兴市农村合作经济指导服务中心经济师，研究方向为村级集体经济发展和农村土地。

富裕，特别是在发展壮大村级集体经济方面，以实施新一轮"强村富民"计划为总抓手，突出"强村""富民"同频共振，全面夯实农村基层党组织建设，有效增强农村集体经济发展活力，不断提升农民获得感、幸福感，为建设高质量乡村振兴示范地、打造共同富裕先行市奠定了坚实基础。近年来，嘉兴市连续获得浙江省消除集体经济薄弱村工作考核优秀等次，村级集体经济工作经验获时任浙江省委书记车俊，时任农业农村部党组副书记、副部长韩俊等省部级领导批示肯定。

一 主要做法

（一）超前谋划部署，绘好强村富民"路线图"

1. 高规格建立工作机制

一是营造齐抓共管的浓厚氛围。市委、市政府始终将发展壮大村级集体经济工作作为一项重大政治任务，形成了由市委主要领导带头调研亲自抓，市委市政府分管领导专题研究具体抓，组织、农业农村、财政、自然资源等部门深度参与合力抓的浓厚氛围。二是强化工作协调持续推进。市委市政府定期召开全市发展壮大村级集体经济联席（扩大）会议，对相关政策落实、项目推进等重大问题进行研究，确保发展村级集体经济政策措施和制度更加科学合理。三是发挥考核指挥棒作用。近年来，市委市政府每年都将发展壮大村级集体经济纳入县（市、区）目标责任制考核，层层传导压力，压紧压实责任，确保集体经济发展任务顺利完成。

2. 高标准出台配套政策

自2009年起，嘉兴市已连续出台四轮"强村计划"，从资金、土地、信贷等方面加强政策扶持。其中，2021年启动实施的第四轮"强村富民"计划，对参与抱团项目的薄弱村给予每村200万元补助，并全额保障项目用地指标；对购买或建造农业设施大棚、粮食烘干、仓储、冷库、涉农电商平台等配套设施的村给予每村最高160万元补助；对承担耕地和基本农田保护责任的村，最高给予 150 元/亩补助。根据新一轮"强村富民"计划要求，嘉兴市将通过 5 年努力，力争到 2025 年所有村年经常性收入达到 200 万元以上，年经营性收入达到 100 万元以上。

3. 高质量完成"消薄"任务

自 2009 年起，嘉兴市接连锁定村级集体经济总收入 30 万元、经常性收入 30 万元、经常性收入 50 万元、经常性收入 150 万元以下相对薄弱村（重点扶持村），明确指标到年、铺排任务到村，到 2017 年底提前完成经常性收入 50 万元以下薄弱村转化的目标。全省"消薄"三年行动计划实施后，鉴于无省定薄弱村考核任务这一特殊情况，嘉兴市坚持自我加压，锁定"两个 100%"目标，即到 2019 年年经常性收入 100 万元以上的村达到 100%、年经营性收入 20 万元以上的村达到 100%。到 2021 年底，全市 858 个村年经常性收入达 28.3 亿元，村均 330.4 万元，年经营性收入达 19.6 亿元，村均 229.1 万元。

（二）探索强村之路，打造村级经济"增长极"

1. 配足"强村要素"

合理发挥政府资源配置"四两拨千斤"的作用，将强村富民的"黄金米"重点撒到提高村级集体经济"造血功能"上，形成集人、财、地全要素供给的扶持体系。一是聚焦"领雁带头"。将薄弱村转化作为年度书记领办基层党建攻坚项目，并作为对各级党组织书记抓基层党建专项述职评议考核的重要内容；选派优秀机关干部赴薄弱村担任"第一书记"或农村工作指导员；推动所有村与企业、机关、社区组成"四方红色联盟"，共享资源、共谋发展。二是聚焦"土地生财"。支持以村为主体申报实施农村土地综合整治项目，产生的节余指标优先用于村级集体经济发展项目，也可由土地收储机构收储，市本级村的节余指标由市、区两级按不低于 80 万元/亩的标准进行收储。实施农村土地综合整治项目产生的节余指标由镇（街道）统筹使用的，市本级按复耕面积的 4% 给予指标补偿，或者按区节余指标收储价格给予相应资金补偿。三是聚焦"资金撬动"。通过资金直补、强村帮带、指标入股、千企结对、专行专贷及耕地保护和防违控违奖补等方式,以政府专项基金为杠杆,弥补薄弱村启动资金不足的短板。2016~2019 年,仅市级财政就安排 1.64 亿元支持发展村级集体经济。四是聚焦"项目带动"。以嘉兴市"项目攻坚推进年"为引领,扎实推进集体经济项目落地见效。通过鼓励扶持物业项目、产业项目、美丽经济项目等,打造村级集体经济新业态。如平湖市支持村集体和村民众筹入股优质项目,一方面发动村民积极参与村级集体经济发展,深度参与监督,提升集体资产管理效率;另一方面支持村民共享村集体经济发展成果,实现村集体和村民共同致富。

2. 深耕"飞地抱团"

坚持因地制宜、因情施策,推广运用"飞地"造血、退散进集、要素交易、电商孵化、农光互补等"强村九法",特别是在全省首创"飞地抱团"模式,解决了薄弱村受区位、资源、产业等因素制约的问题,实现了村级集体经济"村内经营到村外、粗放经营到集约、分散经营到集中"的三大转变。同时,不断提升"飞地抱团"项目的品质和丰富内涵,从单村发展物业经济的 1.0 版,到镇域联建发展优质物业的 2.0 版,到通过县级优质发展平台跨镇建设高标准高收益物业项目的 3.0 版,到实施对口帮扶、合作共赢的跨市、跨省"飞地"产业项目的 4.0 版和 5.0 版,再到带动低收入家庭持股增收的 6.0 版,"飞地抱团"已成为嘉兴市发展集体经济的最管用招数,也是农业农村工作的一张"金名片"。截至 2021 年底,全市累计建成"飞地抱团"项目 133 个,涉及 1632 村次,其中薄弱村 688 村次;项目总投资 138.9 亿元,其中各级财政补助 14.9 亿元;项目用地 5299 亩,收益率普遍达到 8%~12%,实现了县域抱团项目全覆盖、集体经济薄弱村全打包、"消薄"任务全兜底。

3. 管好"强村账本"

高度重视村级集体经济发展起来以后的问题,做好"增收+节支"相结合的文章,通过创新监管方式、完善管理制度,实现村级集体经济从"发展好"到"管理好""使用好"的全链条运作。一是以改革建机制。以建设全国农村集体产权制度改革试点市为契机,全面加强"三资"管理制度体系建设，开展农村集体资产清产核资，搭建农村产权交易平台，促进集体资产保值增值，并形成了10余项农村集体产权制度改革政策制度。截至2021年底，全市交易村级集体资产26083单，交易金额37.9亿元，溢价率普遍超过10%。二是以监督提质量。紧扣村级资产、村干部监督，制定村级小微权力清单，建立推行农村审计巡查等制度，从人民群众反映强烈、关注度高的重点领域入手，查处基层党组织软弱涣散和基层干部失职渎职、违反廉洁自律的行为，推进从严治党向基层延伸。三是以管理增效益。建立农村集体资金支付网上审批和使用"村务卡"制度，实现审核审批实时在线、各个环节留痕记录、数据影像随时可查、资金支付网银转账，强化集体资金的使用和监管。到2019年底，全市已实现村级资金"非现金"支付全覆盖。

（三）共享改革成果，架起脱贫增收"致富桥"

1. 开展村股份经济合作社股份分红

一是积极稳妥推进股份分红。严格按照村股份经济合作社章程规定，指导村股份经济合作社当年的净收益在提取公积金、公益金后实行按股分红，让广大农民共享农村改革红利。出台《嘉兴市村股份经济合作社收益分配指导意见（试行）》，规范股份分红管理。2021年，全市306个村开展分红，分红金额1.9亿元。二是全面推广"股份分红＋善治积分"收益分配模式。在坚持传统按股分红的基础上，结合村集体经济组织社员（股东）户每年度在全国文明城市创建、垃圾分类等中心工作中的表现形成善治积分，对其按"股份分红＋善治积分"的模式进行分红。通过将村集体收益分配与乡村治理相结合，有效提高村民参与乡村治理积极性。平湖市当湖街道通界村入选中央农办、农业农村部在乡村治理中推广运用积分制八大案例之一，成为浙江省的唯一。

2. 探索"飞地抱团"项目带动低收入家庭增收

为补齐低收入家庭增收致富短板，加快低收入家庭全面实现小康，嘉兴市实施了"飞地抱团"项目低收入家庭帮扶增收计划，按照"党建引领、政府主导、集体带动、社会帮扶、家庭自愿、资金安全、收益稳定"原则，多渠道筹措资金，建立低收入家庭扶持增收帮扶资金，投入村级集体经济"飞地抱团"项目，每年获得稳定的分红收益，推动市委市政府提出的到2022年"低收入农户收入翻番"目标的实现。截至目前，秀洲、平湖、海宁等地"飞地抱团"项目带动低收入家庭增收覆盖面均超过90%，平湖市首批入股家庭3225户，首批总入股资金17834.67万元；年户均增收5520多元，最高户可达1万元。

（四）深化区域协作，念好跨市消薄"山海经"

1.聚力推进"村企结对"

2018年4月以来，嘉兴市认真贯彻省委书记车俊批示，扎实推进"千企结千村、消灭薄弱村"专项行动，切实将脱贫攻坚的政治责任扛在肩上，自觉担起跨市"消薄"工作任务。2019年，已推动结对村集体实现经营性收入达5万元以上，全面完成跨市"消薄"任务。一是第一时间动员部署。全省"千企结千村、消灭薄弱村"暨消除集体经济薄弱村现场推进会召开后，市领导直接从会议现场奔赴丽水消薄"战场"进行对接，并在全省率先部署跨市村企结对工作，研究出台《嘉兴市乡村振兴"千企结千村、消灭薄弱村"专项行动结对帮扶工作方案》。二是采用多种模式结对帮扶。采取工商联会长企业带头结对立标创标、多企一村共同结对群策群力、多村多企抱团结对组团开发、产业相近对口结对无缝对接等多种模式，深入挖掘薄弱村的资源优势与企业的资本、产业、人才、技术、信息等优势，注重短期脱困和长期发展，实现高质量帮扶。到2019年底，嘉兴市与丽水市71个经济薄弱村签订村企结对协议，落实帮扶项目23个，投入帮扶资金1041万元，为结对薄弱村增加集体经营性收入468.6万元。三是典型示范引领带动。充分发挥优秀企业的引领示范作用，不断扩大专项行动影响，为跨市"消薄"提供先进经验。如浙江龙润置业有限公司无偿援助结对的青田县垟塘村80万元，引进专业团队精心打造"半亩鱼宿"精品民宿项目，成为嘉兴市首个落成的跨市村企结对"消薄"项目，为结对村每年增加经营性收入 8 万元；天通控股股份有限公司投资 108 万元，结合吴畲村革命老区实际打造总投资 220 万元的"红色基因"党性教育现场教学基地，将"红色旅游"做得风生水起。

2. 精心谋划跨市"飞地抱团"

通过地市搭台、县市唱戏，利用丽水下山脱贫腾出的土地指标，以指标换资金、以资金换物业、以物业换收益，从丽水"飞地"落户嘉兴获得更丰厚回报，嘉兴市则补足用地指标短板、拓展发展空间、吸纳山区人口、夯实产业基础。这样的合作既推动两地产业协作，又促成产业错位发展；既缓解沿海用工紧缺问题，又实现山区农民精准培训定向转移；既促进山区生态屏障建设，又拓展上游地区"飞地"发展空间，走出了一条山海协作跨市"消薄"、合作共赢奔小康的新路子。目前，两地已商定合作的抱团项目 7 个，起步最早的平湖青田山海协作飞地产业园项目规划用地 300 亩，部分厂房已完成招租，将为参投的薄弱村年增收 1950 万元，村年均增收 7.4 万元；2018 年，嘉善县开工建设全省首个跨省、跨市三地共建"飞地抱团"强村项目，首期建成后将为庆元县 83 个薄弱村、九寨沟县 48 个贫困村每年带来约 2200 万元收益；2019 年，由桐乡龙泉 100 个村共同出资的"百村抱团"项目智创时尚产业园是全市最大的抱团项目，项目将为龙泉 9 个村每年增加10 万元经营性收入。

二　存在的问题

（一）村级集体经济增收压力增大

近年来，"低小散"企业"退散进集""三改一拆"等工作的推进，客观上导致村级收入下降。各地村级经济收入来源较单一，主要来自物业经济，有的村除了"飞地抱团"项目收益以外，别无其他收入。特别是 2021 年以来，受新冠肺炎疫情影响，宏观经济阶段性放缓给村级集体经济发展带来一定影响。

（二）农村集体资产管控有待深化

随着农村集体经济的不断壮大，村级集体经济组织的经济事务越来越繁杂，客观上对如何管好用好集体成员的这笔共同财富提出了更高的要求。比如说，近年来村级小型项目工程日渐增多，在项目的管控上还存在漏洞，如何监管、谁来监管等问题都还没有明确，导致集体资产管理上的风险增加。

（三）股份分红推动难度大

虽然市委市政府始终倡导扩大股份分红覆盖面，但股份分红毕竟不适宜以行政手段来推动。目前，全市分红的比例还不高，2021年仅有1/3的村社实施了分红，分红金额仅占可分配收益的10%。主要原因是部分村干部对实施股份分红思想上有顾虑，怕影响集体经济发展、怕农民期望不断提高、怕持续增长的分红压力大；也有一些干部认为集体经济蛋糕尚未做大，不支持股份分红继续扩面。

三　下一步工作打算

下一步，嘉兴市将继续认真贯彻落实中央、省关于发展壮大村级集体经济工作的要求，为建设高质量乡村振兴示范地提供物质基础，为推动共同富裕做出更大贡献。

（一）落实好新一轮强村政策

以新一轮"强村富民"扶持意见为总纲，出台配套项目管理办法，抓紧谋划"飞地抱团"、现代农业产业发展、低收入农户持股增收、激活闲置农房等一批项目，力争到2022年、2025年分别完成有关阶段性目标，并以此为契机，为浙江成为全面展示中国特色社会主义制度优越性的重要窗口贡献力量，助推农民更快走上共同富裕道路。

（二）总结好多渠道增收途径

在落实强村政策的同时，一方面，认真学习借鉴《村级集体经济巩固提升三年行动计划》提出的相关发展举措，推进村级集体经济发展转型升级。另一方面，因地制宜探索美丽经济、数字经济、服务创收等有效途径，及时总结推广平湖集体经济项目"众筹+"等一批优秀经验，营造发展壮大村级集体经济的良好氛围。

（三）优化好村级集体经济发展政策环境

充分考虑"退散进集"、环境整治等对村级集体经济收入带来的影响，加强政策保障，破解返贫难题。支持鼓励以村为主体、抱团参与"两创中心"建设，形成可持续增收途径。加强与相关部门沟通协调，加强村级税负问题调查研究，推动农村集体经济组织减负。

（四）管理好农村集体"三资"家底

全面推广落实村级资金"非现金"收支、集体资产年度清查、代理会计下沉等各项制度。深化农村产权交易平台建设，提高农村集体资产纳入平台交易比例。完善村级集体经济审计监督方式，优化村级财务公开模式。推动农村集体经济组织按章程开展股份分红，积极开展"股份分红+积分激励"模式，让广大农民共享农村改革红利。

B.17
东莞市完善市镇村组统筹发展机制的调研报告

东莞市人大代表乡村振兴专业小组课题组 *

摘　要： 东莞市近年大力推动市镇村组从"四个轮子一起转"式发展向集约发展、均衡发展转变，在统筹发展模式、统筹发展载体、统筹发展机制等方面进行了有益探索，积累了丰富的实践经验。进入"双万"新赛道后，市级顶层设计欠缺、镇级引领发展能力不强、村组内生动力不足、三次产业效益不平衡等深层次问题，制约了东莞统筹发展的持续深入推进。建议通过推动地方立法、出台纲领性文件、调整管理部门职能、深化国资农资合作、完善利益共享机制等措施，提高统筹发展法规制度的连续性、工作机制的创新性、局部与全域的效益性、基层参与的积极性。

关键词： 集体经济　统筹发展　东莞市

东莞市人大农村农业工作委员会和市人大代表农村工作专业小组连续几年聚焦农村集体经济发展，调研成果多次获得市委领导肯定。2021 年，为推动党史学习教育走深走实，专业小组在东莞即将实现"双万"（GDP 过万亿元、人口超千万）的新起点上，就如何构建市镇村组统筹发展机制、推动农

---

* 课题组组长：张志强（东莞市人大常委会委员、农村农业工作委员会主任）。执笔人：王尚友，东莞市农村集体资产管理办公室综合培训科科长，研究方向为农村集体经济发展与基层治理；李胜銮，东莞市人大常委会农村农业工作委员会副主任，研究方向为都市农业与乡村振兴。

村集体经济高质量发展，深入市相关部门、镇村以及深圳市宝安区、广州市黄埔区、佛山市顺德区、四川省成都市和德阳市等地调研，形成本报告。

一 基本情况

农村集体经济是东莞经济的"基本盘"。在全市 2460 平方公里辖区范围中，集体所有土地约占 7 成；在全市 1200 平方公里建设用地中，集体性质用地约占 2/3；在全市 3.6 亿平方米工业厂房中，集体自建厂房约占 1/4；在全市村组 2040 亿元总资产中，货币资金约占 4 成。由于各种因素制约，村组近年面临有土地难用、有物业难改、有资金难投的困境。为破解村组发展困局，东莞探索以市镇村组统筹发展为抓手，推动集体经济从分散发展向集约发展、均衡发展转变。

（一）市委市政府推动片区统筹的探索

东莞稳步优化市直管镇体制改革，按照"两不一增"原则（即不进行行政区划调整、不增加管理层级，进一步增强基层发展积极性），多模式推动片区统筹。一是"市+功能区+镇村"模式。主要包括松山湖功能区、水乡特色经济区、滨海湾新区。其中，松山湖功能区地理辖区涵盖一园九镇（松山湖高新区和石龙、寮步、大岭山、大朗、横沥、东坑、企石、石排、茶山镇），总面积约 590 平方公里，由市委市政府赋予高新区对功能区九镇在"五大统筹"领域相应的管理权限（即统筹发展规划、区域开发、产业发展、重大项目建设、政务服务效能提升），以高新区为"火车头"带动片区协调发展。2020 年，松山湖功能区实现国内生产总值 2577.4 亿元，占全市的 26.7%；实现工业增加值 1438.6 亿元，占全市的 34.7%。二是"市+镇+企业"模式。主要有粤海银瓶合作创新区，市层面给予政策支持，谢岗镇出土地，粤海集团负责运营。三是产业发展基地模式。主要有东部工业园、七大战略性新兴产业基地，由市统一确定发展方向并给予相应的政策支持。

（二）市镇国有企业参与项目统筹的探索

东莞市属国有企业特别是国有金融企业门类齐全，镇属企业正在朝着镇属国有企业方向改制，并建立了全覆盖的市镇国有资产管理情况向同级人大报告制度，为市属和镇属企业参与统筹发展提供了保障。例如，东莞实业投资控股集团有限公司通过与镇属企业合作成立项目公司共同推进项目土地整备开发，已推动开展道滘小河村等 3 个项目，项目框架协议范围总规模达4784 亩。东莞市交通投资集团有限公司通过市镇村三级合作盘活停车资源，目前已与莞城等 15 个镇（街道）及麻涌麻三村等 3 个村（社区）形成规范停车合作项目，截至 2021 年 5 月累计有近 6 万个泊位纳入静态交通公司统筹管理范围，实现市镇村利益共享。东莞信托有限公司近年先后推出"金信 3 号"等系列投资理财产品，认购镇村从 2019 年 7 月的 15 个镇（街道）41 个村组增加至 2021 年 8 月的 28 个镇（街道）189 个村组，认购金额从9.9 亿元增加至 79.4 亿元，有效推动农村集体资产保值增值。东莞科技创新金融集团有限公司推出了"村融通"产品，通过镇村提供资金、市属国有担保公司提供担保、银行提供委托贷款服务的方式，为成长企业注入资金，截至 2021 年 4 月底已在南城三元里社区、企石镇成功落地两笔，担保金额累计 2100 万元，预计可新增产值约 2881 万元、新增利税约 416 万元。常平镇属企业东莞市大京九创新发展有限公司统一租用木榄村工业区原有旧厂房进行升级改造，打造成常平国际创新港，成为全国"大众创业，万众创新"示范基地和绿色示范园区，每年为村集体增收 432 万元。

（三）市镇统筹发展机制的探索

土地统筹方面，2020 年出台《关于进一步完善土地收储整备补偿和利益共享机制的意见》，率先提出"基础补偿+增值共享"的总体思路，加快土地统筹利用步伐。2020 年，村组增加土地出让收益 91.2 亿元，明显高于前三年平均的 49.8 亿元。资金统筹方面，2019 年出台《关于促进村组集体资金有效利用的工作方案》，通过滨海湾新区建设、中堂镇城市更新等集合资金信托计划，共计吸纳 34.3 亿元村组资金投向市镇重大项目。基本公共服务统筹方面，2019 年出台新一轮村（社区）基本公共服务专项资金补助政策，从市镇财政分成前切块 5%，2019~2020 年共投入 48.8 亿元用于补助村组的治安、环卫、行政管理等支出。均衡发展统筹方面，2017~2019 年安排扶持次发达镇产业发展专项资金 30 亿元，2020 年 8 个次发达镇生产总值全部破 100 亿元；70 个次发达村每村每年安排 30 万元用于基础设施建设和创收项目，2020 年村均经营纯收入达 1104 万元。

（四）镇村统筹发展机制的探索

据东莞市农业农村局统计，至 2020 年底，全市有 29 个镇（街道）出台与镇村统筹发展利益分享相关的文件 70 多份，主要涉及土地统筹、物业统筹、资金统筹、产业招商等方面。例如，中堂镇 2018 年出台《中堂镇统筹发展利益分配实施意见（试行）》，明确镇村合作开发工业用地收益分配，分为一次性获得全部土地出让收益、"基础补偿+增值收益"、按项目税收给予财政补贴三种方式。寮步镇 2018 年出台《寮步镇促进镇村统筹发展实施暂行办法》，明确村组集体厂房由镇产业部门统筹招商的，给予村集体税收镇级留成部分的 20% 作为招商奖励。谢岗镇 2014 年出台《谢岗镇村组参股镇属厂房租赁项目实施方案》，以镇财政收入兜底担保，镇资产公司按每年 6% 的收益率统筹村组资金近 15 亿元，每年为集体增收近 9000 万元。石排镇 2019 年修订《石排镇农村税收分成实施细则》，明确对次发达村和其他村的新招引项目和增资扩产项目，分别给予镇属税收分成 50% 和 25% 的产业激励。

（五）村组统筹发展机制的探索

2012 年出台《东莞市农村（社区）集体经济统筹管理实施办法》，采取直接撤并、设置分社、组财村管等方式统筹组级经济发展。由于农业农村部开展登记赋码等原因，大部分设置分社的地方，结合 2020 年村组换届，重新选举经济社理事会、监事会成员，恢复经济社设置。如何在新形势下更好地推动村组统筹发展，部分镇村进行了积极探索。例如，麻涌镇东太村将 TOD 统筹范围内的 21 个经济社的 78 个地块统一办理共有产权证，修改章程授权经联社股东代表会议行使共有产权土地开发决策权，在不打破原组织架构的前提下，通过大项目建设实现局部资源共有、共治、共享，为村组统筹发展探索出新路径，被评为"2020 年度东莞市基层优秀改革创新案例"。

二 存在的问题

东莞虽然在统筹发展方面开展了诸多有益探索，但进入"双万"新赛道，面临"追兵逼近""标兵走远"新态势，制约统筹发展高位推进的短板日益突出。

（一）市级统筹发展缺乏顶层设计协同

1997 年，东莞市人大通过了《东莞市农村集体资产管理规定》；2012 年，市委市政府出台了推动农村集体经济加快发展、加强管理、深化改革系列文件。由于形势的变化，这些文件近年陆续废止，但新的纲领性文件尚未出台，关于加强统筹发展的政策分散在不同文件中，缺乏顶层协同，推动集体经济高质量发展存在"法规断层"和"政策梗死"现象。例如，原定的商务楼宇补助等多个奖补项目多年未有成功申请案例，新形势下亟须引导发展的村内停车、物业管理、乡村旅游等服务型经济事项却未纳入奖补范围；对于近年实践形成的镇村资金项目统筹、村企融资租赁等有效做法，缺少"鼓励""支持"等表述，导致部分创新做法在巡察和审计中被定性为"缺乏依据"要求整改，影响了镇村投资型经济发展。

与东莞政策法规建设相对停滞形成鲜明对比的是，周边的宝安、黄埔、顺德等地，近年分别出台了《宝安区贯彻实施〈深圳经济特区股份合作公司条例〉指引》《关于扶持壮大我区集体经济的实施办法》《关于进一步推动顺德区村级工业园升级改造"放管服"工作的意见》等文件，持续高位推进统筹发展，农村集体经济的发展速度和效益好于东莞。表1列出了2020年东莞、宝安、黄埔、顺德农村集体经济的主要指标。表2是"十三五"期间东莞、宝安、黄埔、顺德农村集体经济增长情况。

表1 2020年东莞、宝安、黄埔、顺德农村集体经济主要指标

单位：亿元，%

项目 地区	总量				结构效益		
	总资产	净资产	总收入	纯收入	总资产 收益率	净资产 收益率	资产 负债率
东莞	2040.4	1713.4	254.6	189.7	9.3	11.1	16.0
宝安	761.5	326.3	144.3	83.3	10.9	25.5	57.2
黄埔	384.6	164.0	39.5	30.0	7.8	18.3	57.3
顺德	183.5	86.2	43.9	32.6	17.8	37.8	53.0

表2 "十三五"东莞、宝安、黄埔、顺德农村集体经济增长情况

单位：%

项目 地区	2016~2020年年均增速			
	总资产	净资产	总收入	纯收入
东莞	7.6	8.1	7.5	11.4
宝安	7.8	5.0	14.3	19.7
黄埔	14.4	13.5	21.0	26.4
顺德	16.6	5.6	6.7	7.8

资料来源：东莞市农业农村局、深圳市宝安区集体资产事务中心、广州市黄埔区农业农村局、佛山市顺德区农业农村局统计数据。

（二）镇级统筹发展引领能力不强

东莞部分镇（街道）经济实力不强，镇属企业普遍规模不大、效益不高。据市国资委统计，截至2020年底，全市镇属企业总资产918.3亿元、净资产507.7亿元，总资产收益率为0.8%、净资产收益率为1.5%；而同期，村组两级总资产2040.4亿元、净资产1713.4亿元，总资产收益率

9.3%、净资产收益率11.1%，村组经济的规模和效益均优于镇属企业（见表3）。要全面推动镇村统筹发展，面临市决策"底气不足"、部分镇（街道）落实"有心无力"的两难境地。

表3　2020年东莞市、镇、村组公有资产规模效益情况

单位：亿元，%

项目 层级	规模				结构效益		
	总资产	净资产	总收入	纯收入	总资产收益率	净资产收益率	资产负债率
市属国企	6770.6	1463.4	354.5	58.9	0.9	4.0	78.4
镇属企业	918.3	507.7	72.7	7.6	0.8	1.5	44.7
村组集体	2040.4	1713.4	254.6	189.7	9.3	11.1	16.0

资料来源：东莞市国资委、东莞市农业农村局统计数据。

面对同样的难题，东莞周边市区开展了更为积极的引领行动。例如，宝安区成立集体经济发展促进会，要求各街道组织大型对接活动，2020年有10个街道举办了产业空间资源对接活动，12个集体项目成功签约；顺德区容桂街道建立"公资委—公资办—街道公有企业"三级管理架构，公资办角色从"守龙门"转为"打前锋"，积极参与和推进村级工业园改造，在引导镇村统筹发展方面走在了前面。

（三）村组统筹发展内生动力不足

市镇对村组部分事务的管理，存在统得过死、标准偏低、导向不明等问题，制约了村组主观能动性的发挥。统得过死：有的镇将镇级"三重一大"的标准扩大至村组，要求村组超过300万元的投资理财均要上镇班子联席会议讨论。标准偏低：近年东莞资产价格不断走高，远超市政府2017年制定的标准，村组在回购土地、增持物业时，按照基准（指导）价收不到土地物业，不按照基准（指导）价收购又担心过不了审计和巡察关。导向不明：经联社分社恢复经济社设置后如何巩固原改革的积极成效，推行农村股份合

作制改革后如何解决非股东村民和其他常住人口的利益诉求等，市镇两级还缺乏指引。

而东莞周边市区，已在增强集体经济发展内生动力方面迈出新步伐。例如，宝安区出台《宝安区关于推进社区股份合作公司党建标准化建设的若干措施》，全面提升股份合作公司党组织引领能力；出台《宝安区全面推进股份合作公司改革实施方案》，推动股权继承、转让、赠与、回收，推动集体股逐步减持，为股份合作公司注入新鲜血液。

（四）三次产业统筹发展不平衡

目前市镇村均侧重于工商业用地的统筹，但对于全市 30.57 万亩永久基本农田、36.87 万亩耕地、79.83 万亩林地等涉农用地的统筹关注不够，未能有效地把绿水青山变成金山银山；已统筹的农地、林地发展乏力，如各级农业产业园，受政策制约大，发展的规模和内容不能很好满足人民群众的需求，经济效益和社会效益有待提高。

三　意见建议

（一）提高统筹发展法规制度的连续性

目前，国家正在推动农村集体经济组织立法，《广东省农村集体经济组织条例》已列入省十三届人大常委会任内审议的法规。建议借势推动《东莞市农村集体资产管理条例》地方立法，同时加快制定新的扶持集体经济发展的纲领性文件，填补原法规制度废止后的空白，做到有法可依、有章可循，给参与统筹发展的各方更加明晰、更加稳定的预期。

（二）提高统筹发展工作机制的创新性

建议进一步解放思想，重点建立健全"监督指导与经营服务并重"的管理机制、"国有经济与集体经济融合"的发展机制。

市镇两级农村集体资产管理机构，可学习德阳市农交所的经验，部门职能由以监管为主转变为以统筹、规划、引导、服务为主，拓展服务功能，为农村集体资产的保值增值提供更多服务。

市镇国资与村组农资合作发展机制，可参照宝安区成立集体经济发展促进会、顺德区容桂街道设立"公资委"等做法，构建国资与农资合作的新机制，实现共建共赢。

（三）提高统筹发展局部与全域的效益性

统筹发展的目的，就是以较低的成本取得较高的收益、以局部的突破带动全域的均衡。

建议尽量在不打破行政区域界限的前提下，推进市镇各类功能区开发建设，推动大项目镇村组共建，通过功能区的打造和大项目的建设，推动连片改造、连片开发，在保持基层政权和经济社会稳定的基础上，推动"三级所有、组为基础"的产权制度朝着更加集约高效的方向发展。

建议借鉴宝安区和黄浦区的做法，在土地数字化测量的基础上，建立以"土地上建造的物业、物业所承载的企业、企业所对应的产业"为基本内容的、立体化的、清晰的集体资产资源地图，为全域化推进土地统筹、招商引资、合作开发提供决策参考。

建议完善涉农资源保护与开发平衡机制，结合国土空间规划调整，加快落实10%的用地指标和点状供地等政策，推动发展一批高质量观光农业项目，提升农田、林地的经济效益和社会效益。

（四）提高统筹发展基层参与的积极性

建立合理的利益共享和风险分担机制，是调动基层参与统筹发展积极性的基础，也是统筹发展持续深入推进的关键。

建议在梳理市镇现有做法的基础上，制定全市性的统筹发展共享利益机制，对利益分成标准做出原则性规定，让集体更多地分享统筹发展成果。

建议参考《宝安区贯彻"三个区分开来"建立容错纠错机制若干规定》

精神，建立容错纠错机制，支持改革，鼓励担当，保护基层干部探索统筹发展新路子的积极性。

建议进一步深化集体产权制度改革，借鉴宝安区经验，推动集体股逐步减持，推动个人股有序流转，强化农村集体经济"一方水土养一方人"地域属性，让更多的基层群众从统筹发展中受益。

建议在制定统筹发展产业规划中，兼顾"地尽其利"、"物尽其用"与"人尽其才"的关系，充分考虑当地户籍人口的就业问题，让"4050""包租公""拆二代"等不同群体都可以在产业发展中找到合适的工作岗位，推动农村"沉没"的人力资本变为统筹发展的增量"活水"，以充分就业促进共同富裕、和谐善治。

B.18
基于"工改工"的东莞产村协同
发展研究[*]

胡青善 李艳芳 阮远华 陈威[**]

摘 要: 东莞是世界制造基地,近年重点建设广东省制造业供给侧结构性
改革创新实验区,并把产业"拓空间"和传统工业园区改造,
即"工改工"作为战略任务。本报告重点分析了东莞实施"工
改工"的主要背景、供需情况、突出问题、主要模式,并就加
强政府统筹力度、推进产村协同发展,提出了系列政策建议:一
要创新管理机制,努力处理历史遗留问题;二要拆建整治结合,
对工业集聚区进行活化改造;三要加强规划统筹,优化项目开发
模式,提升改造质量和效益;四要创新政策机制,多措并举降成
本、添动力;五要强化供需对接,支持引进具有产业导入、产业
带动能力的专业开发运营主体参与;六要创新投融资方式,推动
政银企多元化投入,提供资金保障;七要突出产村协同,改善产
业配套和人居环境品质;八要深化体制改革,分类探索,努力提
升集体经济质量。

关键词: 产业"拓空间" "工改工" 产村协同 东莞

---

* 本文为东莞市乡村振兴促进中心委托市改革发展研究院课题部分成果。
** 胡青善,东莞市改革发展研究院特约研究员,东莞市社科院助理研究员,深圳优筑产城发展
研究有限公司总经理,研究方向为产城协同发展;李艳芳,东莞市乡村振兴促进中心副主
任,研究方向为乡村振兴;阮远华,东莞市改革发展研究院院长助理,研究方向为产业园
区;陈威,东莞市乡村振兴促进中心主任助理,研究方向为乡村振兴。

一 主要背景

当前，东莞常住人口超千万、GDP 将破万亿元和土地开发逼近极限，城市更新，尤其是"工改工"意义重大。其一，可向天空、地下要空间，提质扩容，有效缓解空间瓶颈制约；其二，可通过"改笼换鸟"，加速淘汰落后产能，构筑优质空间，促进战略性新兴产业发展；其三，可带动新一轮投资，并改善城市功能、提升城乡品质，促进产城（村）协同发展，增强城市吸引力和凝聚力；其四，可有效推进城乡和区域平衡发展，尤其快速提高欠发达镇村及民众收入，并促进消费升级。

在高房价倒逼形成高地价和制造业发展面临诸多不利因素的情况下，城市与产业"拓空间"存在突出矛盾。一方面，"居商类"项目容易实现短期利益平衡，市场动力足，但易对产业"拓空间"，尤其是"工改工"产生抑制；另一方面，"工改工"项目历史问题复杂（违规乃至违法用地多）、权属复杂，且制造企业难以承受高成本，项目回报周期长、利益平衡难度大、市场动力弱，推进普遍困难。

"工改工"项目的难点，在于解决历史遗留问题和进行利益平衡，解决问题的关键还是依靠政策支持乃至政府主导。政府强力管控房价和"居商类"改造，强化产城联动和连片改造（"头雁计划"），支持"工改工"，对于推动产城协同平衡发展有一定支持作用。相比顺德采取政府主导的模式，东莞主要靠市场化方式，但力度明显不够，实际成效也显著落后。

二 供需情况

目前，东莞土地资源开发逼近极限，生产空间供需失衡，"工改工"市场有效需求大。但近年产业园区呈爆发增长态势，偏服务或者轻生产型产业空间面临过剩。

（一）从供给看

受开发强度和土地规模约束，东莞可开发增量空间极其有限，"拓空间"主要靠存量改造。传统镇村工业园规模庞大，通过"工改工"提质扩容，对推动制造业供给侧结构性改革和高质量发展意义重大。

经过40多年的快速开发建设，全市土地开发强度已逼近极限，实际已超50%，为珠三角九市平均水平18.2%的2.7倍。目前，东莞土地空间碎片化问题突出，剩余可挖潜利用的都是难啃的"硬骨头"，成片可开发利用土地稀缺。

在快速工业化阶段，因为"一穷二白"，为满足市场需求东莞实施"多轮驱动"，镇村基层乃至私人是土地开发主体力量。初步摸查，全市现有镇村工业园1965个（其中，143个镇属工业区、529个村属工业区和1293个其他企业或者私人工业园），用地面积3.7万公顷（集体经营性建设用地占全市工业用地超过7成）。这些传统工业园规模普遍较小、非常零碎、土地权属非常复杂；且因建设较早，普遍缺乏统筹规划，空间布局散乱，物业陈旧，利用低效，缺乏完善配套和有效管理，已难以适应新一轮产业升级与城市发展要求。同时，因为长期实施"多轮驱动"，土地开发违法违规问题突出，由此各种历史问题、利益问题、政策问题交织在一起，错综复杂，形成瓶颈。

（二）从需求看

无论新引进投资或者本土倍增企业增资扩产都非常有力，对土地空间有强烈需求；本土相当一批规上企业，尤其是重型生产企业则受空间制约被迫外溢。

2020年，东莞共引进内外资项目3946宗，实际投资1499亿元，同比增长25.3%。据东莞市投促部门对全市规上企业、重点外资企业、专精特新企业等情况进行对比梳理，按照产值不少于2亿元、税收贡献不少于1000万元，或发展潜力好、带动能力强等原则，筛选出492家企业进行摸底调查。其中有新增用地需求的124宗，用地需求8520.57亩。

受土地空间瓶颈制约，也受高房价、综合成本持续上涨和节能环保政策影响，近年本土培育的一批规上制造企业陆续向周边的惠州、江门乃至江西赣州、湖南郴州等地外溢，装备制造或者重型生产类制造企业非常突出。如长安就有不少专精特新的优质制造企业因为不满意"包租公"的高租金，而选择到江门、赣州等地买地建厂房扩大生产。

三　问题分析

东莞推进"工改工"具有突出的区位和产业优势，尤其是东莞制造多属于轻型制造，"工业上楼"比较容易，改造效益更为突出。但受宏观环境、历史问题、政府硬手段缺失及村企利益平衡难等诸多因素制约，对比顺德，东莞推进"工改工"实际效果明显不如意。至2020年底，顺德累计拆除整理土地83310亩，为产业发展、乡村振兴和城乡融合发展提供土地要素保障。东莞2019年8月申请成为广东省制造业供给侧结构性改革创新实验区，并把"拓空间"作为头等工程。2020年实际完成拆除平整8032亩，任务完成率107%。截至2021年5月底，全市共完成"工改工"整备、拆除2012亩，任务完成率只有20.12%，进展明显滞后。

（一）市场供需因素

受诸多宏观不利因素尤其是新冠肺炎疫情影响，东莞庞大的传统加工制造业加速"关、停、并、转"，释放出不少低成本、低质量空间。同时，近年房价持续暴涨，居商类改造项目受市场追捧，工业园区改造市场动力仍然不足。

（二）过去快速粗放多轮驱动过程中形成大量历史问题

工业园，权属复杂，连片改造难；历史复杂，破除包袱难；拆迁复杂，项目盈利难。

1.权属复杂，连片改造难

根据东莞市镇村工业园摸底调查数据，接近70%的镇村工业园面积在

300 亩以下，工业园平均规模约 287 亩，进驻企业平均占地面积约 11.5 亩，企业用地非常分散零碎。

2. 历史复杂，破除包袱难

城市更新"揭开"了各类历史问题，难以处理。（1）历史征地问题，部分工业用地虽然已办理了国有土地证，但由于存在历史征地补偿低、以租代征、征地程序不完善、土地管理费不明确等问题，村集体对项目改造提出利益诉求。（2）普遍存在私下土地流转、挂靠使用等历史遗留问题，各类历史协议五花八门，初步梳理已有 10 多种，如何认定历史权属直接关系到村集体与历史用地单位的利益问题，处理这类历史问题存在较大的法律风险、行政风险、审计风险。（3）早期，为了腾出用地规模，大量旧村、旧厂等现状建成区被划为特殊用地、生态绿地。

3. 拆迁复杂，项目盈利难

据管理部门对全市 200 多个改造项目的成本数据和 20 多个新型产业载体的租售价格数据的调查分析，连片"工改工"项目的补偿物业面积约占总计容建筑面积的 1/3，原权利人普遍期待通过"工改居""工改商"获取高额拆迁补偿，旧厂房拆迁补偿成本区间普遍位于 200 万~500 万元/亩。

（三）推进"工改工"主要以市场化方式进行，缺乏硬手段，拆迁推进难

对比深圳光明科学城、顺德村改和东莞市水涧头村拆迁等经验做法，拆迁工作要结合市场化手段和其他合法合规行政手段，双管齐下。东莞"工改工"政策实行了最大限度的让利，政府不仅不收取土地收益，而且拿出财政资金给予奖补鼓励，也可以采取市场监管、城市管理、环保执法、安全生产、税务清查等合法合规的联合执法手段，倒逼拆迁改造。

（四）行政分割问题突出，政府统筹能力弱，服务保障难

与广州、深圳、佛山顺德等市、区相比，东莞市城市更新队伍建设落后，力量薄弱。各镇街专职人员 254 人，规划、土地专业的人员仅占 25%，

近50%的人员从业时间在3年以下，人员不固定、流动性大，业务不熟，难以提供足够的服务保障。

四　模式案例

进入高质量发展阶段，城市更新难度大、门槛高，能够驾驭政商资源并具有综合开发能力的市场资本由此成为主体力量；村组集体作为集体土地所有者和原土地开发重要主体，则重点发挥助推作用，实现协同发展。"工改工"主要涉及地方政府、原权属人（所有者和租用者）、新投资主体和新需求方等多方关系。按实施主体划分包括3大类8大模式：政府主导（含镇属企业、市属国有企业土地整备开发）、权利人自改（含村集体自改、原土地使用权人自改）和单一主体挂牌招商（含村企合作改造）。

从实际情况看，目前实施比较顺利的多为权属单一的权利人自改类项目。权属复杂的成片改造的项目，无论政府主导或者市场单一主体挂牌招商都因为面对诸多难题、前期服务时间长，项目统筹推进困难。

（一）权属人自改模式

1.企业自行改造模式

该类项目权属单一、产村利益相对简单。一种情况属于国有工业用地，主要涉及跟政府的关系，与村社基本无利益关系。如长安的知荣服饰"工改 M0"项目、东城牛山兴华工业园一期"工改 M0"项目、大岭山豪顺精密厂房"工改 M1"项目、塘厦水电三局工业园"工改 M1"项目（该项目属于国企自有工业用地，公司实力强，选择全部自持）和企石华正物业投资有限公司"工改 M1"项目（非工业企业）等。而项目地块如果是集体建设用地涉及村企利益关系则比较复杂，企业进行改造需要延长租期，则需要补偿村集体利益，与村进行谈判。企业自改项目主要以提质扩容为目的，对原有利益格局影响不大。

2. 集体土地流转开发

如万江顺联玩具有限公司项目，面积1.255公顷，其中无合法用地手续面积为0.61公顷，为万江新村经济社所有。该地块原为工业用地，1994年租给顺联使用。2015年新村经济社缴纳违法罚款后整合周边零散未利用土地共计1.5公顷一并流转给顺联公司，流转土地单价为600元/平方米。该项目为万江首个以集体流转方式实施的"工改工"项目，项目效益显著，不仅盘活了集体土地资源，增加了集体收益，同时解决了历史遗留问题，满足了企业增资扩产需求，项目投产后不仅纳税大幅增加，而且激发了社区发展活力。

3. 开发企业收购改造模式

如寮步天骄实业"工改工"项目，是由传统的地产开发商光大地产收购旧厂房建设现代化的工业园区。这类项目因为开发企业已收购土地，村企利益关系已解决，其改造容易推进。

4. 村集体自改

包括村集体自改和"村集体+产业运营商"模式。其中，村集体自改模式，一般为权属比较单一、村集体实力较强且招商运营比较容易的区域，如塘厦林村即对村集体规模较小工业用地进行自改。

受专业能力限制，目前多采用"村集体+产业运营商"模式。东城牛山、虎门北栅、寮步横坑、道滘大岭丫等一批村集体都采取了与产业运营商联合开发模式。这种模式可以有效地解决改造过程中村集体在规划设计、报建报批、招商运营等方面专业能力、经验、资源不足的问题。此模式重点涉及三方面问题：一是如何保障村集体与村民利益；二是如何保证项目收入最大化；三是企业如何提供专业的园区运营。具体又可分服务与联合开发模式。

（二）政府或国企主导模式

政府征拆集体土地物业，并通过招拍挂方式向市场供地，如万江万鹰水泥厂项目即由万江街道主导征拆并推向市场招拍挂。类似项目主要涉及政府在集体土地进行征拆过程中的利益分配问题。国企土地整备开发模式介于政府征拆与市场化运作之间。国企既代表政府，也直接作为项目投资开发主体，具有双重性，如道滘镇小河连片"工改工"项目改造主体为东实集团与道滘镇政府共同成立的国有独资公司，是道滘镇开展城市更新项目的土地整备开发项目公司。该项目村企有很强积极性。一方面村集体利益得到较充分保障，积极配合推进；另一方面国企代表政府，也可以在项目开发中盈利，本身具有双重优势。因此，项目的推进也相对容易。

（三）单一主体挂牌招商模式

该模式主要通过招引大型开发集团，重点针对成片、权属复杂地块进行综合类改造，这类项目多纳入"头雁计划"推进。代表有深圳宏发集团在塘厦石潭埔投资开发项目；深圳天安云谷在大岭山杨屋村、颜屋村实施的总用地面积 2073 亩综合改造项目；万科在长安新民社区实施的产城融合类更新项目，该地块面积约 1414.35 亩，现状主要为旧厂房和旧村落。

五　政策建议

（一）创新管理机制，努力处理历史遗留问题

东莞传统工业园存在规划不符、规模不足、违法用地和违章建筑"两违"众多等难题。应以历史眼光客观处理历史遗留问题，创新土地管理政策体系，有效化解历史遗留问题。可创新历史用地遗留问题解决机制，允许对符合"三旧"改造条件的违法用地做出罚款（处理）决定后按现状建设用地分类完善手续，简化历史违法用地处罚手续，提高完善用地手续的可行性和规范性，有效破解"两违"处置难题。可创新"以改带征"等连片改造模式。将规划成片开发范围的村改项目和周边符合规划的农用地一并纳入征地范围，一体补偿，村集体收益整体高于单纯征地，增强村居改造意愿。创新改造权公开交易模式，征地后先公开交易，再清退地上租约，利用收取

的改造资金进行地上物搬迁，既保障了政府主导连片开发，又解决了连片改造所需拆迁资金难题。

（二）拆建整治结合，对工业集聚区进行活化改造

目前东莞城市更新改造主要针对低效旧村旧厂，以拆除重建为主。近期住建部发布了《关于在实施城市更新行动中防止大拆大建问题的通知》，提出在城市更新中要严格控制大规模拆除、大规模增建、大规模搬迁，防止沿用过度房地产化的开发建设方式、片面追求规模扩张带来的短期效益和经济利益，探索可持续的城市更新模式。东莞20世纪80~90年代建设所产生的沿着马路或者围绕村组的一大批低端工业区或者产村混杂工业区，目前已普遍不适应高质量发展要求，不具有保存价值，只能因地制宜、拆除重建；但也有超过一半的厂房建筑在2000年前后建成，建筑质量总体尚可，适合走拆除重建与综合整治相结合的道路。为此，可针对工业集聚区和相邻社区进行统筹规划，结合美丽乡村建设进行活化性的综合整治，按现代产业需求进行生产研发和办公环境改造，在统筹规划前提下科学划定拆旧建新区域。这种活化整治方式，因为不涉及大规模的权益变更，更容易受村集体村民欢迎，也更容易推进。目前，全市推进的美丽乡村建设，有效改善了生活生态环境，但未将工业区整治纳入其中，政策上可考虑将两者统筹结合，进行成片活化改造。

（三）加强规划统筹，优化项目开发模式，提升改造质量和效益

从东莞实际需求和形势看，当前工改应重点支持"工改M1"、适度发展新型产业园M0，控制产城融合尤其是"工改居商"。目前，东莞以传统低效工业园为主，高质量、低成本工业空间稀缺。"工改M1"是满足制造业高质量发展需求的根本途径。

目前，东莞城市更新延续市场主导的开发思路，主要由改造主体自主确定项目改造范围和方向后向政府提出改造诉求和申请，导致政府在项目准入上统筹把控不够，容易被开发主体牵着鼻子走。从近年"三旧"

改造实践看，这种放任市场主体自行开发的改造思路，容易形成改造分散无序、改造类型单一、设施配套不足、城市品质较低、推进效率较慢等问题。因此，应充分发挥政府在更新改造中的统筹协调和资源整合作用，引导市场主体按经济社会发展规划和布局开展更新改造。应加强规划衔接，加强改造更新引导。重点建立健全项目准入审核机制，切实在改造区域准入、规划调整准入、改造主体准入、产业准入、环保准入、配套设施准入等方面加强统筹，合理引导改造主体诉求和市场预期。定期制订改造片区计划并向社会公布，以政府计划导向校准市场投资方向，引导市场资金和资源集中投放，加快推进连片改造开发，改变分散零星的市场化改造格局。

（四）创新政策机制，多措并举降成本、添动力

可创新弹性年期出让工业用地和土地年租制，灵活采用弹性出让、租赁、先租后让、租让结合等供应方式，企业可申请工业用地 20 年使用权，政府按照使用年限 50 年的市场评估价确定 20 年期价格，切实降低企业成本。

围绕"工改工"适当配套相应比例 R0 用地，以商住收益反哺工改。出台土地管理优惠政策，建立工业用地容积率调节机制，不计收土地出让金，鼓励提高土地利用效率。创新工业厂房规范管理机制，出台更灵活的工业厂房分割转让政策，降低科技型初创企业和小微工业企业购置或租赁成本。严格限制一般自然人购买工业厂房，有效防止工业地产推高制造业成本。

（五）强化供需对接，支持引进具有产业导入、产业带动能力的专业开发运营主体参与

产业导入是"工改工"的关键环节。目前"工改工"市场普遍为先改后招商模式，供需脱节问题比较突出。广东省政府《关于深化工业用地市场化配置改革的若干措施》明确指出："建立供需服务平台。市县级自然资

源主管部门要会同相关主管部门依托现有的土地市场交易或供需平台，建立工业用地用房供需服务平台，汇集工业用地用房供需信息，引导工业企业通过平台发布用地用房信息，并为企业提供供需对接等服务。通过平台达成工业用地交易意向的供需双方，可转入土地交易机构进行交易。"因此，建立"工改工"供需平台，引导有需要的产业主体较早介入"工改"前期阶段，甚至采用订单式改造方式，这对于项目推进有重要意义。政府应发挥统筹协调和信息优势，以产业企业为本，构建土地和产业空间供需对接平台和一体化管理机制，避免部门各自为政、出现"山头主义"。

在项目筛选方面，按照产业转型升级要求适当提高城市更新改造门槛，通过设立项目合格投资人库等方式对开发主体进行有条件筛选，选择向有资本实力和产业导入能力的企业和项目参与开发改造，积极置换新兴优质产业链条。在工作机制方面，可借鉴南海做法，探索将镇街层级的城市更新管理部门与招商部门合署办公，搭建招商引资平台，推动更新改造服务于招商引资，实现更新改造与招商引资工作无缝对接、有效联动。

（六）创新投融资方式，推动政银企多元化投入，提供资金保障

可借鉴广州等地做法，围绕土地整备和物业活化两大方向，打造"基金+土地+运营"的更新模式，撬动更多社会资金参与改造开发。探索运用新型投融资方式，帮助开发主体降低融资成本和提高融资效率。

政府联合金融机构创新推出村级工业园升级改造贷款产品，允许村级股份合作社作为借款人申请无抵押信用贷款，用于拆迁、补偿、安置、土地平整等前期费用，政府按规定补贴利息支出，村集体土地公开出让后收益用以偿还贷款本金。

政府强力介入一级土地整理，强化协调推动，减轻企业土地整理压力。实施土地市场一、二级联动改造，允许村集体公开招选社会资本作为合作方，完成土地整理后直接以协议方式出让土地进行开发建设，打消企业顾虑；建立用地功能配比优化机制，平衡不同用途地块经济效益，激发社会资本积极性。

（七）突出产村协同，改善产业配套和人居环境品质

东莞过去走出一条产村协同发展道路，形成了大规模的农民房，这些农房不可能完全"大拆大建"、推倒重建，相当部分只能走"微改造"的综合整治道路。为此，应利用美丽乡村建设机遇，对全市村社人居环境状况进行综合评估、统筹规划、分类推进。重点可借鉴先进地区经验，着力突出村社规划建设和农房的综合整治。同时，要改变过去单村实施改造存在碎片化的问题，突出成片连廊式改造，加强生态保护，改善人居环境。要建立农村人居环境整治长效管护和运行机制。村社尤其是城中村的综合整治，应以有机更新为理念，统筹安排拆除重建和综合整治，科学、规范、有序开展。统筹多种存量开发实施手段。

（八）深化体制改革，分类探索，努力提升集体经济质量

深入推进农村集体资产交易和监管制度改革。引导支持村组两级集体经济组织推进厂房、物业、土地等资源要素的统筹整合和集约化利用，探索推动"镇级统筹、镇村共建、利益共享"的发展模式，主动对接和着力引进各类优质重大项目，促进农村集体经济提质增效。

探索集体经济市场化投资运营机制，鼓励村企合作，探索公司化改造模式。鼓励村（社区）以土地或物业入股、村（社区）群众和市场主体以资金入股合作方式，成立新型合作组织，通过自主开发或合资合作、产权租赁、物业回购等方式，推进"工改工"，有效整合集体土地、物业资源和村（居）民资金投入"工改工"。支持村社以土地、物业和资金等资源，参与城市开发、产业投资和物业投资，推动发展投资型经济。

B.19
把农村集体产权制度改革作为先手棋

——发展壮大农村集体经济的"榆阳实践"

刘红金　吴治新*

摘　要：　榆林市榆阳区地处陕北革命老区和国家能源化工基地腹地，经济发展、社会治理、扶贫开发、生态文明建设等在全省乃至全国具有一定典型性。本报告总结了把农村集体产权制度改革作为先手棋，充分发挥产权改革对资源整合的促进作用，多种形式实施适度规模经营，多种模式构建现代农业体系，推广农村集体经济发展的榆阳实践。在推进农村集体产权制度改革的过程中，试点先行、分类实施、优化治理、激活市场，用生动有力的事实，论证了改革是集体经济转型发展的原动力。

关键词：　改革　规模经营　集体经济　榆阳区

近年来，榆阳区坚持把农村集体产权制度改革作为破解"三农"问题、发展现代农业、增添农业农村发展新动能、增强农村集体经济发展活力的先手棋，先后成功申报创建全国农村集体产权制度改革试点示范县区、全国农村产业融合发展试点示范县区、全国乡村治理体系建设试点示范县区、全国农村创新创业典型县、全国主要农作物全程机械化示范区、国家现代农业产业园、国家现代农业科技示范园、国家农村产业融合发展示范园8个国字号

---
* 刘红金，榆林市榆阳区农村集体产权制度改革领导小组办公室副主任，研究方向为农村改革、集体资产经营、乡村振兴；吴治新，榆林市榆阳区农村经营服务站副站长，研究方向为土地股份合作、集体资产经营。

工程，闯出一条"市场主导、产权推动，工业反哺、科技支撑，产业特色、融资多元，生态文明、城乡一体"的"榆阳模式"。2019年被评为全国20个改革试点典型单位之一，为西部干旱半干旱地区农村集体产权制度改革提供了榆阳经验、贡献了榆阳智慧。2021年榆阳区农村集体产权制度改革经验写入《陕西省人民政府国民经济和社会发展第十四个五年规划和二〇三五年远景目标纲要》。榆阳区依靠改革，充分激活了农村各类资源要素，再一次释放了农业生产力，广大乡村的创业创新潜能得到充分释放，为实施乡村振兴战略奠定了扎实的基础。

一 深入推进农村集体产权制度改革

（一）赵家峁村试点先行

2014年赵家峁村被确定为陕西省农村集体产权制度改革试点村后，积极探索、主动改革，将农户承包地经营权全部以农户股份转入合作社经营，解决了土地分散经营、撂荒闲置等问题。组建成立了股份经济合作社，作为具有独立法人资格的村集体经济组织，实行独立核算、自主经营、自负盈亏、民主管理。股权按照土地股占38%、资金股占23%、人口股占22%、旧房产股占12%、劳龄股占5%的比例设置，村集体所有经营性和资源性资产全部折价进入总股权，从而实现"资源变股权、资金变股金、农民变股民"的重大转变。

改革后，赵家峁村形成"利益共享、风险共担"的股份合作机制，人人是股东，人人按股分红，股份制经济充满活力，农民由村民转变为股民和产业工人双重身份，不仅能获得股权收益，还能在合作社打工挣钱。

为了发展壮大集体经济，赵家峁村按照发挥优势、突出特色、多元发展、深度融合的思路，大力发展时令水果、舍饲养殖、小杂粮、经济林和休闲旅游五大主导产业，重点推进乡村休闲旅游，打造"杏花溪谷、峁上人家"和"难忘乡愁、老家记忆"等休闲旅游景区，建成休闲垂钓、水上乐园、森林穿越、沙滩烧烤、空中滑索、水上漂流、七彩滑道、玻璃桥等旅游项目，当年集体收入突破300万元。

赵家峁村改革试点的成功在全省乃至全国一时传为佳话，各级领导前来调研、各类媒体相继报道、各方人士学习参观，赵家峁村一下成了明星村。

（二）因地制宜，创新走出"三条路径"

2017年榆阳区被确定为国家第二批100个农村集体产权制度改革试点县区之一，启动了"百村示范、全域推进"三年行动，学习推广赵家峁经验，由点及面，全域推进。全区317个行政村全部完成农村集体产权制度改革，成立412个村组股份经济合作社，21个乡镇（涉农街办）全部成立乡（镇）级联合总社，界定成员36.4万人，颁发股权证11万本。

榆阳区针对全区南北中不同地域实际问题，创新走出"三条路径"。在南部山区重点推行土地股份合作制改革。尊重农民意愿，引导农户流转土地经营权到村集体股份经济合作社，由合作社统一规划，进行综合治理，发展山地林果、特色养殖、乡村旅游，解决了土地撂荒问题，实现了整村脱贫。通过整村整组流转土地经营权，盘活闲置资源，由村集体股份经济合作社统筹谋划，按市场化方式运作，解决了山区土地撂荒、无人耕种的问题。在北部滩区重点推行资源性资产股份合作制改革。在实现一户一田的基础上，将农户伙场地、林地、四荒地、土地整理新增耕地等资源性资产折股量化，实行股份合作制改革，盘活集体资源资产，发展特色农业、乡村旅游等产业，解决农业组织化程度不高和生产效益低下问题。在城中村、城郊村推行集体经营性资产股份合作制改革路径。按照"资产切块、分步实施"的思路，指导集体股份经济合作社将成熟的商业资产单独组建股份公司，实行市场化运营，解决了土地征收后集体转型发展难的问题。通过这"三条基本路径"，衍生出因村施策、百花齐放的改革实践，形成了"百村示范、全区推进"的良好局面。

（三）推进集体经济组织高质量发展

一是提升集体经济组织管理运行能力。选优配强村集体经济组织负责人，开展管理经营、财务业务培训。理事会、监事会、成员代表大会按照《章程》规定定期召开相关工作会议，及时公开相关议事结果。通过成员大会或代表大会形成决议或制度，在进行集体经济收益分配时可以提取一定的比例用于支付股份经济合作社管理人员的薪酬。二是提升集体经济组织资产管理运行能力。建立健全集体资产的管理、使用、处置等相关制度，实行村级账务与股份经济合作社账务分离，出台了《榆阳区农村集体经济组织财务管理办法（试行）》，进一步规范农村集体经济组织集体资产的经营管理和财务管理。依据办法及时开展农村集体经济组织负责人和财务人员业务培训，聘请第三方专业会计公司对集体经济组织账务进行财务审计。规范项目的实施，开展绩效考评，项目实施后纳入集体资产管理，并将财政投资项目折股量化到成员。三是开展等级评定，加强考核管理。按照《榆阳区农村集体股份经济合作社考核管理办法（试行）》要求，围绕组织管理、资产管理运营、产业发展及农户利益联结机制等方面，根据等级评定结果，扶优补差，不断提升经营管理水平，引导发展集体产业，壮大集体经济。

（四）不断推进农村集体产权交易

按照上级有关政策，结合榆阳实际，出台《榆阳区农村集体产权交易办法（试行）》，明确交易种类、交易程序、交易规则，实现农村产权交易制度健全、操作规范、流转高效。重点开展农村土地经营权交易业务，同步探索开展农村集体经营性资产出租等产权流转交易。榆阳区耕地流转费用从改革前山地 50 元/亩上涨至 200 元/亩、滩地从 150 元/亩增加到现在的 600 元/亩。

为进一步放活农村土地经营权，巩固和完善农村基本经营制度，根据《中华人民共和国土地承包法》，落实农村土地"三权分置"，出台《榆阳区农村土地经营权证登记颁证办法（试行）》，在全省率先颁发农村土地流转经营权证书，累计发放 37 本、7.8 万亩。推进抵押融资等配套服务，促进集体资产保值增值，发放农村抵押贷款 440.1 万元，实现城乡资源要素双向互补流动。

二 发展壮大集体经济

榆阳区通过产权制度改革，改变原有的种养殖业态，打破传统的经营模式，发展新型集体经济。在城郊、交通干线周边乡镇，发展设施农业；北部草滩区以"一户一田"为突破口，大面积推广主导产业高产创建、大型机械作业、高效技术集成配套等新技术、新业态；南部山区重点搞小杂粮旱作丰产，环杏树生态旅游带，发展山地苹果、核桃等特色林果业以及推进黄芪、板蓝根等中药材种植；川道地区乡镇通过盐碱地改造、土壤改良、集中经营，统一机械化连片推广富硒大米、富硒杂粮和水产养殖。

2021 年，榆阳区全区农业总产值达到 87.95 亿元，农村常住居民人均可支配收入 18343 元。全年全区农村集体经济总收入超 6 亿元（其中 0~5 万元的有 56 个村；5 万~10 万元的有 25 个村；10 万~50 万元的有 81 个村；50 万~100 万元的有 55 个村；100 万元以上的有 97 个村）。南部山区村集体经济收入主要来源于资产出租、自主经营等；北部村集体经济收入主要来源于林地征占使用、土地出租、社会化服务、村办企业等；城郊村集体经济收入主要来源于经营性资产租赁、集体建设用地入市等。全区整体收入构成情况如下：经营收入 0.43 亿元，占比 7%；资源、资产出租收入 3.95 亿元，占比 62%；补偿性收入 1.41 亿元，占比 22%；其他 0.57 亿元，占比 9%。

（一）多种形式实现适度规模经营

全区从 2010 年开始积极引导土地流转，深入推进土地"三权分置"，不断探索和丰富放活土地经营权的有效实现形式。充分利用现有农村集体产权制度改革成果，结合土地整理、高标准农田建设，因地制宜在北部草滩区全面推行"一户一田""一组一田""一村一田"，南部山区实施土地股份合作制改革，整村整组流转土地经营权，累计流转土地73万余亩，将农户的"块块"田、"绺绺"田整合成整块大面积田。整合高标准农田40余万亩，高效节水灌溉面积50万亩，千亩以上标准化生产基地近16万亩，百亩以上适度规模经营率达80%以上。

一是土地经营权流转新型经营主体。榆阳区坚持以政策为导向、以改革为动力、以产业为抓手，培育大地种业、中稷农业等一大批新型经营主体，积极引进陕果、中盛等大型农业龙头企业，积极构建以家庭农场、合作社、龙头企业为骨干的现代农业经营体系，建成了多个全国一流的现代农业园区，北部草滩区25万亩集体新增土地经营权流转给新型经营主体，引导其与村级股份经济合作社开展广泛合作，构建"龙头+农投+联社+基地（村合作社）"的产业联合体，让全体农民搭上致富快车，建立起更加紧密的利益联结机制，实现了农村生产经营方式与现代农业发展的同步飞跃。全区有各类新型农业经营主体1610个，其中龙头企业83个、农业园区32个、农民专业合作社1231个、家庭农场264个，新型职业农民500名。

二是土地经营权入股股份经济合作社。南部山区通过资源性资产改革，农户将土地经营权入股集体经济组织，由合作社统一经营，20多万亩效益低下、濒临撂荒的耕地重新焕发生机，激活了资源要素，同时增加了群众收入。

三是创新实施"一户一田"。北部草滩区通过引导农户互换承包地经营权，最终实现每个农户只种一块地。经过近三年来的持续推进，全区累计整合耕地50万亩，增加有效耕地2万亩，惠及农民3万多户，户均耕地由7块减少到1块，机械化率提高20%，北部乡镇农业机械化率已经达到80%以上。

（二）多种模式构建现代农业体系

一是"4+2+X"新兴主导产业发展模式。优化主导产业布局，构建"4+2+X"现代农业产业体系（"4"即玉米及饲草、马铃薯、林果、大漠蔬菜，"2"即羊子和肉牛，"X"即特色优势产业），计划3年发展10万亩优质饲草、10 万亩优质果树、10 万亩大漠蔬菜、100 万只肉羊、10 万头肉牛，以及一大批形式多样的特色产业。与陕果集团合作，签订 2 万亩山地苹果产业基地建设协议；与中盛农牧集团合作，建成投产 10 万只湖羊养殖示范基地一期项目；全区初步形成了百万亩粮薯菜、百万头生猪、百万只羊子、百万只家禽产业规模；建成柏盖梁村千亩麦田、冯茶庄村千亩中草药、稻科湾村千亩山地苹果、许家崖村千亩葡萄、鱼河镇富硒水稻、孟家湾乡水产养殖、青云镇时令水果等一大批特色农业示范村镇。

二是乡村旅游发展模式。充分挖掘和利用当地的自然、人文、农业资源，发展乡村旅游和休闲农业。比如，赵家峁村通过挖掘独有的区位优势、村情风貌、农耕文化等资源发展乡村旅游，黄崖窑发展油菜花海、林果采摘、乡村休闲度假等乡村旅游，而寨坬村的民宿窑洞、谢家洼土地认养也成为新的旅游热点。

三是田园综合体模式。田园综合体是当前乡村发展新型产业的亮点举措，综合化发展产业和跨越化利用农村资产，打造以合作社为主要载体、让农民充分参与和受益，集循环农业、创意农业、农事体验于一体的田园综合体。例如，白舍牛滩村、三道河则村打造集特色"种养加"、新农村住宅、休闲旅游度假为一体的田园综合体已初见成效。

四是社会化服务发展模式。依托较高的农业机械化水平，全面推广以深松整地、航化植保等环节为主的半托、全托、重点环节托管等社会化服务模式，为农户提供"种、管、储、加、运、销""一站式"服务，亩均成本较原来降低 240 元、节省 5 个人工。目前，榆阳区农机保有量超过 10 万台套，80%的粮食种植面积实现了关键环节托管，2021 年完成机耕、机播、机收作业面积 251 万亩，全域推广农机社会化服务 40 余万亩。成功创建全国第三批率先基本实现主要农作物生产全程机械化示范县和全国"平安农机"示范县，"发挥集体组织优势、整乡推进生产托管"入选第二批全国农业社会化服务典型案例。

五是合股联营发展模式。新型农业经营主体与股份经济合作社通过土地入股、订单生产、土地流转、资金入股等方式建立利益联结机制，充分利用新型经营主体的技术、资金、销售等优势带动合作社发展特色产业，发展壮大集体经济。陕西大地种业（集团）公司累计流转土地 3 万多亩，实行农场化经营；陕西好禾来草业有限公司和绿能牧业公司在芹河镇、小纪汗镇、青云镇建立万亩优质牧草基地。同时，榆阳区与陕果集团、中盛公司分别就山地苹果和肉羊养殖签订战略合作协议。

三　重要启示

通过推进农村集体产权制度改革实践，榆阳区找到了发挥自身优势、发展壮大集体经济的经验，得到了深刻启示。

（一）党的领导是改革核心

火车跑得快，全靠车头带。从榆阳区推进农村集体产权制度改革的经验来看，基层党组织在发动群众、设置股权、建立集体经济组织、谋划和发展产业等方面发挥着至关重要的作用。用赵家峁村党支部书记张春平的话来讲："赵家峁产权制度改革的顺利推开是三委班子成员用脚板子跑出来、嘴皮子磨出来、真情意换出来的。"因此，党支部班子能否做到解放思想、公正无私，带领群众致富的决心、干劲、能力强不强，核心作用发挥得好不好，直接决定着农村改革发展的成败和质量。

（二）政策扶持是重要保障

治政之要，在于安民。"土地细碎、闲置撂荒，发展现代农业的基础差、底子薄，缺乏资本和技术的原始积累"是农村面临的普遍问题，迫切需要政府通过政策引导来"扶上马，送一程"。在试点过程中，榆阳区先后出台了《关于稳步推进农村集体产权制度改革的实施意见》《农村集体产权制度改革村（组）项目扶持奖励办法》等系列文件，打出了"定人、定股、定机制"的产改组合拳，推出了农田综合治理、基础设施改善、产业项目扶持，以及金融信贷、技能培训等多方面的优惠政策。

（三）以点带面是根本路径

物有甘苦，尝之者识。面对农村集体产权制度改革这一新事物，农民普遍存在"改革会不会把土地承包权改没了，经济上到底能不能得实惠"的疑虑。没有思想上的高度统一就没有行动上的步调一致，为了打消农民顾虑，榆阳区充分发挥试点的突破带动和引领示范作用，科学实施赵家峁农村集体产权制度改革试点，及时总结宣传成功经验，先后组织全区农民 3000余人次前往赵家峁进行实地参观，开展产权制度改革专题培训 400 余场次，累计培训近 4 万人次。榆阳区通过典型引路与政策扶持相结合、思想发动与培训指导相结合，使农民从思想上由"要我改"转变为"我要改"，农村产权制度改革呈现出星火燎原、欣欣向荣之势。

（四）因地制宜是基本原则

事莫明于有效，论莫定于有证。作为顶层设计，中部省市出台了一系列指导性文件，为农村产权制度改革的顺利推进指明了方向、划定了红线，成为改革方向不偏离、群众利益不受损的根本保证。但在基层实践和探索过程中，由于受地理区位、基础条件、人口结构等因素影响，改革面临的情况千差万别，必须坚持实事求是、因地制宜，不搞一刀切。榆阳区基于南北和城乡差异，总结形成了可复制推广的三种产改模式，同时充分尊重群众首创精神，在保障绝大多数村民利益的前提下，鼓励各村在集体经济"成员界定、股权设置、合作社组建"等方面进行灵活多样的尝试，取得了良好成效。

（五）产业带动是关键环节

改革是手段，致富才是目的。农村集体产权制度改革如果没有农业产业作为支撑，就好比无源之水、无本之木，无法焕发出生机活力，农民增收更无从谈起。榆阳区坚持农村集体产权制度改革与农业产业一体谋划、同步推进，产改过程中充分发挥自身的资源禀赋优势，确立了"南果北草中蔬"的区域农业产业发展总体战略，并重点扶持和发展小杂粮、富硒水稻、中药材、设施农业、特色养殖、乡村旅游、二产加工等产业，实施三产融合发展示范工程，打造集特色农业、循环农业、创意农业、农事体验、乡村旅游于一体的田园综合体，实现了经济价值、生态价值和社会价值最大化。

（六）市场导向是成功之要

凡益之道，与时偕行。传统分散农户作为个体在高度市场化的竞争中面临着巨大的经营风险。榆阳区在推进农村集体产权制度改革的过程中，始终坚持市场导向，积极鼓励社会资本、龙头企业、农技专家、管理人才以资金、资产、技术等入股企业、合作社，发展适度规模经营，不断延伸村集体经济产业链、价值链、资金链。目前，以"园区+公司+合作社"等模式参与农村集体产权制度改革，建立起了紧密的利益联结机制，使农村集体经济在成本控制、新技术应用、质量安全、对接市场、抵御风险等方面的能力和水平得到显著提升。

北 京 篇

Beijing Reports

B.20
北京郊区100个集体经济薄弱村
发展现状调查

北京市农村经济研究中心联合课题组*

摘　要： 本报告基于京郊涉农区100个集体经济薄弱村现状问卷调查所得数据分析，发现受到老龄化、林果业利润空间缩小、农地利用碎片化、产业资源与基础设施薄弱、农地生态功能的规划刚性约束以及劳动力外流等因素影响，郊区农户家庭经营日趋弱化，以家庭承包经营为基础、统分结合的双层经营体制要进一

* 课题组组长：张光连、苏卫东；副组长：刘军萍、熊文武、姚杰章。执笔人：陈雪原，北京市农村经济研究中心经济体制处处长，经济学博士，研究方向为城镇化、集体经济组织治理与集体土地制度改革；张英洪，北京市农村经济研究中心调研综合处处长，研究方向为农民权利、城镇化、集体经济；王洪雨，北京市农村经济研究中心经济体制处副处长，研究方向为集体产权制度改革、集体土地制度改革；孙梦洁，北京市农村经济研究中心经济体制处副处长，管理学博士，研究方向为集体产权制度改革、集体经济评价、农户经济行为；周雨晴，中国农业发展银行总行，经济学博士，研究方向为金融理论与政策、农村金融与区域经济；郭轲，北京市农村经济研究中心办公室，管理学博士，研究方向为林业经济理论与政策、资源环境管理与发展。感谢北京市农村经济研究中心原城郊经济研究所所长张文茂的有益评论与指导。

步加强"统"。调查问卷显示有66%的被访村认为需要跨村联合,"统"的层级亟待向镇级延伸,实施体制统筹、空间统筹与产业统筹。

关键词： 集体经济　乡村振兴　北京市

按照北京市委农办的总体安排和部署，结合北京市委农工委、北京市农业农村局《全系统开展"进村入户走基层"三年专项行动方案》要求，2021年4月以来，农业农村局与农村经济研究中心组成联合调查组，组织80多名研究人员，在全市随机选取100个集体经济薄弱村开展专题调研，进一步了解和掌握郊区农村集体经济薄弱地区发展现状与问题，为市委市政府加大政策倾斜、资金扶持和统筹推进力度，制定深化农村集体经济体制改革和促进农业农村高质量发展的专项政策提供信息和决策依据。调研情况如下。

一　基本情况

2020年，全市农村集体资产总额达9633亿元，占全国总量的12.5%，但是空间分布不均衡，2/3集中在朝阳、海淀、丰台、石景山地区，并直接影响了农民地区收入差距。2019年，从年集体经营性收入低于10万元的集体经济薄弱村中选取了93个村进行村级扶持壮大集体经济试点，现已全部实现经营性收入超过10万元的目标，并规范和健全了村集体经济发展的运行机制。

目前，全市有590个需要纳入扶持的集体经济薄弱村，计划在"十四五"期间基本消除。2021年5月，建立了以区党委、政府为责任主体，乡镇党委、政府为项目申报和实施主体，村党组织和集体经济组织为执行主体的工作机制，全力推进集体经济薄弱村增收工作。

本次调查对象是通过Stata计量软件随机抽样，综合村庄区位分布、集体经营性收入等指标，从590个集体经济薄弱村中随机选取了100个村级集体经济组织。被访村分布于8个区：门头沟区9个，房山区9个，昌平区1个，大兴区1个，平谷区18个，怀柔区20个，密云区30个，延庆区12个。被调查村在联合调查组、区调查专项小组指导下填写《集体经济薄弱村调查问卷》，由联合调查组进行数据汇总分析。

二 主要问题

受到老龄化、林果业利润空间缩小、农地利用碎片化、产业资源与基础设施薄弱、农地生态功能规划刚性约束的"推力"以及劳动力社会平均工资上升吸引下的人口与劳动力外流的"拉力"双向因素影响，郊区农户家庭经营日趋弱化，以家庭承包经营为基础、统分结合的双层经营体制要进一步加强"统"，实施产业统筹。调查问卷显示有66%的被访村认为需要跨村联合，"统"的层级亟待向镇级提升。

（一）村庄人力资源匮乏，人口结构老化

1. 村干部老龄化明显，任职时间偏短，管理人才短缺

党建引领是基层社会治理的核心。但是，100个集体经济薄弱村的村书记平均年龄已有50.8岁（村委会主任50.7岁，村股份经济合作社社长51.1岁），而平均连续任职仅5.39年（村委会主任为5.02年，村股份经济合作社社长为4.69年），多数没有干满两届。村书记、村委会主任、村股份经济合作社社长三职"一肩挑"的占93%，与全市平均水平持平。27%的薄弱村有第一书记或驻村工作队协助管理本村事务，但管理人才依然有较大缺口。

2. 村庄农居混杂，农业户籍常住人口进入深度老龄化阶段，且人口净流出明显，残障人士有增多趋势

村庄平均人口规模为270.5户602.1人。其中，农业户籍人口409.2人，占67.96%。这意味着传统农区"农民种地"的功能日趋弱化，正在向

亦城亦乡的多功能方向转化。

在村常住人口进入深度老龄化阶段。薄弱村平均有 60 岁及以上老人 161.3 人，占村庄人口总数的 26.79%，进入中度老龄化阶段（标准为 20%）。其中，农业户籍老人 130.3 人，占农业户籍人口的 31.84%，进入重度老龄化阶段（标准为 30%）。长期在本村居住的农业户籍老人 115.7 人，占农业户籍长期在村居住人口的 39.8%，进入深度老龄化阶段（标准为 35%）。

村庄人口处于净流出态势。农业户籍中长期在本村居住的，平均 134 户 290.7 人，占农业户籍人口总数的 71.04%；外流人口近 30%，随着村庄的空心化，生产功能将逐步萎缩。

残障人士较多已经成为一个相当普遍的现象。村均残疾人 60.3 人，占村庄人口总数的 10.01%。农业户籍人口中长期在本村居住的残疾人村均 46.6 人，占农业户籍常住人口总数的 16.03%。

3. 劳动力就业以第三产业和第一产业为主，一产就业的50岁及以上劳动力占比近60%

务农劳动力仍占相当大的比重，但生产率极低。薄弱村平均拥有 298 个就业劳动力，其中第一产业平均就业劳动力 117 个、第二产业 51.5 个、第三产业 129.5 个，分别占 39.26%、17.28%、43.46%。但是，务农劳动力生产率很低，劳均年产值为 0.73 万元，约相当于薄弱村中第二产业劳均生产率的 1/13，第三产业劳均生产率的 1/7。因此，如果考虑务农的机会成本，种养殖业是肯定要赔钱的。

一产就业劳动力老龄化严重。在实际就业劳动力中，60 岁及以上的男劳动力与 55 岁及以上的女劳动力占 21.47%。第一产业劳动力中，50 岁及以上的占 59.32%，40 岁以下的仅占 11.29%。由此导致远郊区存在"有果无人摘，有田无人种"的粗放式经营现象，走向农业现代化必须培育新型农业经营主体。

外出务工是农民的主要就业渠道，占比为 46.69%，如图 1 所示。

如图 2 所示，80% 的被访村表示村外打工是村民最主要的收入来源，且远高于村内农业收入。

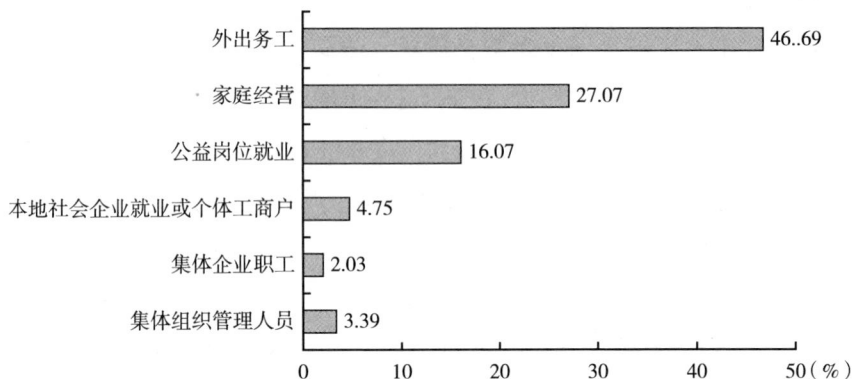

图1 100个村按就业渠道划分的劳动力就业结构

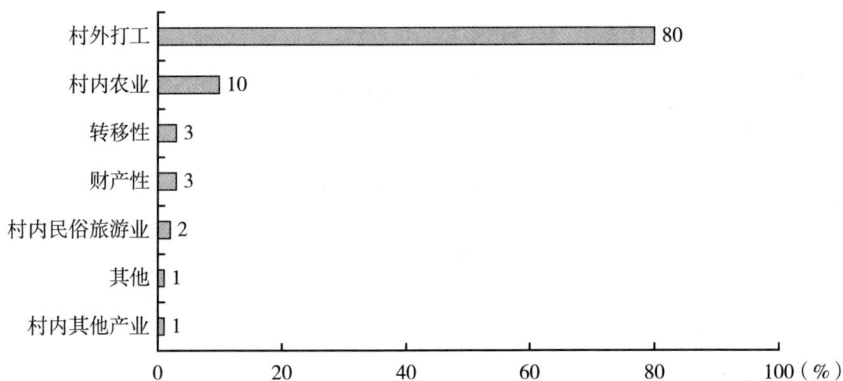

图2 100个村农民的主要收入来源

4. 村内社会保障与公共服务城乡二元反差明显

2020年，薄弱村村均130.8人参加城镇职工基本养老保险，占村庄人口总数的21.72%；132.1人参加城镇职工基本医疗保险，占21.94%。218.4人参加城乡居民基本养老保险，占36.27%；312.5人参加城乡居民基本医疗保险，占51.90%。

有29%的薄弱村参加了农业保险，平均参加年限7.04年，平均参加种植业险种1.3个、养殖业险种1.1个、创新险种1.7个。已参加农业保险的薄弱村，均有意愿继续参加。

15.31%的薄弱村在本村或者邻村无公用的社区卫生服务机构（包括社区卫生服务中心、卫生服务站、卫生室等）；84.61%的薄弱村在本村或者邻村无公共养老院；11.11%的薄弱村无公厕。

（二）村庄区位条件较差，农地碎片化，林地、农宅等资源闲置严重

1.薄弱村主要位于山区或浅山区，多数地区交通不便

70%的薄弱村位于山区，23%位于浅山区，7%位于平原区。薄弱村距本区城区平均41.22公里，距北京城区平均94.86公里。58.59%的薄弱村认为本村地理位置不具有优越性。

2.农用地以林地、园地为主，耕地资源稀缺，农地流转率偏低，林下经济发展明显滞后

村均耕地453.29亩[①]，占农用地面积的5.64%，流转比例28%。村均园地793.11亩，占农用地面积的9.87%，流转比例7.94%，说明林果产业中，家庭经营模式仍有一定的适应性。村均林地6343.13亩，流转比例4.28%（见表1）。仅有4个村有林下经济，每村平均243亩。

3.大部分村没有现状集体经营性建设用地，闲置农宅具有规模性开发价值

村均现状集体经营性建设用地15.06亩，流转比例4.71%。70个薄弱村没有现状集体经营性建设用地。

村均农宅212.86套。有25个村发生农宅流转，流转比例1.05%，年平均流转价格37831元/套。70个村有闲置农宅，共有1816套，占农宅总数的8.71%。45个村存在一户多宅，占农宅总数的3.02%。69个村存在一宅多户，占农宅总数的9.48%。

[①] 怀柔区怀北镇新峰村整体纳入怀柔科学城建设规划，土地资源利用分析中不含该村，即占比分析的分母按99计算。

表 1 100 个村集体土地资源构成

	村均面积 （亩）	发生流转的村数 （个）	流转面积比例 （%）	平均流转价格 （元/亩）
集体土地总面积	8514.92			
1. 农用地面积	8036.39	—	—	—
其中：耕地面积	453.29	43	28.00	1108.54
园地面积	793.11	14	7.94	839.11
林地面积	6343.13	28	4.28	851.32
草地面积	292.28	1	0.65	615.00
水面面积	15.37	2	9.07	343.48
其他农用地面积	139.21	5	5.05	953.03
2. 建设用地面积	266.47	—	—	—
其中：集体经营性建设用地面积	15.06	3	4.71	1821.62
公共管理与公共服务用地面积	48.81	1	0.10	6000
宅基地面积	154.78	—	—	—
3. 未利用地面积	212.06	—	—	—

（三）村集体家底较薄，村均集体资产为全市水平的1/13，6%的村集体资不抵债

村均资产总额由2019年的820.72万元（不及2019年全国868.3万元，更不及全市10621.3万元水平）增长到2020年的870.38万元，增长幅度为6.1%。

2019年村均集体净资产额为479.21万元，2020年达到522.85万元，增长率为9.1%。2019年，房山区霞云岭乡龙门台村、密云区北庄镇土门村等6个村集体净资产为负。

（四）产业结构以农业为主，三产融合发展滞后

2020年，100个村第一产业产值占62.95%。从细分产业看，林果业产值占比最高，为39.66%；其次是休闲农业与乡村旅游业，占18.41%；再次是大田作物类种植业，占14.73%；其他依次是其他制造业（7.43%）、建筑业（7.17%）、经济作物类种植业（6.82%）、其他服务业（3.67%）、

养殖业（1.74%）、农产品加工业（0.37%）。

按照9部门细分产业比较，林果业是目前集体经济薄弱村的首要收入来源，但也面临着利润收窄的"天花板"效应。以平谷区刘家店镇大桃记账户为例，2012~2018年大桃单位生产成本从每公斤2.8元增加到3.0元，销售价格从每公斤7.8元下降到5.9元，销售利润从每公斤5.0元下降到2.9元，即单位生产成本增加了7.1%，销售单价和销售利润却分别波动下降了24.4%和42%（见图3）。平谷大桃产业在外埠激烈市场竞争环境下，带动农民增收作用逐渐减弱。

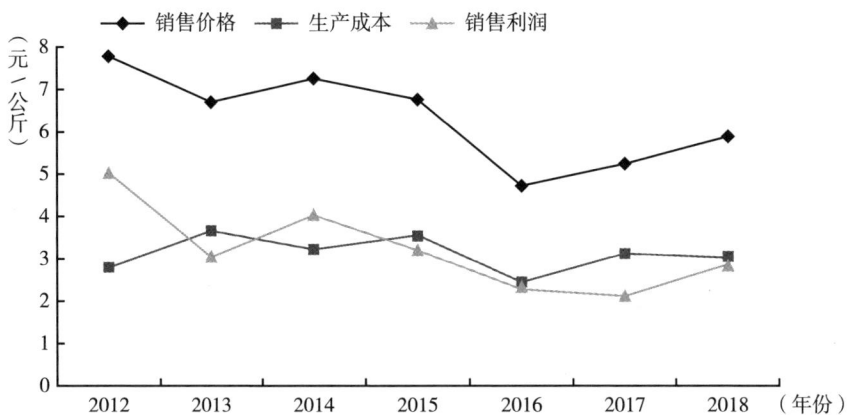

图3　平谷区刘家店镇大桃单位成本、售价、利润变动趋势

（五）转移支付收入超70%，以运行维护性支出为主，有40%的村收不抵支

1. 收入主要来自财政转移性收入

村均集体经济组织收入由2019年的54.79万元增加至2020年的66.04万元，上涨20.53%。如图4所示，2019年、2020年政府政策性补助经费占比均最高，2019年村级公益事业专项补助经费与村党组织服务群众经费两项转移支付收入合计占比为72.74%，2020年上升到79.34%。2019年和2020年分别仅有2个和3个村有集体产业运营收入。

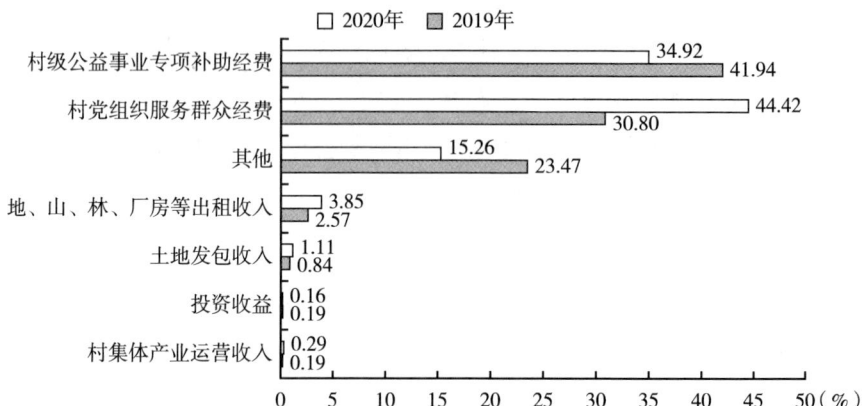

图4　2019年、2020年100个村级集体经济组织主要收入构成

2. 支出主要用于公共服务运行维护

村集体经济组织支出均值由2019年的53.54万元增加至2020年的60.08万元，上涨12.22%。如图5所示，2019年、2020年村均公共服务运行维护费支出占比均最高，大部分为环境整治、社区治安、维修维护等支出。

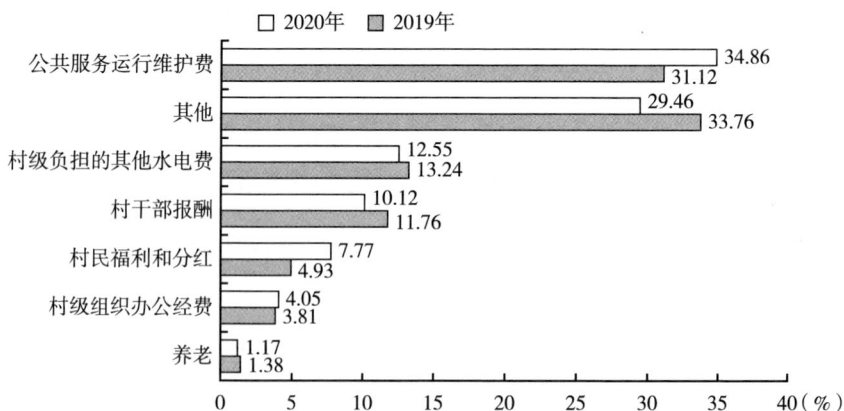

图5　2019年、2020年100个村级集体经济组织运转经费支出构成

3. 收不抵支村占比近40%，以山区为主

2019 年，有 40 个村收不抵支①，2020 年减少为 37 个。2019 年收不抵支村占样本村数量最高的三个区分别是房山区（77.78%）、平谷区（61.11%）、怀柔区（35%），2020 年分别是房山区（100%）、平谷区（61.11%）、密云区（30%）。

如图 6 所示，收不抵支村大部分位于山区，2019 年占 65.00%，2020 年占 67.57%；浅山区分别占 27.50%、21.62%；平原区分别占 7.50%、10.81%。

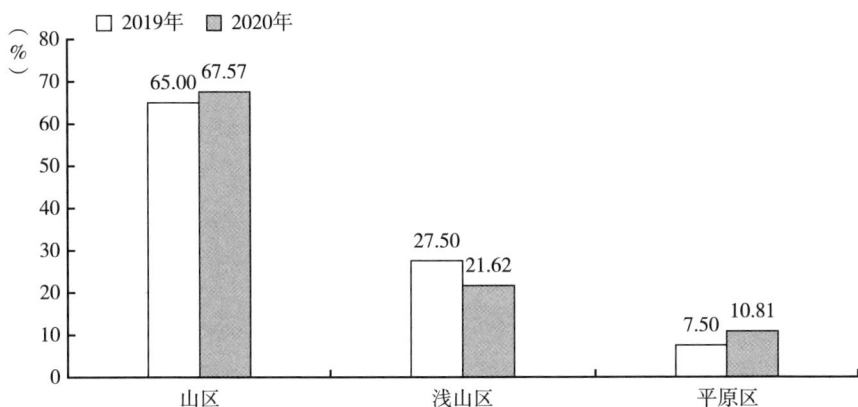

图 6　2019 年、2020 年收不抵支村的村庄区位

4. 集体经济对农民增收带动力不强，且提升困难

根据"三资"平台数据，被访村 2019 年农户收益为 1055.1 万元，2020 年为 1083.8 万元，增加 2.72%。农户从集体经济组织中所获取总额，分别为 65.1 万元、67.5 万元，占总体农户收入的比重两年均为 6.2%，说明集体经济对农民增收带动力不强，且提升空间已经抵达"天花板"。

---

① 考虑到疫情因素，本报告更多采用 2019 年数据。另外，昌平区仅有一个样本村，该村 2019 年收不抵支，未纳入横向比较。

三　发展意愿

（一）主要制约因素：缺产业发展资金、缺基础设施、缺扶持政策

如图7所示，被访村认为本村集体产业发展的三个"主要制约因素"（多选，不按重要性排序）依次是缺少产业发展资金（21.1%）、基础设施薄弱（16.6%）和缺少产业发展扶持政策（14.5%），占比合计52.1%。

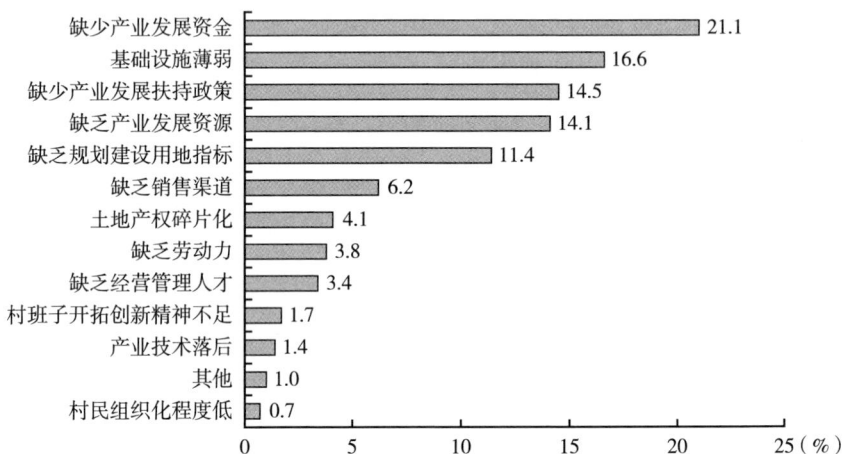

图7　100个村集体产业发展主要制约因素（多选）

从重要性排序来看，如图8所示，"最突出制约因素"依次是缺乏产业发展资源（35.4%）、基础设施薄弱（19.2%）和缺少产业发展资金（17.2%），占比合计为71.8%。山区薄弱村集体产业发展最突出制约因素依次是缺乏产业发展资源、基础设施薄弱和缺少产业发展资金；浅山区薄弱村受基础设施薄弱的制约更大，缺乏产业发展资源、资金及规划建设用地指标影响也较大；平原区薄弱村最大制约因素是缺乏产业发展资源（见表2）。

产业发展资源缺乏成为当前集体经济薄弱村，特别是山区和平原地区发

展的最突出制约因素，根本原因是首都进入后工业化社会阶段，作为特大城市对郊区农村功能定位及规划管控趋严，如严禁煤炭等矿藏开采，拆除大棚房、违规别墅，生态沟域限制发展餐饮业，等等。当前京郊薄弱村发展的出路是从村庄在城市功能中的定位出发，努力找到自身的发展空间，而不是再像工业化时期经历市场竞争试错来寻找和开发产业资源。

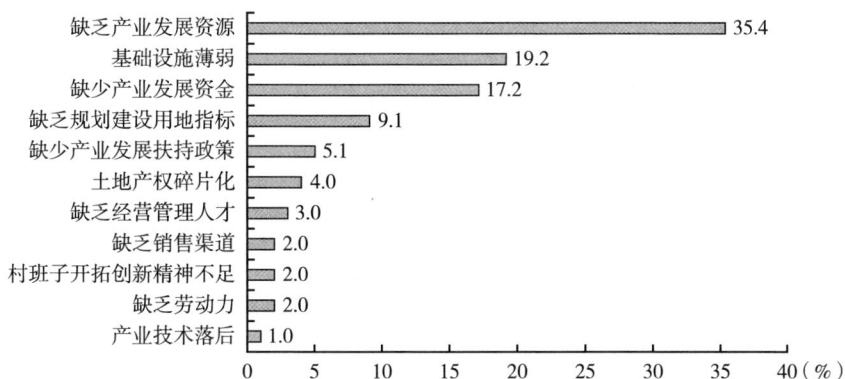

图8　100个村集体产业发展最突出制约因素

表2　不同区位薄弱村集体产业发展最突出制约因素

单位：%

最突出制约因素	山区村	浅山区村	平原区村
缺乏产业发展资源	35.7	18.3	85.7
基础设施薄弱	18.5	27.3	
缺少产业发展资金	18.5	13.6	14.3
缺乏规划建设用地指标	8.6	13.6	
缺少产业发展扶持政策	5.7	4.5	
缺乏劳动力	2.9		
土地产权碎片化	2.9	9.1	
村班子开拓创新精神不足	2.9		
缺乏经营管理人才	2.9	4.5	
产业技术落后	1.4		
缺乏销售渠道		9.1	
合计	100	100	100

（二）集体产业发展的方向

被访村大多位于生态涵养区（除大兴区 1 个村、房山区 1 个平原村外），以生态保护和绿色发展为主。被访村提升产业发展水平、增加产业收入的需求较强烈，但受到资源条件和产业发展政策等限制，产业结构存在一定同质化。部分村表示村内缺少特色资源且现有资源多数掌握在农民个人手中，集体"有想法，没办法"。

如图 9 所示，被访村在未来计划发展的产业（多选）中，多数计划发展乡村观光休闲旅游业（35.0%）、林果业（23.3%）和种植业（经济作物）（20.8%），有 5 个村计划发展光伏发电产业。仅就平原区村来看，未来产业发展以乡村观光休闲旅游业和种植业为主。从不同行政区来看，除大兴、昌平区外，发展乡村观光休闲旅游业是各区薄弱村的首选，其中门头沟区意愿最强（66.7%），其次为房山区（39.1%）、平谷区（37.8%）。

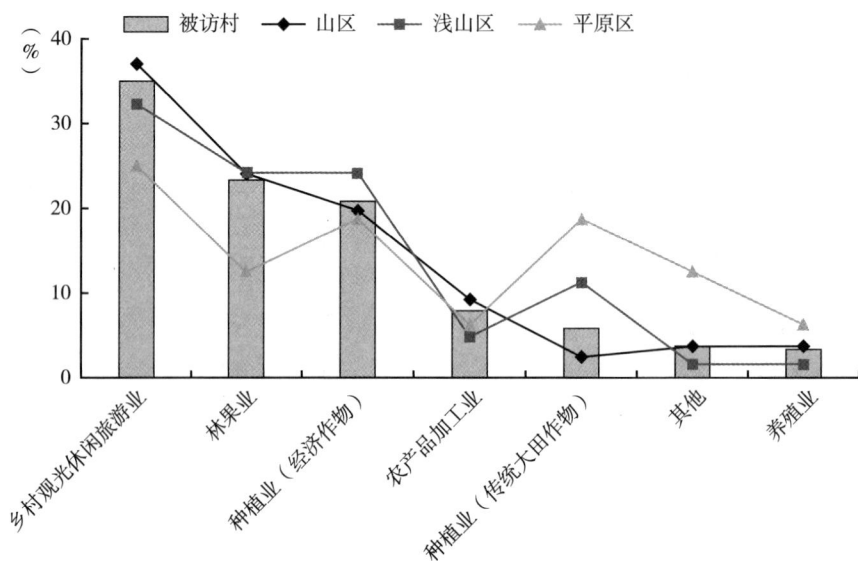

图 9 未来产业发展计划（多选）

84个村将"乡村观光休闲旅游业"作为其未来计划发展产业的选择，其中12个村将其列为未来发展产业的唯一选择。主要有以下模式。一是依托特色资源，如红色资源、古村落、非遗项目等发展体验式休闲旅游产业，如怀柔区九渡河镇红庙村计划建设村非遗文化手工制作培训基地，开展灯笼制作、葫芦镶嵌等非遗传统手工艺品的互动体验和非遗项目中高级专业培训；房山区南窖乡南窖村是"中国传统村落"，计划借助明清古戏楼、古街、古寺、古宅和古树，发展登山、观光休闲、民宿等产业。二是依托周边景区等资源，发展乡村旅游、观光休闲产业，如密云区太师屯镇落洼村计划依托邻近古北水镇的地理优势发展民俗旅游，延庆区大庄科乡沙门村依托香草产业正在筹建香草产业观光园。三是利用山林资源，发展休闲观光、采摘，如平谷区金海湖镇向阳村依托7000多亩林地、果园发展果品、中草药种植及果树认领、采摘等产业。四是盘活利用闲置农村宅院，发展精品民宿或民俗旅游，如门头沟区斋堂镇黄岭西村、密云区北庄镇土门村等。

（三）山区搬迁：有搬迁意愿与已搬迁、正在搬迁村合计占65.7%，搬迁成为山区薄弱村转型发展的主要模式

1.已搬迁和正在搬迁村共27个，占比为38.6%

被调查的70个位于山区的薄弱村中，已搬迁和正在搬迁村共27个，占比为38.6%。已搬迁村共21个，占比为30%，其中12个村为整村搬迁、15个村为就地搬迁，共搬迁2175户5388人，搬迁时间主要集中在2016~2020年。正在搬迁的村共6个，占比为8.6%，涉及650户1524人（其中1个村搬迁户数、人数尚未确定），均为就地搬迁，其中3个村为整村搬迁。

2.有27.1%的山区村有搬迁意愿，与已搬迁、正在搬迁村合计占65.7%

未搬迁的43个山区薄弱村中，认为不需要搬迁的村有24个，有搬迁意愿的村19个，需要搬迁的原因主要是村庄处于生活条件恶劣区（居住分散、地理位置远、交通不便、缺乏发展资源等）或处于地质灾害易发区。

其中，位于门头沟区、平谷区的薄弱村由于位置偏远、交通不便、缺少资源等原因搬迁意愿更加强烈。

（四）主要政策需求：基础设施建设、财政资金和规划建设用地指标方面获得支持

1. 普遍希望在基础设施建设、财政资金和规划建设用地指标等方面获得支持

如图 10 所示，被访村认为本村实现未来产业发展计划，"需要的支持"（多选）依次为产业基础设施（25.5%）、财政投入（20.2%）和规划建设用地指标（19.9%）。72 个村希望获得产业基础设施方面的支持，主要是修建村庄道路、上下水管道及设施，修建田间路、灌溉设施及景观路等；57个村希望获得财政投入方面的支持。

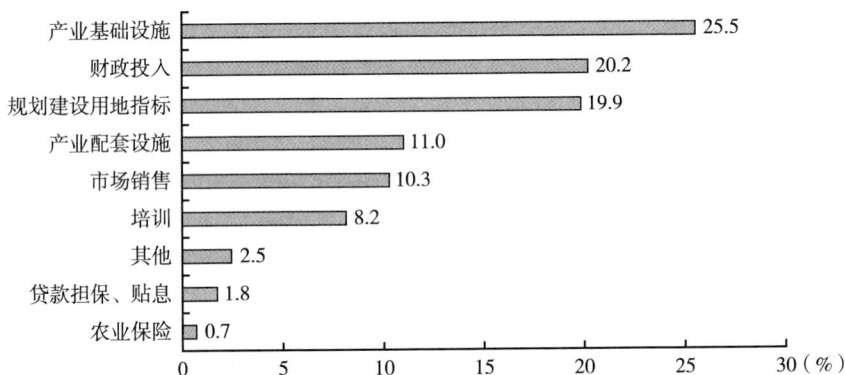

图 10　100 个村产业发展需求（多选）

2. 最需要获得"规划建设用地指标"支持

如图 11 所示，薄弱村"最需要的支持"是规划建设用地指标（46.5%），其次为产业基础设施（21.2%），再次为财政投入（18.2%），占比合计 85.9%。对规划建设用地指标需求强烈程度，依次为浅山区、山区、平原区，这与浅山区多数位于山前暖坡台地、具有更高的开发价值有关。

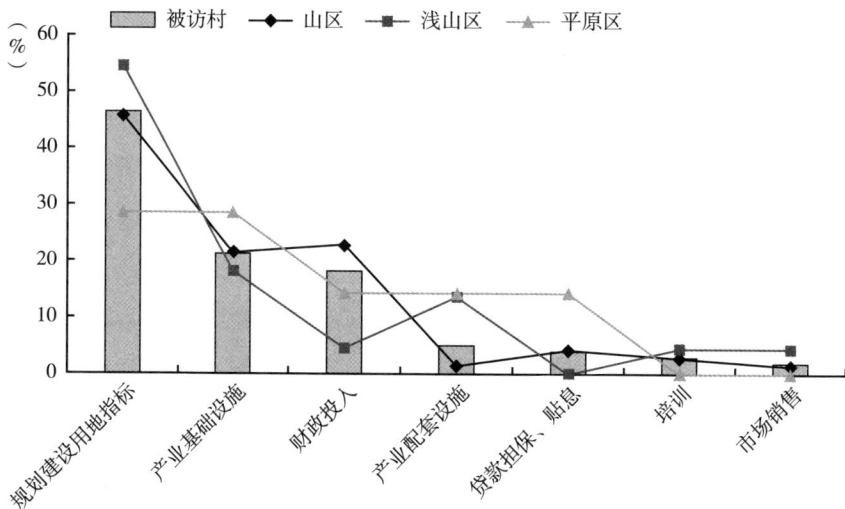

图11 100个村发展"最需要的支持"

56个村提出了产业发展的规划建设用地指标需求,共4136亩,每村平均约74亩。其中,用于建设产业配套设施的指标需求约3000亩,如建设精品民宿、旅游接待管理用房、培训基地、厂房、储藏间等。其他指标主要用于满足村民居住需要及提升村庄人居环境水平,包括密云区、怀柔区的5个村计划将共约110亩建设用地指标用于险户搬迁建房等满足村民居住需求,平谷区2个村需要共1000亩建设用地指标用于美丽乡村建设,延庆区、房山区和平谷区4个村共需45亩,用于建设养老驿站、文化服务设施、停车场等基础设施。

3. 对人才、市场销售方面的帮扶需求较高

在调研座谈中,部分村表示村里急需专业技术、服务及管理人才。从问卷看,被访村中有32个村提出了"培训"需求,主要是农业实用技术培训(果树种植管理、养蜂技术等)、旅游服务技能培训、经营管理能力培训和转移就业技能培训四类,部分村为单一培训需求,有的村则需要多种类型的培训。其中,有农业实用技术培训需求的村共18个,有旅游服务技能培训需求的村16个,有经营管理能力培训需求的村14个,如图12所示。

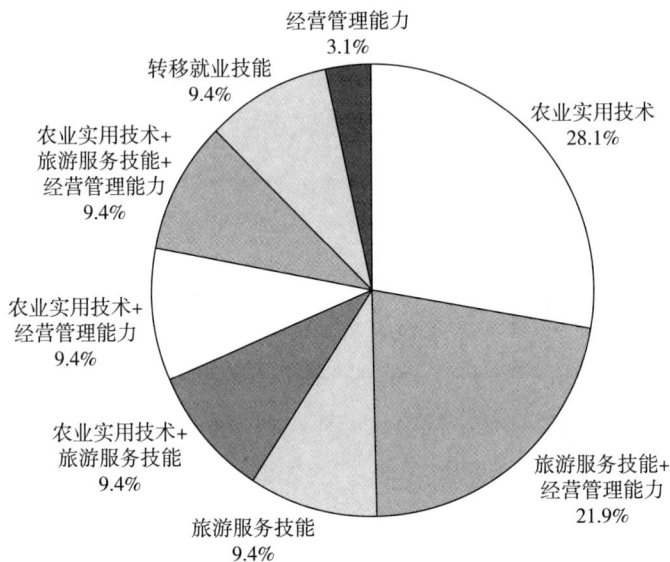

图12　100个村产业发展需要的培训类型

29个村提出了希望相关部门帮助解决"市场销售"的需求。其中，大部分薄弱村的诉求是促进农商对接、拓宽销售渠道、提高销售价格等，5个村提出希望相关部门帮助本村打造民宿或农产品特色品牌，个别村提出发展订单农业或政府、村、企联动推广乡村旅游产品和农产品的需求。

四　薄弱村联合发展意愿分析

《乡村振兴战略规划（2018—2022年）》提出"鼓励经济实力强的农村集体组织辐射带动周边村庄共同发展"。为加快农村集体经济薄弱村发展，提高集体经营性收入水平，北京市制定了《北京市农村集体经济薄弱村增收工作实施意见》，提出了"联合抱团帮扶一批"的经营机制。问卷显示，不同类型村联合发展意愿强度显著不同，亟待加强区镇统筹力度，创新联合发展体制机制。

（一）区位视角：位于山区且收入少的村更愿意联合

山区薄弱村联合意愿较强。70个位于山区的村中，68.5%选择了"愿意联合其他村庄发展"，高于100个村的平均值；23个位于浅山区的村中，仅有56.5%的村庄愿意联合发展（平原区村仅有7个，代表性较低，暂不纳入比较分析）。

进一步加入经济因素，发现位于山区且经济收入少的薄弱村的联合发展意愿最强。根据调查问卷，剔除1个城市化村庄，99个薄弱村2020年村集体总收入最少的为20.27万元，最多的为244.74万元，中位数为54.4万元。以中位数为界，将薄弱村分为收入多和收入少两类。发现处于山区且收入少的村庄联合发展意愿最强，达到了80.6%。

（二）资源要素视角：薄弱村"人少、地少、钱少"，更倾向于联合发展

土地较少的村庄更倾向于联合发展。按照土地面积将100个薄弱村分为三类，发现土地规模较大的村庄仅有57.6%愿意联合发展，而土地规模中等和较小的村庄分别为72.7%和67.6%。

农户数越少的村庄越倾向于联合发展。按照农业户籍常住户数将100个薄弱村分为三类，户数较多的村庄仅有58%愿意联合发展，中等的为67.6%，较少的达到了71.4%。

村集体收入越少越倾向于联合发展。按照2020年集体收入水平将薄弱村分为三类，发现集体收入较多的村庄仅有51.5%愿意联合发展，而收入水平中等和较少的村庄分别为71.8%和73.5%。

相比较而言，村庄农户数对联合发展意愿差别的影响没有集体收入显著，但比土地规模更为明显。

（三）综合视角：多种因素组合情况下的联合发展意愿

"人少、钱少"的村庄联合发展意愿最强，"人多、钱多"的村庄半数选

择不联合。同时考虑农户数和村集体收入，即"人"和"钱"两大因素，并均以中位数为界将其分为两组，做出四边形的雷达图（见图 13），发现以下几点。（1）愿意联合发展的村庄明显占多数。黑色粗体外框代表选择联合发展的村庄数，灰色粗体内框代表选择不联合的村庄数，无论村庄的人口收入如何，联合发展意愿都是比较强烈的。（2）"人少、钱少"的村庄联合发展意愿最强。黑色粗体外框在"农户少、收入少"这类村庄中达到最大，而且与灰色粗体内框差值达到最大。（3）"人多、钱多"的村庄半数选择不联合。灰色粗体内框在"农户多、收入多"这类村庄中达到最大，与黑色粗体外框水平相当，代表"人多、钱多"的村庄半数选择不联合。经济实力较强与人口规模较大的村庄更容易走向"村自为界"的发展道路。

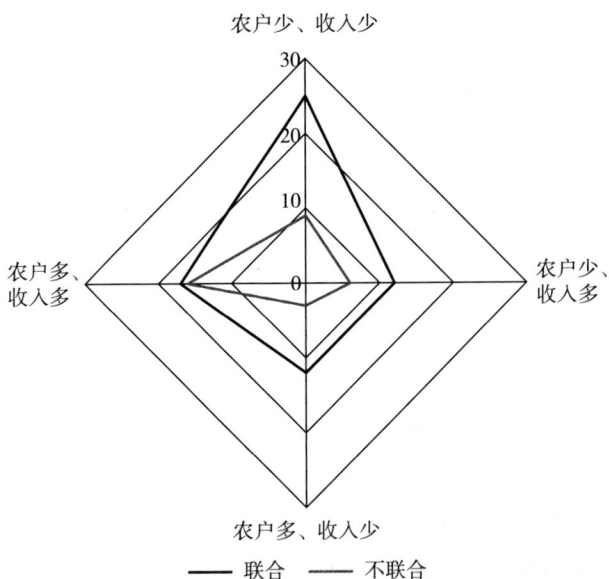

图 13　同时考虑常住农户数和集体收入的薄弱村联合发展意愿

"地多、钱少"的村庄联合意愿最强，"地多、钱多"的村庄半数选择不联合。同时考虑土地规模和集体收入，即"地"和"钱"两大因素，并均以中位数为界将其分为两组，做出四边形的雷达图（见图 14），发现以下几点。（1）"地多、钱少"的村庄联合发展意愿最强。黑色粗体外框在"土地多、收入少"这类村庄中达到最大，而且与灰色粗体内框差值达到最大，高于"地少、钱少"的村庄，这可能与集体的土地资源开发不充分有关。（2）"地多、钱多"的村庄半数选择不联合。灰色粗体内框在"土地多、收入多"这类村庄中达到最大，而且与黑色粗体外框水平相当，表明这类村庄联合发展的意愿相对较低。

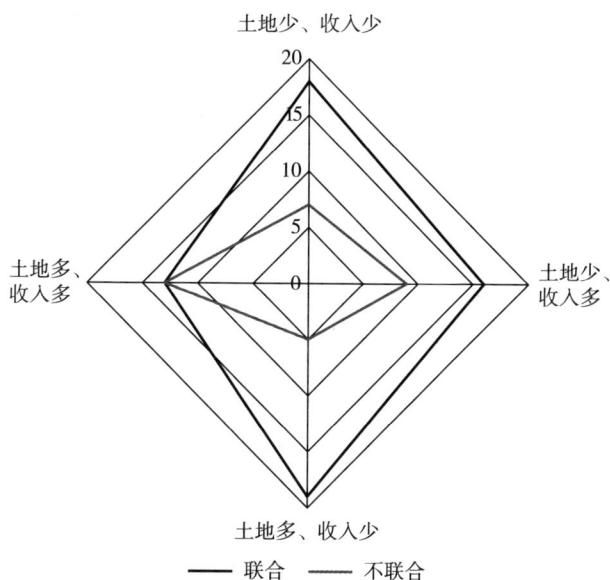

图14　同时考虑土地规模和集体收入的薄弱村联合发展意愿

"地少、人少"的村庄联合意愿最强，其他几类差距不大。用同样的方法做出四边形的雷达图（见图15），发现以下几点。（1）"地少、人少"的村庄联合发展意愿最强。黑色粗体外框在"土地少、农户少"这类村庄中达到最大，而且与灰色粗体内框差值达到最大，可见，"地少、人少"的村庄自身资源禀赋不足和发展潜力不大，联合发展的意愿是最强的。（2）"地多、人多"、"地少、人多"和"地多、人少"三类村庄联合发展意愿差异不是特别明显，这可能因为土地和人口对联合发展意愿的影响不如收入直接且显著。

在"人、地、钱"中任意两者劣势组合情况下，联合意愿都会较高，其中"钱"的作用更为明显。同时考虑常住农户数、土地规模和集体收入，

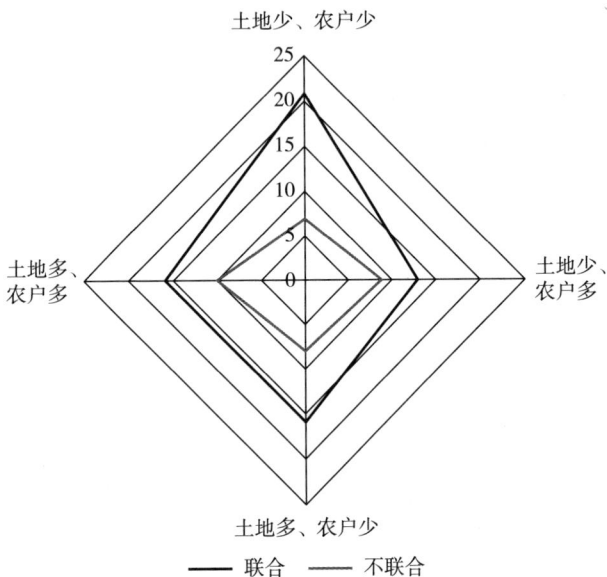

图15　同时考虑土地规模和常住农户数的薄弱村联合发展意愿

即"人""地""钱"三大因素，并均以中位数为界将其分为两组，做出八边形的雷达图（见图16），发现以下几点。（1）"人、地、钱"中任意两者处于劣势联合意愿都较高，尤其是"人"和"钱"处于劣势时。黑色粗体外框在"农户少、土地少、收入少"和"农户少、土地多、收入少"这两类村庄中达到最大，而且与灰色粗体内框的差值也较为明显，可见，"钱少、人少"是困扰薄弱村自身发展水平提升的重要因素，而在二、三产业迅猛发展的当下，减弱了对于土地的依赖性，相对而言，土地规模对联合发展意愿的作用不强。（2）"钱多"的村庄只要"人"和"地"任何方面占优势，不联合的意愿都会较高。灰色粗体内框在"农户多、土地多、收入多"、"农户多、土地少、收入多"和"农户少、土地多、收入多"的三类村庄中达到最大，而且与黑色粗体外框的差值也很小。可见，"钱"是决定村庄联合发展意愿的根本因素，在具备较高的收入水平后，"人"和"地"至少一方面占优势，联合发展的意愿都相对较低。（3）"钱"具有"一票否决"的决定性作用，收入少的村庄即使其他资源禀赋较好，联合发展的意愿也很明显，灰色粗体外框在"农户多、土地多、收入少"这类村庄中达到最小，与黑色粗体外框之间的差值也很明显，表明这些村庄虽然具有人地优势，但是低收入具有"一票否决"的作用，使得它们同样具有较强的联合发展意愿。

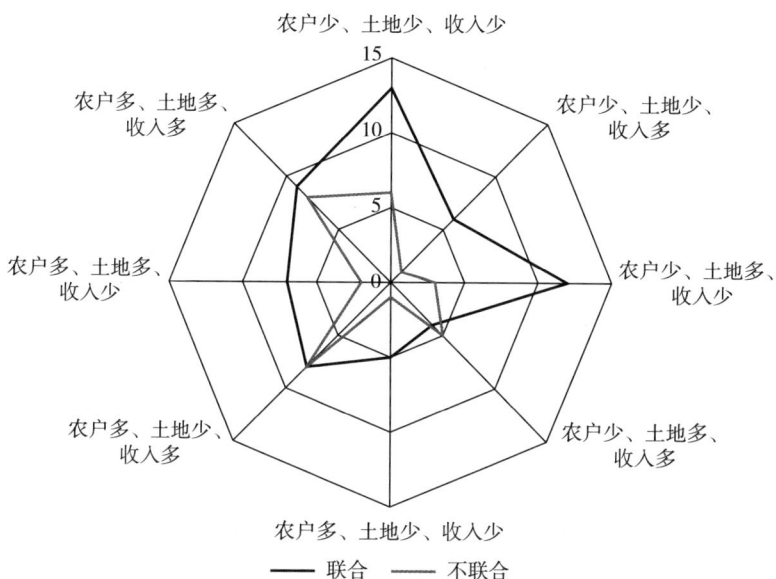

图16 同时考虑常住农户数、土地规模和集体收入的
薄弱村联合发展意愿

五 转化集体经济薄弱村的逻辑原点、
总体思路及实施路径

（一）逻辑原点：立足首都城市功能定位谋划薄弱村产业发展，破解"三个错位"

与全国其他地区的农村不同，北京市郊区村庄发展具有后工业化阶段与特大城市辐射带动两个基本特点，要从满足城市需求的角度出发把握村庄功能定位，发展现代服务业，而不能再用工业化时代的发展思路，一般化地研究依靠资源上项目。薄弱村现象的实质是京郊总体完成了工业化、城镇化而社会结构没有同步完成转型，一个重要的原因是本应用于社会结构转型的规划建设用地指标，即土地发展权已经透支了。当前，只有通过加强"统"来集约出发展权、培育新的产业资源这一条大路可走。关键是摆脱时间、空间与体制上的"三个错位"，认清薄弱村转型发展的逻辑原点，按照"政府主导、集体主体、分类推进、统筹实施"的原则，有效推进"转薄"工作。

1. 立足后工业社会发展阶段，解决"时间错位"问题

2019 年，北京市人均 GDP 为 16.4 万元，折合 2.45 万美元，属于典型的发达国家或地区收入水平，由此导致的消费结构高端化，需要产业结构的高端化相匹配。北京市三次产业结构为 0.3∶16.2∶83.5，去工业化、去农业化基本完成，农业农地承担的产业功能必须向现代服务业方向转型，要在战略意义上放弃主要依靠农产品加工业促进农民增收的传统思路。

2. 立足首都超大城市功能，解决"空间错位"问题

当时，中心城区、新城对郊区辐射带动能力日益增强，规划管控进一步精细，导致村庄功能依附化，除了落实首都核心功能外，自由发挥的空间大幅度收窄。加之，在存量减量发展条件下，农村经济发展面临着强"天花板"约束效应，需要统筹村庄有机更新，完善空间与产业布局，集约土地发展权，重点发展宜居服务、文化创意服务、会议会展服务、医疗保健养老服务、观光休闲旅游服务等都市服务型农业。

3. 变开发商主导的"分割式发展"为集体经济组织主导的"统筹发展"，解决"体制错位"问题

开发商主导的城乡接合部建设、小城镇建设、新型农村社区建设，容易"挑肥拣瘦""吃肉吐骨头"，成本畸高，导致城镇化推进滞后，最终留下大量"旧村庄"。解决这些历史遗留问题，首先需要转变发展方式，通过城乡统筹、区镇统筹，从"统"的层面健全统分结合的双层经营体制，优化空间与产业布局，并辅之财政、金融、规划等配套政策。

（二）总体思路："三统筹"

1.建立健全村级集体经济以"统"为主的经营体制，并逐步向乡级延伸，实施"体制统筹"

练好内功。理顺村级集体经济以"统"为主的经营体制，并逐步成立乡镇级联社，提升"统"的层级和资源统筹配置的综合效率。一是政社分开。集体经济组织作为集体资产的所有者，负责规划空间与产业布局、发展模式、方向及重点。村委会主要负责村内公益性服务事业。镇政府与乡级集体经济组织关系是监管与被监管的关系，保障集体经济组织的自主经营管理权利。二是产权方与经营方分开。乡村两级集体（即"社"）作为产权主体，要坚持公有制的产权不可分割性及封闭性。原则上，只负责资源整合，不作为经营主体直接参与市场竞争。要按照"社+公司"的组织形式，下设若干个专业公司（或农民专业合作社）作为经营方，形成直接参与市场竞争、鼓励合作、产权开放、有限责任的市场主体。

优化外部政策环境。以盘活闲置农宅为重点，集成财政、规划、金融等多项政策，由集体经济组织主导，采取原址提升、就地翻建、整体改造、集中联建等多种方式，开展自主改造。整理集约出的建设用地指标，用于满足一、二、三产业融合中的配套设施建设用地需求，加快农业科技园区、休闲观光园区以及精品农业园区等项目建设。针对合规不售类的违章建筑，谨慎探索在拆除一定比例前提下变更所有权到集体经济组织，壮大集体资产，由社会资本承租经营。尽量减少"一刀切"式拆迁，最大限度地减少社会资源浪费。此外，要研究出台专门政策支持深山区村庄的经济发展建设，优先安排发展项目，加大资金扶持力度，推进跨越式发展。

2.设立区级农地流转基金与专项补贴政策，以乡村两级集体经济组织为主体整合农地资源，实施"空间统筹"

市区两级财政部门制定农地流转基金，重点鼓励和支持集体经济薄弱地区，以乡村两级集体经济组织为实施主体，进行农地资源碎片化整合，促进农地规模经营和农业科技进步。落实集体经济组织土地占有和规划权、土地发包和调整权、收益权以及处置权等基本权益。对实施农地规模化流转的集体经济组织在资金奖励、项目建设、用水用电等方面进行扶持。对于全部流出土地的老年农民，村集体经济组织按月发放生活补贴。

制定土地流转指导价，规避集体经济组织在农地资源整合中可能面临的坐地要价问题。利用农村产权交易所，采取公开招投标方式提高农地对外流转价格。通过农地流转补贴，对管理规范、示范带动能力强、符合产业转型升级方向的各类农业经营主体进行扶持。

3. 设立区级现代服务业产业引导基金与区级休闲旅游行业协会，引领镇村联动发展，实施"产业统筹"

充分发挥区级主导作用，设立专项引导基金。参照门头沟发展精品民宿经验，由各区成立区休闲旅游现代服务业产业引导基金。目前，重点支持乡村两级集体经济组织主导的民宿产业。针对民宿产业发展中的低端化、"一家一户"及"小、散、低"现象，鼓励探索集体经济主导模式。同时，成立区级民宿旅游（专业）协会组织，系统整合区域产业资源，打造区域性民宿品牌作为区域龙头，带动林下经济、大田作物种植、蔬菜种植产业有机衔接与整合。

赋予集体经济组织林地养护、基础设施和公益事业等领域的特许经营权。乡联社或村股份社下设乡级绿化养护公司与公共服务经营公司，村集体可以薄弱村支持资金参股，负责全市各区镇村以平原造林、山区生态养护为主的生态环境服务及竞争性较弱的基础设施维护。按照全市 200 万亩林地，每亩地 2600 元/年林木养护费测算，52 亿元的总支出，再扣除 50% 成本（常年看护费与杂草清理费），集体经济组织可以获得约 26 亿元的收入。通过区镇统筹，可以解决 600 个集体经济薄弱村经营性收入 10 万元达标问题。

重新进行村庄画像，系统开展村庄功能定位研究，用功能引导产业，而不是相反。对于非保留村，财政果断埋单，对于要继续发展的村赋予土地发展权。要把集体产业发展纳入功能引导下的乡村社会可持续发展的总目标之下。

（三）实施路径：借力山区搬迁，精研村庄功能定位，推进"城市化、城镇化、新村社区化"

1. 借助郊区新城或边缘组团建设消除薄弱村

这类村庄一般位于中心城、新城或边缘组团的规划建成区范围内，区位条件相对较好。随着大规模征占地，以及重大项目、功能区等建设，很多村面临着整村拆迁、农民上楼问题。在完成社保体制城乡并轨后，要适时放宽征地补偿款的使用范围，提高集体经济组织成员的福利和分红水平。如在怀柔科学城建设中，新峰村在征地过程中形成了大量集体资产，可以通过稳健经营，成为未来集体经济组织成员永久的利益依托。要探索与山区搬迁相互结合的模式，让部分远郊山区村庄进一步迈入城市化快车道。

2. 通过小城镇镇区集聚产业和人口带动薄弱村转化

一般是位于重点镇、一般镇中心区规划范围内，或不在中心区需要独立完成城镇化的薄弱村。这类村的主要任务是培育集聚资源要素与产业的增长极，是培育乡镇经济中心的关键点。需要在规划、基础设施投资、人才引进等领域进行政策倾斜。山区搬迁等撤并类村庄要与小城镇建设紧密结合起来。如平谷区镇罗营镇的上营村，重点是通过集体建设用地集约利用，培育小城镇集聚内核和增长点。

3. 通过新型农村社区建设落实首都功能带动薄弱村转化

一般是镇域总体规划中的保留村，总体上处于人口外流趋势，但具备一定的产业聚集功能，如养老、宜居性服务业等，可以吸引城里人长期或经常前来居住。或者属于古村落，具有一定的历史文化保存价值，如房山区的南窖村。黄山店村是一个比较成功的典型，盘活宅基地资源是其转型发展的关键一步，目前景区、民宿以及培训等各类产业年收入总计已达 1.4 亿元。

另外，有相当数量的村庄通过山区搬迁政策就地就近求发展带动薄弱村转化。在城镇化进程中，村庄常住人口持续性下降、生活功能趋于弱化地区，未来将逐渐演化成为若干护林点、林场等。如房山区佛庄子乡山川村，农业户籍人口 272 人，长期在村里居住的仅有 45 人，相当于 83.5% 的农业户籍人口净流出。此类村庄已经缺乏产业发展的基本要素，未来需要进行乡镇统筹，甚至区级统筹，借助山区搬迁政策，实施村民异地上楼安置，村庄原址进行绿化。

B.21
北京市海淀区整建制农转非后优化
农业农村工作政策体系

海淀区农业农村局课题组*

摘　要： 2020 年底，海淀区全面完成镇村两级集体产权制度改革，2021 年
3 月，圆满完成全区整建制农转非，农民带着"资产"和"保障"
进城，海淀区历史性地迈入解决"三农"问题最后完成期的后整
建制农转非时代。面向推进乡村振兴和扎实推进共同富裕大局，
海淀区立足新阶段和新定位，沿着人的城镇化和集体经济发展壮
大两条主线，深入探索农业农村工作政策体系再优化，为首都率
先实现社会主义现代化贡献"海淀智慧"和"海淀力量"。

关键词： 集体经济　乡村振兴　整建制农转非　农业农村政策体系

2019 年，北京市户籍人口城镇化率与常住人口城镇化率分别为 84.2%
和 86.6%，相较于 2010 年的 78.7% 和 86.0%，不仅差值由 7.3 个百分点缩
小到 2.4 个百分点，而且城镇化地区农业户籍人口比重进一步下降。石景山

* 课题组组长：张春明，海淀区委农工委书记、区农业农村局局长、区乡村振兴局局长；课题
组成员：侯晓博、陈雪原、夏宇、李尧、孙梦洁、尤颖洁。执笔人：侯晓博，北京市海淀区
农业农村局副局长，研究方向为集体三资管理和产权制度改革；陈雪原，北京市农村经济研
究中心体制处处长、经济学博士，研究方向为城镇化、集体经济组织治理与集体土地制度改
革；夏宇，北京市海淀区农业农村局研究室主任兼经管科科长，研究方向为集体经济组织治
理与新型城镇化；李尧，北京金域美境科技有限公司总经理，北京土地学会理事会监事，研
究方向为土地经济与管理、房地产市场与政策、土地管理信息系统；孙梦洁，北京市农村经
济研究中心经济体制处副处长、管理学博士，研究方向为集体产权制度改革、集体经济评价、
农户经济行为；尤颖洁，北京金域美境科技有限公司咨询部项目经理，研究方向为城市规划。

区在 2002 年一次性完成了全区 1.5 万农民的整建制农转非，成为京郊加快农转非工作的先行者。2021 年，丰台区已经陆续完成南苑乡、卢沟桥乡、花乡等"撤乡建街道"的行政区划调整工作，有效解决了长期以来"乡街共治"的多头治理问题。2020 年，海淀区继完成四季青镇全域整建制农转非改革试点之后，启动了全区整建制农转非工作，并于 2021 年 3 月完成全部手续办理，实现了全区城镇化社保体系全覆盖。这种整建制农转非型的城市化模式，已经成为近年来北京市中心城区加快农村社会结构转型的主导形式。这将对集体资产监管、集体土地利用、基层治理体系与治理能力等带来深刻的影响，需要提前予以谋划设计。

一 后整建制农转非新时期海淀区农业农村工作的形势判断

（一）新阶段：立足海淀已步入解决"三农"问题的最后完成期，促进城乡与区域协调发展

一是聚焦新发展阶段。2019 年，海淀区地区生产总值 7926 亿元，人均地区生产总值 24.48 万元（折合 3.65 万美元），远高于全市 16.4 万元（折合 2.45 万美元）水平，属于典型的发达地区收入水平（2 万美元）。三次产业比重为 0.02∶8.90∶91.10，叠加目前全区已基本没有身份上的农民的情况，海淀区已经进入彻底解决"三农"问题、实现城乡融合发展的最后完成阶段。同时也要看到，整建制农转非是城乡社会结构转型加快的标志，而不是转型的完成，要把补齐城乡之间和农村地区内部的发展差距作为未来一个时期海淀"三农"工作的重点。

二是组织振兴是激发农村内生动力的关键。与城市经济高度组织化相比，农村地区组织的分散化以及由此导致资源要素利用碎片化、低效化特点较为突出，"村村点火，户户冒烟"是当前城乡融合发展的重要制约因素，需要建立健全资源要素跨区域统筹优化配置的体制机制，在农村地区培育出

新的区域增长点。

三是要激发集体经济组织特有的统筹优势和作用。2020年底，海淀区历史性地全面完成镇、村两级农村集体产权制度改革，集体经济实力雄厚，在全市乃至全国名列前茅，但存在总体经营效益不高的问题。下一步实施乡村振兴战略的重点，应是构建城镇型集体经济治理体系，在实现集体经济高质量、可持续发展的同时，增强改革的系统性、整体性、协同性。

（二）新定位：立足中心城区空间规划与产业布局，促进功能融合化

一是向"中心城区"的城市功能趋同。北京城市新总规明确了包括山后地区在内的整个海淀区作为中心城区的新的功能定位，要按照首都特大城市的发展规律和客观要求，谋划设计切合实际的城镇化社会结构转型方案。特别要依托"一镇一园"，培育山后地区新的增长中心，缩小山前、山后发展差距，同时探索山前地区集体经济创新发展模式，培育形成一批适应市场经济的成熟市场主体。

二是向国际科技创新中心的首都功能趋同。作为首都核心功能的集中承载地，要对标具有全球影响力的全国科技创新中心核心区，顺应城市化社会结构转型与农业现代化的要求，高标准谋划设计集体经济融入中关村科学城发展、融入"两区"建设、落实"两新两高"战略的农业农村政策体系，尤其要在农业科技创新、搭建智库平台等方面发挥示范引领作用。

三是"镇改街道"将对集体资产监管运营提出挑战。按照市政府《关于印发〈北京市街道办事处设立标准（试行）〉的通知》精神，需要在满足常住人口城镇化率80%以上等标准的地区，撤销乡镇行政建制，同时新设若干街道办事处，原乡镇管理机构、职能同步分解到街道办事处。这意味着随着整建制农转非的完成，镇改街道、撤村建居工作已扑面而来。集体经济组织由于具有以镇域为单元的组织体制特点，无法进行同步分解，相应的监管运营体制亟待研究和加强。

（三）新政策：立足与现有政策有效衔接，力求实现逻辑系统化

一是突出系统性。整建制农转非打破了过去渐进式城镇化的一般路径，是一种快速、全面、系统的整体型城市化，其具有的短期性、集中性、彻底性的特点要求现有农业农村工作政策体系不仅要快速反应、优化调整，同时要注意保持逻辑上的一致性、系统化，形成相互支撑的合力。要以城乡与区域均衡协调发展为引领，集成规划、产业、组织、土地、社会管理等在内的政策体系，激发乡村发展的新动能。

二是突出前瞻性。农村政策研究不属于显学，大多领域缺乏贴合实际的理论研究和政策储备，需要从业者发挥带头作用，既要研究和借鉴海淀区的历史经验做法，又要参考外地相关的改革经验，同时邀请专家智库介入，增强政策体系的前瞻性及有效性。

三是突出差异化。海淀区整建制农转非的实施范围主要是海淀镇、西北旺镇、苏家坨镇、上庄镇，伴随相关任务的梯次推进，深化集体产权制度改革、完善基层治理体系、集约利用集体建设用地、宅基地制度改革等，在不同地区会有不同的表现形式，需要进行差异化研究，以绣花功夫推进基层治理。

二 后整建制农转非时代海淀区优化农业农村政策体系总体思路

（一）"四区联动"成为后整建制农转非时代海淀区优化农业农村政策体系的逻辑原点

内核1：二、三产业园区。按照"一镇一园"的思路，在镇一级发展软件、通信、设计等高科技类、金融或高端制造类主产业园区，生成具备产业与功能集聚能力和人口承载能力的小城镇内核，形成区域经济发展的主导力量，周边还可以配套二期、三期次级产业园区。

配套1：城镇化社区。依托"一镇一园"启动集租房项目，集中建设二、三产业园区职工配套住房和镇域农民保障房，培育多功能的新型小城镇综合体，集约出的建设用地指标可用于支撑镇域现代化产业园区的建设。

内核2：农业科技园区。在具备条件的保留村规划发展可同时满足生产、生活、生态等多功能的现代农业科技园区以及周边规模化的圈状或带状分布的农业产业基地，优化组合农业全产业价值链。

配套2：新农村社区。通过旧村整体翻建或局部配套提升，农民居住形态在原地改造成保持庭院格局的独栋或联排别墅，提升农民居住幸福感和舒适度，结合乡村民宿、科技农业等产业发展，构造新型田园综合体，集约出的建设用地指标可用于农业园区中的"点状供地"。

（二）镇级统筹体制是落实"四区联动"的组织架构支撑

一是"一级产权，统一经营"。主要是指作为所有者主体的镇级集体经济组织直接负责资产的运营和管理，一般组织形态为"社+公司"，社为公司的实际出资人。这属于镇级统筹体制的高级形态或完成形态，资产量庞大，已类似于国有企业，主要适用于玉渊潭、东升镇、四季青镇、海淀镇等山前集体经济相对发达的地区。

二是"两级产权，多层经营"。"两级"主要包括镇、村两级股份社，均为可以独立进入市场的产权主体。"两级"可以下设若干个不同性质和级别的公司或合作社，这是目前镇级统筹体制的主要实现途径和组织形式，对于西北旺镇、温泉镇、上庄镇、苏家坨镇等山后四镇具有一定的代表性和适用性。

（三）健全集体经济治理体系是"四区联动"的关键一招

整建制农转非后，镇建制、村委会将陆续撤销，建立健全集体经济治理体系应成为完善基层治理体系的题中应有之义。

一要廓清集体经济组织的本质特征。治理结构方面，不同于一般的社会企业，党建引领是集体经济治理的核心，社会性负担会减少，但仍将长期存在，所以政府外部监管与政策扶持仍然十分必要。产权结构方面，集体产权的封闭性可以通过设置优先股等方式有限度地打破，但总体上不得突破股权封闭结构。

二要理顺镇级集体经济组织与内外部各类组织间的关系。要理顺行政权、所有权、产权与经营权四者的关系。"政"社关系上，政府不适宜承担经营风险，否则容易导致集体经济组织发展的不稳定性；"地"社关系上，成员对集体经济组织充满深厚感情，很少有机会主义行为，但也有可能思想狭隘，眼界不宽，需要在党的领导下按照"一人一票"原则实施民主治理；"董"社关系上，董事会受股东委托负责经营决策，职业经理人又被董事会赋予经营决策权并向其负责，这两重委托—代理关系构成了集体经济法人治理的两个重点；"企"社关系上，集体经济组织作为出资者，与下属企业构成了集体经济的基本组织形态。

三要优化集体经济组织的治理结构与治理机制。强化党建引领。党的领导要贯穿集体经济组织治理的全过程和各方面，主要实现方式包括交叉任职、党管干部、"三重一大"决策等。强化政府治理。相关部门要加强审计监督，落实"账款双托管"及"村账分离"，审批收益使用和分配方案等，同时努力为集体经济营造良好的外部发展环境，如研究制定税收优惠政策，加强财政金融倾斜扶持等。强化社区治理。集体经济组织具有社区性和共有性的基本特征，这是土地集体所有、乡土熟人社会长期孕育和反复博弈形成的，区别于雇佣劳动制度下资本与劳动的对立，因此集体经济组织在化解矛盾纠纷、带领群众致富等方面有天然的使命和优势。强化市场治理。重点是立足集体经济组织的本质特征推进内部法人治理结构改革，需特别强调党的领导和经管部门的外部监管等。

三 后整建制农转非时代优化农业农村工作政策体系的几点建议

站在中国共产党成立 100 周年和"十四五"开局之年的重要历史交汇

点，推进未来 5 年乃至今后更长一个时期的海淀农业农村工作，要牢记推进乡村振兴、实现共同富裕的历史使命，紧扣准确把握新发展阶段、深入贯彻新发展理念、加快构建新发展格局的形势要求，立足完成改革后半篇文章、紧抓打造高水平新型城镇化发展路径实践区的角色定位，聚焦人的城镇化和壮大集体经济，在首都率先实现社会主义现代化征程中贡献"海淀智慧"和"海淀力量"。

（一）优化集体经济发展的外部政策环境

建立公共财政主导的乡村公共服务供给模式。进一步推动、落实并深化包括"村账分离"在内的基层自治组织与集体经济组织"政经分离"改革，行政事务划归社区管理，经济职能留在股份社。在基础设施、公共卫生、环境绿化、社会治安等方面，财政部门要进一步加大支持力度，减轻集体经济组织的社会性负担。

对于苏家坨镇、上庄镇等集体经济薄弱地区要进行政策倾斜。根据国土空间规划和密度分区，对承担生态保育、水源保护、河道防护、高标准农田保有和公建配套等任务以至于建设用地偏少、开发强度偏低的集体经济组织，由区级统筹，整合各级政策扶持资金和集体经济组织闲置资金，通过给资产、给资金、给政策等方式发展壮大集体经济。

加强研究特别法人特殊税收政策。针对集体经济运行中的具体情况，加强对特别法人的税收研究并制定相应的政策。如深化集体产权制度改革过程中，名称变更导致的集体经济组织自身资产划转应视同非交易性资产转移，免缴土地增值税、契税等，以减少集体经济组织的税负负担。

进一步完善股权管理等相关制度规范。修订完善区股权管理办法，加大对股权继承、转让等的实践研究，完善股权制度使其更符合实际需要和更广大股东的利益。解决干部薪酬结构不一致、组织之间差距偏大、与经营效益和工作完成情况脱节等问题，规范薪酬结构、水平、发放等。适应农转非、撤村建居、集体经济社区性特征逐步减弱等新形势，从股权结构、经营体制、分配机制等多个方面建立城镇型集体经济组织制度体系。

加快"撤村建居"进度,促进区域协同发展。在符合条件的地区,按照"撤村不撤社"的原则进一步加快"撤村建居"工作。发挥政府宏观调控的积极作用,"南北互动,全区参与",缩小长期以来山前山后以及村集体经济发展横向差距过大的问题,促进区域协同发展。

(二)构建党建引领下的新型集体经济组织治理体系

充分发挥党建引领对集体经济治理的核心作用。2020年底,海淀区农村集体总资产2133.6亿元,净资产728.2亿元,全区现有624家集体经济经营主体,集体资产具有规模大、主体多、城市化程度高的特点。为牢牢把握党在农村集体经济发展改革中的领导权,建立健全适应未来完全城市化新局面的涉农工作体制机制,海淀区采取多种有效举措,对明确股份社党组织的领导地位、规范股份社党组织参与重大事项决策的程序、选好配强股份社干部队伍等内容做出了具体的规定,要在做好试点和完成年度任务的基础上,积极推动文件的全面贯彻落实。

落实股份社党组织全覆盖,提高股东代表中的党员比例。已撤村单位,要在相应的股份社成立党组织;拟撤村单位,要在撤村时同步成立股份社党组织;不撤村单位,要进一步理顺村委会与村股份社的职能关系,继续做好账务分离等工作。强化股份社党组织人员配备,逐步提高股东代表中的党员比例。开展镇党委书记抓股份社党建工作的考核及述职,健全股份社党组织建设经费保障机制。

做好改革后半篇文章,理顺镇级集体经济经营体制。持续深化集体产权制度改革,推动东升镇、海淀镇成立镇股份经济合作联合社;四季青镇股份经济合作社(农工商总公司)总资产已接近500亿元,区委区政府可将其作为区管集体企业加强管理;继续坚持对玉渊潭、四季青镇股份经济合作社和6个联合社进行实地检查;区级统一保管不涉及农村集体土地管理的经济合作社登记证书和公章,确保集体资产安全。

深入推进法人治理结构改革,建立健全运行机制。参照、借鉴现代企业会计报表制度,探索将农经统计对象调整为股份经济合作社,推动股份社发展与现代市场经济接轨。结合股份社换届，完善登记赋码手续，做好变更登记，全面落实示范章程，规范撤制单位相应股份社名称，为集体经济参与市场经济奠定基础。定期对农村集体经济经营主体开展清查，全面掌握其登记、经营状态、投资关系等情况，清理停业（吊销）主体，及时履行出资人（股东）变更手续，已撤制单位名下的经营主体尤其要加快变更。

（三）统筹推进集体土地集约节约利用

推动集体建设用地由分散开发向集中统筹转变。通过有效整合土地资源，形成连片土地，既提升新引进项目的档次和规模，提高收益，又为传统优势产业、高新技术产业和生产性服务业提供用地空间和发展平台。对闲置土地、厂房、宿舍、写字楼等集体资产进行全面摸查，通过存量整合、低效改造和闲置盘活等不同方式，加快零散集体土地、物业归并整合，之后进一步进行升级开发，促进其有效利用。

加强农村宅基地及房屋建设管理。基于现状宅基地空间功能差异，因地制宜推进旧村改造。在保障户有所居的前提下，利用集约出的集体经营性建设用地，以入股、联营等方式培育养老、民俗、休闲、会议、电商、民宿等农村集体产业。加快农业科技园区、休闲观光园区以及精品农业园区等项目建设，海淀区民俗旅游特色村可以在维持村庄机理的前提下进行精细化的改造提升。针对合规不售类的违章建筑，可以探索变更所有权到集体经济组织，壮大集体资产，最大限度减少社会资源浪费。

建立健全现代高科技农业产业组织体系。依托海淀区打造全国科技创新中心核心区及高校院所富集等优势，按照"政府引领、市场运作、科技引领、专业协作"的总体思路，培育以集体经济组织为主体的现代农业产业组织体系，打造集科技研发、技术服务、生产托管、加工销售、品牌建设、法律支持等于一体的综合性产业平台，围绕产业链部署创新链，围绕创新链布局产业链。

规范和优化还建物业项目实施办法。控制还建时间，避免延迟交付导致集体经济利益损失，在交付之前可采取"虚拟物业"等形式获得补贴保障。

鉴于目前写字楼市场供大于求的现实状况，还建物业楼宇应该突出差异化设计与建设，确保还建品质。探索空间统筹整合，将写字楼还建物业向中心城方向调配，同时将居住类房产向反方向调配，实现居住环境更好、购置价格更低廉。

（四）创新征地补偿款多元化投融资渠道和方式

在金融、财政、农经部门指导下，联合各集体经济组织资金，成立区集体经济投资专项基金。逐步放宽征地补偿款的使用范围，在建立健全内部风险控制和履行相应民主决议程序的条件下，重点投资优质产业项目，研究探索集体资金融入城市开发建设内循环的畅通渠道。

盘活征地补偿款等闲置资金。在现有购买低风险保本理财产品、稳健型信托产品的基础上，针对集体经济组织存量资金庞大、购置资产愿望强烈的特点，在专业部门指导下可创新性地开展以土地置换、投资分成、定制购置等方式取得优质物业资产。建立城市更新及重大基础设施建设项目库，推动集体资金积极参与信托投资计划。探索建立资金使用考核机制，通过引导建立存款、理财产品配比的较优结构，优化资金使用结构和效率。

积极探索轻资产运营新模式。鼓励有实力的集体经济组织成立投资公司，引入职业经理人，组建集体经济专业运营商团队，租赁产业园区，培育园区产业链，开展园区内企业的股权投资，积极探索集体经济轻资产经营新路径。

（五）优化"一委+一办、一会、一基金"的区级统筹体制机制

优化"农资委+农资办"工作机制。2013年底，海淀区在全国率先成立区、镇两级农资委，作为监管农村集体资产的议事协调机构，8年来运行效果良好。2019年，海淀区成立区委农村工作领导小组，明确区农资委在区委农村工作领导小组领导下开展工作。在"十四五"时期农村城镇化全面提速的背景下，可研究探索区农资委实体运行机制，并向区委农村工作领导小组汇报全区农村集体资产监督管理工作情况。同时结合新形势、新要求，

调整优化包括农资办在内的相关科室设置和工作职责，做好相关的指导、服务、统筹、协调等工作。

参照工商联模式，探索成立集体经济联合会。由本区各种形式的集体经济组织、集体经济管理部门和有志于研究发展集体经济的相关人士自愿组成集体经济联合会，可下设研究会等社团服务组织，进行理论探索、经验交流并提供舆论支持等。

组建区财政与区农资委主导的集体产业发展引导基金。投资方向主要是支持、引导集体产业转型升级，实现高质量、可持续发展。如基础设施、绿化等民生类集体产业转型升级项目，兼顾部分地区在村庄改造过程中的拆除腾退、土地整理、人员安置等融资所需自有资金及抵押担保等问题。

B.22
朝阳区集体土地房屋出租管理研究

潘佳瑭*

摘　要： 本报告以北京市朝阳区为调研对象，在对农村集体土地房屋出租管理现状与问题进行摸排总结的基础上，进行了原因分析。研究发现：（1）土地出租（包括以"合作"名义出租）是乡村集体对外出租的主要形式，房屋出租占用的土地较少，但房租却是集体租金收入的主要来源；（2）集体土地房屋的产权主体是乡村集体经济组织，其开发主导权集中掌握在集体经济组织主要管理人员手中，客观上存在监管难、效益低、风险高等突出问题，易发生公共利益、集体利益和农民利益同时遭受侵害现象；（3）产生以上问题的关键原因是土地管理执法不严，乡村集体作为市场主体的角色定位存在偏差。为此，提出如下对策建议：加大区级把控力度，优化产业用地入市模式；推进市区两级产权交易市场建设；争取产业用地政策支持，优化集体资产监管模式；依法依规加强合同管理；健全责任追究制度，确保监管措施得到落实。

关键词： 房屋出租　土地管理　产权交易　朝阳区

城乡接合部是城市化进程中发展变化最快、人地矛盾最集中的区域，土地房屋出租情况复杂、法律和政策不完善问题十分突出，不仅事关乡村集体重大利益、农民生计和社会稳定，而且事关规划实施、税源建设等公共利益

---

* 潘佳瑭，北京市朝阳区经管站三级调研员，高级经济师，研究方向为农村经济管理、公共政策。

与城市形象。为此，北京市朝阳区经管站进行了专题调研，旨在加强集体土地房屋出租管理，促进产业转型升级和集体经济发展，切实维护乡村集体利益和公共利益。

一 管理现状

土地是城乡接合部农村集体经济组织的核心资产，房屋等附属物在很大程度上是土地的衍生资产（其价值主要取决于所处区位，而不是建设成本）。截至 2019 年底，朝阳区集体土地房屋出租涉及合同 6117 份，占用土地 10.1万亩，年租金 41.8 亿元（见表 1）。相对而言，土地出租（包括以"合作"名义出租）是乡村集体对外出租的主要形式，房屋出租占用的土地较少，但房租却是集体租金收入的主要来源。按标的物类型划分，乡村集体单纯出租土地 9.1 万亩，年租金 13.4 亿元，分别占出租土地总面积、年租金总额的90.1%、32.1%；出租房屋 303.8 万平方米，涉及土地 2881.1 亩，年租金 21.6亿元，分别占出租土地总面积、年租金总额的 2.9%、51.7%；房地结合（出租土地上有集体房屋）涉及土地 6566.2 亩（集体房屋 200.1 万平方米），年租金 6.8 亿元，分别占出租土地总面积、年租金总额的 6.5%、16.3%。

表 1 截至 2019 年底朝阳区农村集体土地房屋出租情况

标的物类型	合同数（份）	占地面积（亩）	建筑面积（万平方米）	年租金（亿元）	亩均租金（万元/年）	日均租金（元/平方米）
土　地	2749	91327.3	—	13.4	1.47	—
房　屋	2878	2881.1	303.8	21.6	—	1.95
房地结合	490	6566.2	200.1	6.8	10.28	—
合　计	6117	100774.7	816.4	41.8	4.15	—

近年来，朝阳区把土地资源与合同管理作为农村集体"三资"管理创新的主攻方向，在调研总结的基础上，切实加强土地房屋出租管理，取得重要进展和显著成效。

（一）创新监管模式，出台系列文件

2012 年以来，朝阳区针对农村集体"三资"管理薄弱环节，突出监管的系统性和创新性，加强政府、社员、中介三方监管，探索合同联预审、审计监督、考核评价等五项制度，建设在线监管平台，研究起草《关于加强农村集体资金资产资源管理工作的意见》，形成具有朝阳特色的"351"监管模式；制定合同联预审、在线监管平台建设等配套工作方案，形成"1+7"政策架构，初步实现政策措施落地；出台预算管理、大额资金管理等 12 个专项实施方案，"三资"管理工作逐步向纵深推进，监管盲区大大缩小，并获评"全国农村集体三资管理示范县（区）"。

（二）加强合同管理，维护集体利益

以推行合同联预审制度、设定乡域指导价、规范合同文本为抓手，督促各乡对新签合同履行联预审程序，从形式和内容上把好外部监管关，指导各乡对存量合同进行清理、规范和调整，合同租金水平大幅提高。2013~2019 年朝阳区乡村集体新签土地出租合同 1241 份，年均租金为 2.03 万元/亩，较 2012 年以前增长 72.0%（见表 2）；新签的房屋出租合同 2381 份，日均租金为 2.08 元/平方米，较 2012 年以前增长 35.1%（见表 3），房地结合出租折算的土地年均租金为 16.25 万元/亩，较 2012 年以前增长 2.8 倍（见表 4）。与此同时，针对乡村集体存在大量低租金、长期限、不规范合同，特别是合同条款不完整、双方权责不对等、集体利益缺保障等问题，研究出台推进合同清理规范工作的文件，加强业务培训，指导乡村集体与承租方进行协商，以签订补充协议的方式调整合同，累计增加租金 6.55 亿元（见表 5）。

表 2　合同联预审前后集体土地出租收益比较

对比期间	合同数（份）	占地面积（亩）	年租金（万元）	亩均年租金（万元）
2012 年以前	1508	60042	70675	1.18
2013~2019 年	1241	31285	63464	2.03
合计	2749	91327	134139	1.47

表3　合同联预审前后集体房屋出租收益比较

期间	合同数 （份）	建筑面积 （万平方米）	年租金 （亿元）	日均租金 （元/平方米）
2012年以前	497	72.4	4.1	1.54
2013~2019年	2381	231.4	17.5	2.08
合计	2878	303.8	21.6	1.95

表4　合同联预审前后集体房地结合出租收益比较

对比期间	合同数（份）	占地面积（亩）	年租金 （万元）	亩均年租金 （万元）
2012年以前	205	3264	13859	4.25
2013~2019年	285	3302	53672	16.25
合计	490	6566	67531	10.28

表5　2012~2019年各乡调增租金情况

单位：万元

年份	当年净增	累计影响年份	累计净增
2012	2777.9	2012~2019	22223.2
2013	167.0	2013~2019	1169.0
2014	3222.5	2014~2019	19335.0
2015	545.6	2015~2019	2728.0
2016	1227.8	2016~2019	4911.2
2017	598.8	2017~2019	1796.4
2018	4339.4	2018~2019	8678.8
2019	4653.4	2019	4653.4
合计	17532.4		65495

（三）创新管理手段，推进常态管理

研发集体土地资源管理系统，筛选25项关键指标，将合同信息纳入数据库管理，建立电子卡片，指导各乡对比合同卡片、台账、地块规划图、影像图和实景图，排查占地而未签订合同、合同面积小于实测面积、标的额低于乡域指导价等问题（2014），对合同文本进行电子备案，管理更加高效。坚持问题导向，研究出台《关于进一步加强农村集体经济合同清理规范调整工作的意见》（2017），明确合同全覆盖监管、解除终止、规范调整等要求，开展针对性培训和指导，建立合同台账月报、季报制度，及时掌握各乡合同清理规范进度，通过系统平台、电话沟通、实地指导等方式，与乡村合同专管员保持密切联系，随时对接问题，答疑解惑，督促指导乡村基层做好数据更新等日常工作。

（四）加强调查研究，创新管理思路

农村集体土地房屋出租管理涉及规划与自然资源、纪检监委、发改、安监、城管、市场监管、税务、经管等多个部门职能，具体到经管部门，则涉及合同（土地）、资产（房屋及其他动产）、财务（资金）、审计、统计等业务。由于法律制度不完善、体制机制不健全，各部门之间存在管理盲区，或者部门之间的联通管道存在堵点，需要坚持问题导向，深入研究，找准症结，在完善体制机制上下功夫。近年来，区经管站围绕与集体土地房屋出租密切相关的农村产业转型升级、集体土地罚没地上物管理、集体产业用地开发利用、集体经济发展与集体资产管理等难点问题，持续开展专题调研，同时结合对全国各地典型案例的比较研究，从体制机制上提出若干政策建议，多途径争取上级支持，推动成果转化应用。

总体上看，朝阳区在集体土地房屋出租管理方面进行积极探索，取得明显成效，但土地利益关系相当复杂，地上物（房屋）形成过程及产权性质比较特殊，当前仍面临诸多问题，亟须推进管理创新，切实予以解决。

二　问题的表象

集体土地房屋的产权主体是乡村集体经济组织，其开发主导权集中掌握在乡村集体主要管理人员手中，客观上存在监管难、效益低、风险高等突出问题，导致公共利益、集体利益和农民利益同时遭受侵害。

（一）公共利益遭受侵害

一是违法建设多，管控成本高。在集体土地上现有的各种经营性用房中，少数在《土地管理法》和《城乡规划法》出台之前就已形成（如早期的乡镇企业用地），多数属于相关法律出台之后的违法建设，特别是大规模启动绿化隔离地区建设以来，城乡接合部违法建设屡禁不止，成为城市管理难以根治的一大痼疾，拆违控违始终面临巨大压力，区、乡为此每年均投入大量人力物力，消耗了大量公共资源，承担着高昂的管控成本。

二是违法建设屡拆屡建，资源浪费严重。这是国内各大城市城乡接合部存在的普遍现象。在违法建设频发的少数年份，朝阳区新增违法建设每年超过 200 万平方米，不仅浪费大量水泥、钢材、黏土砖等建筑材料，而且拆违也形成巨量建筑垃圾，污染城市环境。

三是建设赶工期，安全隐患大。违法建设通常是在未获得行政许可的情况下仓促施工，为了规避政府部门的监督检查，投资方和建筑方往往忙着赶工期，力求在较短时间内形成既成事实，建筑设计、工程监理、施工质量存在许多漏洞和薄弱之处，有的因陋就简，采用易燃的泡沫保温材料搭建，不符合消防安全要求，存在大量安全隐患。

四是城市形象差，环境脏乱。朝阳区城乡接合部大多数违法建设属于中低端建筑，产业层次低、聚集人口多，而周边缺乏道路、绿化、环卫等配套的基础设施，造成环境脏乱，治安状况较差，人口资源环境矛盾相当突出，与首都作为国际化大都市的"四个中心"定位极不相称。

五是规划实施难，公共空间被侵占。据调查，2013 年以前朝阳区集体土地上的各种经营性用房占地面积约 50 平方千米，而规划产业用地面积仅6.24 平方千米，两者比例约 8∶1，这意味着在"减量开发"模式下，每开发 1 公顷产业用地，需同时拆除周边 8 公顷范围内房屋等地上附着物，即"拆 8 建 1"（随着功能疏解的推进，目前该比例预计降至"拆 4 建 1"左右）。由于腾退成本较高，乡村集体新建产业用地项目往往只是"拆 1 建1"，并未同时拆除周边地上附着物，造成公共空间被长期挤占，规划无法顺利实施。

六是税源流失严重，税收贡献较小。以十八里店乡西直河村原五环外石材市场为例，2012年整个市场交易额超过200亿元，商户年净收益数亿元，但上缴税金总额仅196万元，不足年交易额的0.01%（上海闵行区九星村综合市场占地1590亩，建筑面积90多万平方米，分别相当于西直河石材市场的72%、90%，年交易额300多亿元，上缴税金达4.1亿元，是西直河石材市场的200余倍），税收流失相当严重。即使各乡利用产业用地建成运营的48个重点项目，绝大多数也属于中低端项目，税收贡献较小，个别相对高端的项目税收贡献也相当有限。

七是产业低端低效，未能实现土地节约集约利用。集体土地出租涉及的产业项目准入门槛较低，投资强度较弱，低端低效问题十分突出。以朝阳区农村建成的产业用地项目为例，60个产业项目占地268.8公顷，投资总额245.4亿元，比4个大望京项目投资额（287.6亿元）少40多亿元，而后者占地仅29.9公顷，相当于前者的1/9，投资强度是前者的10余倍（见表6）。

表6　集体主导开发与公开竞价开发指标比较

开发模式	占地面积（公顷）	建筑面积（万平方米）	容积率	投资总额（亿元）	投资强度（亿元/公顷）
60个产业用地项目	268.8	462.5	1.7	245.4	0.9
4个大望京开发项目	29.9	117.8	3.9	287.6	9.6

注：大望京土地开发分为4个项目，开发商拿地成本147.5亿元，建安成本140.1亿元。

（二）集体利益蒙受损失

一是谈判周期过长，项目推进过慢。据2016年调查，朝阳区各乡规划产业用地共约624公顷，绝大多数采取"集体出地、老板出钱"的方式开发（变相出租），2000~2015年累计仅开发（含在建项目）43.1%，其余产业用地在15年间要么只是形成合作意向，要么连合作意向都没有，谈判周期过长，无法满足农村产业转型升级和城市化发展需要。

二是租金标准低，集体收益少。目前朝阳区农村集体土地出租年均租金仅 1.47 万元/亩，其中，2016 年以来新签合同年均租金 2.09 万元/亩，远低于同期集体土地使用权公开出让价格（2016 年 1 月 15 日大兴区采取招拍挂方式出让 2.67 公顷集体产业用地，年均地价约 50.3 万元/亩）；房屋出租日均租金仅 1.95 元/平方米，其中，2016 年以来日均租金 2.16 元/平方米，与同期丰台区集体房屋通过北京农村产权交易所挂牌成交的租金（2.75 元/平方米）相比，日均租金低 21.5%（见表 7）。

表 7　2016~2019 年朝阳区与丰台区集体房屋出租情况比较

年份	朝阳区			丰台区		
	合同数（份）	建筑面积（平方米）	日均租金（元/平方米）	挂牌数（宗）	建筑面积（平方米）	日均租金（元/平方米）
2016	211	482551	1.75	5	118940	3.42
2017	211	255454	2.25	13	67138	1.85
2018	488	374993	2.53	21	170793	2.63
2019	1063	448242	2.22	2	171	4.14
合计	1973	1561240	2.16	41	357042	2.75

三是少数人获利，分配不公平。在数以千计的承租方中，既有村里的"能人"，也有村干部的亲人、友人，多以较低租金从集体手里获得土地或房屋承租权，有的转租、再转租，形成复杂的利益关系，结果是"个人获小利，集体失大利"，土地收益分配极不公平。

四是寻租空间大，廉政风险高。集体土地房屋出租的决定权掌握在少数人手中，形成巨大的寻租空间，难以避免利益输送，利用常规手段无法进行有效约束和监管，廉政风险高，即使存在大量合理性怀疑，有关部门也无法取证。

五是成员不满意，维稳压力大。在土地快速增值而租金基本不涨、建安投入相对固定的情况下，谁占有土地谁就能获得高额收益。面对巨大利益诱惑，集体经济组织成员都想"搞块地"出租，但通常都没有机会，只能对有权"配置土地资源"的村干部表达不满，租金管理和分配引发的问题较多，维稳压力较大。

六是腾退成本高，集体损失大。仍以十八里店乡西直河村五环外区域为例，乡村集体从 2002 年陆续对外出租，逐渐形成华北地区最大的石材市场，占地约 2206 亩，建筑面积超过 100 万平方米（绝大多数由承租方自建），自 2013 年启动拆迁腾退以来，该乡累计投入腾退费用（含贷款利息）超过 16 亿元，而此前累计收取的租金仅 1.43 亿元，相当于把租金全部退给承租方，还得倒贴 10 倍的租金，巨额成本只能由后续项目承担，推高了城市建设成本，集体潜在损失巨大。

七是地上物归属不清，资产流失严重。集体土地上的绝大部分房屋等地上物由承租方出资建设，普遍存在规划建设手续不全、无房产证等权属问题。具体到合同管理，则表现为地上物归属不清晰或不合理，除少数合同约定到期后归乡村集体所有之外，大多数没有明确约定，有的甚至约定全部归承租方所有。对于合同履行期间遇拆迁腾退的，极少对地上物补偿款的分配做出合理约定，结果绝大多数归承租方所有，集体利益缺乏保障。

（三）农民利益缺乏保障

一是劳动力就业安置不足。市规划部门早期审批各乡规划时，通常按每个劳动力 50 平方米的标准确定规划产业用地（后来调整为产业用地项目建筑面积），即每亩产业用地至少安置劳动力 13 人，但实际安置人数远远低于这一指标。据调查，2015 年底各乡对外合作建成并投入运营的 41 个产业用地项目亩均仅安置 1.2 人，不足规划指标的 1/10（见表 8）。

表 8　2015 年朝阳区投入运营的产业用地项目收益情况

开发模式	占地面积 （公顷）	年收益 （万元）	年均收益 （万元/亩）	安置劳动力 （人/亩）
土地出租	76.0	8408	7.4	0.8
保底利润	0.6	41	4.5	2.2

开发模式	占地面积 （公顷）	年收益 （万元）	年均收益 （万元/亩）	安置劳动力 （人/亩）
股份合作	15.2	2843	12.5	0.5
面积分成	11.1	2094	12.6	0.6
自主建设	77.6	52377	45.0	1.8
小计	180.4	65762	24.3	1.2

二是土地收益分配不公平。集体土地归农民群众集体所有，而在现行集体土地（房屋租金实为土地的衍生价值）出租模式下，绝大多数土地增值收益被承租人及中间转租者拿走，乡村集体能获得的产业用地开发收益较少，仅占乡村集体租金收入总额的1/4左右，农民无法享受应有的土地增值收益。

三是土地社保功能弱化。对农村集体经济组织成员来说，集体土地兼具生产资料功能和社会保障功能，然而集体产业用地一些地方采取"空转"的方式进行开发（名义上是自征自用，实际绝大多数是"自征他用"），或者在不征地的情况下拿着规划意见书等审批手续直接建设项目，不涉及征地补偿和人员安置，农民无法分享土地补偿费、地上附着物补偿费及人员安置费，更不可能通过征地开发进入城镇社保体系。相对于国家征地开发来说，这种开发模式对农民土地权益的伤害反而大得多。

三　对策建议

（一）优化产业用地入市模式

一是实行"村地区管"，有序推进开发。区、乡政府及职能部门应当是产业用地政策的供给者、均衡开发的统筹者和规划实施的监管者。要研究产业用地入市途径和流程，明确应当遵循的基本原则，合理划分部门权限，妥善处理各方关系，增强开发的计划性、可控性和实效性。要科学制定中长期开发计划和年度实施计划，以乡为单位分解任务，按年度有序推进开发。要合理划定规划实施单元，坚持拆建结合（"拆 N 建 1"）、分片实施，按规划实施单元推进拆迁腾退和项目建设，确保拆除一大片、建设一小块（产业用地）、提升一大块（绿化、道路等公益性用地），切实提高发展品质，维护公共利益。

二是引入竞价机制，达成最佳效果。基层政府不该是具体产业用地项目的推动者和运作者，而应是竞价交易规则的制定者和监管者，通过制定公平高效规范完善的交易规则，使市场在资源配置中起决定性作用。通过公开竞价最大限度保障集体利益和公共利益。

三是严控违法占地和违法建设。随着产业用地政策的调整和大体量功能疏解的推进，集体土地房屋出租将呈现新的阶段性特征：一方面，产业用地的供地方式将由协商定价交易转变为公开竞价交易，与之相对应的项目建设审批程序将更加规范；另一方面，不符合规划的大量出租土地将逐步腾退，城市规划实施将更加有序。在此情形下，应当杜绝单纯的集体土地出租，严禁乡村集体与承租人（投资者）进行任何形式的私下交易，同时加大土地管理执法力度，依法该做出行政处罚的坚决处罚，该追究刑事责任的坚决追究。

（二）推进产权交易市场建设

一是借助市级土地交易市场，推进集体产业用地（使用权）竞价交易。相对来说，市级土地交易平台具有较强的开放性、成熟度和影响力，可吸引更多实力强的投资者参与，形成较高的成交价格。同时，在实行招拍挂时可以根据需要设定条件，按土地和规划建筑面积的一定比例"还建产业"，形成集体实物资产，发展壮大集体经济。

二是借助市级农村产权交易市场，推进集体房屋（租赁权）竞价交易。丰台区 2015~2019 年利用市级平台累计采取挂牌方式完成 43 宗集体房屋出租交易，建筑面积、交易额分别占全市公开交易总量的 55.1%、85.2%（见表9）。

表9　2015~2019年农村集体房屋出租交易量比较

区域范围	交易数 （份/宗）	建筑面积 （万平方米）	年租金 （亿元）	交易额 （亿元）
全市（竞价）	262	70.4	—	85.6
丰台区（竞价）	43	38.8	3.9	72.9
朝阳区（协商）	2119	180.0	14.6	171.2
其中:S≥1000平方米	284	147.3	11.4	154.6

朝阳区集体房屋出租交易频繁，同期出租建筑面积、年租金、交易额分别相当于丰台区的4.6倍、3.7倍和2.3倍，其中建筑面积超过1000平方米的合同涉及284份（建筑面积、年租金、交易额分别相当于丰台区的3.8倍、2.9倍和2.1倍），如将朝阳区集体房屋纳入市级平台进行交易，可促进乡村集体收益增长。据测算，如朝阳区1000平方米及以上的单体建筑日均租金上调0.3元/平方米，每年可增加集体收益1.6亿元。建议除需"一事一议"的特殊情形外，今后把朝阳区面积较大的集体房屋出租一律纳入市级平台进行竞价交易。

三是筹建区级交易平台，提高农村产权交易市场化水平。按照国家有关引导农村产权流转交易市场健康发展的意见，立足朝阳区特点和需求，突出公益性，采取专业运作、政府补贴方式推进，在深入研究系统功能需求的前提下，把好系统设计开发、测试、运行安全与维护等关键节点和要点，打造独具朝阳特色的农村产权交易平台，形成与市级平台互补的并行架构，大幅度提高朝阳区农村产权交易市场化、规范化水平。

四是加强市场秩序建设。要规范产权公开交易程序。本着简单易行、安全可控的原则，制定区级平台交易管理、信息披露、风险控制、纠纷调解等办法，梳理交易保证金、签约、竞价等操作细则，确保交易的合法性、公平性和规范性。当然，并非所有的集体土地房屋出租项目都必须竞价交易，如租用集体土地房屋的纯公益性项目、电信基塔，只要符合相关法律和政策，经乡村集体经济组织履行必要的民主决策程序后即可签约，针对这些特殊项目，需逐一认真研究和严格筛选，制定除外条款。

（三）争取产业用地政策支持，优化集体资产监管模式

一是争取市级政策支持，将土地增值收益留在乡村集体。实施"产业用地公开竞价+土地增值收益归集体"的产业用地政策，即采取公开竞价模式开发产业用地，同时把土地增值收益留给乡村集体，这样不仅城乡规划更易实施，可为乡村集体带来高额收益，而且随着高端产业项目的建成，政府也可获得大量财政税收，形成国家、集体、农民三方共赢局面。

二是优化集体资产监管模式。调整区级财政支农政策，从产业扶持资金中拿出一部分，设立农村集体经济审计经费，专项用于组织每年的年度审计，推进集体经济审计全覆盖，及时发现问题，跟踪指导整改，持续督促乡村基层加强管理，提升管理绩效，促进增收节支，确保集体资金安全完整、资产保值增值和资源合理利用，避免财政资金无谓的投入和浪费。

（四）坚持实事求是，依法依规加强合同管理

一是加强沟通对接。与市农业农村局、市规自委等部门做好沟通对接，本着实事求是、因地制宜、综合施策的原则，设定切实可行的整改目标，分类有序推进整改，依法维护集体利益，而不是强压任务，急于求成。

二是因地制宜，分类整改。根据落实年度功能疏解任务、消除安全隐患等工作需要，适时解除一批，提前终止合同；根据集体经济运行和维护农民生计需要，调整规范一批，继续履行合同；综合考虑合同剩余期限、地上物归属约定等情况，暂时搁置一批，到期自然终止合同。对于到期自然终止的合同，如地上物未明确约定归属或约定归承租方所有的，可采取依法拆除、协商分配、折价收购等方式妥善解决合同纠纷，切实保障乡村集体利益。对于今后新签的土地房屋租赁合同，要适应公开竞价交易模式需要，重新梳理签约及审核程序，进一步完善合同文本，该简化的简化，该细化的细化，该规范的规范。

（五）健全责任追究制度，确保监管措施得到落实

为最大限度维护公共利益、集体利益和农民利益，今后对于破坏市场秩

序的违法违规行为，必须制定"史上最严"的责任追究制度，出重拳、下重手，确保监管措施得到落实。在实施"村地区管""房地市价"政策以后，对违反规定的直接责任人或授权人保持零容忍，一经发现即予以调查，有违法违规行为的依法依规给予处分，情节严重涉嫌犯罪的，移送司法机关依法处置。

综上所述，推进农村集体土地房屋出租管理体制改革，切实提高农村产权交易市场化水平，将是朝阳区落实中央有关"使市场在资源配置中起决定性作用和更好发挥政府作用"的生动实践，只要扎实推进制度创新，朝阳区农村集体三资管理有望继续走在全市前列，农村集体经济将迎来继20世纪80年代乡镇企业异军突起之后又一次跨跃式发展。

B.23

建设"两园一区" 壮大镇级集体经济实力

——北京市海淀区西北旺镇"三统筹"发展的经验与启示

西北旺镇课题组[*]

摘 要： 本报告从探索创新农村社会结构转型路径的视角，对西北旺镇实施"体制统筹、空间统筹、产业统筹"，建设"两园一区"，壮大镇级集体经济实力，推进农村地区共同富裕的实践经验进行了总结和提炼。发展壮大镇级集体经济，要厘清三个要点：(1) 推进农村地区共同富裕的治本之策；(2) 资源要素跨村集中优化配置的必然要求；(3) 需要实施体制、空间与产业的立体化复合型统筹。在此基础上，提出要推进"三个提升"：理顺镇级集体经济经营体制、构建镇级集体经济的现代产业体系、整体提升人才队伍能力和水平等。

关键词： 镇级集体经济 现代产业体系 共同富裕

---

* 课题组组长：尹刚，西北旺镇党委书记；秦兆强，镇长。课题组副组长：赵阳，西北旺镇副镇长；吴茂强，西北旺镇股份经济合作联合社董事长。课题组成员：吕方、刘迎春、田丰、郭嘉杰、殷春茹等。执笔人：刘馨蕊，东方智鼎文化传播公司总经理，研究方向为集体经济治理、人力资源开发；陈雪原，北京市农村经济研究中心经济体制处处长，研究方向为城镇化、集体经济组织治理与集体土地制度改革；王洪雨，北京市农村经济研究中心经济体制处副处长，研究方向为集体产权制度改革、集体土地制度改革；李杨洋，北京科技大学经济管理学院在读 MBA，研究方向为财务会计、集体产权制度改革；李哲菲，西北农林科技大学在读本科生，研究方向为国际贸易。

改革开放以来，随着农村人口和劳动力大量向非农产业和领域转移，城市产业和功能向外围地区持续扩散和辐射，城镇化与逆城镇化的双向力量在农村地区交汇，空间布局、产业结构与组织形态发生深刻变化。但是，由于历史经验储备不足，缺乏有效统筹，形成了"户自为战"式城镇化，或者"村自为战"式城镇化。前者由于外来人口过度聚集，导致人口、资源、环境矛盾的"大城市病"和农村人口过疏化导致的"农村病"，后者由于村与村之间差距不断扩大，形成了农村地区内部的"好、中、差"层级固化格局，对加快新时期社会主义现代化建设形成严峻挑战，亟待系统谋划设计，提纲挈领，"快刀斩乱麻"。

2021 年 8 月 17 日，习近平总书记在中央财经委员会第十次会议上提出，"现在，已经到了扎实推进共同富裕的历史阶段"，"促进共同富裕，最艰巨最繁重的任务仍然在农村"，"大力发挥公有制经济在促进共同富裕中的重要作用"。2022 年 5 月，习近平总书记在《求是》杂志上发表《正确认识和把握我国发展重大理论和实践问题》，提出要正确认识和把握实现共同富裕的战略目标和实践路径。

西北旺镇位于北京市海淀区的城乡接合部地区，在中关村科学城北区核心区的规划功能定位引领下，协同推进新型城镇化与乡村振兴战略，探索形成了通过实施"体制统筹、空间统筹、产业统筹"，建设"两园一区"，壮大乡镇级集体经济，促进农民农村共同富裕的宝贵经验和实践路径，具有重要的参考和借鉴价值。

一　基本情况

西北旺镇位于北五环至北六环之间，属于二道绿化隔离地区，镇域面积 51.09 平方公里，2003 年由永丰乡和东北旺乡合并而成。截至 2021 年底，镇域常住人口 16.5 万人，户籍人口 5.2 万人，非京籍常住人口 11.3 万人。全镇集体资产总额 433.53 亿元，在海淀区位列第二，其中，镇级集体总资产 161.99 亿元，占比 37.4%，年增加额主要来自"一镇一园"项目建设。① 全镇农村集体经济总收入完成 15.5 亿元，其中，镇级集体经济总收入 4.3 亿元，占比 27.7%。同年，全镇集体经济组织成员 22800 人，人均所得 46000 元。

2010 年以来，随着北京市城乡接合部 50 个重点村改造项目的启动，包括西北旺镇在内的海淀区北部四镇采取整体开发、整体平衡的"大统筹"方式，一方面积极开展腾退安置工作，另一方面为保证镇级集体经济的长远发展，为四镇预留了集体建设用地指标，提出了"一镇一园"建设项目，解决老百姓腾退上楼失去"瓦片经济"后的利益依托问题。建设用途主要为集体产业园区与配套社区。同时，积极探索和扩大镇级现代农业产业园区项目建设。由此，形成了乡镇级集体经济组织主导运营下的"科技园区+配套社区+农业园区"的"两园一区"发展格局，为壮大乡镇级集体经济、实施以镇带村、促进地区均衡协调发展奠定了良好基础。

二 主要做法

（一）体制统筹

1.明确跨村的立项主体

自 2010 年实施镇域整体开发以来，不再以村为单位赋予规划建设用地指标。涉及"一镇一园"占地的村集体，在严格履行民主程序基础上，在办理土地农转用手续时，将集体建设用地使用权流转到西北旺镇经济联合社，进行"一镇一园"项目立项申报，统一进行规划、建设和运营，实施联营联建。按照区相关文件享受"一镇一园"收益分配范围村集体经济组织，按照指标比例参与分享集体产业园区建设用地资产和经营产生的收益。

---

① "一镇一园"项目建设带来镇级资产增加额 7 亿元，扣除其他项目减少项，镇级集体资产与上年同期相比净增加 6.42 亿元。

2. 建立全镇域统筹的利益联结机制

尽管镇经济联合社"一镇一园"项目只涉及 10 个村集体经济组织享受规划建设用地指标分配收益，但是，按照"一镇一园"项目建设指标归属比例，10 个村集体经济组织联合持有 70%，剩余 30% 由 2020 年新成立的西北旺镇股份经济合作联合社代表全镇持有（见图 1）。从而，通过镇股份经济合作联合社的组织体制，将"一镇一园"项目经营收益以及集体资产财富增值的潜在收益覆盖到全镇所有村集体经济组织，做到农村集体经济组织全部成员共享"未来之产"。

3. 完成镇村两级集体产权制度改革

为保障农民和集体经济组织的利益，发展壮大镇域集体经济，早在 2002 年，原东北旺乡就已经开始集体资产处置及产权制度改革试点工作。从 2003 年撤乡并镇算起，历时 17 年时间，在永丰农工商总公司、东北旺科技发展有限公司等镇级企业清产核资基础上，2020 年 6 月成立西北旺镇股份经济合作联合社，构建起了乡镇级新型集体经济的经营体制，镇村两级集体产权关系基本理顺。在改革过程中，原则要求股权量化后不允许直接兑现退出集体经济组织，尽可能地维护和保障了集体经济组织成员的长远利益。

2020 年，全镇集体经济系统共有 21 个股份经济合作社，其中：1 个镇级股份经济合作社、17 个村级股份经济合作社和 3 个组级股份经济合作社（马连洼村下属的兴劲马股份经济合作社、马连洼村股份社第一分社和马连洼村股份社第二分社）。全镇股东总数为 22822 个，其中：集体股股东 20 个，包括 17 个村集体经济组织的集体股，2 个组级社集体股和 1 个镇级股份经济联合社的集体股；团体股股东 20 个，占镇级产权制度改革资产量化的 70%，并依据各股份社个人股股东人数在全镇个人股股东人数的比例，量化分到 20 个股份社；个人股股东 22782 人，均为村级、组级集体经济组织股东。改革后的镇村两级集体经济组织的股本总额为 28.5 亿元，其中：镇股份经济联合社量化总资产 4.5 亿元，集体股股本占比 30%，团体股股本占比 70%。

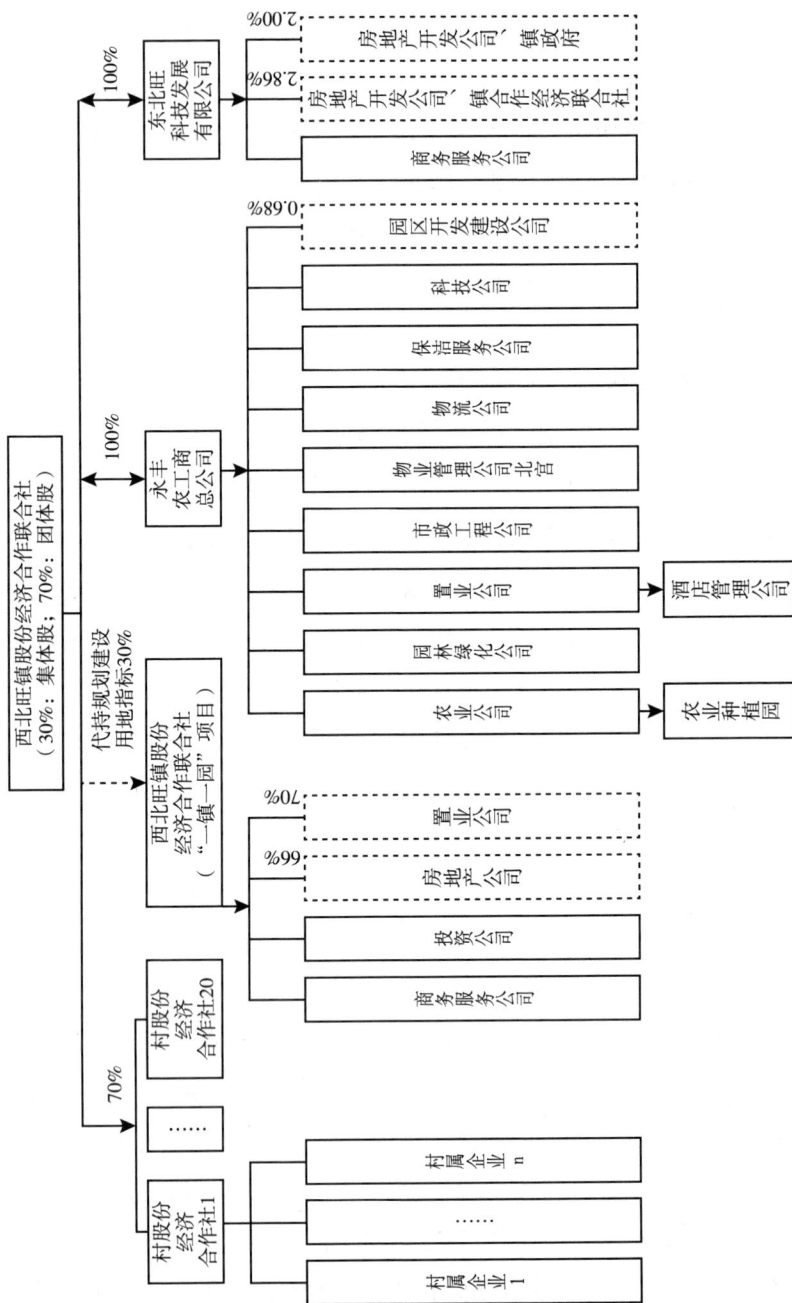

图 1 西北旺镇村两级集体经济组织及其投资设立企业组织架构示意

注：虚线表示被参股企业。

（二）空间统筹

为优化土地利用格局，促进集体建设用地集约节约利用，提升镇级集体经济规模效益，海淀区按照经原国土资源部批准的《北京市海淀区创新土地整治规划实施机制工作方案》要求，实施空间统筹开发。通过优化用地空间布局，创新利用机制，原则上鼓励和引导集体产业用地通过镇级、区级统筹方式，优先向中关村园区和镇区集中布局，统一规划建设，统一设定产业准入标准，统筹组织招商、运营和实施监管，提高发展层级和水平。按照农村集体经济组织成员（股东）人均 50 平方米规划建设用地指标标准，西北旺镇集体产业总建筑体量 102.4 万平方米①（见图 2）。要求在完成旧村庄、旧厂房拆除腾退的前提下，动态释放部分规划建设用地指标。通过开发建设旺悦云城（X2）、中关视界（X5）、坤玉湾（X3）［原"峰数中心"（X1）地块后来转移至（X3），原规划 X4 地块随着减量发展而取消］等"一镇一园"集体产业地块和农业科技园区，构建科技、文化、农业等产业相融合的多维立体业态板块。

1. 现代科技、高端商服等产业园区

旺悦云城（X2 地块）作为市、区产城融合重点项目，为西北旺镇集体经济组织自持的商业、产业办公综合体项目。项目总建筑面积为 47.5 万平方米，由 18.8 万平方米海淀大悦城购物中心、23.7 万平方米产业办公以及 5 万平方米长租公寓组成。中关视界（X5 地块）位于中关村科学城北部新区"一轴（中关村大街）一廊（北清路沿线）"交汇的"黄金十字路口"，毗邻中关村软件园，与地铁 16 号线西北旺站直线距离 1 公里，是科技创新要素聚集和产业发力的重点区域。项目规划总建筑面积（含地下部分）共约 54 万平方米，容积率控制在 1.0~1.1，通过拆除复垦方式在镇域范围内统筹解决园区内部的土地占补平衡问题。

2. 现代农业园区

西北旺镇区域内还保留一定数量的农业用地，保存了很多地方特色的乡

---

① 最初为 127 万平方米，此处为进一步减量后的建筑面积。

图 例
██ 已批复或正在批复用地
██ 未来将释放用地
██ 镇界

图 2　西北旺镇"一镇一园"项目规划地块示意

土文化。西北旺镇级集体经济组织主导推进现代农业园区建设，具有显著的规模经济、范围经济效应，有利于统筹集中城镇化地区与非集中城镇化地区的两类资源，优势互补，促进地区协调和谐可持续发展。

百旺田园农业科技有限公司成立于 2017 年 6 月，是永丰农工商总公司控股的农业专业公司，产权关系上属于镇股份经济联合社的二级公司。但是，在行政管理和日常运行过程中，实际已定位为镇股份经济联合社下属的一级企业，农业公司主要业务包括管理百旺农业种植园、中关村公园养护以及西北旺镇级乡情村史馆等。

百旺农业种植园是百旺田园农业科技有限公司的子公司，近年来形成了加快发展的良好态势。一是不断加强对外宣传和营销力度，采摘、团体活动与客户联营等产品销售模式不断创新。二是进一步加强镇村合作，扩大运营面积。目前，冷泉村、韩家川村两大地块拆迁复垦，分别有 500 亩和 200 亩确定为农业种植用地。计划镇村采取合作方式，将种植园面积扩大到 1000 多亩。三是加大农业技术创新力度和成果转化，建设了北京首家 5G 高架无土栽培草莓智能温室。通过云计算和大数据系统处理和运算分析，做出合理高效的精准化控制，"产品+设施"双升级。同时，建成了自动化水培蔬菜生产区和"日光温室"，引领西北旺镇现代农业向集科技交流、成果转化、试点示范、经济效益提升为一体的农业科创示范平台转型发展。

3. 城镇社区

产城融合发展势必要求城镇社区建设与园区建设同步推进。通过集体租赁住房等方式，建设与园区相配套的城镇生活社区，满足不同的市场需求主体，有效缓解周边产业园区职住平衡问题，从而形成镇级集体经济未来稳定的产业收益。

坤玉湾（X3 地块）位于永丰产业基地东北角，紧邻北京航天城、中关村生命科学园。（1）坤玉湾-紫星苑（X3-021 地块）公租房总建筑面积约 20 万平方米，投资 10.5 亿元，共可提供租赁公寓 2821 套，是根据原国土资源部政策，利用集体土地建设公租房的第二批试点。2022 年 4 月，已经交付并启动办理入住手续。（2）坤玉湾-启辰院（X3-016 地块）为自持型集体租赁住房，总建筑面积约 12 万平方米，共可提供中高端租赁住房 726 套，和 X3-021 地块项目形成互补，有利于进一步解决中关村科学城北区职住平衡问题。

（三）产业统筹

通过产业统筹，推进"两园一区"建设，主要是从全局思维的视角出发，主动融入中关村科学城北区核心区建设，既有符合海淀区北部生态科技新区高端、高效、高辐射产业定位，承接中关村科学城溢出优质产业的科技、生态、创新园区，现代化农业科技园区及配套基地，也有发展北部地区的社区性的配套服务产业。通过以上方式，集中整合资源，不断向高附加值和高研发投入的高科技行业转型，推动产业链聚集，加快主导产业体系转换，重资产与轻资产经营相互促进、互利共赢，实现集体产业与国家创新产业协同发展，带动镇域集体产业转型升级。具体来看，主要有三类产业链整合。

1. 科技、商贸等三产产业链融合

针对园区的产业配套服务需求，发展延伸园区产业链的高技术产业、中试、物流，以及与园区产业配套的咨询、金融等商务服务业，重点围绕总部办公、孵化加速器和国家实验室，构建功能复合的城市综合体。位于旺悦云城（X2 地块）的海淀大悦信息科技园，依托中关村科学城高科技产业基础，打造"城市级全场景智慧应用市镇"，物联网和人工智能作为主导产业，数字文化创意作为辅助产业，大数据及双创服务作为配套产业。中关视界（X5）产业定位为以 5G 为主的新一代通信技术+人工智能，通过上游的科研机构、中游的技术集成和下游的场景落地等形成全行业生态链。

2. 园区与社区间的产业链整合

针对园区和北部城市化发展的社会服务需求，一方面为园区和当地居民提供餐饮、购物、娱乐等商业配套服务；另一方面通过建设集体租赁房等，满足园区员工的职住平衡需求。旺悦云城项目按照"生产全周期""生活全天候""生态全维度"的理念，打造海淀大悦公寓与海淀大悦信息科技园、海淀大悦城购物中心三大业态，实现共生互融。

3. 一、二、三产融合产业链整合

依托海淀北部地区特色生态、旅游资源，发展城市休闲产业、观光采摘农业等，满足园区科技人员休闲娱乐需求。西北旺镇股份经济合作联合社下属的百旺田园农业科技有限公司作为经营主体，发展生产、生活、生态多功能的现代农业科技园区，并向周边辐射，形成规模化的圈状或带状分布的农业产业基地。推进"地产地销、直供直销"，不断优化农业全产业价值链组合。

随着北京自贸区科技创新片区揭牌，中关村科学城北区发展行动计划正式发布，中关村壹号、集成电路设计园等高科技产业园区已经投入运营，一批具有战略性、引领性的新型研发平台和高科技企业落地西北旺镇，数字经济、人工智能、空天产业等产业聚集态势逐步显现，"一镇一园"项目建设稳步推进，科技园区与城市发展深度融合迈出实质性步伐，创新驱动后劲十足。西北旺镇正处于海淀两区建设和乡村振兴叠加的战略机遇期,也是海淀布局乡村振兴重大项目(融合创新与深化改革相结合)的最佳承载地。2022年,西北旺镇按照区委、区政府精神要求和安排部署,决定成立中关村科学城乡村振兴创新中心,打造人才发展平台、服务赋能平台、转化加速平台、资源协同平台、展示体验平台,进一步提升产业链统筹发展的能力和水平,促进集体产业转型升级。

三 经验启示与借鉴

不同于"村村点火、户户冒烟"的农村发展传统路径,西北旺镇通过"三统筹"壮大镇级集体经济实力的探索实践为推进农民农村共同富裕、完成第二个百年的历史任务,提供了有效和可操作的路线图,具有重要的经验启示和可借鉴价值。主要体现在以下三点。

(一)发展壮大镇级集体经济,是推进农民农村共同富裕的治本之策

近年来,在城乡收入差距趋于缩小的同时,农村地区内部差距不同程度地拉大,城乡接合部地区村与村之间的收入差距较大的问题尤为突出。显然,单纯研究壮大村级集体经济,无法从根本上解决农民农村共同富裕问题。通过"一镇一园"建设,西北旺镇级集体资产快速增长,集体经济实力不断增强,形成村级集体经济"众星拱卫"镇级集体经济的新局面,为下一步重点扶持镇域内的一些相对薄弱村、促进全镇域农民农村共同富裕奠定了基础性条件。

(二)发展壮大镇级集体经济,是资源要素集中优化配置、提升经济运行效率的必然要求

城镇化建设客观上需要资源要素的跨村集中优化配置,特别是集体建设用地的集约节约利用,势必要破除长期以来形成的"村自为界、户自为界"的农村发展体制格局和局限性,客观上需要再造一个引领带动众多村级集体

经济的"龙头",壮大乡镇级集体经济。"一镇一园"项目如果直接以村集体经济组织申报,无法实现建设用地指标和产出收益的镇域统筹。为此,组建镇级跨村联营组织,作为项目建设主体,有利于探索建立集体建设用地集约节约利用新机制,统一规划、统一管理、统一招商,实现地尽其力,也可以通过统一分配,实现地利共享。

(三)发展壮大镇级集体经济,需要实施体制、空间与产业的立体化复合型统筹

镇域经济社会统筹发展,主要涉及体制、空间与产业三个维度的统筹。从逻辑关系上看,体制统筹与空间统筹是产业统筹的前置条件,而产业统筹是体制统筹、空间统筹的逻辑原点,三者之间相互影响、相互渗透、相互制约。通过理顺镇村之间的产权关系,为空间与产业优化布局奠定了扎实的制度基础。镇政府通过发挥空间规划引领的重要作用,在重要交通干线优化布局 X2、X3、X5 三个地块,提升了集体资产未来持续增值的潜能。产业业态和产业链条优化布局是体制统筹和空间统筹的目标,只有产业振兴才能最终壮大镇域集体经济。随着镇级集体资产的快速增加,西北旺镇股份经济合作联合社的向心力和凝聚力进一步增强,有效保障了跨村联合发展组织体制运行的可持续性。为此,三类统筹之间存在彼此之间相互协同发展的要求,需要实施体制、空间与产业的立体化复合式统筹。

四 下一步对策建议

为加快西北旺镇级集体经济转型发展步伐,促进农民农村共同富裕,下一步需要从体制机制、产业体系以及人才队伍三个方面着力攻坚克难。

(一)专业化布局镇级集体资产,优化乡镇级集体经济经营体制

西北旺镇由于乡镇合并的历史原因,乡镇级集体经济组织架构较为复杂。作为全镇集体经济系统的"龙头",西北旺镇股份经济合作联合社下属

企业中，既有原两乡镇的镇级农工商公司，也有投融资板块的集体企业，还有实施"一镇一园"项目建设的镇级联合社，亟待理顺纵向、横向之间的相互职责关系。

1. 促进镇级集体资产的专业化布局

重点要实施"四分开"。一是政社功能分开。在镇党委统一领导下，处理好镇政府作为管理主体与镇联社作为产权主体的功能互补关系。镇联社是集体资产的所有者，负责规划资产布局和发展模式、方向及重点。二是镇村两级治理边界分开。镇级统筹与村级统筹要有所差异，避免权责不对等。三是产权方与经营方分开。作为产权主体，镇股份联社要按照"社+公司"的组织形式，改变目前的专业混杂交错状态，明确若干个平行的专业公司的布局结构，进而突出专业公司品牌打造的重要任务。四是重资产与轻资产分开。重资产经营风险较小，适合由镇联社（总公司）直接经营。轻资产一般为投资管理类项目，技术含量较高，需要引入职业经理人团队，有效控制风险，比如整合各村土地征地补偿款，成立镇级专项集体产业转型发展基金，需要聘请专业人才进行运营管理。

2. 深化镇经济联合社组织体制改革

考虑到"一镇一园"项目陆续建设完成，未来集体资产经营范围会逐步扩展，有必要提前谋划，在经济合作联合社下面按照专业化布局的原则优化组织体制。

3. 把百旺田园农业科技有限公司上升为镇集体经济系统的一级公司

为了更好地规划和统筹镇域现代农业发展，可以通过股权划转方式，将百旺田园农业科技有限公司改为镇股份联合社下属的一级农业总公司。通过全镇域的农地资源整合，实施统筹经营和管理，推动镇域农业经济的产业升级。

（二）构建镇级集体经济的现代产业体系

要积极探索出一条创新引领、融入中关村科学城北区发展大局、适合西北旺实际的高质量发展路径，加快建设具有国际气质的产城融合新高地，争当国际科技创新中心核心区建设排头兵。要按照"两新两高"战略的行动指引，加快推进"一镇一园"项目建设，布局现代产业体系，优化镇级集体产业的价值链。

1. 打造支柱性集体产业

在推进"一镇一园"建设、产业空间逐步释放过程中，明确和培育集体经济的支柱性产业，带动形成镇域集体经济的现代产业体系组合，促进价值链整合实现最大化，破解乡村组三级集体经济"大而不强"的问题。

2. 促进国有经济、集体经济与私营经济之间的融合发展，提高彼此之间的黏合度

发挥好国有经济的"龙头"引领作用，促进优势互补、合作共赢。着力破除城乡投资二元结构体制，充分发挥镇股份经济合作联合社平台作用，盘活沉淀资金，提升市场竞争能力，增强平衡发展的调节能力。加强基础设施、投资经营、产业链集成，打造可持续的区域经济增长点。

3. 加强产业运营指导服务

坚持因村制宜、分类指导，积极向镇集体经济组织及下属经济组织提供切合实际、具有可操作性的精准指导，拓宽发展思路，创新发展农村集体经济的新途径，促进农村集体经济投资多元化发展，实现资产管理向资本运营的转变，提升农村集体经济发展质量。

（三）整体提升人才队伍素质和能力水平

1. 增强管理人员的担当精神、服务意识和创业能力

着力培养一支高素质集体经济组织领导班子和干部队伍。以基层管理人员"雁阵工程"为主抓手，聚焦解放思想、强化担当、做实服务，坚持走出去、拓宽视野、学习经验，打造一批懂经济、会经营、善投资的管理队伍。通过规范干部薪酬激励机制，发挥薪酬的保障、激励和增进公平功能，解决干部薪酬结构不一致、与经营效益和工作完成情况脱节等问题，规范薪酬结构、水平、发放流程等，促进集体经济发展，构建和谐的干群关系。为激发管理人员的积极性，允许股份社设立职务股（只享有收益权，为避免

异议，最好辅以适当平衡其薪酬收入等措施）。

2. 提升和激发职业经理人的市场经营能力和积极性

探索如增资扩股、期权股、岗位股等股权改革方式，建立健全职业经理人的激励机制。在镇股份联合社下属轻资产公司试点总经理负责制，赋予职业经理人执行集体经济经营策略的人事权和决策权，扩大管理层的裁量权和制衡力量。

3. 强化专业人才队伍和运营团队建设

结合股权制度改革创新，抓好本土人才培养与外来人才引进，以"凤栖人才"为牵引，引进一批金凤凰，推动集体经济组织参与市场化运营。适应集体经济产业模式由重资产向轻资产转型，资产与金融运作已经成为集体经济利润重要来源，决策隐含风险越来越大而亟待提升专业化和理性化决策的趋势和现实要求，创新专业化人才的股权激励方案，研究制定积分制、期权池等股权激励方案。

B.24
深山区新民居建设与旧宅基地集约利用统筹

——北京市平谷区白云寺村案例调查

集体经济薄弱村平谷区调查组 *

摘　要： 本报告基于对平谷区白云寺村新民居建设案例的调查，就村集体经济壮大"无产业"、规划"无支撑"、发展"无动力"、生存"无收益"等突出问题，提出通过壮大集体资产转化集体经济薄弱村的基本思路。为此，建议在深山区选择一批新民居建设后有规模性剩余旧农宅的村，进行闲置宅基地集约利用试点。探索新民居建设完成后，剩余的旧农宅可拆除复垦还绿一部分，同时保留一部分调整为合规的集体产业用地，发展精品民宿、观光采摘等休闲旅游产业。对于规划条件不符的待拆除资产，建议产权由社会资本移交村集体经济组织，并采取向集体承包的方式经营，既可以避免简单拆除导致社会资源巨大浪费，又可以发展壮大集体经济，促进农民农村共同富裕。

关键词： 宅基地　集体经济　深山区农村　北京市

　　按照北京市新版城市总规要求，深山区产业发展方向是提高服务品质，打造深山休闲观光旅游区。白云寺村位于平谷区城区东北 20 公里

---

* 调查组组长：熊文武、姚杰章。调查组成员：崔爱国、徐建军、翟翠立、王洪雨、杨君、丁浩、石保利。执笔人：陈雪原，北京市农村经济研究中心经济体制处处长，研究方向为城镇化、集体经济组织治理与集体土地制度改革。感谢张强教授的有益评论和宝贵建议，但文责自负。

处，黄松峪乡旅游走廊前端，四周景点密集，林木覆盖率 93.72%。全村 141 户、279 人。新民居建成后，旧农宅由于未能及时集约利用而处于常年闲置荒废状态。同时，当地开发自然景观观赏、休闲观光旅游，缺少适度的食宿供给，村集体守着绿水青山不能变金山银山。结果是村民难以就地创业就业，年轻劳力主要靠外出务工谋生。为此，亟待探索闲置宅基地集约规范利用，壮大集体资产，保障村集体经济可持续发展的新路径。

一 白云寺村发展集体经济面临"四无"难题的严重制约

（一）村集体经济壮大"无产业"

2010 年，作为平谷区新型农村社区规划新民居建设试点工程，白云寺村借助社会资本投资和国家政策补贴，总投资 1.5 亿元，于 2013 年完成 141 栋新民居建设，2016 年 9 月全部按照一户宅院置换一套新民居的方式入住。置换过程遵循"宜粗不宜细"的原则，旧房不论宅院大小、好坏一律不予评估作价。由于旧农宅都在个人手里，新民居置换过程中，没有直接形成集体产业。

（二）村集体经济支撑"无规划"

按照先建后拆方式，旧房统一由村委会无偿收回处理。新民居投资方另建设了 70 栋独栋别墅，准备运营敬老院项目。这部分资产 15 年内企业独立经营，之后再实施村企合营，村集体占股 20%，逐年递增。2016 年农民搬迁入住后，由于没有规划建设用地指标，135 套旧农宅无法确定为集体产业用地，随时有被拆除的可能，只能闲置荒废。如按照一个院落年租金 2.5 万元计算，机会成本损失高达 337.5 万元/年。敬老院项目亦列入待拆除范围，一些独栋别墅至今仍处于毛坯房状态。

（三）村集体经济发展"无动力"

一是人口和劳动力老龄化严重且无吸引年轻人回乡的产业。全村 60 岁及以上老人 88 人，占 31.5%。村内常住人口 209 人，31 人为残疾人，占比 14.8%。农业劳动力 20 人，12 人大于 50 岁，小于 40 岁的只有 2 人。此外，公益性就业岗位 34 人。二是村内农产品有花椒、黑枣等，均不成规模，只有核桃、柿子具有一定的经营规模。柿子 2020 年遭遇冻害，除部分小树外，全部冻死。青皮核桃全村年产量 1 万斤，但由于品质老化，价格极为低廉，售价仅为 0.2 元/斤，共计 2000 元的产值，农业劳动力劳均产出仅 100 元。[①]三是深山区项目施工成本高，历史欠账较多，在上下水、村内外道路等基础设施和产业配套设施方面尤为突出，如山区一般为石头路面，需要重机械施工，每天 8 小时一个班，就需要 2500 元。

（四）村集体经济生存"无收益"

2020 年，村级组织办公经费、公共服务运行维护费等合计 68.12 万元。村集体年正常收入中，主要来自财政转移支付，收不抵支约 20 万元，经常拖欠村民"小工钱"。考虑到随着群众生活质量不断提高、公共服务和治理支出逐步改善、生态涵养功能不断加深和扩展，未来政府和集体的资金刚性支出压力会进一步加大。

二 集约利用旧宅基地的比较效益分析

新民居建设完成后，剩余的旧农宅可拆除复垦还绿一部分，同时保留一部分调整为合规的集体产业用地，发展精品民宿、观光采摘等休闲旅游产

---

① 0.2 元/斤的价格指的是青皮鲜核桃价格，是根据一个种核桃农户的案例计算出来的。夫妻二人用了一周的时间，收了 1000 斤核桃，仅卖了 200 元，还请收购商吃了一顿午饭。说明京郊农业发展一定要走三产融合的路子，否则就会因没有生存空间而缺乏可持续性。

业。社会资本可以将不符合空间利用规划的敬老院产权移交村集体经济组织作为新增集体资产，通过向集体承包的方式仍由原社会资本经营，从而从根本上破解村集体经济"四无"难题。

（一）旧农宅整体拆除不仅不会增加经济效益或生态效益，而且会加重财政长期性负担

将剩余闲置农宅整体拆除并复垦还绿，既不可能取得经济效益，也不可能具有实际的生态效益。一方面，发展果树等种植业将难以有可持续发展的生存空间。0.2元/斤的青皮核桃价格说明单一种植业在京郊已难以维持下去，客观上要求延伸核桃产业价值链。另一方面，白云寺村有3898亩林场、1040亩果园，已经形成了可观的生态效益，复垦还绿形成的生态效益微乎其微。深山区农宅一般具有零散、细碎的特征，按照平均0.4亩地核算，可以复垦还绿的零散面积总和为56.4亩，仅占现有园地、林地面积的1.1%。

从另一视角来看，给村庄保留一些存量资产用于发展一些既不妨碍生态保护，也不会进行房地产开发的适宜小微产业，对于集体经济存续和壮大的意义将十分突出。相反，一些可拆可不拆的民宅如果全部拆除腾退，不仅会增加财政支出，而且由于无法形成村集体经济持续造血的功能，交由国家来养农民、养农村，会进一步增加长期性的财政负担。

（二）适度保留农宅，可低碳节约利用存量资产并快速壮大集体经济实力

适度保留下来的农宅，既避免了资源浪费，降低了碳排放，又可以节约利用存量资产，刺激旺盛的市场需求和增值潜力，壮大集体资产。按白云寺村135个院落保留50%测算，全村农宅资源整理后，精装修67个院落，按年租金5万元/院计算，每年将有稳定的集体经济收入335万元。村集体经济组织出宅基地和农宅，与社会开发主体合作建设和按5∶5分成，集体经济组织可以获得每年167.5万元的稳定分成收入。此外，可以通过地产地销

的方式提高村内农产品销售价格，为传统种植业找到新的生存空间，带动当地村民就业增收。

（三）集约利用农宅并不会影响城市房价也不会导致房地产开发

随着城市居民消费结构升级，很多市民希望能在乡村拥有一个"第二居所"，这属于补充型配套性需求，与城市刚性居住需求和改善型需求不在一个竞争平台上。因此，农村集体利用存量资产发展适宜的民宿服务产业，与大规模的房地产开发不可画等号。在生态保护和村庄规划等制度下，农村集体组织完全可以避免以建造商品房出售为目的的房地产开发问题。

三 开展深山区新民居建设后"旧宅基地集约利用"试验示范

习近平总书记在党的十九届中央全面深化改革领导小组第一次会议上指出，要拓展宅基地制度改革试点范围。在北京市门头沟区椴木沟村，房山区黄山店村、龙门台村等地均存在建新民居后旧宅基地资源整理再利用的现实需求，这是全市深山区面临的一个共性问题，并已经取得了一定的成功经验，有必要采取专项试点方式试验示范并及时推广。

（一）试点范围

在深山区，选择一批新民居建设后有规模性旧农宅闲置的村，进行旧宅基地集约利用试点，探索减量发展与发展壮大集体经济之间的有效结合点，培育一批有特色、环境优雅、食宿舒适的高端民俗旅游村，探索形成农业增效、农民与集体增收和生态环境保护的多赢模式。

（二）试点内容

主要是探索新民居建设后旧宅基地集约利用，发展壮大集体经济模式。以白云寺村为例。一是编制"白云寺村庄全域土地整治规划"，将集约利用后的旧宅基地规划为集体产业用地。二是通过农村产权交易所引入社会资本。村集体组织成立集体控股的旅游公司，与社会资本成立合资公司，作为立项主体，进行产业统筹、立体开发。三是拆除腾退还绿与项目实施，拆除局部不适宜继续居住的院落。四是产业转型升级，培育文冠果产业园区、高端精品民宿产业、"中国禅村"，寻求未来适合城市生活习惯和品质的乡村居住新样式。

（三）组织机制

市级相关部门负责试点的顶层设计、统筹协调；区政府负责制定产业准入清单、村庄规划编制与审批，对"旧宅基地集约利用"试点进行监督，帮助解决试点过程中的实际困难；乡镇党委、政府牵头成立乡级土地资源联营公司、乡旅游协会、村旅游合作社、村企合营公司、专业协会等，与村集体作为联合实施主体，负责确定产业方向，选择合作企业，进行镇域单元的规划、产业、体制与政策统筹。

Abstract

The "No. 1 central document" for 2022 (*Opinions of the Central Committee of the Communist Party of China and the State Council on Key Tasks to Comprehensively Push Forward Rural Vitalization for 2022*) unveiled by China called for "developing implementation programs for deepening the rural reform in a new stage" and "pursuing high-quality development for common prosperity", which have fit in well with and been connected to "The institutional framework and policy system for rural revitalization will be initially sound by 2022. " and "A prosperous life is fundamental to rural revitalization. " outlined in the *Strategic Agenda for Rural Revitalization (2018 - 2022)* announced by the Central Committee of the Communist Party of China and the State Council in September 2018, demonstrating the phased, systematic and consistent evolution of the policy system concerning agriculture, rural areas and the wellbeing of farmers rolled out by Chinese central government. On this occasion, the principal task for the *Blue Book of Collective Economy* this year will be clarifying the new stage of economic and social development, revealing internal connection between collective economy and the social restructuring for urbanization and picturing a "working drawing" that is fully accessible for the common prosperity of farmers and rural areas.

To this end, the *Blue Book of Collective Economy No. 3: Annual Report on Rural Collective Economy of China (2022)* is planned a focus on the " 'three-dimensional coordination of systems, spaces and industries' " : collective economy and common prosperity in a post-industrial society".

This report consists of 24 chapters for a general report, evaluation, special topics, local areas and Beijing report. The major conclusions are as follows.

1. " Three-dimensional Coordination of Systems, Spaces and Industries": Collective Economy and Common Prosperity in a Post - Industrial Society

This report, theoretically, constructs an analytical framework for Chinese-style agricultural and rural modernization and practically, draws up a " working drawing" for the common prosperity of farmers and rural areas by explaining the new historic stage of economic and social development, strategic goals and adjustments in the way of production in China. The findings are as follows. (1) A post-industrial society has arrived. On account of certain essential characteristics of a post-industrial society and an empirical analysis of indicators including the industrial structure, employment structure and urban-rural structure of the current economy in China, it is illustrated that China has generally entered a digital economy-led post-industrial society, where the overall development should be the top strategic goal in the new stage and the systems and mechanisms for coordinated and balanced development of townships should be in place to settle last issues concerning agriculture, rural areas and the wellbeing of farmers. (2) Lewis's Two Sector Model is constructed as a general analytical framework for Chinese-style agricultural and rural modernization to explain the logical connection between collective economy and urbanization. From the perspective of general equilibrium, by symmetrically integrating price-change curves of the collective land market and the labor market, the internal connection between collective economy and urbanization is explained and a new path of "allowing farmers to bring their wealth to urban areas" to complete social restructuring for urbanization locally and nearby is illustrated. (3) A practical path and a "working drawing" for steadily pursuing the common prosperity of farmers and rural areas are suggested. With three-dimensional coordination of systems, spaces and industries, the coordinated development of collective economy is upgraded and village differentiation and social stratification broken down, and the coordinated and balanced development of urban and rural areas as well as among regions are achieved.

2. Evaluation of China's Rural Collective Economic Development

On the basis of descriptive analytics, the report constructs an evaluation index system for rural collective economic development from dimensions of economic development, social stability and governing foundations, and evaluates and analyzes the development level and retrograde flow of rural collective economy in 30 provinces (autonomous regions and municipalities directly under the central government) in China in 2011–2020. The results reveal that: (1) China's rural collective economy generally shows a sustained growth, but regional development imbalance remains significant. The collective economic development of Beijing, Shanghai, Guangdong, Zhejiang and Jiangsu provinces is in the Top five. The eastern region witnesses the highest level of collective economic development and the highest rate of growth, followed by the central region and then the northeast region, while the western region is the most backward with the lowest rate of growth. The differences in development are evident among the three northeastern provinces, as Liaoning Province and Heilongjiang Province are still in the second tier and Jilin Province has dropped from the third-tier to the fourth. Besides, some central and western provinces, such as Anhui Province, Sichuan Province and Shaanxi Province, have seen a sharp jump in their rankings. (2) The function and role of collective economic organizations in social stability need to be improved urgently, as revealed by the fact that economic progress and governing foundations entered a stage of high coupling and coordination and social stability and governing foundations entered a stage of moderate coupling and coordination but economic progress and social stability were still at a stage of low coupling and coordination in 2020. (3) The correlation between development factors—fixed assets per capita, owner's equity per capita, and community chest per village—and the collective economic income has been always in the top four, which indicates that improving collective wealth accumulation should be a prioritized policy objective for fueling the collective economy.

3. Evaluation of China's Rural Collective Economic Reform

The report constructs an evaluation index system for China's rural collective economic reform from dimensions of organizational bodies, market system and policy environment for analyzing and evaluating the progress and performance of the rural collective economic reform in 2011–2020, and will be an informative guide for nailing down the direction and priorities to reform the rural collective economic system. The results are as follows. (1) New features have appeared in the marketization of elements of rural collective economy. Over the past decade, the circulation area of household-contracted farmland had continued to expand with a gradually decreasing rate; the number and area of collective construction land leased and sold had increased sharply; the potential of revitalizing homesteads had been large; the number of migrant workers had continued to grow throughout these years, and the largest growth rate was registered by those who took jobs in their counties outside township. (2) The reform index of rural collective economy in China had been generally upward and the gap between areas gradually narrowed over the past decade. The evaluation score for the reform in Beijing had showed a continuous downward trend generally from 2014 to 2017. The rankings of Zhejiang and Tianjin had dropped largely, while Sichuan, Guizhou, Yunnan and other provinces in the western region had leapt manifestly as their paces of reform had accelerated. In 2020 the western region exceeded the central with respect to reform index and evaluation scores for Level-I indicators—organizational bodies, market system and policy environment. (3) Efforts should be made to shore up the market development system and help the construction of a unified market accessible nationwide. In 2011-2020, the coupling coordination degree (CCD) between organizational bodies and policy environment had been the highest and fastest-growing into a high-CCD period, while that between market system and policy environment was low. (4) The reform of rural collective economy was deepened into a new stage for all fields and advanced with high standards and high levels. The reform of "four categories of land", i. e. , collective construction land, homesteads, expropriation and agricultural land, should be the pioneer in deepening the reform of rural collective economy; the reform of rural collective property rights system should be continued deepening and the performing mechanism for collective economy regulated and improved; efforts must be made to upgrade the economic management system and teams to make the superstructure of rural collective economic system more solid.

4. Township Collective Economy Differentiation Trend

The report makes a statistical analysis of developments and changes of township economy, population and employment with the collective economy panel data of 187 townships for 2007, 2012, 2017 and 2021 in Beijing. On this basis, in the approach of factor analysis, comprehensive development scores of the 187 townships in 2007-2021 are obtained and ranked, through which township development levels and differences in 14 administrative districts of Beijing are studied. Finally, 187 townships are graded into "high, medium and low" levels according to their comprehensive development, and the developments andevolution as well as social stratification of townships are analyzed. The findings are as follows. (1) The average level of township economic development and employment in 2007-2021 registered a growth or remained stable but polarization had persisted for a long time. Township imbalances were outstanding, and townships with early-accumulation advantages had developed faster, while the prospects of townships with poor resource endowments had been worrisome. (2) In 2007 - 2021, the average score of township comprehensive development had seen growth, but extremum differences between the highest score and the lowest over the years was too large and the coefficient of variation for the score revealed the comprehensive development of different townships varied significantly and did not evidently narrow in the period of up to 14 years. (3) Township social stratification was acute in 2007-2021. It was still a high-probability event that townships kept in their development level; it was unlikely that townships at different levels were reshuffled; and most townships developed on their basic conditions. Moreover, historical data predicted that township social stratification would endure for a long time until 2035. Based on the conclusions, this report holds that in the historical conditions of township stratification, district-level unified planning and administrative mechanism needs improving. Administrative districts should uniformly plan the operating model, jointly allocate and integrate resources and change the closed development of townships to make the pie of collective economy even bigger and better distributed. It is in line with the fundamental principles of common prosperity and facilitates the resource allocation and balanced development of townships.

5. Empirical Analysis of Daxing District of Beijing

By an empirical analysis of 532 villages inDaxing District, Beijing, this report illustrates that to break the pattern of "village - limited" development system and pursue "coordinated and balanced development of districts and towns" should be a basic direction and general principle for the next move in deepening the reform of rural collective economic system. The findings are as follows. (1) The village economic gap had continued to widen. In 2005－2015, both the highest village per capita income and the lowest increased, but the lowest-per-capita-income villages developed slowly and the highest-per-capita-income ones rose rapidly, resulting in a larger polarization. Over the same period, the village employment situation remained grim as the number of employed people in villages with the largest employment was declining and that of villages with the smallest employment fluctuated little; in 2005－2014, differences in the comprehensive development index had been large among villages, e. g. , the standard deviation had continued to grow; extremum differences between the highest score and the lowest varied enormously over the years; and the coefficient of variation for village comprehensive development was above 0. 4 and demonstrated an upward trend. (2) Social stratification spatially appeared in the township economy. The score for average development of villages in the five northern towns had been higher and got bigger on a yearly basis but that for villages in the four central towns had fluctuated greatly, while the average development of villages in the five southern towns remained at a low level. (3) Social stratification became acute in village development, staying at "high, medium and low" levels, and a breakthrough was inaccessible for low-level villages. Low－, medium- and high-level villages could account for 44. 07%, 33. 42% and 22. 51%, respectively, which is possible to foresee when an equilibrium state is reached.

6. Comprehensive Efficiency, Influencing Factors and Location Differences of Village Collective Economic Organizations

This report, based on panel data of 40 villages in Beijing suburbs in 1978, 1988, 1998, 2006, 2014 and 2018, adopts the Stochastic Frontier Approach (SFA) for calculating and comparing the economic efficiency and comprehensive efficiency of village collective economic organizations and analyzes major influencing factors and location differences, which will serve as empirical evidence for understanding the nature and essential characteristics of rural collective economic organizations. The results are as follows. (1) Economic efficiency and comprehensive efficiency both changed as a quasi-inverted "U" － shaped curve, where the maximum value appeared in 1988 and it had been in the continuous decline range in the right half for a long time. The decline trends revealed the development space and potential of "village-limited" system had already been quite limited. (2) The comprehensive efficiency of village collective economy began to exceed the economic efficiency after 2006, showcasing a more prominent role of collective economic organizations in assuming social functions in recent years. (3) Village collective economic organizations in urban-rural fringes stood out more regarding the social burden function, bringing out further impact on the comprehensive efficiency of collective economic organizations in these areas. The comprehensive efficiency of plain areas fluctuated greatly and started to rebound after 2006.

7. Village Collective Economic Sustainability Differentiation

By use of tracking survey data of collective economic organizations in 40 villages of Beijing suburbs in 1978-2018, the report establishes an evaluation index system and an early-warning rating system for village collective economic sustainability by factor analysis and judges the developments of different types of villages, and it is of theoretical and practical significance for advancing the rural revitalization strategy in a targeted way. The findings are as follows. (1) Major factors for village collective economic sustainability included village location and types of leading industries, members of village collective economic organizations and natural resources, village collective economic governance, village wealth accumulation and incomes of the village collective economy and farmers. (2) While the village sustainability index generally kept upward, extremum differences among villages had continued to grow and the relative gap was expanding. (3) The median of evaluation value for village collective economic sustainability stayed at 0. 4360. A village enters an early-warning state of decline if it is lower than the median, or a development zone if it is higher.

8. Influencing Factors on Differentiation of Members of Village Collective Economic Organizations

In this report, with survey data of 40 villages in Beijing suburbs in 1978-2018, the mobility trend and characteristics of members of village collective economic organizations are analyzed, based on which empirical tests are conducted. The Fixed Effects Model (FEM) found that: (1) The rise in collective economic income and collective net assets had beneficial impacts on the member entry of collective economic organizations; (2) The number of members into collective economic organizations tended to grow as the proportion of collective economic income from the secondary and tertiary industries and the proportion of collective economic income in the total revenue of village economy increased; (3) Compared with the fact that village cadres did not serve concurrently, concurrent posts of the village Party secretary as village director, or as both village director and cooperative president contributed to the inflow of members of village collective economic organizations, but the village director concurrently serving as cooperative president made little difference. The Probit model-based analysis concluded similarly with different findings: (4) The reform of rural collective property rights system led to outflow of members of collective economic organizations; (5) The establishment of a village pension system helped attract members into collective economic organizations; (6) The village Party secretary concurrently serving as the president of village (share-holding) economic cooperative favorably influenced the inflow of members of collective economic organizations.

Keywords: Post-industrial Society; Collective Economy; Common Prosperity; "Three-Dimensional Coordination"; Unified Market

Contents

I General Report

Abstract: The "No. 1 central document" for 2022 unveiled by China called for "developing implementation programs for deepening the rural reform in a new stage" and "pursuing high-quality development for common prosperity". This report, theoretically, constructs an analytical framework for Chinese-style agricultural and rural modernization and practically, draws up a "working drawing" for the common prosperity of farmers and rural areas by explaining the new historic stage of economic and social development, strategic goals and adjustments in the way of production in China. The findings are as follows. (1) A post-industrial society has arrived. On account of certain essential characteristics of a post-industrial society and an empirical analysis of indicators including the industrial structure, employment structure and urban-rural structure of the current economy in China, it is illustrated that China has generally entered a digital economy-led post-industrial society, where the overall development should be the top strategic goal in the new stage and the systems and mechanisms for coordinated and balanced development of townships should be in place to settle last issues concerning agriculture, rural areas and the wellbeing of farmers. (2) Lewis's Two Sector Model is constructed as a general analytical framework for Chinese-style agricultural and rural modernization. From the perspective of general equilibrium, by symmetrically integrating price-change curves of the collective land market and the labor market, the internal connection between collective economy and urbanization is explained and a new path of "allowing farmers to bring their wealth to urban areas" to complete social restructuring for urbanization locally and nearby is illustrated. (3) A practical path and a "working drawing" for steadily pursuing the common prosperity of farmers and rural areas are suggested. With three-dimensional coordination of systems, spaces and industries, the coordinated development of collective economy is upgraded and village differentiation and social stratification broken down, and the coordinated and balanced development of urban and rural areas as well as among regions are achieved.

Keywords: Agricultural and Rural Modernization; Common Prosperity; Collective Economy; "Three-Dimensional Coordination"

II   Assessment Reports

B.2   Evaluation of China's Rural Collective Economic Development

Sun Mengjie, Chen Xueyuan / 051

Abstract: In general, the development and expansion of rural collective economy has entered a new stage of improving quality and efficiency and accelerating the transformation and development from transforming villages with weak collective economy. On the basis of descriptive analytics, the report constructs an evaluation index system for rural collective economic development from dimensions of economic development, social stability and governing foundations, and evaluates and analyzes the development level and retrograde flow of rural collective economy in 30 provinces (autonomous regions and municipalities directly under the central government) in China in 2011−2020. The results reveal that: (1) China's rural collective economy generally shows a sustained growth, but regional development imbalance remains significant. The collective economic development of Beijing, Shanghai, Guangdong, Jiangsu and Zhejiang provinces is in the Top four invarialy. The eastern region witnesses the highest level of collective economic development and the highest rate of growth, followed by the central region and then the northeast region, while the western region is the most backward with the lowest rate of growth. The differences in development are evident among the three northeastern provinces, as Liaoning Province and Heilongjiang Province are still in the second tier and Jilin Province has dropped from the third-tier to the fourth. Besides, some central and western provinces, such as Anhui Province, Sichuan Province and Shaanxi Province, have seen a sharp jump in their rankings. (2) The function and role of collective economic organizations in social stability need to be improved urgently, as revealed by the fact that economic progress and governing foundations entered a stage of high coupling and coordination and social stability and governing foundations entered a stage of moderate coupling and coordination but economic progress and social stability were still at a stage of low coupling and coordination in 2020. (3) The correlation between development factors—fixed assets per capita, owner's equity per capita, and community chest per village—and the collective economic income has been always in the top four, which indicates that improving collective wealth accumulation should be a prioritized policy objective for fueling the collective economy.

Keywords: Collective Economy; Development Index; Coupling Coordination Degree (CCD)

B.3 Evaluation of China's Rural Collective Economic Reform

Chen Xueyuan, Sun Mengjie and Wang Hongyu / 094

Abstract: The construction of a unified national market has currently entered a new stage with high standards and high levels, which makes deepening the reform of rural collective economic system even more urgent. The report constructs an evaluation index system for China's rural collective economic reform from dimensions of organizational bodies, market system and policy environment for analyzing and evaluating the progress and performance of the rural collective economic reform in 2011−2020, and will be an informative guide for nailing down the direction and priorities to reform the rural collective economic system. The results are as follows. (1) Over the past decade, the national rural collective assets had continued to grow, while the township assets remained relatively less; the circulation area of household-contracted farmland had continued to expand with a gradually decreasing rate; the number and area of collective construction land leased and sold had increased sharply; the potential of revitalizing homesteads had been large; the number of migrant workers had continued to grow throughout these years, and the largest growth rate was registered by those who took jobs in their counties outside township. (2) The reform index of rural collective economy in China had been generally upward and the gap between areas gradually narrowed over the past decade. The evaluation score for the reform in Beijing had showed a continuous downward trend generally from 2014 to 2017. The rankings of Zhejiang and Tianjin had dropped largely, while Sichuan, Guizhou, Yunnan and other provinces in the western region had leapt manifestly as their paces of reform had accelerated. In 2020 the western region exceeded the central with respect to reform index and evaluation scores for Level−I indicators—organizational bodies, market system and policy environment. (3) Efforts should be made to shore up the market development system and help the construction of a unified market accessible nationwide. In 2011−2020, the coupling coordination degree (CCD) between organizational bodies and policy environment had been the highest and fastest-growing into a high−CCD period, while that between market system and policy environment was low. (4) The reform of rural collective economy was deepened into a new stage for all fields and advanced with high standards and high levels. Based on the Grey Relation Analysis (GRA), the reform of "four categories of land", i. e., collective construction land, homesteads, expropriation and agricultural land, should be the pioneer in deepening the reform of rural collective economy; the reform of rural collective property rights system should be continued deepening and the performing mechanism for collective economy regulated and improved; efforts must be made to upgrade the economic management system and teams to make the superstructure of rural collective economic system more solid.

Keywords: Collective Economy; Reform Index; Coupling Coordination Degree (CCD)

III Special Report I : Township-Village Differentiation

B. 4 Township Collective Economy Differentiation Trend

Chen Xueyuan, Zhou Yuqing and Sun Mengjie / 141

Abstract: The report makes a statistical analysis of developments and changes of township economy, population and employment with the collective economy panel data of 187 townships for 2007, 2012, 2017 and 2021 in Beijing surbarb. On this basis, in the approach of factor analysis, comprehensive development scores of the 187 townships in 2007−2021 are obtained and ranked, through which township development levels and differences in 14 administrative districts of Beijing are studied. Finally, 187 townships are graded into "high, medium and low" levels according to their comprehensive development, and the developments and evolution as well as social stratification of townships are analyzed. The findings are as follows. (1) The average level of township economic development and employment in 2007−2021 registered a growth or remained stable but polarization had persisted for a long time. Township imbalances were outstanding, and townships with early-accumulation advantages had developed faster, while the prospects of townships with poor resource endowments had been worrisome. (2) In 2007−2021, the average score of township comprehensive development had seen growth, but extremum differences between the highest score and the lowest over the years was too large and the coefficient of variation for the score revealed the comprehensive development of different townships varied significantly and did not evidently narrow in the period of up to 14 years. (3) Township social stratification was acute in 2007 − 2021. It was still a high-probability event that townships kept in their development level; it was unlikely that townships at different levels were reshuffled; and most townships developed on their basic conditions. Moreover, historical data predicted that township social stratification would endure for a long time until 2035. Based on the conclusions, this report holds that in the historical conditions of township stratification, district-level unified planning and administrative mechanism needs improving. Administrative districts should uniformly plan the operating model, jointly allocate and integrate resources and change the closed development of townships to make the pie of collective economy even bigger and better distributed. It is in line with the fundamental principles of common prosperity and facilitates the resource allocation and balanced development of townships.

Keywords: Collective Economy; Township Differentiation; Unified Planning

B.5 Empirical Analysis and Trend Prediction of Township-Village
Differentiation Daxing District of Beijing

Chen Xueyuan, Zhou Yuqing / 166

Abstract: By an empirical analysis of 532 villages and 14 towns in Daxing District, Beijing, this report illustrates that to break the pattern of "village-limited" and "town-limited" development system and pursue "coordinated and balanced development of districts and towns" should be a basic direction and general principle for the next move in deepening the reform of rural collective economic system. The findings are as follows. (1) The village economic gap had continued to widen. In 2005 − 2015, both the highest village per capita income and the lowest increased, but the lowest-per-capita-income villages developed slowly and the highest-per-capita-income ones rose rapidly, resulting in a larger polarization.

Over the same period, the village employment situation remained grim as the number of employed people in villages with the largest employment was declining and that of villages with the smallest employment fluctuated little. (2) Social stratification spatially appeared in the township economy. The score for average development of villages in the five northern towns had been higher and got bigger on a yearly basis but that for villages in the four central towns had fluctuated greatly, while the average development of villages in the five southern towns remained at a low level. (3) Social stratification became acute in village development, even by 2025, staying at "high, medium and low" levels, and a breakthrough was inaccessible for low-level villages. Low$^-$, medium- and high-level villages could account for 44.07%, 33.42% and 22.51%, respectively, which is possible to foresee when an equilibrium state is reached.

Keywords: Township Coordination; "Club Convergence"; Village Development; Beijing

B.6　Comprehensive Efficiency, Influencing Factors and Location Differences of Village Collective Economic Organizations

Chen Xueyuan, Sun Mengjie and Wang Lei / 192

Abstract: A full command of the efficiency of rural collective economic organizations is propitious to strengthen the consciousness and initiative of expanding the rural collective economy and to better understand the essential characteristics of it, which will serve as the empirical evidence for accelerating the legislation of rural collective economic organizations. This report, based on panel data of 40 villages in Beijing suburbs in 1978, 1988, 1998, 2006, 2014 and 2018, adopts the Stochastic Frontier Approach (SFA) for calculating and comparing the economic efficiency and comprehensive efficiency of village collective economic organizations and analyzes major influencing factors and location differences. The results are as follows. (1) Economic efficiency and comprehensive efficiency both changed as a quasi-inverted "U" -shaped curve, where the maximum value appeared in 1988 and it had been in the continuous decline range in the right half for a long time, meaning the efficiency of rural collective economic organizations was experiencing a gradual decline following the marketization, both in economic and comprehensive terms. (2) The comprehensive efficiency of village collective economy began to exceed the economic efficiency after 2006, showcasing a more prominent role of collective economic organizations in assuming social functions in recent years. (3) Village collective economic organizations in urban-rural fringes stood out more regarding the social burden function, bringing out further impact on the comprehensive efficiency of collective economic organizations in these areas. The comprehensive efficiency of plain areas fluctuated greatly and started to rebound after 2006.

Keywords: Collective Economic Organization; Comprehensive Efficiency; Economic Efficiency

B.7　Village Collective Economic Sustainability Differentiation

Chen Xueyuan, Zhou Yuqing / 209

Abstract: The sustainability of village collective economy, which has always been a focus and tough issue in the scientific formulation of village remediation plans and township space planning. By use of tracking survey data of collective economic organizations in 40 villages of Beijing suburbs in 1978-2018, the report establishes an evaluation index system and an early-warning rating system for village collective economic sustainability by factor analysis and judges the developments of different types of villages, and it is of theoretical and practical significance for advancing the rural revitalization strategy in a targeted way. The findings are as follows. (1) Major factors for village collective economic sustainability included village location and types of leading industries, members of village collective economic organizations and natural resources, village collective economic governance, village collective wealth accumulation and incomes of the village economy and farmers. (2) While the village sustainability index generally kept upward, extremum differences among villages had continued to grow and the relative gap was expanding. (3) The median of evaluation value for village collective economic sustainability stayed at 0. 4360. A village enters adeclinezone if it is lower than the median, or a development zone if it is higher.

Keywords: Collective Economic; Sustainability; Village Evaluation

B. 8 Differentiation of Members of Village Collective Economic Organizations

Chen Xueyuan, Zhou Yuqing / 226

Abstract: Members of rural collective economic organizations are the body of democratic decision-making and benefits of the village collective economy and serve as a basic source of driving force. The expansion or reduction of the member population is a key indicator to measure the potential and developments of village collective economy. In this report, with survey data of 40 villages in Beijing suburbs in 1978-2018, the mobility trend and characteristics of members of village collective economic organizations are analyzed, based on which empirical tests are conducted. The Fixed Effects Model (FEM) found that: (1) The rise in village economic income and collective net assets had beneficial impacts on the member entry of collective economic organizations; (2) The number of members into collective economic organizations tended to grow as the proportion of village economic income from the secondary and tertiary industries and the proportion of collective economic income in the total revenue of village economy increased; (3) Compared with the fact that village cadres did not serve concurrently, concurrent posts of the village Party secretary as village director, or as both village director and cooperative president contributed to the inflow of members of village collective economic organizations, but the village director concurrently serving as cooperative president made little difference. The Probit model-based analysis concluded similarly with different findings: (1) The reform of rural collective property rights system led to outflow of members of collective economic organizations; (2) The establishment of a village pension system helped attract members into collective economic organizations; (3) The village Party secretary concurrently serving as the president of village (share-holding) economic cooperative favorably influenced the inflow of members of collective economic organizations.

Keywords: Collective Economy; Members of Collective Economic Organizations; Population Migration

Ⅳ Special Report Ⅱ: "Three-Dimension Coordination"

B . 9 Transformation and Development of Collective Economy in Concentrated Urbanization Areas

—*Example of Beigong Town, Fengtai District*

Beigong Town Joint Research Group / 243

Abstract: As Beijing removed non-capital functions in depth, the rural collective economy long being dominated by real estate leasing has been generally under pressure for transformation and upgrading, and quality enhancement and a reduction in quantity. Based on a data analysis of questionnaires and field investigation of collective economic organizations in six villages under the jurisdiction of Beigong Town in Fengtai District, and in light of spatiotemporal characteristics of Beijing suburbs driven by the radiation of megacities after entering a post-industrial society, this report recommends a "3342" strategy for collective economic transformation and development. The strategy covers the three-dimensional coordination of systems, spaces and industries, the targeted promotion in cities, urban areas and beautiful countryside, the changes in the rigid welfare distribution, the conventional financial management, the extensive farmland management and the closed governance mechanism and "two priorities" —

systematically sorting out the township collective economic management system in Beigong Town and declaring a national pilot zone for rural reform.

Keywords: Sustainable Development; Centralized Urbanization; Township Collective Economy

B.10　Development Path of Collective Economy in Non-Centralized Urbanization Areas

—Investigation Based on 18 *Villages with Weak Collective Economy in Pinggu District*

Pinggu District Investigation Team for Villages

with Weak Collective Economy / 265

Abstract: The villages with weak collective economy in Pinggu District, an ecological conservation area, are relatively concentrated and accounting for 14% of the total in 13 agriculture-related areas in Beijing. Based on survey data of 18 sample villages in Pinggu District obtained by random sampling, this report sorts out the population, land, industry, income and expenditure status, outstanding problems and development intention, etc., revealing the objective necessity of upgrading coordination across villages with weak collective economy. Furthermore, following the general institutional evolution to be more strongly coordinated, these villages are categorized into areas of centralized urbanization and non-centralized urbanization, and six implementation paths for transforming villages with weak collective economy are suggested according to different directions that industrial structure and social structure have evolved on.

Keywords: Villages With Weak Collective Economy; Non-centralized Urbanization; Transformation and Development

B . 11 Development Path of Collective Economy in Major

Grain‑Producing Areas

—*Beidahuang Agricultural Services Model*

Beidahuang Agricultural Services Model Research Team / 278

Abstract: Surrounding main practices, innovations and inspirations of the "Beidahuang Agricultural Services model", this paper analyzes and summarizes the path of pushing forward agricultural and rural modernization in major grain‑producing areas by the three‑dimensional coordination of systems, spaces and industries. The Beidahuang Agricultural Services model is found to have upgraded agricultural organization and coordination, built a new type of modern agricultural industrial organization system, enhanced the national control of food security and the international competitiveness of agriculture. It has created a new path for agricultural and rural modernization in major grain‑producing areas and contributed an innovative "Chinese solution" to global agricultural modernization. First, a four‑pronged agricultural economic system with Chinese characteristics has been established by coordinating systems and the integrated development of state‑owned economy and collective economy or other ownership economies contributed to the "second leap" of China's agricultural reform in the new era. Second, the large state‑owned economy has led the integration of socialized service system for agriculture through industrial coordination, enriching agricultural modernization with Chinese characteristics in a scientific sense. Third, the implementation paths for rural revitalization locally has been explored through spatial coordination.

Keywords: Beidahuang; Socialized Service System; State‑owned Economy; Collective Economy

V Regional Reports

B . 12   Report on Guangdong Provincial Development of

New Rural Collective Economy

Research Team of Guangdong Provincial Agricultural and Rural Department / 297

Abstract: Guangdong Province has paid high attention to the transformation and development of rural collective economy, and with persistent explorations for effective forms of realizing the socialist collective economy since the 1980s, various systems and mechanisms for developing rural collective economy have been gradually established. In 2021, on the basis of reforming the rural collective property rights system, Guangdong Province launched a special reform pilot project for growing the new rural collective economy in five places including Meizhou City, propelled towards finding effective ways to improve the basic rural management system, strengthen rural collective economy and enhance the sustainability of village collective economy. Currently, the pilot exploration has achieved initial results in intensifying the leadership of rural grassroots Party organizations, innovating the development path of rural collective economy and exploring the operation and management model of rural collective economic organizations. In view of the shortcomings of Guangdong Province in systems and mechanisms, policy systems, resource endowments and human resources for the transformation and development of rural collective economy, the report contributes policy advice including innovating institutional mechanisms, stepping up investment, broadening development channels and improving safeguards.

Keywords: New Rural Collective Economy; Sustainable Development; Guangdong Province

B.13　Developing Border Areas of Zhejiang Province for

　　　Common Prosperity—A Survey Report on

　　　Development of Inter-Provincial Villages

Sun Feixiang, Fang Jie, Li Zhenhang and Zhang Xu / 306

Abstract: The report analyzes the basic status and performing features of 302 inter-provincial administrative villages in Zhejiang Province in 2019－2020, points out major factors restricting the development of inter-provincial villages and eligible development paths, and gives countermeasures and suggestions on how to promote the high-quality development of inter-provincial villages in the next step. (1) Development plans should be prepared in a unified manner. Provincial development plans must integrate the development of inter-provincial areas. The development of inter-provincial villages should be brought into the policy framework of development and reform, economy and information and commerce departments and be given preferential policies and special support. (2) The industrial structure needs adjustment and optimization. Efforts should be on developing distinctive features of inter-provincial villages with characteristics of the times, Zhejiang Province and local areas and the village industrial structure should be appropriately adjusted for upgraded development. (3) The construction of infrastructure must be continued. Inter-provincial villages may improve their image to be "important showcases" of strength. The living standards should be the same for local people in urban and rural areas and higher for those in inter-provincial villages than neighboring provinces. (4) Social governance should be advanced in a coordinated way. There needs to launch an inter-provincial linkage mechanism of Party building to address many contradictions in inter-provincial villages, so the contemporaneous progress of organizational construction, industrial development, system upgrading and resource sharing are gradually realized. (5) The rural integrated reform should be deepened. With coordinated efforts on the reform of farmers' rights in urban areas, the "two-into-two-back" reform (science and technology into rural areas, capital into rural areas, young people back to rural areas and rural talents back to rural areas) and the rural digital reform, and surrounding the intelligent governance of rural areas, digital applications must be integrated and upgraded in a faster pace in inter-provincial areas to build a number of villages into the future.

Keywords: Inter-provincial Villages; High-quality Development; Common Prosperity; Collective Economy

B.14   Models and Countermeasures of Strong Villages Helping Weak
Villages for Common Prosperity in Hubei Province

Zhao Lijia / 315

Abstract: In Hubei Province, strong villages help weak villages by "joint Party committee" or "joint village development" models. To push it further for common prosperity, there needs concerted efforts from the provincial, county, township and village levels to put "N+N", "1+N" or "1+1" models in place together. Strong villages should help weak villages with the construction of grass-roots organizations, the development of industrial projects, the construction of civilized customs and the business start-ups and employment of villagers. The mechanisms for Party-building leadership, organization and mobilization, work progress, reward and promotion and publicity must be innovated and improved.

Keywords: Strong Villages Helping Weak Villages; Common Prosperity; Hubei Province

B.15   How Collective Economy of Developed Rural Areas Realizes
"Separation of Party Organizations, Autonomous Organizations and
Collective Economic Organizations" and Transformation and Upgrading
—*A Case Study of Southern Jiangsu*

Geng Xianhui, Zhang Peiwen and Li Yangguo / 325

Abstract: The "separation of Party organizations, autonomous organizations

474

and collective economic organizations" and transformation and upgrading are the only way for collective economy in developed rural areas to achieve sustainable development in the new era. With Shuguang Village located in Nanzha Street, Jiangyin City and Donglin Village of Chengxiang Town, Taicang City as typical cases, this report studies the realistic path for the "separation of Party organizations, autonomous organizations and collective economic organizations" and the transformation and upgrading of collective economy in developed rural areas. Shuguang Village collective economy has promoted the "separation of Party organizations, autonomous organizations and collective economic organizations" by consolidating its reform foundation, establishing separate organizations, practicing financial separation, improving regulation and supervision mechanism and providing financial support. Donglin Village has realized the transformation and development of its collective economy by revitalizing collective resources, developing and integrating the three industries, establishing an incentive and supervision mechanism and building intelligent and branded agriculture. This report holds that in the new stage, we should push forward the "separation of Party organizations, autonomous organizations and collective economic organizations" in an orderly and classified manner and explore an integration of the three industries and green development for the sustainable development of rural collective economy.

Keywords: "Separation of Party Organizations"; Transformation and Upgrading; Sustainable Development; Rural Collective Economy

B. 16 Build Up the Village Strength & Enrich the People for a Solid Foundation of Common Prosperity

—*Village Collective Economy Development Practice in Jiaxing City, Zhejiang Province*

Abstract: Growing the village collective economy conduces to the progress of the rural revitalization strategy as well as common prosperity. With an enduring effort on effective models of growing the village collective economy, Jiaxing City has worked to organically integrate and coordinate "building up the village strength" and "enriching the people" to lay a solid foundation for becoming a model city of common prosperity demonstration zones. Based on Jiaxing practice in supporting and expanding the village collective economy in recent years, this paper analyzes principal problems with building up the village strength and enriching the people, and suggests that policy support be stepped up continuously and measures put in place; more channels should be developed for raising village economic income to advance the transformation and development of collective economy; and the rural collective capital, rural collective assets and rural collective resources of rural collectives must be better administrated for the preservation and appreciation of rural collective assets.

Keywords: Village Collective Economy; Common Prosperity; Zhejiang Province

B.17 An Investigation Report on Dongguan Improving
          Coordinated Development Mechanism of Municipal,
          Town and Village Organizations

Research Team of Rural Revitalization Professional Group of

Dongguan Municipal People's Congress / 348

Abstract: In recent years, Dongguan has turned the advancement of municipal, town, village organizations and villager groups together to an intensive and balanced development, resulting in rich practices in coordinating the development patterns, carriers and mechanisms. After Dongguan achieved a GDP higher than RMB1 trillion and a population of more than ten million, deep-seated issues, including the lack of top-level design at the municipal level, the inability to lead the development at the township level, the lack of endogenous power at the village level and the imbalance of benefits from the three industries, have prevented the continuous and in-depth progress in the coordinated development in Dongguan. Measures such as promoting local legislation, developing programmatic documents, adjusting functions of administrative departments, deepening the cooperation of state-owned assets and rural assets and improving benefit-sharing mechanisms should be taken to keep laws and regulations continuously effective and mechanisms innovative and to improve local and global benefits and grassroots participation for coordinated development.

Keywords: Collective Economy; Coordinated Development; Dongguan City

B. 18 Dongguan Coordinated Development of Industries and Villages Based on a Strategic Task of "Demolishing Old Industrial Buildings and Building New Ones"

Hu Qingshan, Li Yanfang, Ruan Yuanhua and Chen Wei / 358

Abstract: Dongguan is a global manufacturing base. In recent years, it has focused on the construction of an innovation experimental zone for the supply-side structural reform of the manufacturing and made the expansion of industrial space and the transformation of traditional industrial parks, i. e. , "demolishing old industrial buildings and building new ones" as its strategic tasks. This report analyzes the big background, supply and demand, outstanding problems and primary models of "demolishing old industrial buildings and building new ones" in Dongguan, and contributes a series of policy advice on government planning and coordinated development of industries and villages. First, the administrative mechanism needs innovating to remove issues left over. Second, demolition, construction and renovation must be combined to activate and transform industrial agglomeration areas. Third, the general planning and coordination should be enhanced to optimize the development model of projects and improve the quality and efficiency of transformation. Fourth, the policy mechanism need to be innovated with multiple measures to cut costs and grow incentives. Fifth, supply and demand must be better connected, with support for importing professional development and operation entities capable of bringing in and driving industries. Sixth, investment and financing models need to be innovated, and diversified investments of government, banks and enterprises are encouraged to provide capital security. Seventh, the coordinated development of industries and villages must be highlighted to make industrial facilities and the living environment quality. Eighth, the structural reform must be deepened for targeted explorations to make the collective economy quality.

Keywords: Expansion of Industrial Space; "Demolishing Old Industrial Buildings and Building New Ones"; Coordinated Development of Industries and Villages; Dongguan City

B.19　Rural Collective Property Rights System Reform as the First Move

　　—*"Yuyang Practice" of Growing Rural Collective Economy*

Liu Hongjin, Wu Zhixin / 370

Abstract: Yuyang District of Yulin City, situated in the old revolutionary base in northern Shaanxi and the hinterland of national energy and chemical base, is typical case across the province and even China in terms of economic development, social governance, poverty alleviation and development as well as ecological civilization. In this report, Yuyang's practice of taking the reform of rural collective property rights system as the first move, exerting the property rights reform for resource integration, developing moderate scale management and building a modern agricultural system by multiple forms to grow its rural collective economy is summarized. The reform of rural collective property rights system has been first conducted a pilot and demonstrated in a hundred villages in a global and targeted manner, and the governance has been optimized and the market activated. The reform has been proved by vivid and powerful facts to be the motive force of the collective economic transformation and development.

Keywords: Reform; Scale Management; Collective Economy; Yuyang District

Ⅵ Beijing Reports

B. 20 Investigation on Development Status of 100 Villages with

Weak Collective Economy in Beijing Suburbs

Joint Research Team of Beijing Rural Economy Research Center / 380

Abstract: Based on a questionnaire survey on the status quo of 100 villages with weak collective economy in agriculture-related areas of Beijing suburbs, it is found that due to ageing, shrinking profit margins of forest and fruit industry, fragmented use of agricultural land, limited industrial resources and infrastructure, rigid planning for ecological functions of agricultural land and labor outflow, rural household management has been weakening over time, and the two-tiered management system (household decentralized management and unified collective management) based on the household responsibility system must be further coordinated. The questionnaire revealed that 66% of interviewed villages thought cross-village cooperation necessary and the three-dimensional coordination of systems, spaces and industries should be extended to the township level.

Keywords: Collective Economy; Rural Revitalization; Beijing

B. 21 Haidian District Optimizing Agricultural and Rural Policy

System After Converting Rural Population to Urban Residents

Research Team of Haidian District Agricultural and Rural Bureau / 407

Abstract: Haidian District had fully completed the reform of collective property rights system at the township and village levels by the end of 2020. In

March 2021, the entire district successfully finished the task of converting rural population to urban residents, by which farmers moved to urban areas with their "assets" and were provided with "security", marking that Haidian District had historically entered the final stage of addressing issues concerning agriculture, rural areas and the wellbeing of farmers. In pursuing rural revitalization and common prosperity, Haidian District, based on the new stage and new orientation and sticking to urbanization of the people and the growth of collective economy, has attempted to deeply re-optimize the agricultural and rural policy system, contributing its wisdom and strength to the capital's modernization of socialism.

Keywords: Collective Economy; Rural Revitalization; Converting Rural Population to Urban Residents; Agricultural and Rural Policy System

B.22　Chaoyang District Rural Collective Economic

　　Organization Assets Disposal Policy　　*Pan Jiatang* / 418

Abstract: The rural collective economic development in urban-rural fringes with high-level urbanization is differentiated obviously. For rural collective economic organizations lacking the ability of running operational assets and capital, their assets disposal is something unavoidable. Over the past three decades, Chaoyang District had adapted to policy changes and development needs and worked on disposing collective assets of its withdrawal village teams, and the members of original teams were generally satisfied. Currently, there is no asset disposal policy for rural collective economic organizations. Amid the reform of rural collective property rights system, some places unilaterally interpreted the policies of the higher authorities and stipulated that only the reform of property rights system should be implemented and collective assets should not be distributed. Based on policy practices of Chaoyang District, this report distinguishes the different situations of three rural collective economic organizations, namely, the growing, shrinking and freezing ones, analyzes the policy difficulties and pains faced by the collective assets disposal, and makes policy advice of appropriate shares or split-offs based on reality. While strengthening the rural collective economy, village collective assets must be well disposed of, and the fundamental interests concerning members of collective economic organizations can be realized, safeguarded and developed.

Keywords: Rural Collective Economic Organizations; Collective Economy; Assets Disposal; Policy Basis

B . 23 Building "Two Parks and One Economic Zone" to
Grow Township Collective Economic Strength:
"Three-Dimensional Coordination of Systems,
Spaces and Industries" in Xibeiwang Town, Haidian District
Xibeiwang Town Research Team / 432

Abstract: From the perspective of exploring innovative paths of social restructuring in rural areas, the experience of Xibeiwang Town practicing the "three-dimensional coordination of systems, spaces and industries", constructing "two parks and one economic zone" and enhancing township collective economic strength for rural common prosperity is summarized and refined. The main findings are as follows: strengthening the township collective economy (1) is the fundamental policy to promote common prosperity in rural areas; (2) is essential to the centralized and optimal allocation of resources across villages; (3) needs the three-dimensional coordination of systems, spaces and industries. On this basis, it is suggested straightening out the management system of township collective economy, building a modern industrial system of township collective economy and upgrading the ability and level of human resources.

Keywords: Township Collective Economy; Modern Industrial System; Common Prosperity

B . 24   Intensive Use Planning of New Residential House Building
and Old Homesteads in Remote Mountain Areas

—Case Study of Baiyunsi Village, Pinggu District

Investigation Team of Villages with Weak Collective

Economy in Pinggu District / 446

Abstract: Based on the investigation of new residential housing building in
Baiyunsi Village, Pinggu District, which has revealed outstanding issues including
"no industry" for fueling the village collective economy, "no support" for village
planning, "no power" for development and "no income" for subsistence, this
report suggests a basic idea of transforming villages with weak collective economy
by enlarging collective assets. To this end, the first move is to select a number of
villages with many old rural houses in remote mountain areas for intensive use of
idle homesteads when new residential houses are completed construction. Some of
the remaining old rural houses can be demolished and reclaimed to be green, while
a part of the land should be reserved and adjusted as compliant collective industrial
land to develop leisure tourism such as quality residential accommodation,
sightseeing and picking. Social capital can transfer the property rights of the assets
to be demolished and not in conformity with planning conditions to village
collective economic organizations and manage them by collective contract.

Keywords: Homesteads; Collective Economy; Remote Mountain Areas;
Beijing

社会科学文献出版社

皮 书

智库成果出版与传播平台

❖ 皮书定义 ❖

皮书是对中国与世界发展状况和热点问题进行年度监测，以专业的角度、专家的视野和实证研究方法，针对某一领域或区域现状与发展态势展开分析和预测，具备前沿性、原创性、实证性、连续性、时效性等特点的公开出版物，由一系列权威研究报告组成。

❖ 皮书作者 ❖

皮书系列报告作者以国内外一流研究机构、知名高校等重点智库的研究人员为主，多为相关领域一流专家学者，他们的观点代表了当下学界对中国与世界的现实和未来最高水平的解读与分析。截至 2021 年底，皮书研创机构逾千家，报告作者累计超过 10 万人。

❖ 皮书荣誉 ❖

皮书作为中国社会科学院基础理论研究与应用对策研究融合发展的代表性成果，不仅是哲学社会科学工作者服务中国特色社会主义现代化建设的重要成果，更是助力中国特色新型智库建设、构建中国特色哲学社会科学"三大体系"的重要平台。皮书系列先后被列入"十二五""十三五""十四五"时期国家重点出版物出版专项规划项目；2013~2022 年，重点皮书列入中国社会科学院国家哲学社会科学创新工程项目。

皮书网

（网址：www.pishu.cn）

发布皮书研创资讯，传播皮书精彩内容
引领皮书出版潮流，打造皮书服务平台

栏目设置

◆ **关于皮书**

何谓皮书、皮书分类、皮书大事记、
皮书荣誉、皮书出版第一人、皮书编辑部

◆ **最新资讯**

通知公告、新闻动态、媒体聚焦、
网站专题、视频直播、下载专区

◆ **皮书研创**

皮书规范、皮书选题、皮书出版、
皮书研究、研创团队

◆ **皮书评奖评价**

指标体系、皮书评价、皮书评奖

◆ **皮书研究院理事会**

理事会章程、理事单位、个人理事、高级
研究员、理事会秘书处、入会指南

所获荣誉

◆ 2008年、2011年、2014年，皮书网均
在全国新闻出版业网站荣誉评选中获得
"最具商业价值网站"称号；

◆ 2012年，获得"出版业网站百强"称号。

网库合一

2014年，皮书网与皮书数据库端口合
一，实现资源共享，搭建智库成果融合创
新平台。

皮书网   "皮书说"   皮书微博
微信公众号

权威报告·连续出版·独家资源

皮书数据库
ANNUAL REPORT(YEARBOOK)
DATABASE

分析解读当下中国发展变迁的高端智库平台

所获荣誉

- 2020年，入选全国新闻出版深度融合发展创新案例
- 2019年，入选国家新闻出版署数字出版精品遴选推荐计划
- 2016年，入选"十三五"国家重点电子出版物出版规划骨干工程
- 2013年，荣获"中国出版政府奖·网络出版物奖"提名奖
- 连续多年荣获中国数字出版博览会"数字出版·优秀品牌"奖

皮书数据库　　　"社科数托邦"
微信公众号

成为会员

登录网址www.pishu.com.cn访问皮书数据库网站或下载皮书数据库APP，通过手机号码验证或邮箱验证即可成为皮书数据库会员。

会员福利

- 已注册用户购书后可免费获赠100元皮书数据库充值卡。刮开充值卡涂层获取充值密码，登录并进入"会员中心"—"在线充值"—"充值卡充值"，充值成功即可购买和查看数据库内容。
- 会员福利最终解释权归社会科学文献出版社所有。

数据库服务热线：400-008-6695
数据库服务QQ：2475522410
数据库服务邮箱：database@ssap.cn
图书销售热线：010-59367070/7028
图书服务QQ：1265056568
图书服务邮箱：duzhe@ssap.cn

社会科学文献出版社　皮书系列
SOCIAL SCIENCES ACADEMIC PRESS (CHINA)

卡号：439637912617
密码：

S 基本子库
SUB DATABASE

中国社会发展数据库（下设 12 个专题子库）

紧扣人口、政治、外交、法律、教育、医疗卫生、资源环境等 12 个社会发展领域的前沿和热点，全面整合专业著作、智库报告、学术资讯、调研数据等类型资源，帮助用户追踪中国社会发展动态、研究社会发展战略与政策、了解社会热点问题、分析社会发展趋势。

中国经济发展数据库（下设 12 专题子库）

内容涵盖宏观经济、产业经济、工业经济、农业经济、财政金融、房地产经济、城市经济、商业贸易等 12 个重点经济领域，为把握经济运行态势、洞察经济发展规律、研判经济发展趋势、进行经济调控决策提供参考和依据。

中国行业发展数据库（下设 17 个专题子库）

以中国国民经济行业分类为依据，覆盖金融业、旅游业、交通运输业、能源矿产业、制造业等 100 多个行业，跟踪分析国民经济相关行业市场运行状况和政策导向，汇集行业发展前沿资讯，为投资、从业及各种经济决策提供理论支撑和实践指导。

中国区域发展数据库（下设 4 个专题子库）

对中国特定区域内的经济、社会、文化等领域现状与发展情况进行深度分析和预测，涉及省级行政区、城市群、城市、农村等不同维度，研究层级至县及县以下行政区，为学者研究地方经济社会宏观态势、经验模式、发展案例提供支撑，为地方政府决策提供参考。

中国文化传媒数据库（下设 18 个专题子库）

内容覆盖文化产业、新闻传播、电影娱乐、文学艺术、群众文化、图书情报等 18 个重点研究领域，聚焦文化传媒领域发展前沿、热点话题、行业实践，服务用户的教学科研、文化投资、企业规划等需要。

世界经济与国际关系数据库（下设 6 个专题子库）

整合世界经济、国际政治、世界文化与科技、全球性问题、国际组织与国际法、区域研究 6 大领域研究成果，对世界经济形势、国际形势进行连续性深度分析，对年度热点问题进行专题解读，为研判全球发展趋势提供事实和数据支持。

法律声明

"皮书系列"（含蓝皮书、绿皮书、黄皮书）之品牌由社会科学文献出版社最早使用并持续至今，现已被中国图书行业所熟知。"皮书系列"的相关商标已在国家商标管理部门商标局注册，包括但不限于 LOGO（ ▧ ）、皮书、Pishu、经济蓝皮书、社会蓝皮书等。"皮书系列"图书的注册商标专用权及封面设计、版式设计的著作权均为社会科学文献出版社所有。未经社会科学文献出版社书面授权许可，任何使用与"皮书系列"图书注册商标、封面设计、版式设计相同或者近似的文字、图形或其组合的行为均系侵权行为。

经作者授权，本书的专有出版权及信息网络传播权等为社会科学文献出版社享有。未经社会科学文献出版社书面授权许可，任何就本书内容的复制、发行或以数字形式进行网络传播的行为均系侵权行为。

社会科学文献出版社将通过法律途径追究上述侵权行为的法律责任，维护自身合法权益。

欢迎社会各界人士对侵犯社会科学文献出版社上述权利的侵权行为进行举报。电话：010-59367121，电子邮箱：fawubu@ssap.cn。

社会科学文献出版社

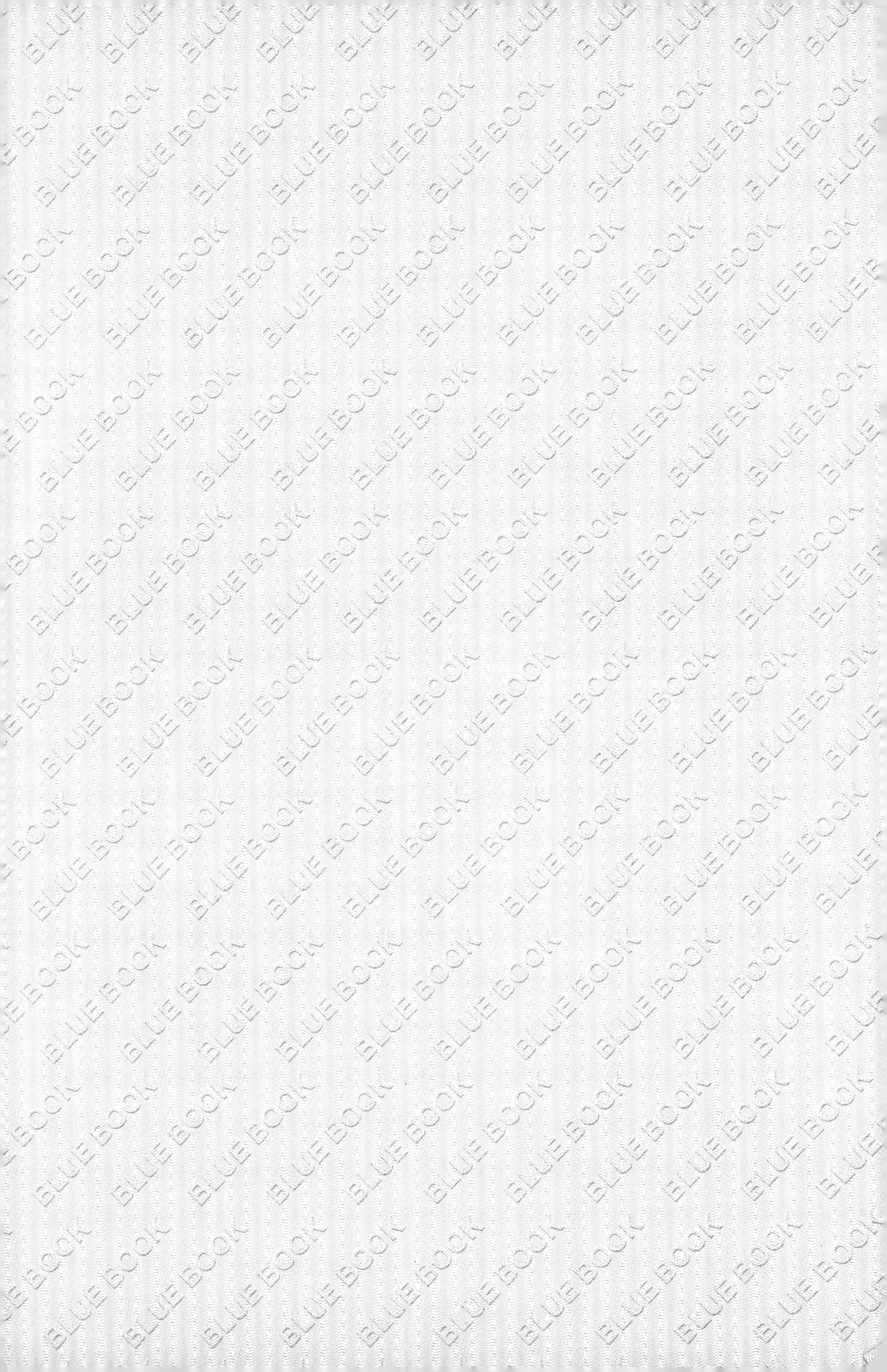